KB159436

박이정 30년사

넓고 깊게
지식을 나누다

1989 ▶ 2019

박이정 30년사

넓고 깊게 지식을 나누다

편찬위원회

위 원 장	조희웅(국민대학교 한국어문학부 명예교수)
위 원	조오현(건국대학교 문과대학 국어국문학과 명예교수)
	부길만(동원대학교 명예교수)
	이복규(서경대학교 문화콘텐츠학부 국어국문학전공 교수)
	박찬익((주)박이정 대표이사)
간 사	전종훈(언어학 박사)

자문위원　　강보유, 강은국, 권재일, 김동국, 김영곤, 김진영, 김충실
　　　　　　　김현룡, 나삼일, 남성우, 민영란, 박문자, 백석기, 신헌재
　　　　　　　서　혁, 심용휴, 알베르트 후베, 양문화, 요시모토 하지메
　　　　　　　육효창, 이구용, 이기웅, 이삼형, 이정일, 이창경, 이헌홍
　　　　　　　임지룡, 임칠성, 조규익, 정태수, 정희모, 최용기, 최호철
　　　　　　　허　용, 허창성, 황인덕
　　　　　　　　　　　　　　　　　　　　　　　　가나다 순

자료 수집·정리　　허　윤(일요신문 기자)

박이정 30년사

넓고 깊게
지식을 나누다

박이정 30년사 편찬위원회

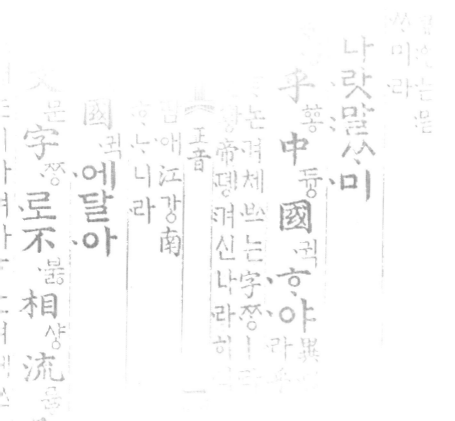

1989 ▶ 2019

(주)박이정

차례

제1부 | 박이정의 책 이야기
넓이와 깊이가 있는 책을 만들다

1장 태동기(1989~1992.2)
서광으로 출발, 학술자료 전문 출판사로 자리매김

2장 정착기(1992.3~1995.8)
국어학 전문 출판사로 한 단계 발돋움하다

3장 성장기(1995.9~2000.12)

국어국문학 중심 출판사로 영역을 확대하다

4장 확장 1기(2001~2004)

인문학 종합출판사로 지평을 넓히다

5장 확장 2기(2005~2010)

인문예술 종합출판사의 면모를 갖추다

6장 전환기(2011~2019)
디지털 시대로 패러다임을 전환하다

제2부 | 박이정의 사람 이야기
즐겁고 아름답게 만나 세상의 중심에 서다

1장 험난한 미로 속을 헤매다(1982~1991)

2장 우직하게 길을 걷다(1992~1999)

3장 더 넓고 더 깊게 길을 내다(2000~2010)

4장 새로운 길 위에 서다(2011~2018)

제3부 | 박이정과 국어국문학 이야기

지식의 지평에서 지키고 싶은 우리말과 글

부록 | 한눈에 보는 박이정 30년

한국어문학 전문도서 출판사로 자리매김
박이정 공헌 널리 알려지길 기대

박이정은 사호인 '넓게'라는 측면에서는 방대한 어문학 작품 원전의
영인 간행을 비롯하여 수많은 전집 및 총서를 제공하였습니다.
또한 '깊게'의 측면에서는 국내외 전문 연구서를 출판함으로써
연구자들에게는 학술 의욕을 붇돋아주고, 독자에게는 깊은 지식을
전해줌과 동시에 학구 의욕을 촉발하는 계기를 부여하였습니다.

글 | 조희웅 박이정 30년사 편찬위원장(국민대학교 명예교수)

박이정이 창립된 지 30년이 되었습니다. 명실공히 한 세대가 지났습니다. 다음에 오는 미
래를 위해서 과거를 점검하는 일은 매우 중요합니다. 변화 많은 세상에서 출판, 특별히 학술
도서의 출판이 처한 어려움은 심각합니다만, 그래서 더욱 이런 자리를 마련하는 것은 중요
하다고 봅니다.

'박이정(博而精)'은 고전에서 쓰인 '박이부정(博而不精)'의 대어로서, 주지하다시피 그 말뜻
은 '넓고 깊다'는 것이며, 이 말은 당 출판사가 지향하는 사훈(社訓)이기도 하고, 나아가 창립
자인 박찬익 사장의 정성과 정진(精進)을 다하겠다는 의지도 내포되어 있다고 생각됩니다. 박
이정의 역사를 뒤돌아보면 1989년 7월 20일 서광문화사(書光文化社)로 출발하여, 1991년 서
광학술자료사로 개명하여 출판사 등록을 하였고, 1995년에 다시 박이정출판사로 이름을 바
꾸었으며, 1999년은 동대문구 용두동에 사옥을 마련하여 자리잡고, 2015년에는 열린 회사인
주식회사 체제로 전환하였습니다.

처음 태동기(서광문화사) 무렵에는 주로 국내외 서적의 복사 영인 사업을 주로 하다가, 서
광학술자료사로 전환하면서 해방전 문예지 등을 영인하였고, 1992년 '우리말 밝히기' 총서를
기획 출판함에 이르러 비로소 본격적인 전문 학술도서 출판사로 출발하게 되었습니다. 이때

까지만 하더라도 회사의 중점 출판 분야는 국어학 내지 국어교육 분야 도서에 중점을 두었던 바, 이후 1995년 9월 박이정출판사로 되면서 외연을 국문학 분야까지 확장함으로써 박이정은 한국어문학 전문도서 출판사로서 자리잡았습니다.

창립 이래 박이정은 금년 현재까지 총 1,643종의 책을 간행하였습니다. 당사는 책 수뿐만 아니라 수많은 우수도서를 간행한 바 있는데, 예컨대 세종(구 문광부) 우수학술도서 학술부문 선정 42종, 학술원 우수학술도서 선정 21종을 비롯한 총 146종의 우수도서 선정은 그 두드러진 성과라 할 수 있습니다. 박이정이 학계에 기여한 업적을 간추려 보면, 사호인 '넓게'라는 측면에서는 방대한 어문학 작품 원전의 영인 간행을 비롯하여 수많은 전집 및 총서를 제공하였습니다. 또한 '깊게'의 측면에서는 국내외 전문 연구서를 출판함으로써 연구자들에게는 학술 의욕을 북돋아주고, 독자에게는 깊은 지식을 전해줌과 동시에 학구 의욕을 촉발하는 계기를 부여하였습니다.

또한 박이정에서는 국어학, 국문학(구비문학과 고전문학), 국어교육(국어교육 내지 한국어교육) 분야를 중심으로, 개인 연구서는 물론 많은 자료집 총서를 간행하였는데, 그 중에는 전집류, 사전류, 현지조사 보고서, 학회 잡지, 고전 영인, 해외 자료 및 연구서들이 망라되어 있습니다. 대부분의 출판사들이 이른바 지명도가 있는 학자들에게만 출판 기회를 부여했던 데 비하여, 박이정은 비교적 무명의 연구자들에게도 문호를 열어주어 기회의 지평을 넓혀주었을 뿐만 아니라, 좀처럼 접근할 수 없는 고전적인 책들이나 해외, 나아가서는 북한의 서적들까지도 간행하여 국어국문학 발전에 크나큰 공을 끼쳤습니다.

설립자 박찬익 대표는 경북 예천에서 태어나 초중고교 시절을 고향에서 보냈고, 1982년 청운의 뜻을 품고 상경하여 건국대 국어국문학과에 입학하였습니다. 그는 문학도로서 처음에는 작가나 연구직에 마음을 두기도 하였으나, 당시의 혼란스러웠던 국내의 사회 경제적 여건 때문에 여의치 않자, 졸업 후에는 생계를 위하여 우연히 출판사 영업직 사원이 되었는데, 이것이 결국은 평생의 업으로 되어 독립 출판사를 차리기에 이르렀다고 합니다. 그 무렵 한국의 출판계는 눈부신 경제적 발전 과정 속에서, 수많은 굴지의 출판사들의 부침도 있었지만, 박이정은 과욕을 부리지 않고 차근차근 내실을 쌓은 결과 오늘과 같은 입지와 명성을 얻게 되었습니다. 현재 박 대표께서는 본업인 출판뿐만 아니라 출판협회의 중견 이사로서 활동하는 한편 도서나 장학금을 희사하여 후진 양성에 기여하기도 하고, 국외까지 손길을 넓혀 한국 문화 증진에 큰 몫을 담당하고 있습니다.

창립 30주년을 앞둔 박이정은 수년 전부터 지나온 발자취를 뚜렷이 기억하고 앞날의 좌표를 설정하기 위하여 사사(社史) 편찬을 기획하던 차, 지난해 10월 그간 많은 도움을 주셨던 분들의 자문을 얻어 편집위원회를 구성하고 수차례에 걸쳐 편집회의를 가진 바 있습니다.

위원회의 논의 결과 30년사의 구체적인 내용 목차 및 서술 방향, 필자 선정, 출판 일정 등이 결정되었습니다. 책의 전체적 구성은 총 3부로 나누되, 제1부는 '책 이야기'로 하여 박이정에서 출간한 책들을 중심으로 태동기-정착기-성장기-확장1기-확장2기-전환기로 나누어 서술하고, 제2부는 '사람 이야기'로 하여 당사 설립자의 출판 사업 이야기를 객관적 연대순으로 기술하며, 제3부는 '박이정과 국어국문학 이야기'로 하여 국어학, 국문학, 국어교육, 한국어교육 네 분야에 걸쳐 당사의 간행서 중심으로 사적 변모를 약술하기로 결정하였습니다. 이어 각 부분 집필자에게 원고 청탁서를 띄움과 동시에 각 부분의 관계자들에 대한 인터뷰 작업에 들어갔습니다. 이후 대체적인 일정은 적어도 5월말까지는 모든 원고의 집필과 수합을 끝내고 곧바로 출판 작업에 착수하기로 했습니다. 『박이정 30년사』는 이상과 같은 절차를 거쳐 간행되었습니다.

이제 『박이정 30년사 : 넓고 깊게 지식을 나누다』를 드리오니 살펴보신 후 많은 충고와 격려의 말씀 주시기를 기다리겠습니다. 아무쪼록 이 책을 계기로 하여 박이정이 학계에 끼친 공헌이 세상에 널리 전해지기를 바라며, 앞으로 많은 연륜을 쌓아 더 알차고 풍부한 내용들이 더해져 50년 100년사도 간행될 수 있기를 기원합니다.

끝으로 박이정의 창립 30주년을 다시 한 번 축하함과 동시에, 당사를 창립하여 이끌어오신 박찬익 대표의 노고에 진심으로 치하드립니다. 아울러 본서 편찬을 위해 옥고를 주셨거나 인터뷰에 응해 주신 많은 분들께 감사드리고, 그간 수고해주신 편집위원과 관계 직원 여러분들께도 감사드립니다.

넓고 깊게 지식을 나누는
박이정출판사가 되겠습니다

우리말과 글을 연구하고 계승·발전시킨다는 보람으로 꾸준히 어문학 분야 출판을 해 온 박이정출판사는 지난 30년 동안 1,643종의 도서를 출판했으며, 이들 도서 중 146종이 대한민국학술원 우수도서, 세종도서 등의 우수도서로 선정되었습니다. 30주년을 맞은 박이정출판사는 앞으로도 출판문화와 학문의 발전에 기여한다는 자부심으로 더욱 좋은 책을 만들어 보급하도록 하겠습니다.

글 | **박찬익** (주)박이정 대표이사

   박이정출판사는 1989년 '넓이(博)'와 '깊이(精)'가 있는 책을 만든다는 취지로 창립하여 올해가 30주년이 되는 해입니다. 이에 30주년 기념집 『넓고 깊게 지식을 나누다』를 출간하여 지난 30년 박이정출판사의 발자취를 정리하고 앞으로 나아갈 길을 모색해 보고자 하였습니다.

   우리말과 글을 연구하고 계승·발전시킨다는 사명감으로 꾸준히 어문학 분야 출판을 해온 박이정출판사는 지난 30년 동안 1,643종의 도서를 출판했으며, 이들 도서 중 146종이 대한민국학술원 우수도서, 세종도서 등의 우수도서로 선정되었습니다. 이러한 성과는 본사에 옥고를 주신 저자 여러분과 독자 여러분들의 헌신적인 후원의 결과라고 하겠습니다.

   박이정출판사는 2015년 법인회사로 전환하여 더욱 투명한 경영과 미래지향적 경영 전략으로 회사의 인지도를 높이고 있습니다.

   학문의 통섭이라는 시대적 흐름에 발맞추어 사회과학 분야로 출판의 외연을 넓히고자 2015년 임프린트 '패러다임북'을 출범해 사회과학 연구서와 교재를 출간하고 있으며 그동안 꾸준하게 아동, 독서, 다문화 분야의 책을 출판해온 자회사 '정인출판사'까지 더해 ㈜박이정출판사는 종합출판사의 기반을 착실하게 다져가고 있습니다. 최근에는 문화예술 분야에도 새롭게 진출했습니다.

또한 본사의 출판물 및 판권을 해외에 수출하고 한국학 연구기관에 꾸준히 기증사업을 펼쳐 한국학의 세계화에 이바지하고 있습니다. 해외 한국학 연구자들의 연구 성과를 '해외한국학총서'라는 이름으로 65종을 출간하는 등 한국학의 해외 교류를 위해서도 힘써 왔습니다.

30주년을 맞은 박이정출판사는 앞으로도 출판문화와 학문의 발전에 기여한다는 자부심으로 더욱 좋은 책을 만들어 넓고 깊게 지식을 나누도록 하겠습니다. 아울러 저자와 독자 여러분들의 많은 관심과 사랑을 받을 수 있는 출판사가 될 수 있도록 최선을 다하겠습니다.

30년간 1,600여 종의 책을 출판하게 원고를 주신 저자 여러분 감사합니다.
30년간 본사의 책이 만들어지도록 협력해주신 협력업체 여러분 감사합니다.
30년간 본사의 책을 사랑하고 아껴주신 독자 여러분 감사합니다.
저와 같이 출판을 위해 살아오신 출판인 여러분 감사합니다.
그리고 박이정이 오늘까지 올 수 있도록 함께 배우고 성장해 온 모든 직원들께 진심으로 감사의 마음 전합니다.

박이정출판사는 오늘을 계기로 30년 전 초심으로 돌아가 더욱 정직하게 더욱 힘차게 출판업을 이어가겠습니다. 감사합니다.

성찰 통한 도전과 개척, 창조의 역사
우리를 더욱 행복하게 하다

우리는 왜 전통과 역사를 말하는가. 깊이 있는 성찰이 있기 때문이다.
역사의 순간순간에 작용한 창조정신이 모여 전통이 되고 그것이
새로운 가치를 만들어 낸다. 박이정 30년은 성찰을 통한 도전과
개척, 창조의 역사였다. 박이정의 책들이 우리를 행복하게 하는
이유도 여기에 있다.

글 | **이창경** 한국출판학회 회장(신구대학교 교수)

한결같이 좋은 책을 만들어온 박이정 출판사가 창립 30주년을 맞았다. 박이정이 걸어온 30년 역사는 주력 분야인 국어국문학 연구를 풍성하게 하였을 뿐만 아니라, 인문·교양도서 간행을 통하여 정신을 살찌게 하는 봉사와 창조의 역사였다. 이제 간행도서 1,600여 종이 넘는 든든하고 건강한 나무로 자랐다. 30주년을 기념하기 위하여 박이정 30년사 『넓고 깊게 지식을 나누다』를 간행한다고 한다. 박이정을 아끼는 독자의 한 사람으로서 한 권의 책으로 만날 수 있다는 것은 기쁜 일이다. 단순한 연대기적 기술이 아니라, 저자·독자가 함께 만드는 역사이기에 의미는 더욱 크다.

박이정과의 인연은 오래다. 우리 대학에 편집자를 양성하기 위한 출판과가 만들어진 것이 1989년, 그 해 7월에 박이정도 양서 출간을 목표로 첫발을 내디뎠다. 출판인 양성과 양서 출간, 방법은 달랐지만 추구하는 목표는 같았다. 박이정은 학생들이 실무를 익히는 열린 강의실이었고, 박 대표는 예비 출판인들에게 희망과 신념을 심어주는 멘토이자 롤 모델이었다.

실제로 그는 당시 출판학과가 있는 여러 대학에서 특강을 했고, 학교별로 순차적으로 학생들을 위해 장학금을 기부하였다. 또한 이들 학교 및 학과와 산학협력을 맺고 학생들의 출판사 실습도 10년 이상 지속적으로 하고 있다. 이렇게 출판이라는 넓은 지식의 공간에서 서로 고민하고 때로 격려와 희망을 주며 서른 살이 되었다.

박찬익 대표는 한결같이 출판의 정도를 걸어왔다. 책만을 생각하고, 책 만드는 것을 보람으로 여기며 살아왔다. 학회에서도 산학협력 이사라는 중책을 다년간 맡아 열정적으로 참여하고 출판업계와 출판학계, 정부 출판정책 개발에도 적극적으로 나섰다. 출판산업의 발전과 독서문화 확산에도 맡은 책임을 다했다. 출판인의 긍지, 근본을 잃지 않는 그의 신념이 박이정의 도서 목록으로 축적되었다. 한 권 한 권은 책의 가치를 소중히 생각한 그의 정신적 소산이다.

박이정이 걸어온 30년을 돌아보면 철저한 문화의식을 기반으로 변화에 대응하는 도전의 역사였다. 국어국문학과 국어교육 분야에서 다문화교육으로, 인문학과 교양에서 문화전반으로 출판의 범위를 넓혀가고 있다. 박이정의 출판정신을 직접적으로 보여주는 책은 아마도 기본 연구자료를 발굴하여 총서로 간행한 책들일 것이다. 판소리 다섯마당의 창본, 판각본, 필사본, 구활자본 등 각 이본의 해제를 붙여 간행한 판소리문학총서 46권, 우리 옛이야기를 필사한 책 필사본고소설전집 84책, 옛말자료연구총서 7권, 1930년대부터 문법자료를 집대성한 한국역대문법대계 144권 등은 '넓고 깊이 있게'라는 박이정의 신념과 맞닿아 있다. 또한 박이정은 신진연구자, 해외 한국학 연구자의 연구 활동을 지원하는 〈해외한국학 총서〉를 65권이나 출판했다. 또한 한국문화를 해외에 소개하기 위해 해외 여러 나라를 직접 찾아다니며 독자층을 넓혀 왔다.

우리는 왜 전통과 역사를 말하는가. 깊이 있는 성찰이 있기 때문이다. 역사의 순간순간에 작용한 창조정신이 모여 전통이 되고 그것이 새로운 가치를 만들어 낸다. 박이정 30년은 성찰을 통한 도전과 개척, 창조의 역사였다. 박이정의 책들이 우리를 행복하게 하는 이유도 여기에 있다. 지난 30년이 그래왔듯 앞으로 30년의 박이정의 출판정신은 독자 곁에서 더욱 빛날 것이며, 독자와 우리사회를 행복하게 할 것이다.

새로운 길 위에 서서
미래 출판의 길을 열어가다

많은 저자들과 그들의 학문의 길과 함께한 박이정의 30년이었습니다. 자기를 내세우기 보다는 많은 사람들을 키워온 삶이었습니다. 한글 사랑의 한길 30년이었습니다. 그의 살아온 방식이 의미있고 귀감이 된다는 점에서 박찬익과 박이정의 30년은 함께 기념하고 격려할 만한 시간이라고 생각합니다.

글 | 윤철호(대한출판문화협회 회장)

　박이정 출판 30년을 축하합니다. 기업이 30년 넘게 살아남아 사회적 역할을 한다는 것은 쉽지 않은, 축하해야 할입니다. 하지만 어떤 일을 30년 동안 꾸준히 한다는 것은 누구에게나 쉽지 않은 일이기도 합니다. 그것이 그리 빛나지 않기 십상인 분야의 출판일 때는 더욱 그러할 것입니다.

　출판인 박찬익은 국어국문학 분야의 출판을 꾸준히 해온 뚝심의 출판인입니다. 국어국문학 분야는 우리 민족의 얼인 한국어의 교육과 연구와 관련된 한국문화의 뿌리가 되는 분야입니다. 그렇다고 돈이 되는 분야는 아니죠. 수익보다 의미, 이것이 출판인 박찬익이 걸어온 출판인으로서의 길이었습니다. 많은 저자들과 그들의 학문의 길과 함께한 30년이었습니다. 자기를 내세우기보다는 많은 사람들을 키워온 삶이었습니다. 한글 사랑의 한길 30년이었습니다. 그의 살아온 방식이 의미있고 귀감이 된다는 점에서 박찬익과 박이정의 30년은 함께 기념하고 격려할 만한 시간이라고 생각합니다.

　80년대 어려운 시대의 문학청년 시절을 거쳐 출판을 배웠고 이후 우직하게 출판의 외길을 걸어왔습니다. 성실한 품성으로 하여 선한 인연을 맺어왔고 진심으로 교류해 왔고 우직함으로 하여 꾸준함을 가질 수 있었으리라는 것은 그를 먼발치에서나마 지켜본 사람들은 짐작할 수 있으리라고 생각합니다.

그의 몸은 작지만 그는 자신에게 주어진 책임의 몫을 피하지 않는 사람입니다. 기업인들에게는 자신의 기업이 성장하도록 해야 할 책임과 함께 공동체의 일원으로서 사회적 책임을 감당해야 할 의무가 있습니다. 그러나 자신의 기업을 책임지고 발전시키기도 어려운 현실에서 자신이 속한 공동체의 책임을 함께 떠맡고 나서기란 힘든 일입니다. 그러나 출판인 박찬익은 대한출판문화협회라는 출판인들의 공동 조직 운영의 책임의 일단을 맡아 묵묵히 힘든 일을 감당했습니다. 그 또한 어떤 보상이 따르는 일은 아니었습니다.

오히려 구설수에 오르기 쉬운 일이었습니다. 물론 그 과정에는 경쟁도 있고 부작용도 있었으리라고 짐작합니다만 공적 업무를 맡는 과정에서 불가피한 일들이었을 것입니다. 그런 불가피한 부담을 감수하려고 한 것만으로도 출판인 박찬익은 칭찬받아야 할 지 모릅니다. 저는 대한출판문화협회 회장으로 출마해서 최근 2년 넘게 활동하고 지켜보면서 박찬익 대표 개인으로서는 힘든 일이지만 공적 이익을 위해 개인을 희생하는 모습을 지켜볼 수도 있었습니다. 이런 일들을 겪으면서 저 개인으로서는 박찬익 대표의 공적 활동이 사심을 내세워 한 일은 아니었을 것이라고 믿게 된 바 있습니다.

이제 박찬익 대표와 출판사 박이정은 창립 30년을 넘어 새로운 발전을 모색하는 단계에 와 있습니다. 새로운 길 위에 서서 미래 출판의 길을 열어가는 박찬익 대표와 박이정출판사에 성공적인 미래가 열리길 기원합니다.

지난 서른 해를 축하하며
새로운 서른 해를 기대합니다

오늘날 우리 국어학계, 한국어 교육학계는 물론이고 학술 전문 출판이라 하면 가장 먼저 떠오르는 것은 바로 박이정입니다. 박이정이 새로운 출판문화의 미래를 거뜬히 짊어지고 나아가길 바랍니다. 국어학과 한국어교육을 비롯한 여러 분야에 걸쳐 학문의 깊이와 넓이를 함께 아우르는 출판사가 되길 기원합니다.

글 | **권재일** 한글학회 회장(전 서울대학교 교수)

　창립 서른 돌을 맞이하여 『박이정 30년사 : 넓고 깊게 지식을 나누다』를 펴내는 자리에서 축하의 말씀을 올리게 된 것을 매우 기쁘게 생각합니다. 오늘날 우리 국어학계, 한국어교육학계는 물론이고 학술 전문 출판이라 하면 가장 먼저 떠오르는 것은 바로 박이정입니다. 그만큼 박이정은 우리나라를 대표하는 우리 말글 중심의 출판사입니다. 이러한 박이정이 창립 서른 돌을 맞이하였다는 것은 박이정 가족뿐만 아니라 저자, 독자, 그리고 출판인 모두에게 크나큰 기쁨일 것으로 믿습니다.

　저는 개인적으로 박이정과 남다른 인연을 맺어 왔습니다. 1988년 가을로 거슬러 올라갑니다. '국어의미론' 시간입니다. 교탁을 마주하고 박찬익 학생을 만납니다. 차분하고 조용한 성품이지만 무엇인가 늘 생각에 잠겨 있는 청년입니다. 아마도 미래를 구상하는 듯하기도 하고, 사회를 걱정하는 듯하기도 하였습니다. 언어학보다는 문학에 더 관심이 있었지만 학기말 성적은 A였습니다. 그 무렵 우연히 청량리역에서 만나 꽤 많은 이야기를 나누었습니다.

　졸업 후 어느 날 그 청년은 출판사를 창립하였다 하며 찾아왔습니다. 갓 창업한 박찬익 대표가 조근조근 사업의 포부를 이야기하는데 참으로 진지하였습니다. 그래서 무척 든든하였습니다. 그렇게 하여 저는 1994년에 『한국어 문법의 연구』라는 책을 박이정에서 출판하게 되었습니다. 1998년에는『한국어 문법사』를, 1999년에는『국어지식탐구』를, 2013년에는『세계 언어의 이모저모』를, 2016년에는『언어학사강의』를 잇달아 출판하였습니다. 저의 대표적인 저서 대부분을 박이정에서 출판하였으니 그 인연은 특별한 것입니다. 그뿐만 아니라 제가 관여하던 단체의 책도 박이정에서 출판하였습니다. 허웅 선생님을 추모하는『허웅 선생 학문 새롭게 읽기』, 국립국어원의『차곡차곡 익히는 우리말 우리글』, 한말연구학회의 논문선집, 전집 등이 그러합니다.

박이정의 지난 30년은 새로운 개념의 출판문화를 하나씩 하나씩 쌓아온 것이 가장 큰 의의라고 저는 생각합니다. 1989년 7월 중국 동포학자들의 희귀한 책을 제작하여 전국의 국어학자들에게 제공한 것이 박이정의 출발이라 하겠습니다. 그 이후 국어학 전문 서적은 물론『한국현대문학자료집』을 출판하는 등 다양한 분야로 출판 사업을 개척해 나갔습니다. 30년이 흐르는 동안, 전자책을 개발하는 일에도 몰두하였으며, 국외 보급망을 개척하고 국외 판권 수출에도 힘써왔습니다.

박이정이라 하면 무엇보다도 국어학 전문 서적을 체계적으로 출판하였다는 것을 큰 업적으로 꼽아야 할 것입니다. 박이정이 초기에 지향한 출판 방향은 특정소수를 위한 전문 출판이었습니다. 이러한 방향에 맞춘 것이 바로 국어학 전문 서적을 출판하는 일이었습니다. '우리말 밝히기 시리즈'를 기획하여 국어학 이론서를 출판하기 시작해 국어학계에 명저로 꼽힌 수많은 책을 출판하였으며, 그 상당수는 문화부 및 학술원의 우수도서로 선정되는 결실을 함께하였습니다. 그래서 저는 박이정이 우리 국어학 발전에 크게 이바지해 왔다는 것을 자랑하고 싶습니다.

박이정은 새로운 시대에 부응하여 한국어교육을 위한 다양한 저서와 교재를 개발하여 국내외 한국어교육 현장에 제공하였습니다. 한국어교육에 앞서 1990년대부터 독서교육을 시작으로 국어교육 분야의 서적을 출판하기 시작하였습니다. 이를 바탕으로 2000년대 들어 시대흐름에 발맞추어 한국어교육 분야로 관심을 확대하였습니다. 새로운 전환이었습니다. 한국어교육을 위해 먼저 이론 서적을 기획하고 이를 바탕으로 다양한 교재를 출판하여 한국어교육 발전에 크게 기여하였습니다. 특히 최근에는 국외 판권 수출이라는 새로운 방식으로 한국어교육에 힘을 더하였습니다.

이렇게 힘써온 박이정이 새로운 출판문화의 미래를 거뜬히 짊어지고 나아가길 기원합니다. 국어학과 한국어교육을 비롯한 여러 분야에 걸쳐 학문의 깊이와 넓이를 함께 아우르는 출판사가 되길 기원합니다. 이러한 저의 소망을 담아, 박이정의 창립 서른 돌과『박이정 30년사』출판을 다시금 마음 깊이 축하드립니다. 고맙습니다.

백두대간 완주의 뚝심으로
우리나라 출판 선구자로 우뚝 서길

다들 출판에 희망이 없다고들 합니다. 노력에 비해 성과가 너무 초라하다고도 합니다. 그러나 '사람은 나서 책을 읽어야 된다' 는 대전제가 있기에 우리는 출판인의 길을 늘 같이하며 책 읽는 사회를 추구할 것입니다. 오늘 박이정출판사의 30주년이 앞으로 30년을 향한 뚝심 있는 첫걸음이 되기를 희망합니다.

글 │ **이정일** 일진사 대표(전 대한출판문화협회 회장)

박이정출판사 창립 30주년을 진심으로 축하드리며, 축사의 글까지 올리게 되어 매우 뜻깊게 생각합니다. 저 역시 출판경력 40여 년이 넘었지만 사사(社史) 책 한 권 만들지 못한 게으름에 부끄러움을 느끼기도 합니다. 저는 그 누구보다도 박찬익 대표와의 만남이 각별한 인연이었다고 단언합니다. 단순히 안면만 익힌 보통 사람들의 인연을 넘어서 우리는 출판계의 발전을 함께 토로하고 걱정하였습니다. 또 등반과 1대간 9정맥 산행을 완주하면서 생사고락을 함께했던 동지이자 산우이기도 합니다.

특히 제가 2002년도 대한출판문화협회 회장에 출마했을 때 박찬익 대표가 열심히 도왔고, 그 덕분에 제44대 대한출판문화협회 회장에 당선되었습니다. 이때부터 박찬익 대표와의 인연은 더욱 긴밀한 관계로 발전하였고, 이후 지금까지 변함없는 우정을 쌓아가고 있습니다. 출판의 장르는 서로 다르지만 출판이 추구하는 목적과 방법은 같기 때문입니다. 박이정 출판물의 학술적 가치나 연혁에 관해서는 다른 훌륭하신 관계자 분들께서 소개하리라 믿고, 저는 다만 박 대표가 개인출판의 영역을 떠나 출판계 공익적 영역에서도 활발한 활동을 해온 점에 주목합니다. 그동안 측근에서 지켜본 사람으로서 그를 한마디로 표현하면 '뚝심 있는 출판인' 이라고 말씀드릴 수 있습니다.

대한출판문화협회에 함께 몸담고 있을 때는 출판인쇄진흥법 제정을 위하여 관계부처를 수 없이 찾아다녔습니다. 기로에 선 〈출판저널〉을 협회로 가져와 회생시켰으며, 당시 동양에서는 인도, 일본에 이어 세 번째로 치른다는 2005년 독일 프랑크푸르트 국제도서전에서 대한민국의 주빈국 참가 유치조약을 이끌어내는 데도 많은 노력을 하였습니다. 2008년 IPA(국제출판협회) 서울총회를 유치하는 일에 함께 동분서주하였습니다. 독서 생활화의 캠페인으로 지하철 4호선 책 열차 운행과 책 읽는 사회 만들기 및 북스타트 운동을 담당하였으며, 출판의 한류문화 확산의 일환으로 태국 방콕 국제도서전 및 타이페이 국제도서전 주빈국 행사를 가능하게 하였습니다. 뒤이어 중국 베이징 국제도서전의 한국관을 배로 확장하는 데 앞장섰고, 길림성 출판협회 창립총회의 초청을 받아 한국출판의 현황을 소개하였습니다.

박찬익 대표는 아마 이러한 국제적 행사를 치르면서 우리말 우리글의 소중함을 더욱 절실하게 깨달았을 것으로 생각됩니다. 박찬익 대표는 오늘날 우리말과 우리글 그리고 한국학을 세계에 알리는 데 중추적 역할을 하고 있으며, 한국출판 유통상의 문제점이나 전자출판의 난맥을 해결하기 위해서도 많은 노력을 기울였습니다.

어느 날 적설(積雪) 80센티미터 내외에 1,000미터가 넘는 깊은 설산(雪山)에서 영하 20도쯤 되는 악천후를 만나 길을 잃고 헤맬 때 우리는 죽어도 같이 죽어야 된다면서 밧줄(자일)로 서로의 허리를 엮어 묶었습니다. 우리는 2005년부터 2016년까지 백두대간과 9정맥을 11년에 걸쳐 완주하였습니다. 인수봉 암벽을 오르내리며 작은 볼트 하나에 네다섯 명이 매달려 수십 미터의 낭떠러지를 내려다보며 삶의 희열과 성취를 맛보았습니다. 우리 출판계에서는 아마 저와 박찬익 대표를 1대간 9정맥을 가장 먼저 완주한 사람들로 기억할 것입니다.

박이정 박찬익 대표의 지나온 30년은 출판과 등산으로 요약정리 되지 않을까 싶습니다. 요즘도 매주 토요일이면 어김없이 전국의 산야를 찾아 나서고, 근래는 평화누리길을 함께 걸으며 출판의 장래를 걱정합니다. 다들 출판에 희망이 없다고들 합니다. 노력에 비해 성과가 너무 초라하다고도 합니다. 그러나 '사람은 나서 책을 읽어야 된다'는 대전제가 있기에 우리는 출판인의 길을 늘 같이하며 책 읽는 사회를 추구할 것입니다. 산행에서 끈기와 뚝심이 필요하듯, 오늘 박이정출판사의 30주년이 앞으로 30년을 향한 뚝심 있는 첫걸음이 되기를 희망합니다.

박찬익 대표는 늘 말보다 결과로 보여주는 출판인이자 산악인입니다. 근래 박 대표는 37년의 역사를 가진 한국출판인산악회의 회장을 맡아 출판인의 건강과 정보를 공유하는 데 앞장서고 있습니다. 지금까지 늘 그렇게 해왔듯이 앞으로도 출판 창업 때의 초심을 잃지 마시고, 소망하는 우리 국어학 출판의 선구자로 우뚝 서시기를 바랍니다. 다시 한 번 박이정출판사 30주년을 축하드리며, 두서없는 글로 축사를 갈음합니다.

한결같은 청년 자세와 도전정신으로 학술출판의 외길을 걸어오다

박이정은 한결같은 청년의 자세와 도전정신으로 꿋꿋하게 자신의 역사를 일구어왔다. 지난 30년간 박이정은 한국출판문화사에서 참으로 소중한 발자취를 남겼다. 학술 출판의 외길을 걸어가며, 한글의 가치 제고 및 출판 수출 중심의 국제화에 앞장을 섰고, 학술서적의 전자화와 다문화출판에 있어서도 선구적 혜안을 가지고 시도했다. 박이정 30년 역사의 바탕에는 발행인의 정신이 자리잡고 있다. 그것은 소신과 뚝심이기도 하지만, 무엇보다 인연을 중시하는 마음이라고 생각한다.

한국 출판산업계를 거론할 때 흔히 유아사망률이 높다고 한다. 십 년 이상 지속되는 출판사가 드물다는 의미이다. 아니면 수십 년 연륜을 쌓는 동안 사람의 노쇠 현상처럼 정체를 보이며 휴지기에 들어가는 출판사도 많다. 또는, 출판 불황을 입에 달고 사는 출판인들도 부지기수이다. 이런 상황 속에서 박이정은 한결 같은 청년의 자세와 도전정신으로 꿋꿋하게 자신의 역사를 일구어왔다.

박이정의 역사는 한국출판문화사에서 참으로 소중한 사례이다. 그 의의를 다음 5가지 — ▲학술 출판의 외길, ▲한글의 가치 제고, ▲출판 수출 중심의 국제화, ▲학술서적의 전자화, ▲다문화출판의 선구 등으로 정리하고 간략하게 서술하고자 한다.

글 | **부길만**(동원대학교 명예교수)

한양대학교 대학원 신문방송학과를 졸업했다(문학박사). 한국출판학회 회장, 어린이도서연구회 이사장, 문화재위원회 위원 등을 지냈다. 저서로 『조선시대 방각본 출판 연구』(2004년 대한민국학술원 우수출판도서), 『책의 역사』(2009년 문화체육관광부 우수도서), 『한국 출판의 흐름과 과제』(전2권), 『출판기획물의 세계사』(전2권), 『출판산업 발전과 독서진흥』, 『지역사회와 민주주의를 말하다』, 『출판학의 미래』, 『지역사회의 책문화 살리기』 외 다수가 있다.

학술 출판의 외길

박이정이 출범한 1980년대 후반은 경제성장에 힘입어 출판도 크게 확장되던 시기였다. 베스트셀러도 다양해지며 그 규모도 커졌다. 100만 부 이상 판매했다는 밀리언셀러도 다수 등장하였고, 한탕을 노리는 출판사들도 다투어 나타났다.

그러나, 박이정은 이러한 시류에 편승하지 않고 본격적인 학술서의 출판을 고집했다. 발행인의 대학 전공인 국어국문학 관련 학술서의 출판에 전념하기로 결심하고 실천에 옮겼다. 처음에는 국어학, 후에는 고전문학 방면으로 관심을 쏟으며 다양한 책들을 출판해냈고, 국어국문학 관련 학자들의 연구와 저술을 전폭적으로 지원해 나갔다. 박이정의 후원으로 출간된 학회지 종류만 25종이나 된다.

그뿐 아니라 중견 학자들의 저서는 물론이고, 처음 학문의 길에 들어선 젊은 시간강사 또는 재야 연구자들의 결과물까지 출판해냈다. 이것은 상업성을 떠나 오로지 학문적 평가에만 의거한 출판기획이었기 때문에 가능한 일이었다. 이 과정에서 학계의 금자탑이 될 만한 중요한 성과들이 해마다 다수 등장한 것은 당연한 일이었다. 구체적인 서적과 내용 소개는 '제3부 박이정과 국어국문학 이야기'에 나오므로 생략한다.

박이정은 연구 저술뿐만 아니라 개인 출판사에서는 하기 힘든 자료집 발간에도 적극적으로 나섬으로써 연구 기반을 마련해 주었다. 이 자료집은 국어국문학 전공에서 뿐만 아니라 출판학, 언론학, 역사학, 문헌정보학 등 인접 학문 분야에서도 널리 활용되고 있다.

한글의 가치 제고

한글은 1443년 제정되었지만 수 세기 동안 제대로 인정받지 못했다. 500년도 더 지난 1948년 정부 수립 이후에야 공용어로서 제 구실을 하기 시작했지만, 한글에 대한 홀대는 지속되었고, 그 위상도 한자나 영어에 밀려나기 일쑤였다. 한글에 관한 연구도 빈약할 수밖에 없었고 그 가치 평가도 제대로 이루어질 수 없었다. 국어가 아니라 영어나 외국어를 잘해야 지식인으로 대우받는 상황 속에서도 박이정은 국어를 연구하는 학자들을 후원하고 국어학 학술서를 펴내며 한글의 가치를 일깨워 주었다.

이 과정에서 박이정의 발행인은 소중한 한글 연구 성과물이 보이면, 국내외를 가리지 않고 달려가 원고를 받고 출판해냈다. 이처럼, 해외 학자나 우리 동포들의 국어학 연구 성과들이 국내에 널리 알려진 것은 학문적 차원에서뿐만 아니라 한민족 한글공동체의 확장이라는 면에서도 큰 의의가 있다. 나아가, 외국인을 위한 한국어교육 도서까지 펴내며 세계적인 한글 보급에도 앞장서고 있다.

출판 수출 중심의 국제화

한국에서 출판의 국제화는 전적으로 수입 중심이다. 출판 수출의 효과는 미미하고 상업적으로도 도움이 안 되었기 때문에, 출판인이나 저작권 에이전시에서는 우리 출판물의 해외수출에 대해서는 관심조차 기울이지 않았다. 그것은 저작권 수입을 통한 번역 출판은 상업적으로 종종 큰 성과를 안겨주지만, 저작권 수출은 업무가 복잡하고 까다로운 반면, 경제적 성과는 미미했기 때문이다.

수입을 통한 번역도서가 1만 종이 넘어설 때, 우리 도서의 해외 수출은 500종도 되지 않았다. 박이정은 이와 같은 출판계의 흐름을 거슬러 한국 책의 해외 수출에 노력을 기울였고 커다란 성과를 낸 바 있다. 박이정 도서의 저작권 수출이나 외국 출판시장 판매 내역을 살펴보면, 매우 공격적으로 해외시장 개척에 나서 성공한 사례임을 알게 된다. 이러한 성공은 출판 국제화의 방향을 수입에서 수출로 바꿀 수 있다는 자신감을 갖게 해준다.

학술서적의 전자화

전자출판의 시대가 열리고 전자책이 유통되기 시작할 무렵 전문가나 일반인 할 것 없이 미래의 출판은 학술, 실용, 오락 부문 어디에서나 전자화가 대세일 것이라고 목소리를 높였다. 교육교재나 학습서 분야가 전자책 시장으로 쏠려갈 것이라고 예상했다. 그러나 전자책 시장은 생각처럼 커지지 못했고 선호 분야도 교육이나 학습 관련 분야가 아니고 장르 소설이나 판타지 문학 또는 웹툰 정도가 수익이 창출되는 형편이었다.

이런 추세에서 박이정의 발행인은 학술서의 전자화를 위해서 앞장섰다. 그는 개인이 아니라 출판계 전체의 호응을 이끌어내기 위해서 학술서적의 전자화를 위한 출판 단체를 결성하는 일에 주도적으로 나섰다. 이렇게 만들어진 단체 '학술전자출판협동조합'의 초대 이사장을 맡아 동분서주하며, 박이정의 책뿐만 아니라 다른 출판사의 학술서적들도 함께 전자화 작업을 하여 시장에 내놓았다. 학술전자출판협동조합의 결성과 활동은 전자책이 가야 할 방향을 제시해주는 중요한 계기였다고 생각한다.

다문화출판의 선구

다문화 문제는 21세기 한국사회에서 중요한 이슈로 대두되어 왔다. 그러나, 이에 대한 출판계의 대응은 거의 전무한 실정이다. 필자가 속한 한국출판학회에서 연구 분과로 2013년 다문화출판연구회를 시작하여 본격적인 학술작업에 나서고자 하였다. 이에 대한 연구가 이루어지지 않았을 뿐만 아니라 다문화가정과 다문화학생들을 위한 서적의 출판에 관심을 갖는 출판사도 드물었다. 이런 황무지에서 박이정은 다문화가정을 위한 도서들을 선구적으로 꾸준히 발간해왔다. 한국출판학회에서 '다문화출판연구회'의 책임자로 박이정의 발행인을 선정한 것은 당연한 수순이었다.

당시나 지금이나 다문화 관련 서적들은 상업적 성공을 기대할 수 없는 실정이었지만, 박이정은 그 서적들을 용기 있게 출간하며 사회 분위기를 바꾸고 새로운 여론을 형성하고자 했다. 그러한 노력은 현재도 계속 이어지고 있다. 박이정은 중국, 러시아, 베트남, 몽골, 말레이시아 등 다양한 민족의 전통과 문화를 담고 있는 서적들을 그 나라의 언어와 한국어를 함께 명기하며 출판해냈다. 그 책들을 살펴보면, 내용뿐만 아니라 장정과 본문 디자인도 매우 아름답고 품위 있게 되어 있어, 세계시민으로서의 기품을 느낄 수 있게 해준다. 미래의 한국 사회를 위한 출판으로서 손색이 없다고 할 수 있다.

이 외에도, 박이정은 20세기 초 북한 출판물의 한국 소개에도 적극 나섰다. 당시는 남북정상회담이 성사되던 시기여서 북한 서적을 한국에서 출판하고자 발빠르게 움직인 것이다. 그러나, 현재도 존재하는 국가보안법은 당시에는 더욱 시퍼렇게 살아 있었고 당국의 통제도 달라지지 않았다. 결국, 당시 박이정의 도전은 실패했지만, 선구적이고 미래지향적인 시도였음은 분명하다.

박이정 30년 역사의 바탕에는 발행인의 정신이 자리잡고 있다. 그것은 소신과 뚝심이기도 하지만, 필자는 인연을 중시하는 마음이라고 생각한다. 인연을 맺은 사람들에게 감사할 줄 알고, 상황이 어떻게 바뀌어도 끝까지 초심을 지켜온 정신이 박이정 출판 30년을 의미 있게 만들어낸 원동력이라고 하겠다.

박이정의 **책** 이야기

넓이와 깊이가 있는
책을 만들다

박이정의 **책** 이야기

넓이와 깊이가 있는 책을 만들다

박이정(博而精)! 넓으면서도 깊이 있게! '오래된 미래'라는 말처럼, 이 말이 그렇다. 모두가 이 말을 알고 사랑하지만, 아직도 숙제이다. 넓으면 소루하기 십상이고, 깊이가 있으면 좁기 일쑤다.

서광문화사로 시작해 서광학술자료사로 개명했다가 '박이정'을 새 이름으로 확정한 박이정출판사가 올해로 만 30년을 맞았다. 사람으로 치면 이립(而立) 즉 독립할 나이에 이른 셈이다. 세대로는 한 세대가 흘렀다. 30년이면 후손을 두거나 제자를 키워 유산이나 학문을 전수할 수 있는 기간이다. 과연 박이정은 이 기간 동안 박이정의 이상을 얼마나 실현한 것일까?

박이정출판사는 국어학 전문 출판사에서 출발해 국문학, 국어교육, 한국어교육, 인문학 등으로 분야를 넓혀갔고 30년 동안 좋은 책을 만들기 위해, 문화재가 될 만한 책을 만들기 위해 우직하게 한 걸음 한 걸음 내디뎠다.

'제1부 박이정의 책 이야기'는 1989년 서광문화사 출범 때부터 2019년까지 발행한 책들 가운데, 국내외 출판계에 의미 있는 발자취를 남긴 주요 저서들을 중심으로 서술했다. 또 당시 시대적 상황과 출판계의 흐름, 박이정의 출판 활동을 함께 재조명해 보다 입체적인 관점에서 박이정의 30년사를 들여다볼 수 있도록 했다. 무엇보다 박이정 30년사에 큰 획을 그은 주요 필자들을 지면에 초대해 '저자와의 대화'를 진행했다. 바쁜 일정에도 정성어린 답변을 보내준 필자들에게 깊은 감사의 마음을 전한다.

1장

박이정 30년
넓고 깊게 지식을 나누다

서광으로 출발,
학술자료 전문 출판사로 자리매김

조선족 학자들이 집필한 국어연구 자료를 영인해 국내에 보급, 국어국문학 분야 연구에 활력을 불어넣었다. 이후 학회와 연계한 학술지, 국어국문학 대학교재 출간 등으로 영역을 확대했다.

민주화 바람 타고 도서출판 활기…세계 10대 출판대국 진입

군사정권이 시작된 1960년대는 출판계의 암흑기였다. 언론과 출판의 자유는 철저히 억압당했고, 책을 유통할 서점마저 무너져 출판사들은 자구책으로 전집(대형 기획물)을 제작해 직접 판매에 나섰다. 전집으로 성공한 기업이 등장하면서 출판의 기업화가 이루어졌으나, 여러 부작용을 낳기도 했다. 저작권이 없던 시대라 부도덕한 방식의 번역 행태가 난무했고, 너도 나도 전집 출판에 나서는 바람에 공급과잉 현상이 나타났다.

1970년대에 들어와 이에 대한 반작용으로 '손에 들고 다니면서 읽는' 문고가 본격적으로 등장했고, 한글세대의 등장과 맞물리면서 출판시장은 양적·질적으로 성장하게 된다. 이러한 흐름의 선봉에는 최인호의 『별들의 고향』이 있었다. 일본어 번역체에서 감칠맛 나는 한글 문장으로 바뀌면서 억눌렸던 우리의 감수성이 되살아났고 우리 사회를 변화시키는 마중물이 되었다.

1980년 12월 신군부는 언론기본법을 공포해 언론통제의 제도적 수단을 마련했다. 이 법을 근거로 문공부 장관은 자의적 판단에 따라 신문, 방송, 정기간행물, 출판사 등의 등록을 취소시킬 수 있었다. 5공 정권 내내 출판 등록은 실질적으로 거의 이루어지지 않았다.

1980년대 중반 이후 민주화운동이 활기를 띠는 데에 비해 제도권 언론은 비판 기능을 제대로 하지 못했다. 이에 일부 진보적 지식인들이 출판사로 대거 유입, 시대정신을 일깨우는 역할에 앞장섰다. 『전환시대의 논리』, 『해방 전후사의 인식』, 『민중과 지식인』 등 이념서적이 베스트셀러로 급부상했고, 민주화운동의 정신적 양분이 되었다.

박이정출판사를 시작한 숭인동 한승빌딩

　김홍신의 『인간시장』은 1983년 100만 부를 돌파, 우리나라 최초의 밀리언셀러가 되었고 이 문열, 조정래, 황석영 등이 베스트셀러 작가로 이름을 날렸다. 일제 강점기, 한국전쟁, 미군 정, 독재정권 등으로 이어지며 수없이 왜곡·단절되었던 한국 현대문학이 비로소 전성기를 맞이했다.

　1980년대 한국의 출판은 괄목할 정도로 성장해 1986년 신간 발행종수(초판) 2만 2,000 여 종, 발행부수 1억 63만여 부를 기록, 세계 10대 출판대국에 진입했으며 1987년 6.29 선 언 이후 출판 등록이 자유화되면서 출판사 수가 급증하고 도서출판이 활기를 띠기 시작했다.

'서광문화사'로 첫 출발…당시 희귀했던 조선족 책 '완판'

　이러한 시대적 흐름 속에서 1989년 7월 20일 박이정출판사의 모태인 '서광문화사'가 설립되 었다. **(서광문화사는 당시 덕성여대 교수였던 정광 교수가 글 '書', 빛 '光'이라는 뜻으로 작명 했다.)** 이념서적의 흥행, 밀리언셀러 등장, 세계 10대 출판대국 진입 등 국내 출판계가 대형 이슈로 들썩이던 시기였다. 베스트셀러의 파급효과가 워낙 막강해 출판사들은 베스트셀러 만 들기에 온힘을 쏟았고, 진보 지식인들은 수준 높은 사회과학 서적에 매달리면서 출판계는 두 개의 큰 트렌드를 따라 움직였다. 이때 서광문화사는 제3의 길을 걷게 된다.

　"1988년 서울올림픽 개최로 남북 화해 분위기가 조성되고 중국의 개방정책과 맞물리면서 중국을 통해 북한 자료가 들어오기 시작했어요. 운 좋게 한국외국어대학교 남성우 교수님의 도움으로 연변, 흑룡강성 등에서 조선족 학자가 집필한 국어연구 책을 영인해 출판하게 되었어요."

서광문화사 창립자이자 박이정출판사 박찬익 대표의 설명이다. 남성우 교수에게 전해 받은 중국 조선족 학자들 책 가운데 『조선어 어휘사』(리득춘 저), 『조선의 토대비문법』(차광일 저), 『조선어동의어』(허동진 저) 세 권을 골라 각 100부씩 출판했고, 예상은 적중했다. 국어학회 학술대회가 1박 2일 일정으로 정신문화원에서 열렸는데, 당시 희귀했던 조선족 자료는 순식간에 팔려나갔다. 첫 출발이 좋았다. 운도 따랐고 시대의 흐름도 잘 읽었다.

학술자료 전문 출판사로 자리매김…『현대문학자료집』베스트셀러로

1991년 학술자료를 보다 전문적으로 출판하기 위해 '서광학술자료사'로 이름을 바꾸고 〈사회평론〉, 〈인문평론〉 등 문예지를 영인하거나 연변에서 온 책을 몇 권씩 더 찍었다.

그중 식민지 시대에 카프에 가담했던 문인들의 작품이 실려 있는 잡지들을 모아 편집한 『현대문학자료집』 1차, 2차 김외곤 편은 서광학술자료사의 베스트셀러였다. 이 책은 1990년 9월 1차분(12권)을 출간한 데 이어 2차분(13권)을 펴냈으며, 일반에게 거의 공개되지 않았던 자료들을 중심으로 엮었다. 특히 해방공간에서 발견된 〈文學〉이나 〈新聞藝〉 등의 가치는 두 번 말할 필요조차 없을 정도이다. 덕분에 『현대문학자료집』은 문학 연구자뿐 아니라 역사학이나 사회과학을 연구하는 사람들에게도 큰 영향을 미쳤다.

책을 엮은 김외곤 교수는 간행사에서 "프롤레타리아 문학이나 모더니즘 문학의 경우 이데올로기적 금기 때문에 활발한 연구가 수행되지 못하였으나, 최근 냉전체제가 허물어지면서 이데올로기적 한계를 뛰어넘는 연구 성과가 나오게 되었다. 지금까지 프로문학에 대한 연구는 조선프롤레타리아예술동맹(KAPF)의 구성원들을 중심으로 이루어져 왔다. 그러나 이들의 대부분이 월북했다는 이유 하나만으로 우리의 학계에서 제외되어 왔으며, 북에서도 정치적 이유로 숙청을 당하여 대부분 문학사에서 사라지고 말았다. 최근에 이르러 이들의 문학을 재평가하려는 움직임이 일어나면서 관심이 고조되고 있는 것은 완전한 문학사의 복원을 위해서도 다행한 일이 아닐 수 없다"고 썼다.

그는 민족의 식민지적 현실을 타개하고자 노력했던 프로문학가에 대한 자료집 발간을 통해 연구자들의 노고를 돕고, 이데올로기적 한계에 의해 명맥이 끊어진 프로문학을 복원해 한국 현대문학사를 온전히 잇고자 했다.

『현대문학자료집』 1차분의 권별 제목은 1권 形象, 2권 藝術, 3권 文學, 4권 文學, 5권 大潮, 6권 大潮, 7권 協同, 8권 協同, 9권 協同, 10권 協同, 11권 救國, 12권 新聞이며 2차분 권별

제목은 1권 大衆公論, 2권 文藝中央, 3권 無産者, 4권 鑛業朝鮮, 5권 農業朝鮮, 6권 農業朝鮮, 7권 朝鮮, 8권 朝鮮, 9권 朝鮮, 10권 朝鮮, 11권 家庭知友, 12권 半島之光, 13권 解放이다.

『현대문학자료집』 1차

이후 출판사 규모가 조금씩 커지면서 당장 눈앞에 보이는 욕심을 따라가다 낭패를 당하기도 했다. 당시 일본 책 해적판을 찍어 몰래 판매했는데 수익이 괜찮았다. 그러던 어느 날 다른 출판사 영업직원이 서광학술자료사에서 불법으로 영인한 일본 책을 일본인에게 판매하는 바람에 꼬리를 잡혔다. 이 일로 2년 넘게 시달렸다.

『현대문학자료집』 2차

하지만 그때의 부끄러운 '오점'은 박이정출판사를 키워낸 '계기'가 되었다. 박찬익 대표는 '쉽게 돈이 되는' 학술자료 영인에서 '사회에 기여하고 의미 있는' 전문서적 출판으로 과감하게 방향키를 돌렸다.

"이렇게 출판하면 당분간 수익은 늘지라도 떳떳한 출판을 하지 못하겠다는 생각이 번쩍 들었어요. 초심으로 돌아가 정상적인 출판을 서둘렀죠."

그렇게 해서 출판사 이름으로 처음 기획한 책이 세상에 태어났다. 1992년 발간한 '우리말 밝히기' 시리즈였다.

박이정의 편집디자인 변천사
모방하고 창조하고⋯시대를 디자인하다

1989년 서광문화사는 첫 책으로 중국 조선족 학자가 쓴 국어 연구 책을 영인해 발간했는데, 인쇄물의 원본을 사진으로 복사해 인쇄하는 일을 '영인'이라고 한다.

박이정에서 영인본 작업으로 만든 『태평광기언해』

제작과정을 살펴보면, 먼저 원본을 가지고 을지로에 가서 당시 최고 선명도를 자랑하는 복사기로 한 페이지 한 페이지 복사한다. 그런 다음, 복사한 글자가 잘리지 않게 칼로 바짝 자른 후 여백에 묻은 잉크 자국이나 낙서를 화이트 펜으로 일일이 지운다. 유리판 위에 있는 모눈종이(눈금이 있는 종이)에 칼로 자른 글자를 반듯하게 붙이고, 하단에 스티커로 되어있는 쪽수를 붙인다. 이것을 대지작업이라고 하는데, 이렇게 짠 판을 인쇄소에서 2장 또는 4장을 붙여 마스터 청사진을 찍은 후 인쇄기에 걸어서 최종적으로 인쇄를 하게 된다.

보통 영인본은 100질가량 초판을 찍어 판매하고 다 판매되면 보관했던 대지를 인쇄소에 넘겨 재쇄를 했다. 해제나 차례는 청타(淸打)나 사식(植字)하여 책 앞에 붙이고 판권은 색지로 판권에 들어가는 내용을 붓으로 쓰거나 사식하여 뒷면에 붙였다. 표지는 보통 하드커버로 하는데, 책 제목 등을 청타나 식자로 쳐서 동판을 찍어 만들었다. 은박, 금박, 먹박, 컬러박 등을 다양하게 사용했다.

박이정에서 영인본 작업으로 만든 책으로 『태평광기언해』, 『명황계감언해』, 『규장전운·전운옥편』 등 고서 자료와 『사해평론』, 『현대문학자료집』 등 근현대 문예잡지, 『조선어 어휘사』, 『한조언어문자 관계사』, 『조선의 토대비문법』 등 중국 조선족 국어연구서 등이 있다.

영인본은 △원본을 그대로 보존해야 가치가 있는 필사본이나 판각본

△잡지 등 분량이 방대해 조판하기 어렵거나 초기 비용이 많이 들어가는데 재판을 찍기 어렵거나 소량을 찍어 판매하는 경우 △원본을 구하기 어렵거나 비싼 고서 △외국 책이라 구하기 어렵거나 고가의 책일 때 주로 사용하는 편집 방식이었다.

영인본은 원본을 사진으로 복사해 인쇄하기 때문에 질이 다소 떨어지는 단점이 있었지만, 원본 대체물로 연구자들에게 잘 팔렸다. 단, 출판사에서 판권을 계약하지 못한 불법 책이거나 외국 책을 무단으로 찍어 판매하는 해적판이 많아 문제가 되기도 했다.

출판사를 설립한 1989년부터 1990년대 초반까지 '영인본' 책을 주로 만들었다가 이후 청타가 활발해지면서 일일이 사식을 하지 않고 어느 정도 책을 편집해 만들게 되었다. 이때 청타는 A4용지 한 장을 기준으로 입력하는데 얼마씩 돈을 주고 원고를 만들었다. 『국어토씨연구』는 별쇄본 논문을 모아 판형에 맞지 않는 논문은 청타를 쳐서 만든 책이다.

1990년대 후반에는 한글컴퓨터가 나왔다. 아래한글 2.0버전이라 출력상태가 좋지 않고 흐린 경우가 많았지만 청타보다 속도가 빠른 장점이 있었다. 아직 레이저프린터가 보급되지 않아 느린 속도의 잉크젯(도트프린터)으로 선명도가 낮게 출력을 했다.

2000년대가 되어서 한글컴퓨터의 성능이 좋아지고 서체도 지원되어 컴퓨터 조판 책이 본격적으로 나왔다. 이때도 출력회사와 컴퓨터 편집의 서체라든가 버전이 맞지 않아 어려움을 겪었고, 특히 고어나 한자 등은 지원이 안 되거나 굵게 나와 따로 획수를 따서 집자를 해야 하는 글자도 많았다.

2000년 중반에 이르러 레이저프린터가 등장했는데 가격이 소형차 한 대 값이 될 정도로 비쌌다. 이때 컴퓨터로 편집하고 레이저프린터로 출력해 마스터나 옵셋 인쇄를 하면 최고의 책이었다. 2000년대 중반을 넘어서면서 한글 개인용 컴퓨터의 성능이 급속도로 발전해 속도가 빨라지고 퀄리티도 좋아졌다. 또 편집전문용 매킨토시 컴퓨터의 보급이 일반화되어 고급 디자인이나 컬러 표지를 만드는 일이 용이해졌다.

2010년도에 들어와서는 매킨토시와 아래한글을 보완하는 인디자인이 개발되어 더욱 쉽고 빠르게 디자인 작업을 할 수 있게 되었다. 인쇄에서도 CTP 출력이라고 하여 필름 단계를 거치지 않고 바로 인쇄판에 출력이 되는 시스템이 들어와 속도는 물론 인쇄비용을 절감시켰다. 2010년대 후반에 들어선 최근에는 소량 맞춤형 인쇄인 POD가 발달하여 마스터 1도 인쇄와 비슷한 저비용으로 소량 컬러 책을 만들게 되었다.

정착기 | 1992. 3 ~ 1995. 8

국어학 전문 출판사로 한 단계 발돋움하다

『국어구조의미론』, 『국어토씨연구』 등 '우리말 밝히기 시리즈' 출간으로 정식 출판을 시작했다. 형태론, 통사론, 음운론, 의미론, 국어학 자료집, 국어학 주해 등 다양한 전문서가 출간됨으로써 국어학 전문 출판사로 한 단계 발돋움했다.

'교양서' 저물고 '실용서' 대세…다양성 시대에 접어들다

1990년대로 접어들면서 출판계는 또다시 새로운 변화를 맞이한다. 1991년 소련 붕괴와 동유럽 자유화 바람으로 1980년대 베스트셀러였던 이념도서(사회과학 서적)가 자취를 감추고 과학, 경제, 환경, 미래학 등 특수 분야 출판이 활발해졌다. 80년대가 교양서 중심이었다면 90년대는 실용서가 대세로 자리 잡았다.

특히 개인의 '성공', '자기계발' 등의 키워드가 독자들의 욕구를 자극했고, 『꼬리에 꼬리를 무는 영어』 등의 실용서가 강세를 보였다. 『소설 목민심서』, 『소설 토정비결』, 『소설 동의보감』 등 역사소설의 붐도 눈에 띄는 대목이다. 『반갑다 논리야』는 1993년 당시 대학입시제도의 변화(수능시험, 논술 중요성 부각)에 따라 베스트셀러 1위에 오르는 이변을 연출하기도 했다. 그야말로 다양성이 극대화된 시대였다.

문민정부가 들어서고 1993년을 '책의 해'로 지정하면서 다양한 출판 관련 행사가 이어져 책과 독서에 대한 관심이 높아졌다. 서울도서전이 개최되었고 1995년부터는 서울국제도서전으로 이름을 바꿔 국제도서전의 면모를 갖추었다. 다양한 지적욕구를 가진 독자층의 확대와 대외적 도서지원 사업이 맞물리면서 출판계의 판이 커졌다. 많은 출판사들은 베스트셀러 '한 방'을 꿈꾸었고 실제로 성공확률도 높았다.

이러한 시대적 상황에서 박이정출판사(당시 서광학술자료사)는 '불특정다수를 겨냥한 베스트셀러' 대신 '특정소수를 위한 전문출판'의 길을 선택한다. 1992년 『국어구조의미론』, 『국어토씨연구』 등 '우리말 밝히기 시리즈'를 출간하면서 '국어학 전문 출판사'로 확실한 색깔을 갖게 된 것이다.

부길만 동원대 명예교수(전 한국출판학회 회장)는 "베스트셀러를 중심으로 움직였던 출판 시장에서 박이정이 '전문화의 길'로 간 것은 출판 역사에서 굉장히 의미 있는 일"이라며 "1990년대 중반 이후 박이정의 책들이 우수도서로 많이 선정되었는데, 우직하게 전문화로 갔기 때문에 인정받았다"고 평가했다.

'수익'보다 '의미'를 찾아서…첫 기획도서 '우리말 밝히기' 시리즈 출간

박이정의 첫 기획도서 '우리말 밝히기' 시리즈

1992년 발간한 '우리말 밝히기' 시리즈는 첫 기획도서로, 1989년 서광문화사를 설립한 이후 3년여 만에 이루어진 결과였다.

당시 우리말에 대한 분야별 연구 성과물은 많았지만, 하나의 총서로 묶은 경우는 없었다. 이에 서광학술자료사는 음운론, 형태론, 통어론, 의미론, 국어사, 국어학사, 방언학 등 국어학 전 분야에 걸친 논문집이나 저서 등을 '우리말 밝히기'라는 이름 아래 총서 형태로 출간했다. 단순한 논문집이나 단일 저서의 묶음이 아니라 지금까지 발표된 논문은 물론 논저 일람표까지 자세하게 붙임으로써 국어학 연구자들에게 훌륭한 지침서 역할을 했다는 데 의의가 있다.

시리즈 중 첫 권은 김승곤 교수가 쓴 『국어토씨연구』로 정했다. 발행일로 따지면, 1992년 3월 1일 출간한 『국어구조의미론』(양태식 저)이 1992년 5월 30일에 나온 『국어토씨연구』보다 앞섰지만, 『국어구조의미론』은 부산의 태화출판사에서 초판 발행한 책을 교정 봐서 재판을 찍었기 때문에 상징적인 의미를 고려해 『국어토씨연구』를 맨 앞에 세웠다. 이후 『19세기 성서의우리말연구』(1992), 『국어복합어의의미연구』(1993), 『한국어문법의연구』(1994년) 등으로 이어졌다.

'우리말 밝히기' 시리즈는 별쇄본 논문을 묶고 판형에 맞지 않는 논문은 청타를 쳐서 만들었으며, 첫 기획도서라 정성을 많이 들였다. 북 디자인이 중요하다는 인식에서 당시 100만 원이라는 거금을 들여 표지 디자인을 맡겼고, 수십 번 교정을 보고 또 보았다.

> "첫 서점 거래를 위해 책 두 권을 가지고 종로서적을 찾아갔어요. 인문파트장을 만났는데 '서점 경력 10년에 첫 책을 이렇게 정성들여 만들어 사장이 직접 찾아온 경우는 처음'이라며 앞으로 성공할 거라고 격려해주더군요. 과분한 칭찬을 듣고 어찌나 신이 났는지 혼자 미친 사람처럼 웃기도 하고 날뛰기도 했죠."

박찬익 대표가 그때를 회상하며 말했다. 오랫동안 가슴 졸이며 만든 첫 책이 종로서적 담당자에게 인정받자 자신감이 생겼고, 좋은 책을 만들어 사회에 기여하고자 했던 꿈은 더욱 단단해졌다.

📖 국어토씨연구(김승곤 저, 1992)

토씨의 연구방법, 국어 토씨의 연구사, '이' 주격 조사의 어원고, 국어 조사의 직능고, 한국어 조사의 어원 연구 등 오랫동안 토씨 및 씨끝 연구에 매진해 온 권위자의 내공을 엿볼 수 있는 귀중한 자료들이 세세하게 기록되어 있다.

저자인 건국대학교 김승곤 교수는 토씨에 대한 연구를 말밑 연구, 의미 분석, 용법 연구, 통어기능 연구, 토씨의 분류문제 등으로 요약해 서술하고 있으며 토씨 문제 중 가장 중요한 통어기능, 즉 하나의 토씨가 어떤 경우에 쓰이며 어떻게 쓰이는가에 대해 조사 연구한 내용을 담고 있다. 부착어인 우리말에서 토씨는 의미적 직능, 정서적 직능, 문법적 직능을 포괄적으로 가지고 있기 때문에 토씨의 심도 깊은 연구야말로 우리말 연구에 있어 매우 귀중한 분야를 차지한다고 볼 수 있다.

📖 국어구조의미론(양태식 저, 1992)

구조의미론 분야에서 대표 학자로 꼽히는 서울교대 국어교육과 양태식 교수가 그동안 발표한 수준 높은 논문들을 모아 한 권의 책으로 엮었다. 목차를 살펴보면 1장 구조의미론의 얼안, 2장 의미와 의미론, 3장 어휘소와 의미소, 4장 의미소의 관련 구조, 5장 어휘체계의 의미구조, 6장 의미 분석의 방법으로 구성되어 있다.

서울대 교수로 재직하며 한글학회 회장을 역임했던 고(故) 허웅 교수는 머리말에서 "근대언어학의 특징은 말의 요소를 개별적으로 관찰하지 않고, 가로세로의 관계에서 생겨나는 구조를 파헤치려고 하고 있다. 이 구조는 단순히 설명의 편의로 설정되는 것이 아니라, 사람의 정신세계에 뿌리를 가진 것으로 우리는 생각하고 있다. 이것이 주시경 스승의 언어관이다"라며 "최근 국어학계에서도 낱말의 뜻과 그 관련성의 본바탕을 파헤치려는 데로 기울여져 많은 성과를 올리고 있다. 국어학계를 위해서 매우 기쁜 일이다. 학자로서의 자질과 정열로 존경을 받아오고 있는 양태식 교수의 책은 우리 학계의 큰 경사"라고 치하했다.

📖 19세기 성서의 우리말 연구(정길남 저, 1992)

그동안 연구자들에게 소외되어 왔던 19세기 국어에 관심을 기울여 온 서울교대 정길남 교수가 19세기 후기에 간행된 성서 문헌들에 나타난 국어학적 특징을 음운, 형태, 표기, 의미로 나누어 고찰한 연구논저이다. 성서 문헌은 19세기 당시 국어로 표기되어 있으면서도 아예 국어의 연구 대상에서 제외되었는데, 1990년대에 이르러 성서 문헌들이 19세기에 간행된 신문이나 개화기 교과서 등 전통적인 우리말 문헌에 못지않게 많은 언중들에게 읽혀진 구어 중심의 우리말 문헌이었다는 사실이 인식됨으로써 그 가치를 인정받게 되었다. 이 책은 여러 학술지에 발표했던 것들을 간추려 썼으며, 성서 문헌들이 지니는 편벽성을 다소나마 보완하기 위해서 19세기에 간행된 일반 문헌들도 참고했다.

📖 한국어 문법의 연구(권재일 저, 1994)

'우리말 밝히기' 시리즈의 7번째 책으로, 서울대학교 언어학과 권재일 교수가 10여 년 동안 연구해 온 한국어 문법에 대한 연구 내용을 체계적으로 정리해 펴냈다.

이 책은 크게 세 부분으로 나누어 모두 18장과 부록으로 구성했다. 1부는 '문법 기술'로, 한국어 문법을 기술하는 방법론에 관한 논문들을 담았다. 2부는 '문법 변화'로, 역사통사론의 일반 이론을 제시하고 구체적으로 한국어 문법 변화를 연구한 논문들을 제시했다. 3부는 '문법 연구의 흐름'으로, 한국어 문법 연구에 대한 연구사적인 서술을 시도한 논문들을 실었다. 부록으로 영어로 발표한 논문 한 편을 덧붙였으며, 본래 발표되었을 당시의 논문 논지가 그대로 유지되도록 했다.

우리말 토씨, 분류 및 통계 통해 원리 규명

Q 『국어토씨연구』는 박이정의 첫 기획도서로, 이후 국어학 전문 출판사로 도약하는 계기가 되었습니다. 어떻게 해서 이 책을 펴내게 되셨는지요?

건재 정인승 박사님께서 한글학회 사전을 만드시면서 느끼신 분야가 토씨와 씨끝(어미)밖에 없으니 이 분야를 연구하라는 가르침에 따라, 나는 그동안 이 분야 연구를 꾸준히 하여 여러 편의 논문을 발표했습니다. 제자 박 사장이 출판사를 차리고 내게 '우리말 밝히기' 기획에 대하여 충분하게 설명하고 출판을 제안했기에 이 책이 나오게 되었습니다.

Q 평생을 토씨와 씨끝 연구에 매진해오셨습니다. 특별히 기억에 남는 일이 있으신가요?

우리말 토씨를 연구하려면 그 어원을 먼저 밝혀야 하는데 어원을 밝히자면 토씨와 씨끝의 두 연구가 있어야 합니다. 무엇보다 주격조사 이(伊)와 관형격조사 의(矣)를 밝힌 것이 기억에 남습니다. 이러한 결과는 다른 사람이 쓴 논문을 인용하는 데 그치지 않고 우리말 토씨를 일일이 찾아 분류하고, 통계를 내어 그 발달 원리를 밝힘으로써 가능했던 일입니다.

우리 토씨의 확실한 용법과 그 어원을 알고 가르치고 배워야 한다는 점과 지금까지 그 용법의 전모를 확실히 밝힌 책은 『국어토씨 연구』밖에 없었을 것입니다. 나는 교수로서 강단에서 내려온 지 오래되었습니다. 그 후에도 연구한 결과를 모아 몇 년에 한 권씩 꾸준히 책을 펴냈습니다. 지난해에는 평생 동안 저술한 저서와 미흡한 자료들을 보충하여 총 15권으로 이루어진 전집을 발간하였습니다. 국어의 모든 분야에 걸친 연구 서적이므로 국어 연구에 편람서 구실을 할 것으로 기대하고 있습니다.

또 후학들에게 한 마디 당부하고 싶은 말은 학문을 할 때 어느 한 부분에만 매달리지 말고 국어학 전반적인 분야에 대한 연구가 필요하다는 것입니다. 토씨와 씨끝부터 시작하여 우리말의 전체 모습을 살펴야 알찬 보람이 있을 테지요. 학문이 학계에만 머물지 않고 일반 국민의 언어생활에도 직접적인 도움을 줄 수 있어야 합니다.

Q 한말연구학회 초대회장과 한글학회 회장을 역임하면서 평생 한글운동을 해오셨습니다. 현시점에서 한글운동이 나아갈 방향성에 대해 한 말씀 부탁드립니다.

한말연구학회는 수준 높은 국어논문을 분야별로 연구 발표하여 일 년에 한 번씩 논문집을 출판했는데, 지방으로 다니면서 1박 2일 동안 열정적으로 연구 발표를 하던 일들이 기억에 남습니다. 건국대학교를 중심으로 시작해 그 후 후학들이 열심히 노력하여 훌륭하고 큰 학회로 발전하고 있어 보람이 있습니다. 또 한글학회 회장으로 있을 때 창립 100돌 행사를 준비하고 『한글학회 100년사』를 발간했습니다.

한글학회는 우리 말글을 연구하고 보급하기 위해 조직된 학술단체로서, 그 역할과 책임이 무겁다고 할 수 있습니다. 많은 이들이 아직까지도 한글학회를 조선어학회 사건의 연장선상에서 바라보고 역사의 유물처럼 인식하고 있는 것은 옳지 않아요. 학회는 과거의 유물이 아니라 우리 말글의 미래를 책임진 학술단체입니다. 그런 의미에서 학회는 정부의 예산을 적극적으로 유치하여 우리 말글 보존을 위한 사업, 이를테면 국어사전 편찬 사업 따위를 다시 시작할 필요가 있습니다. 우리 국어사전에는 아직도 숱한 지역어, 사투리들이 빠져 있고 우리 옛말들이 온전하게 거두어지지 못하였습니다. 이러한 사업들을 위해 회원들이 합심해서 정부를 움직여야 할 때라고 생각합니다.

Q 평생을 바쳐온 한글이 소외되고 변질되는 모습을 볼 때 심정이 남다르실 것 같습니다.

오늘날의 우리글과 말을 과학적으로 정리·정돈한 한글학회가 문체부의 잘못된 정책으로 소외되고 있는 점에 분통을 금할 수가 없습니다. 국립국어원이 국가적으로 이 일을 맡고 있으나 한계가 있고 우리글은 외국어, 은어, 비속어, 축약어 등으로 수렁에 빠져 있습니다. 게

다가 우리의 앞날을 책임질 젊은 세대는 더욱 우리글과 말을 파괴하고 있습니다. 언어정책과 교육을 강화하여 소외되고 변질되어 가는 우리 말글을 바로잡아 나가야 합니다.

Q 30년 가까이 박이정과 인연을 이어오셨습니다. 어떤 느낌을 받으셨는지요.

아주 성실합니다. 책도 예쁘게 만들 뿐만 아니라 저자에게 아무 부담도 주지 않고 성실히 일하고 있는 점이 특별히 높이 평가할 만합니다. 박이정은 원고를 보내 출판을 부탁하면, 검토하여 저자들에게 출판 여부를 곧장 알려 줍니다. 출판이 결정되면 저자와 충분하게 협의하여 좋은 책으로 출판하려고 노력합니다. 또한 사장을 비롯하여 직원들의 겸손함에 감동을 받았습니다.

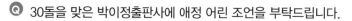

Q 30돌을 맞은 박이정출판사에 애정 어린 조언을 부탁드립니다.

첫째는 좋은 저서를 많이 출판해내는 일과 둘째는 학회 발표회 때 참석하여 회사의 이름을 알리는 것이 더 중요하고, 가급적이면 각 학회에서 내는 홍보물에 홍보활동을 하는 것도 중요하리라고 생각합니다. 혹 일본이나 기타 나라에 수출할 길이 있으면 그런 일에 힘을 내보는 것도 좋을 듯합니다. 각 대학의 국어국문학과에 홍보물을 성실히 보내는 것도 중요하리라 생각합니다.

김승곤 건국대학교 국어국문학과 명예교수는 우리나라의 국어 연구사에서 토씨 연구로 한 획을 그은 위대한 한글학자다. 그의 『국어토씨연구』는 우리말 토씨를 일일이 찾아 분류하고, 통계를 내어 그 발달 원리를 밝힌 의미 있는 성과물로 박이정의 첫 기획도서이며, 이후 국어학 전문 출판사로 도약하는 계기가 되기도 했다.

조선족 연구서 본격 출간…남한과 북한 우리말 잇기에 나서

1992년 '우리말 밝히기' 시리즈로 국어학 분야에서 존재감을 드러낸 박이정출판사(당시 서광학술자료사)는 1993년 본격적으로 조선족 연구서를 출간하며 남한과 북한의 우리말 잇기에 나선다. 남북 분단으로 세종대왕이 만든 소중한 우리말과 글이 두 동강 난지 어느덧 반세기, 이젠 통일문학으로 가는 작은 징검다리라도 놓아야 한다는 심정이었다.

마침 연변대학교 조선한국학학원의 강은국 교수가 한국을 방문해『조선어 접미사의 통시적 연구』,『조선의 문형연구』등의 원고를 전달, 조선족 연구서를 본격적으로 출간하는 계기가 되었다. 당시 중국에서는 한·중 수교로 한국어 열풍이 전국을 휩쓸었는데, 강은국 교수가 상해 복단대학에 한국어과를 만든 후부터 중국 각지 대학들에서 경쟁이라도 하듯 한국어과를 설립하는 진풍경이 펼쳐지기도 했다.

강은국 교수는 연변대학교 조문학부 학부장, 복단대학교 외문대학 부학장을 역임했으며 김일성종합대학교 초빙연구원, 인천대학교, 전남대학교 객원교수를 지냈다.

대학 교단에서 30여 년간 한국어교육과 연구 사업에 매진하며 수많은 한국어 전문 인재를 양성한 강 교수는『문장지식』(1984),『조선어의 민족적 특징』(1987),『조선어 접미사의 통시적 연구』(1993),『조선어 문형연구』(1993),『조선어문법』(1995),『남북한의 문법연구』(2008) 등의 저서와 80여 편의 학술 논문을 발표했다. 한글 연구 및 보급을 통해 한글 발전에 크게 이바지한 공적을 인정받아 2012년 대통령 문화포상을 받기도 했다.

강은국 교수

📖 조선어 접미사의 통시적 연구(강은국 저, 1993)

역사문헌과 방언 등 방대한 자료에 근거해 15~19세기 조선어 접미사의 발달과 변화를 저술한 책으로, 연변대학교 강은국 교수의 박사학위 논문을 엮었다. 저자는 문헌자료를 시기별로 분류해 전면적으로 접미사 체계의 발달과정을 밝혔으며, 어원적으로 접미사의 생성과정을 자세히 연구했다. 아울러 실질적 단어의 추상화 법칙을 구명하고 접미사의 조어기능의 중장, 형태와 의미의 긴밀화 및 접미사와 어음, 문법체계 간의 상호 연계성과 관련성을 논술했다. 무엇보다 조선어 접미사의 통시대적 연구를 통해 역사적으로 일목요연하게 귀납함으로써 학술적 가치를 인정받았다.

새로운 집필진 구성…국어교육 분야로 의미 있는 첫걸음

박이정출판사는 1993년을 기점으로 또 다시 한 걸음 내딛는다. 출판사 설립 초기에는 박찬익 대표의 모교인 건국대학교 국어국문학과 교수들의 도움을 많이 받았는데, 타 대학교 교수와의 교류가 활발해지면서 1993년 10월 연세대학교 남기심 교수를 섭외해『국어조사의 용법』을 출간, 새로운 집필진을 구성하는 데 중요한 전환점이 되었다.

 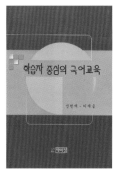

『국어조사의 용법』『학습자 중심의 국어교육』

아울러 국어학 전문 출판사에서 국어교육 분야로 영역을 확대하는 의미 있는 발자취를 남겼다. 1993년 한국교원대학교 신헌재 교수와 인연을 맺어 첫 국어교육 책인 『독서교육의 이론과 방법』을 펴냈으며, 이듬해인 1994년에는『학습자 중심의 국어교육』을 발간했다. 『독서교육의 이론과 방법』은 초기 국어교육의 이론과 방법을 제시한 책으로, 초등 교사를 꿈꾸는 학생과 교사들이 거의 한 권씩 구입했을 만큼 입소문을 타고 많이 팔렸다.

언어학 관련 책도 꾸준히 발간했다. 1994년에는 첫 언어학 번역서에 도전해『언어변화』(이기숙 역)를 펴냈고, 개화기 시대 교과서·신문·잡지·신소설 등에 산재한 어휘들을 수집하고 분석해 10여 년 만에 출간한『개화기 국어 어휘자료집』은 개화기 국어 어휘에 대한 기초자료로서 중요한 역할을 했다.

📖 독서교육의 이론과 방법(신헌재 외, 1993)

독서교육의 개념과 독서교육 방법론, 문학교육과 독서지도, 읽기 부진아 지도, 학습방법으로서의 독해지도, 독서교육 평가까지 독서교육의 이론과 방법에 대한 포괄적인 정보를 제공하고 있다. 무엇보다 저자들의 경험을 토대로 우리나라 각 급 학교의 독해와 독서교육의 문제가 무엇인지를 규명해 보고, 이를 해결하기 위해 그동안 국내에서 출간된 독서교육 이론과 실제에 관한 제반 문헌들을 검토해 다시 토론하고 정리해 출간했다는 점에 큰 의의가 있다.

📖 개화기 국어 어휘자료집 전5권(박영섭 저, 1994~1997)

'독립신문 편'은 한글전용과 띄어쓰기 시도 등 국어 발전에 크게 이바지한 점을 중요하게 다루고 있으며 '신소설 편'은 개화와 더불어 새로운 문명이 들어오면서 고유어가 위축·소멸·대체되는 양상을 분석했고, '교과서·신문 편'은 개화기에 쓰인 특수어휘, 고유한자어와 취음어, 신어와 차용어 등을 고찰했다. '잡지 편'은 한국 최초의 근대적인 종합잡지였던 〈소년〉과 〈청춘〉 등에 나타난 어휘들을 수집·분석했다. '외래어 편'은 우리나라 근대화 이후 들어온 수많은 외래어를 개화기 문헌을 중심으로 수집해 동양계와 서양계로 나누어 정리했다.

저자와의 대화 | 『독서교육의 이론과 방법』 신헌재

초등 교사와 예비 초등 교사들의 필독서로 인기

Q 교원대 초등국어교육연구소 설립 때부터 박이정출판사와 제휴해 다양한 총서를 출판했습니다.

1985년도에 개교한 한국교원대학교는 유·초·중등교육 전체를 아우르는 사범교육기관으로 대학원 초등국어교육 전공의 경우 국내 최초로 석사과정을 1986년에, 박사과정을 1989년에 제정해 이 분야의 학문적 전공성을 제도적으로 완비했습니다. 1990년대 후반부터 시작해 2002년에 자리 잡은 초등국어교육연구소는 연구원들의 연구결과들을 매년 학술지로 발행하는 일부터 시작했는데, 박이정출판사의 적극적인 도움을 받았습니다.

박이정 편집부와 논의해 번역총서 2호, 연구총서 8호, 기획총서 7호, 기타 10권을 출판했고, 박찬익 사장님은 우리 연구소 활동의 진작을 위해 매년 100만 원(당시로서는 적지 않은 액수임)을 기부하기도 하셨지요. 이에 힘입어 우리 연구소는 초등국어교육을 다시 박사과정생의 전공에 따라 듣기·말하기교육, 읽기교육, 쓰기교육, 문학교육 및 문법교육으로 세분화해서 연구한 업적들을 담았고 초등국어과 교수·학습 방법, 국어교수학습 평가 및 학습자 중심의 학습, 협동학습, 창의성교육 등 초등국어교육의 전반에 걸쳐 시의적절한 사항들을 다루는 데 전심을 기울일 수 있었습니다. 그리하여 초등국어교육의 학문적 정립에 기초를 닦는 일을 주도하게 되었는데 박이정출판사의 도움이 무척 컸습니다.

Q 『독서교육의 이론과 방법』은 초등 교사와 예비 초등 교사들의 필독서로 꼽힐 정도로 인기가 높은데, 비결은 무엇일까요?

1990년대 초 교원대 대학원의 독서교육론 강의시간에 당시 구미의 원서 가운데 현장교육에 참고할 만한 참신한 서적 대여섯 권을 가려서 한 학기 동안 원서강독을 한 일이 있었습니다. 그때 함께 번역한 대학원생들과 그 과제를 다시 방학 동안 다듬고 정리해서 자라나는 세대를 위한 독서교육에 선용하면 소기의 효과를 달성하리라는 나름의 믿음을 가지고 박이정에 부탁했는데, 애정을 가지고 잘 편집해준 덕분에 좋은 반응을 불러일으키는 것 같아 기쁘게 생각합니다.

Q 초등국어교육의 많은 분야 중 독서교육 관련 책을 펴내신 이유가 궁금합니다.

본디 국어교육 연구는 독서교육 이외에도 작문교육, 화법교육, 문학교육, 문법교육 등 여러 분야로 나뉩니다. 그중에도 90년대에 처음 독서교육에 관심을 두고 책을 펴낸 이유는 당시만 해도 제대로 된 독서교육 관련 전공서적이 우리나라 출판계에는 많이 부족한 상태였어요. 반면 당시 학계는 물론 현장의 교육계에서도 차츰 독서교육에 관심을 갖고 이 분야의 책을 많이 찾던 때였지요.

처음에는 외서 한두 권을 번역하는 정도로 생각했으나 그보다는 우리나라 교육현장에 필요한 것들을 모아서 우리 실정에 맞게 기술하는 것이 좋겠다고 판단해『독서교육의 이론과 방법』을 제자들과 함께 공저로 펴냈습니다. 공저자들은 지금 대학교수로, 학교 교장으로 큰 몫을 하지만, 당시엔 모두 현장 초·중등교사들이어서 현장 경험을 충분히 살려낼 수가 있었어요.

우리 초등국어교육연구소에서 독서교육 못지않게 다른 분야 책들도 많이 냈지만 유독 독서교육 분야에 집중되는 것은 90년대에 처음 낸『독서교육의 이론과 방법』의 영향이 컸던 데다. 그에 못지않게 내 뒤를 이어 교원대 초등국어교육연구소의 소장이 된 이경화 교수가 독서교육의 전문가로서 큰 의욕과 비전을 가지고 적극적으로 연구한 결과물들을 많이 낸 까닭이 아니었나 생각합니다. 우리 연구소와 이경화 교수의 연구 가치를 일찍이 인정해준 박이정출판사의 혜안과 지원 덕분에 독서교육 분야에서 나름의 성과를 거둔 것에 감사하지 않을 수 없습니다.

Q 이 책이 학생들이나 교사, 혹은 일반 독자들에게 어떻게 활용되길 바라시나요?

초판 당시에는 독서교육 전공분야에 대한 관심을 높이기 위해 책을 펴냈지만, 지금은 좀 더 진일보하여 균형적 읽기, 사고하며 읽기, 저자와 대화 나누듯이 하는 주체적 읽기, 나아가 평생독자로서의 기틀 다지기 등에도 활용되었으면 하는 바람입니다.

Q 초판을 발행한지 25년이나 지났습니다. 지금 우리 교육환경에서 독서교육을 평가하신다면?

지금은 독서분야 책도 양적으로 질적으로 상당히 풍성해졌을 뿐 아니라 각 학교와 지방마다 도서관 시설이 좋아져서 독서환경이 비교할 수 없을 정도로 훌륭해졌어요. 그런데 많은 오락기기, 매스미디어 발달이 차분히 앉아서 독서하는 활동에 방해를 줄 정도가 되었어요. 나아가 지속적인 독서활동과 평생독자로서의 습관 형성을 저해하는 적신호 효과까지 보여 걱정입니다. 이제는 이런 매스미디어들을 도구삼아 독서교육 활성화에 긍정적 효과를 도모할 방안을 강구해야 할 때라고 봅니다.

Q 오랫동안 박이정과 인연을 이어오셨는데, 함께 작업하면서 어떤 느낌을 받으셨는지요?

박이정과의 인연은 곧 박찬익 사장님과의 인연에서 온다고 해도 과언이 아닌데, 처음 신설동 4거리 부근에서 작게 시작할 때부터 접했던 인상은 한마디로 빈틈없고 근실하다는 점이었어요. 그리고 솔직 담백하다는 점에서 호감이 갔어요. 다른 출판사를 많이 접해보지는 못했지만 일부 일확천금을 노리는 그런 부류와는 비교할 수 없을 만한 신뢰감도 보여서 좋았습니다.

Q 30돌을 맞은 박이정출판사에 애정 어린 조언 한 말씀 부탁드립니다.

신설동에서 조그맣게 시작하던 때가 엊그제 같은데 어느새 30년의 성상을 헤아리게 되었다니 감회가 새롭습니다. 지금까지 성실하게 그러면서도 우리나라 문화계와 학계와 교육계의 변화과정을 예의주시하고 그에 부응하는 도서들을 민활하게 상재해 왔듯이 앞으로도 그런 자세를 가지고, 도서출판 전문가로서의 사명과 자부심을 더욱 키워가면서 계속 성장 발전하기를 충심으로 기원합니다.

신헌재 한국교원대학교 초등교육과 명예교수는 초등국어교육의 학문적 정립에 기초를 닦는 일을 주도하게 되었는데 이때 박이정출판사의 도움이 무척 컸다고 밝힌다.

성장기 | 1995.9 ~ 2000.12

국어국문학 중심 출판사로
영역을 확대하다

박이정출판사로 이름 바꿔 국어학에서 국어국문학 전문 출판사로 영역을 확대하고 고전, 설화, 한국문학, 민속학 등 다양한 분야의 출판에 주력했다. 무엇보다 타 출판사에서 엄두를 내지 못했던 『성산 장덕순 선생 저작집』, 『판소리문학전집』, 『옛말자료 연구총서』 등 방대한 분량의 전집 및 총서 기획 발간으로 한국 출판사에 의미 있는 발자취를 남겼고 대외적으로 인정받았다.

더 쉽고 더 재미있게…디지털 시대에 발 맞춰 출판계도 변신

1990년대 중반 이후로 접어들면서 독자들의 욕구가 눈에 띄게 변화하기 시작했다. 고급 학술도서나 전집 등 '묵직한' 도서보다는 '작고 가벼운' 페이퍼백 스타일의 단행본이나 화보 중심의 잡지를 선호하는 경향을 보였다. 내용면에서도 쉽고 재미있는 도서가 잘 팔렸다. 컴퓨터, 어학, 경영서 등 실용서와 처세술 관련 도서들은 90년대 초반부터 후반까지 계속 강세를 나타냈다.

이 시기에 가장 중요한 사회적 이슈는 퍼스널 컴퓨터(PC)와 휴대폰의 등장이었다. 젊은 세대들은 책보다 새로운 매체에 열광했고 사회문화 전반도 그에 맞춰 빠른 속도로 변해갔다. 인터넷, 컴퓨터 게임, 케이블TV 방송 등 다양한 오락거리가 여가생활의 트렌드로 급부상했고 도서대여점이 전국적으로 확산되면서 대중문학도서 판매는 큰 타격을 받았다.

디지털 시대에 발 맞춰 인터넷서점이 등장했고 1995년 유통시장 개방, 1997년 출판산업 시장 전면개방으로 이어지면서 무한경쟁 시대로 접어들었다. 사느냐 죽느냐, 절체절명의 위기에서 출판계는 치열하게 몸부림쳐야 했다. 단순히 좋은 책을 만들기 위해 에너지를 집중했던 시대에서 좋은 책을 잘 팔아야 하는 이중의 고민을 짊어지게 되었다. 그로 인해 신문이나 방송매체와의 연계, 영화화, 저자와의 대화 및 사인회 등 다양한 마케팅과 광고전략 등이 등장했다. 독자층을 잡기 위해 무리한 마케팅을 진행하거나, 베스트셀러를 인위적으로 만들어내는 부정한 시도도 나타났다.

1997년 외환위기는 출판계를 뒤흔들었다. 출판 전 분야에서 가격파괴 바람이 불기 시작해 도서정가제를 위협했고, 매출 순위 1·2위의 서적도매상을 비롯해 수많은 도·소매서점이 연쇄 도산하는 바람에 출판사들은 큰 타격을 받았다.

우직하게 '전문화의 길'로…'넓이와 깊이' 두 마리 토끼를 잡다

'디지털'과 '무한경쟁'이라는 두 가지 키워드가 출판계를 뒤흔들던 1990년대 중반, 박이정 출판사도 새 옷으로 갈아입었다. 1995년 9월 '박이정출판사'로 다시 이름을 바꾸면서 '넓이와 깊이가 있는 책을 만든다'는 출판 철학과 방향성을 선명하게 드러냈다.

이름에 걸맞게 기존 국어학에서 국어국문학 전문출판사로 영역을 확대하고 고전, 설화, 한국문학, 민속학 등 다양한 범주의 책을 발행했다. '넓이'의 확장이다. 아울러 트렌드에 따라 가볍게 움직이기보다 좋은 책을 만들기 위해, 문화재가 될 만한 책을 만들기 위해 우직하게 한 걸음 한 걸음 내디뎠다. '깊이'의 확장이다.

1995년 펴낸 『성산 장덕순 선생 저작집』은 박이정출판사의 저력을 대내외적으로 각인시킨 명작이다.

> "당시 방대한 책을 재조판해 최고급으로 만드는 작업이어서 비용이 많이 들었는데, 초기 자본이 없는 작은 출판사로서는 큰 모험이었어요. 다행히 전집위원회의 조동일, 최래옥, 조희웅, 정하영 교수님이 헌신적으로 도와주었고 을지로에 있는 화성제책의 전 사장님이 계약 금도 없이 흔쾌히 제작해준 덕분에 결실을 맺게 되었죠. 전집위원들은 훗날 본사의 주요 저자로 활동하며 인연을 이어가고 있습니다."

박찬익 대표의 설명이다. 성산 선생은 한국고전문학과 구비문학에 탁월한 업적을 많이 남겼는데, 특히 설화문학 분야를 개척한 공로가 크다. 『국문학통론』(1960), 『한국설화문학연구』(1970), 『한국문학사』(1976), 『한국수필문학사』(1977), 『한국문학의 연원과 현장』(1986) 등 20여 권의 학술저서를 남겨 후학들에게 큰 영향을 미쳤다.

『성산 장덕순 선생 저작집』은 선생의 지도를 직접 받은 문하생들이 그동안 발표한 저서, 논문, 수필 등을 한데 모아서 정리해 엮은 총 10권의 전집으로 『국문학통론』, 『한국 고전문학의 이해』, 『한국 설화문학 연구』, 『한국문학사』, 『한국 수필문학사』, 『한국문학의 연원과 현장』, 『한국 민속과 문학』 등 학술저서 7권과 『암행어사의 회포』, 『파수병 없는 마을』, 『행랑방 이야기』 등 수필집 3권으로 구성되어 있다.

이듬해인 1996년 박이정출판사는 평론집 『오늘과 내일의 우리문학』(이유식 저)과 현대문학 『내 사랑 꿰린』(이봉원 저) 등 새로운 장르에 도전하면서 '넓이'를 확장해갔다.

『성산 장덕순 선생 저작집』

외환위기 때 전집 기획에 도전장…'좋은 책 만드는 출판사' 인정받아

외환위기가 전국을 강타했던 1997년, 수많은 도·소매서점이 연쇄 도산하는 바람에 출판계까지 큰 타격을 받았던 암울한 시기에 박이정출판사는 과감한 도전을 시도한다. 『판소리문학전집(고전명작 이본총서)』, 『판소리문학역주(고전명작 원전강독총서)』, 『옛말자료 연구총서』, 『판소리자료 총서』 등 유수 출판사도 선뜻 해내지 못한 방대한 전집 기획에 직접 나서기로 결심한 것이다. 특히 경희대학교 인문학연구원 김진영 교수팀과 연계해 출간한 『고전명작 이본총서』는 판소리 문학을 집대성한 역작으로, 제작기간이 10년이나 걸렸다.

> "출판사에 따라 상업적인 면에 비중을 두어 베스트셀러 위주의 책을 내는 출판사도 있고 학술적인 가치, 문화적인 가치에 비중을 두고 양서를 내는 출판사도 많아요. 박이정은 후자에 해당하죠. 물론 현실적인 문제에선 갈등의 소지도 있었지만, 문화재가 될 만한 양서를 만들겠다는 고집으로 밀어 붙였어요. 다행히 이런 뜻을 정부가 인정해주어 우수학술도서에 많이 선정된 것 같아요."

박찬익 대표의 이야기처럼, IMF 외환위기 이후 출판사들이 큰 어려움을 겪을 때 박이정출판사에는 좋은 소식들이 이어졌다. 전문도서에서 쌓은 업적을 인정받아 수많은 우수도서가 탄생했고, 대외적으로 '좋은 책을 만드는 출판사'로 인정받았다. 시류를 타지 않고 꾸준히 성장해온 결과였다.

전집 기획은 1998년에도 꾸준히 이어져 국어국문학 역사에서 큰 획을 그은 주요 인물들의 작품집을 출간했다. 『건재 정인승 전집』과 『안광함 평론선집』이다.

『건재 정인승 전집』은 한글학회 『큰사전』(전6권) 편찬을 주재 완간한 정인승 선생의 탄생 100돌을 맞아 저서와 논문, 신문·잡지에 발표한 글을 모아 정리한 책으로, 말본편부터 강의노트까지 총 7권으로 구성되어 있다. 『안함광 평론선집』은 임화와 더불어 리얼리즘론과 민족문학론을 수립·발전시키는 데 큰 역할을 한 문학평론가 안함광의 평론들을 망라한 5권 전집으로, 한국 근대 비평사 연구의 새로운 전기를 마련했다는 평가를 받는다.

이외에 손대준 교수가 쓴 『일본어 한자연구』, 『실천 일본어 회화』 등 일본어 관련 저서도 펴내며 한 걸음 더 나아갔다.

📖 건재 정인승 전집 전7권(한말연구학회 엮음, 1997)

건재 선생 탄생 100돌을 맞아 저서와 논문, 신문·잡지에 발표한 글을 모아 정리했다. 총 7권으로 구성되어 있으며, 제7권 강의노트를 제외하고는 모두 새로 입력했다. 맞춤법은 말본의 통시성을 중요하게 생각해 원문 표기를 그대로 따르는 것을 원칙으로 했다.

제3권 『논문편』에서는 사전 편찬에 관한 전반적인 문제, "ㅣ"의 역행동화 문제, 모음상대법칙과 자음가세법칙 등을 폭넓게 다루었고 해례본 훈민정음의 연구, 한글날의 유래, 한글운동의 개략 등 선생의 한글사랑을 엿볼 수 있는 논문들이 다수 수록되어 있다.
제4권 『물음과 대답』은 여러 사람들에게 받
은 질문에 답하는 일문일답 형식으로 글자에
관한 것, 소리에 관한 것, 표준말에 관한 것,
맞춤법에 관한 것, 말본에 관한 것, 말뜻에 관
한 것으로 나누어 기술했다. 제5권 『옛글편』
은 고등학교 이상 각 학교의 국어국문학 옛글
교재로 쓰기에 적당하도록 어학적 · 문학적으
로 각 시대를 대표할 유명한 글들을 골라 엮은
책이다. 제6권 『국어운동사』에서는 조선어학회 사건을 다루고 있으며 항일운동가로서의 면모를 엿볼 수 있는
글들이 수록되어 있다. 제7권 『강의노트』에서는 『조선문자사』와 필사본 『용비어천가 강의』를 최초로 공개했다.

📖 안함광 평론선집 전7권(이현식 · 김재용 엮음, 1998)

문학평론가 안함광은 해방 이후 북한에 남아 1967년 숙청되기까지
북한의 문예이론과 문학 연구를 주도해 한국 근대 비평사에서 중요한
업적을 남긴 인물이다. 하지만 자료 취득이 원천적으로 막혀 있어 그
에 대한 연구 성과가 축적되지 못한 한계가 있었다.

이 책은 안함광이 활동했던 전 기간의 평론을 모은 것이다. 말이 '선
집'이지 '전집'이라고 불러도 좋을 만큼 현 시점에서 수집 가능한 모든
평론들을 망라했다. 식민지 시대의 일부 평론이나 분단 이후 대부분의
글들은 이 자료집을 통해 처음으로 공개되는 것들이다.

무엇보다 편자들이 직접 원본과 일일이 대조하는 작업을 거쳤으며, 학술 논문에 인용되어도 손색이 없도록
세심하게 신경을 썼다. 다만 연구의 대중화를 위해 표기체계를 현재 남한의 한글 정서법에 따라 수정했다. 식
민지 시대의 1 · 2권은 주제별로 묶었고, 해방 이후 3 · 4 · 5권은 시대별로 묶었다.

**저자와의 대화 | 『건재 정인승 전집』 조오현 편**

나라말과 나라글, 겨레의 얼 지킨 위대한 스승

Q 여러 해에 걸쳐 건재 정인승 선생의 글들을 모아 정리하셨는데, 어려움이 많았을 것 같습니다.

2년여에 걸쳐 수집했습니다. 처음에 손자 정진현 선생 댁에 보관되어 있으리라 생각하고 방문했는데 생각보다 많은 자료가 없었습니다. 그래서 각 신문사의 옛 기록을 찾고, 선생님께서 근무하셨던 각 대학의 학보나 신문을 대상으로 찾았습니다. 그러는 한편 자료를 찾아주는 회사에 의뢰하기도 했습니다.

이렇게 해서 7권에 달하는 『건재 정인승 전집』을 낼 수 있었어요. 자료를 다 찾았다 생각했는데 출판한 뒤에 다른 자료들이 나와서 아쉬웠던 적이 있습니다. 학자들의 저술들은 단순한 글이 아니고 우리나라 국어연구사의 한 부분인데 보관에 너무 소홀했지 않았나 하는 생각이 듭니다. 원고를 쓰는 일도 중요하지만 보관하는 데에도 힘썼으면 합니다.

Q 건재 선생의 삶에서 가장 감동을 받은 부분이 있으시다면?

나라사랑 정신이 첫째이고, 군자적 삶이 둘째입니다. 선생님은 시간이 나면 책상에 앉아 계셨어요. 90세가 되셔서 뉘어드려야 눕고 부축해야 앉을 수 있는 상태에서도 책은 놓지 않으셨어요. 돌아가시기 직전 방문이라도 하면 늘, 나라와 나라말 걱정을 하셨습니다.

"한글학회에서 다시 사전을 내어 일본말 찌꺼기를 다 걸러내야 한다. 한글전용을 위해 힘써달라. '-이다'는 조사다" 등 언제나 학문과 국어사랑에 대해 말씀하셨습니다. 그리고 남을 헐뜯거나 생각이 다르다고 해서 비난하는 것을 한 번도 들어본 적이 없습니다.

Q 건재 선생의 글 가운데 독자들에게 꼭 소개하고 싶은 내용을 말씀해 주세요.

중앙일보에 연재하셨던 '남기고 싶은 이야기'를 권합니다. 그 글은 우리나라 국어운동사의 아주 중요한 부분입니다.

Q 현재를 살아가는 우리에게 건재 선생이 남긴 유산은 무엇이라고 생각하십니까?

무엇보다 국어사랑 정신이지요. 선생님은 일제의 우리말글 말살정책에 맞서 평생을 나라말과 나라글, 겨레의 얼을 지키는 데에 힘쓰신 애국자이고 독립운동가이십니다. 그래서 함흥감옥소에서 모진 고문을 받고 광복이 된 뒤에야 출소하셨습니다.

출소하신 뒤에도 다시 한글사전 편찬에 힘쓰셨지요. 그런 면에서 한글학회에서 발행한 『큰사전』은 현재에 간행되고 있는 사전과 견줄 수 없는 큰 의미를 갖게 합니다.

Q 30년 가까이 박이정과 인연을 이어오셨습니다.

박이정출판사의 태동기부터 현재에 이르기까지 성장 과정을 곁에서 지켜보았습니다. 박찬익 대표가 대학의 학과 후배이기도 하지만 박이정출판사는 내가 주도하여 첫 호를 간행했던 한말연구학회의 〈한말연구〉와도 깊은 인연이 있어요. 그래서 더 애정 어린 눈으로 볼 수 있어서 박이정에 대해서는 꽤 알고 있다고 생각합니다.

박이정출판사가 출판을 시작하던 시기 국어학 저술은 탑출판사와 한신문화사라는 양대 산맥이 자리하고 있었습니다. 그런데 이 출판사는 책의 내용보다 지은이의 학계에서의 명성을 더 중요하게 여기는 경향이 있었어요. 그래서 신인 학자들은 아무리 좋은 원고를 써도 책을 내기가 힘들었습니다.

그런데 이때 박이정출판사가 나타나면서 아무리 신인이라 하더라도 책의 내용이 좋으면 기꺼이 책을 출판해줬어요. 박이정출판사를 통해 책을 간행했던 학자들이 지금 우리나라 국어학계에서 중추적 역할을 하고 있습니다. 결국 박찬익 대표의 판단은 옳았던 것입니다. 박찬익 대표의 이러한 판단은 출판사에도 도움이 되었지만, 학자를 양성하고 학문을 중흥시키는 데 있어 출판사의 중요성을 깨닫게 하는 부분입니다.

Q 박이정과의 오랜 인연 중에서 특별히 생각나는 일화가 있으시면 이야기해주세요.

〈한말연구〉 1권을 발행할 때 이야기가 제일 먼저 생각납니다. 학회지를 내야 하는데 학회에 돈이 1원도 없었습니다. 나는 박찬익 대표를 불러서 학회지를 내 달라고 요구했습니다. 거기에 10%의 인세까지 요구했으니 지금 생각하면 웃을 일이지요. 모교 선배이며 모교 교수의 부탁이라 어쩔 수 없이 내 요구를 들어준 박 대표의 배려로 〈한말연구〉가 세상에 빛을 보게 되었다는 것을 밝힙니다. 그리고 이어서 한말연구학회의 재정을 위해 『우리말 연구』 5권을 간행하여 모든 인세를 학회 기금으로 모

아 오늘날 한말연구학회의 재정적 뒷받침이 되었다는 것을 밝힙니다. 또 『건재 정인승 전집』 7권도 판로가 넓지 않은데 기꺼이 출판해줘서 세상에 나오게 되었습니다.

Q 30돌을 맞은 박이정출판사에게 애정 어린 조언 부탁드립니다.

초심을 잃지 말라는 말을 하고 싶습니다. 출판사가 출판사의 이익만을 고집하다 보면 학계의 인심을 잃게 됩니다. 학계의 인심을 잃은 출판사는 결국 오래 가지 못합니다. 나는 박이정출판사가 초심을 잃지 말고 학계, 예술계와 서로 도우며 계속 성장해서 백년 기업이 아니라 수백 년 기업으로 성장하기를 바랍니다. 그리고 그렇게 되리라 믿습니다.

조오현 건국대학교 국어국문학과 명예교수는 건재 정인승 선생의 저서와 논문, 그리고 신문 · 잡지에 발표한 글을 모아 전7권으로 엮은 『건재 정인승 전집』을 발간했다. 조교수는 평생 나라말과 나라글, 겨레의 얼을 지키는 데에 힘쓰신 건재 선생의 가장 큰 유산은 바로 국어사랑이라고 말한다.

국내 최초 판소리문학 집대성…제작기간 10년 걸린 역작

세계가 인정한 문화유산인 판소리는 실상 우리 언어의 보고이며 판소리 언어는 판소리가 다양한 전통문예 양식을 수용하고 있기 때문에 다채로운 담화와 어휘, 어구들을 두루 포괄하고 있다. 문학, 역사, 종교, 철학, 예술 등에 걸친 수많은 고사, 인명, 지명, 경전, 한시문 등과 같은 상층문화 언어들과 무가, 속담, 속신어, 상말 등의 하층문화 언어들이 두루 공존하고 있어 그야말로 언어의 만화경과 같은 양상을 드러낸다.

판소리가 지닌 언어적 요소인 이야기는 판소리 자체로나 소설로 전개되었을 때 모두 판소리문학을 형성한다. 이는 고전문학 가운데서도 가장 다채롭고 오늘날에도 여전히 살아있는 값진 문학유산이요, 예술문화이다.

이러한 학술적, 문화적 가치를 세상에 널리 알리기 위해 박이정출판사는 1997년 경희대학교 고전 학술총서 발간위원회 김진영 교수팀과 연계하여 판소리문학을 국내 최초로 집대성하는 전집 기획을 시도한다. 그리고 10년 만인 2007년 드디어 소중한 결실을 맺었다.

판소리 다섯 마당의 모든 이본을 한 곳에 모은 판소리문학전집(고전명작이본총서) 총 45권(이본 수 총 390종)과 판소리 다섯 마당의 최선본을 원문 주해와 현대역, 영인판을 병기해 만든 판소리문학역주(고전명작원전강독총서), 그리고 판소리 작품 300여 종에서 추출해낸 방대한 어휘를 수록한 『판소리문화사전』이 그 주인공들이다.

📖 판소리문학전집 전46권(고전명작이본총서, 김진영 · 김현주 역주, 1997~2007)

그동안 흩어지고 정리되지 못했던 판소리 다섯 마당의 모든 이본을 집대성했다. 전집으로 기획한지 10년 만의 결실이다. 책으로 총 46권, 이본 수로는 총 395종이 수합되었다. 판소리 다섯 마당의 창본, 판각본,

『판소리문학전집』

도서출판 박이정 30년사

필사본, 구활자본 등 각 이본의 성격을 파악하고 간단한 해제를 붙였다. 원문을 그대로 옮기되, 띄어쓰기만 현대에 맞게 수정한 독해본이다.

판소리 이본 전집의 완간은 판소리문학에 관한 모든 이본 자료가 최초로 한자리에 총집되었다는 의의뿐 아니라, 앞으로 여러 방면의 연구로 심화 · 확장할 수 있는 계기를 만들었다는 점에서 높이 평가된다. 언어학적인 접근은 물론이고 음악학적 · 연극학적 · 사회학적 · 문화인류학적 · 화론적인 시각에서 이본 전집의 유용성은 상당한 가치를 드러내고 있다.

판소리 이본 전집에 실린 이본들을 정리하면 다음과 같다.

- 춘향전 17권: 창본 20종, 판각본 10종, 필사본 68종, 활자본 11종 | 109작품
- 심청전 12권: 창본 14종, 판각본 6종, 필사본 105종, 활자본 6종 | 131작품
- 흥부전 3권: 창본 11종, 판각본 2종, 필사본 13종, 활자본 3종 | 29작품
- 토끼전 6권: 창본 12종, 판각본 2종, 필사본 50종, 활자본 3종 | 67작품
- 적벽가 7권: 창본 12종, 판각본 3종, 필사본 35종, 활자본 4종 | 54작품

판소리문학역주 전5권(고전명작원전강독총서, 김진영 · 김현주 역주, 1996~2000)

판소리 다섯 마당의 각 마당별 최선본을 원문 주해와 현대역, 영인판 원문을 병기했다. 그 체재로 짝수 면에 원문 해독, 홀수 면에 현대역, 하단에 주석을 달았다. 간략한 논문과 원전을 영인해 붙였다.

- 춘향가: 명창 장자백 창본
- 흥보전: 오영순 소장 『장흥보전』, 임형택 소장 『박흥보전』
- 심청전: 박순호 소장 『효녀실기심청』
- 토끼전: 권영철 소장 『톡기전』
- 적벽가: 박순호 소장 『화룡도』

판소리문화사전(김진영 · 차충환 · 김동건 저, 2007)

판소리 작품 300여 종에서 추출해낸 방대한 어휘를 수록한 최초의 판소리문화 사전이다. 판소리 독해에 있어 가장 어려운 부분인 고사, 전거, 시구, 지명, 인명, 한자성어의 풀이와 용례를 담았으며 그 체재는 표제어, 뜻풀이, 출전, 원문, 용례로 구성되어 있다. 기존의 다양한 주석서들과 고소설 분야에서 이루어진 업적, 전문 사전류들을 참고해 10년의 제작기간을 거쳐 탄생했다.

'기초주의'를 바탕으로 판소리문학 자료 집대성하다

Q 『판소리문학전집』은 박이정의 명성을 대외에 알린 대표 역작으로 손꼽힙니다. 판소리 문학 이본 자료를 집대성하게 된 계기가 궁금합니다.

　　판소리 공부를 할 때 이본이 상당히 많다는 것을 알고 있었어요. 신재효 전집을 보면, 춘향 가도 남창, 동창으로 나뉘어 있어 소리와 내용이 같아도 두 가지 결이 다릅니다. 이런 것들을 하나하나 찾아보면 굉장히 많겠다는 생각을 했고, 또 판소리는 사멸하는 소리가 아니고 지금 도 명창들이 부르잖아요. 인간문화재들이 계속 이어져 부르면서 어떻게 달라졌는지, 공연 환 경에 따라 어떻게 달라졌는지도 궁금했어요. 그리고 춘향전은 판소리만이 아니라 고전소설 로도 중요한 영역이잖아요. 경판, 완판을 비롯해 수많은 개인 필사본 등의 자료가 많은데 이 것을 한자리에 모아봐야 되겠다고 생각했습니다. 예상은 했지만, 흩어진 판소리 이본 자료들 은 한없이 많았어요. 명창들 계보에 따라 소리가 다르고 같은 춘향전이라도 기생부터 양민, 서녀 등 신분도 다르다 보니 이본이 엄청나게 많을 수밖에 없었던 거죠. 이러한 다양한 이본 들을 총괄해서 묶어 보면 우리 문화의 확장성을 함께 알 수 있겠다는 생각에 전집 발간을 결 심하게 되었습니다.

방대한 자료를 모아 책을 펴내는 데 10년이 걸렸습니다. 힘든 시간이 많으셨을 텐데, 그럼에도 견딜 수 있었던 이유가 있으셨나요?

저는 문학 연구에 있어서 '기초주의'를 굉장히 강조합니다. 그런데 우리나라 학문 풍토에서는 전체적으로 기초가 부실한 가운데 논문을 쓰는 경우가 많아요. 화전민처럼 산에다 불 질러 농사 지어 먹고 지력이 쇠하면 또 딴 데 가서 해 먹는 식이죠. 이런 잘못된 풍토를 고치는 데도 판소리문학 기초 작업이 굉장히 유용하겠다는 생각을 했어요.

제자들을 지도하면서 원칙을 하나 세운 게 있습니다. 논문쓰려면 그 분야에 대한 기초자료는 최대한 다 섭렵을 해서 그 바탕 위에서 써야지, 그냥 자료를 꿰맞추는 식은 아니다, 기초가 든든해야 그것을 가지고 평생 계속 논문 쓸 수 있다고 늘 이야기하곤 합니다. 이런 뜻에 동참해준 제자들이 한 20명쯤 되었고, 함께 전집을 만들게 되었어요. 물론 힘들 때도 많았지만, 이본 자료를 모으는 과정에서 제자들이 논문을 참 많이 썼고, 덕분에 판소리학회에서 중요한 역할을 했으며, 판소리학술상을 받는 성과들도 있었어요. 나중에 제자들이 교수로도 많이 진출했죠.

또 박찬익 사장님이 워낙 뚝심 있게 밀고 나간 것도 큰 힘이 되었습니다. 그분 말씀이, 하여튼 작업만 해라, 책은 회사 사운을 걸고 내겠다고 하셨거든요. 학술문화에 대한 사장님의 남다른 의식 덕분에 전집이 완성될 수 있었어요. 사실 한두 권 내 보고 '돈도 안 되는 책인데' 이렇게 했으면 못 나왔겠죠. 다행히 계속 책을 내준다는 출판사가 있으니까 우리는 마음 놓고 작업에 집중할 수 있었어요. 그런 점에서 고맙게 생각합니다.

이본 자료의 입수부터 편집, 독해 등의 작업과정은 어떻게 진행되었나요?

자료 입수, 자료 편집, 자료 독해·입력·교열 등의 과정을 거치는데, 우선 이본 자료를 모으는 일이 힘들었어요. 한국정신문화연구원의 고소설 목록에 등재되지 않은 개인 소장자들의 이본 자료의 경우, 개인 소장자들을 일일이 확인해야 하는데 선뜻 공개하는 이도 있지만, 공개를 꺼리는 이들도 있었어요. 특히 필사본의 경우 하나밖에 존재하지 않기 때문에 소장자가 소장본의 가치가 떨어질 것을 염려해 협조를 거절하거나 고액의 사례금을 요구해 포기한 적도 있었죠. 국공립기관 소장본은 거의 확인되지만 제한된 공개로 수합에 어려움이 있었고, 각 대학 도서관이나 문화재단 같은 사설기관 소장본도 일일이 확인해야 하는데 공개를 제한하는 곳이 있어서 애를 먹었습니다.

자료를 수집한 다음에는 이본의 성격별로 편집하는 작업을 했어요. 창본, 판각본, 필사본, 구활자본, 한문본 순으로 진행했습니다. 창본은 시대순과 창자의 계보에 따라 편집하고, 판각본은 지역별과 시대순으로, 필사본은 소장자와 소장처별로 분류하여 묶었어요. 구활자본은 출판사별 시대 순으로, 한문본은 시대순으로 편집했으며, 각 작품마다 해제를 붙이되 될 수 있는 대로 주관적인 해석은 삼가고 객관적인 정보 전달 위주로 했습니다. 이본 자료 총집이 끝난 뒤 마지막 권에 전체에 대한 해석과 종합적인 분류, 그리고 어휘 색인을 실었죠.

또 원본을 통해서도 판독이 불완전한 곳이 간혹 존재하는데, 그런 것은 추정하기보다는 복자 처리를 했어요. 낯선 중국의 한시나 고사, 인명, 지명이나 정자(正字) 표기에서 심하게 벗어나 있어 띄어쓰기가 미심한 곳은 원본에 있는 표기 그대로 실었고, 1차 입력 후 5~6회에 걸쳐 원본과 대조하여 교열했습니다. 돌아보면, 참 험난한 작업이었죠. 지금 하라면 못할 것 같아요.

Q 우리 판소리문학의 매력에 대해 이야기해 주세요.

토끼전을 보면 작품명이 굉장히 다양하거든요. 토끼를 중심으로 하는 작품도 있고, 자라를 주인공으로 하는 작품도 있어요. 또 결말도 굉장히 개방적이에요. 조선 후기쯤 가면 열린 사고를 엿볼 수 있답니다. 토끼의 지략에 초점을 둘 것 같은데 우직한 자라가 용왕을 위해서 충성을 다하는 것에 초점을 맞추는 작품도 있고요. 요즘 텔레비전 토론 프로그램 같은 느낌이죠. 구운몽과 같은 소설은 처음부터 끝까지 결말이 같잖아요. 그런데 판소리 이본 전집은 굉장히 개방적이에요. 결말이 한결같지가 않아요. 새로운 자료가 발굴되면 이전 논의는 굉장히 한정되잖아요. 그러니까 이제는 그냥 뭉뚱그려서 춘향전이 이렇다, 심청전이 이렇다, 이렇게 말을 못하죠. 이러한 점층성과 가변성 등이 판소리계 소설들이 가지고 있는 매력이 아닐까 싶습니다.

Q 이 책이 학계나 사회에 어떻게 활용되길 바라시나요?

우선 이본이 방언으로 기록된 경우가 많아 그 당시의 언어사전을 구축해 어휘 연구에 활용할 수 있고, 이본 간의 비교를 통해 판소리의 계보를 세울 수 있으며, 구비문학과 기록문학의 관계, 중세 국어에서 근대 국어에 이르는 표기 체계 연구에도 도움이 될 수 있을 겁니다. 판소리 문학 이본들을 살펴보면 작가와 명창들의 지향의식이 드러나는데, 이를 통해 조선시대 상층과 하층 계급의 사회문화적 지향 의식이 어떻게 교류됐는지도 파악할 수 있고요. 예를 들면 조선 후기 신재효가 분류한 춘향가의 이본 중에 성인 남성이 부르는 남창에는 양반 윤리가 녹아있지만, 아동이 부르는 동창의 경우 서민의 재기발랄함이 강조됐어요. 판소리는 문학이 소리와 무용과 만난 장르인 만큼 문학과 언어학 연구 외에 국악, 고전무용 연구에도 이본 자료를 활용할 수 있으며, 이 책이 당시의 언어·문화·예술사 연구의 밑거름이 될 것입니다.

또 전라도, 경상도, 충청도 등 명창들의 출신에 따라 향토색도 굉장히 다양하게 나타납니다. 흔히 문화를 온갖 꽃들이 만발한 백화제방에 비유하곤 하는데, 판소리야말로 그 어떤 장르보다 다채로운 토양 속에서 피어나는 꽃이 아닐까 싶어요. 구술문화이기 때문에 노래나 공연과도 연결이 되고, 요즘 인터넷에서 쓰는 댓글들이 다 구술언어잖아요. 그런 면에서 앞으로 판소리문학전집은 더 많이 활용될 수 있을 거라 생각합니다.

Q 박이정출판사 30돌을 맞아 애정 어린 조언 한 마디 부탁드립니다.

초창기부터 쭉 지켜보면서 박찬익 사장님의 학술문화에 대한 각오가 남다르다는 생각을 많이 했어요. 덕분에 국가의 학술문화 창달에 이바지하는 굉장히 귀한 학술출판사가 되지 않겠나 생각하고 있습니다. 많은 출판사들이 옛날 같지 않다고 하는데 박이정은 잘 돌파했으면 좋겠어요. 그래야 사장님의 숭고한 뜻도 살고, 학계도 살고, 학자들도 출판사의 도움을 받아 학문을 연구하면서 후속 학문과 후속 세대가 배출되는 일련의 과정들이 이어질 테니까요. 30년 동안 올곧게 쌓아온 기초자료, 훌륭한 콘텐츠를 잘 활용해서 새로운 미래로 도약하길 바랍니다.

김진영 경희대학교 국어국문학과 명예교수는 "흔히 문화를 온갖 꽃들이 만발한 백화제방에 비유하곤 하는데, 판소리야말로 그 어떤 장르보다 다채로운 토양 속에서 피어나는 꽃이 아닐까 싶다"고 말했다.

편집자 중심 학술지 〈형태론〉 간행

1999년 IMF 외환위기의 여파가 지속되고 있던 때에 박이정출판사는 어학전문 국제학술지 〈형태론〉을 펴냈다. 서울대 고영근 교수가 주축이 되어 수준 높은 콘텐츠를 만들었고, 해외 유명 학술지를 벤치마킹하는 등 디자인에서도 많은 노력을 기울였다. 표지 디자인의 퀄리티를 높이기 위해 김상락 교수의 단국대학교 디자인연구소와 MOU를 체결했으며, 당시에는 흔하지 않았던 원색 컬러나 5도 인쇄 등을 표지에 시도해 국문학 표지 디자인의 새로운 패러다임을 제시했다. 계간지 〈형태론〉은 이후 5~6년간 지속 발간되었으며, 2만 부 판매실적을 올리기도 했다.

〈형태론〉

이후 박이정은 2002년에 진보적 시 잡지 〈시경〉 창간호를 펴낸다. 시 詩에 밭갈 耕자를 제목으로 썼다. 광주항쟁과 관련된 시를 썼던 오봉옥 시인, 홍일선 시인이 편집위원과 편집주간을 맡아 반연간지로 발간했다. 시 잡지인데도 하드커버로 고급스럽게 제작해 호응이 높았다. 당시 유명인이었던 고은 시인이 표지인물로 나와 화제가 되기도 했다.

〈시경〉은 당시 계간지 〈형태론〉과 쌍벽을 이루며 국어국문학 관련 전문잡지의 새로운 시대를 개척하는 데 큰 역할을 했다. 하지만 현실의 벽은 높았다.

> "회원 확보나 광고수주가 무척 어려웠어요. 천천히 망하려면 출판사를 하고, 더 빨리 망하려면 잡지사를 하고, 더 빨리 망하려면 정치하라는 말이 있잖아요. 〈시경〉을 만들면서 이 말을 뼈저리게 느끼고 경험했죠. 어디에서도 지원받지 않고 개인적인 욕심으로 만들었지만, 책을 잘 만들었다는 자부심은 있어요."

박찬익 대표의 말이다. 〈시경〉은 2002년부터 2007년까지 총권 8호를 펴냈고, 〈형태론〉은 2011년 10월 17일에 발행한 제13권이 마지막 책이 되었다. 〈형태론〉은 그 후 전자책으로 전환하여 지금까지도 출간되고 있다.

〈시경〉

🎙️ 저자와의 대화 | 어학전문 국제학술지 〈형태론〉 최형용

우리 문법 연구의 중추(中樞), 형태론

Q 『한국어 형태론의 유형론』이 학술원 우수도서가 되었습니다. 이 책이 형태론을 연구하는 분들께 어떤 의의가 있는지 궁금합니다.

이 책은 2010년도부터 2013년도까지 한국연구재단 저술지원사업의 결과물입니다. 책의 서론에서도 밝힌 것처럼 한국어에 대한 본격적인 연구는 서양인으로부터 시작되었고, 그에 따라 문법에 대한 체계와 용어가 서양을 중심으로 구조화되었으며, 그것이 지금까지도 상당 부분 그대로 이어져 오고 있습니다. 따라서 여러 언어들의 보편성과 특수성을 대상으로 연구하는 유형론의 관점에서 교착어인 한국어의 특성이 제대로 부각되고 있지 않은 것이 사실입니다.

이 책은 바로 이러한 문제제기에서 시작하여 한국어가 가지는 품사와 단어 형성 즉, 형태론적인 특징을 그 자체로 주목해야 한다는 점을 주장하기 위한 것입니다. 이러한 사실을 강조하기 위해 "한국어는 교착어이다"라는 문장으로 책의 처음과 끝을 장식하였습니다. 아마도 학술원 우수도서가 된 데에는 이러한 시도가 심사위원들에게 어느 정도 호소력을 가진 덕분이 아닌가 생각하고 있습니다.

Q 〈형태론〉 학술지 창간 배경과 의의에 대해 알고 싶습니다.

어학전문 국제학술지 〈형태론〉은 1999년 창간되었습니다. 학문 분야로서의 형태론은 형태소와 단어를 대상으로 삼는 문법 연구의 중추(中樞) 부문이라고 할 수 있습니다. 형태론에 대한 이해가 없이는 문장 구조와 그 의미를 제대로 파악할 수 없기 때문입니다. 따라서 예부터 형태론이 문법 연구의 중심 부분을 차지해 왔습니다. 그런데 한동안 생성 문법을 위주로 한 통사론과 의미론에 눌려 그 위상이 흔들렸던 적이 있습니다. 그러나 1970년대부터 형태론에 대한 중요성이 새롭게 인식되면서 이제는 다시 문법 연구의 중심 분야로서 옛 명성을 되찾아 가고 있습니다. 형태론은 문법의 다른 부문인 통사론이나 의미론은 물론 음운론과도 밀접한 상관관계를 맺고 있습니다. 최근에는 사회언어학, 심리언어학뿐만 아니라 정보언어학과도 밀접한 관련을 맺으면서 그 영역을 넓혀 가고 있습니다.

〈형태론〉의 창간은 바로 이러한 대내외적인 분위기를 반영했다고 할 수 있습니다. 박이정출판사에서 〈형태론〉의 발간을 적극적으로 지원하였던 것도 이에 대한 공감대가 있었던 것으로 생각합니다. 한편 〈형태론〉은 학회를 배경으로 하고 있지 않다는 점에서 그 특수성을 인정할 수 있습니다. 즉 편집대표, 편집위원, 편집자문위원을 중심으로 학술지를 운영하고 있는데 외국에는 이처럼 편집진을 위주로 한 학술지가 적지 않지만 한국에서는 매우 드문 일입니다. 또한 연구논문 이외에도 서평, 지상토론 등의 공간을 두어 열린 토론의 장을 마련하고 있다는 점도 다른 학술지와 구분되는 〈형태론〉의 큰 특징이라고 할 수 있습니다.

Q 〈형태론〉에 어떤 분들이 필자로 참여했고, 어떤 내용을 담고 있나요?

〈형태론〉은 1999년에 창간되어 한 해에 두 번 학술지를 내고 있습니다. 2019년 3월 현재 1권 1호부터 20권 2호까지 발간되었으니 통권으로 치면 40권이 발간된 셈입니다. 따라서 〈형태론〉에 투고한 필자의 수도 상당한데 최근에는 학계의 중진은 물론 신진학자들의 투고도 줄을 잇고 있습니다. 또한 한국에서 수학한 외국인들의 투고도 점점 늘어나고 있는 추세입니다.

〈형태론〉에 실린 글의 내용은 공시적인 분야에서는 형태소의 확인과 교체, 품사론의 제반 문제, 조사와 어미를 기반으로 한 문제, 단어 형성의 제 문제가 주를 이루고 있고 그 밖에도 인접 분야인 통사론, 의미론, 어휘론과 걸치는 문제들을 다룬 논문도 적지 않습니다. 통시적인 분야에서는 중세 국어나 근대 국어, 방언, 한자어, 이두, 구결, 향찰에 이르기까지 문법 형태를 중심으로 한 교체 양상, 의미 기능, 단어 형성의 문제를 다룬 내용이 주류를 이루고 있습니다.

이상과 같이 그간 학술지 〈형태론〉에 투고한 필자나 실린 내용은 일차적으로 〈형태론〉 홈페이지(http://morphology.or.kr/)에서 확인할 수 있습니다. 〈형태론〉은 2011년 13권 1호부터 전자 출판을 도입하였습니다. 이는 학계에서도 매우 선도적인 조치로 평가받은 바 있습니다. 지금은 13권 1호부터는 물론 창간호인 1권 1호부터의 내용도 전자 형태로 모두 변환되어 이를 교보문고스콜라(http://scholar.dkyobobook.co.kr/)에서 다운로드받을 수 있습니다.

Q 안확, 주시경 등 국어학자를 소개하고 그분들의 이론을 책으로 공저하여 출판하셨는데, 국어학적 의의에 대하여 말씀 부탁드립니다.

먼저 2015년에 서울대 정승철 선생님과 함께 쓴 『안확의 국어 연구』에 대해 말씀드리도록 하겠습니다. 자산(自山) 안확(安廓, 1886~1946)은 독립운동가이자 국문학자로 널리 알려져 있지만 국학자로 부르는 만큼 국어학자로서도 적지 않은 업적을 남긴 바 있습니다. 국어학 분야의 업적 가운데 1922년에 나온 『조선어원론』과 1923년에 나온 『수정 조선문법』은 1986년에 탑출판사에서 엮은 『역대한국문법대계』의 ①25, ①26로서 세상에 널리 알려진 바 있습니다.

그런데 당시에는 1917년에 출판된 초판본 『조선문법』에 대해서는 그 존재를 알고 있었지만 이를 확보하지 못하였습니다. 그러다가 2012년에 이르러 이화여대에 소장되어 있던 1917년 초판본 『조선문법』이 세상에 모습을 드러내게 되었고 그에 대한 연구 성과도 잇따라 나오게 되었습니다. 『안확의 국어 연구』는 안확의 1917년 초판본 『조선문법』의 실체가 확인된 후 초판본의 국한 혼용, 세로쓰기 체재를, 모두 한글로 바꾸

최형용 이화여자대학교 국어국문학과 교수는 〈형태론〉의 편집간사를 맡아 학술지를 발간하면서 박이정출판사와 처음 인연을 맺었다. 박이정출판사가 지금까지처럼 앞으로도 많은 연구자들이 자신의 연구 결과물을 낼 수 있는 통로가 되기를 희망했다.

되 가로쓰기로 전환하여 박이정출판사에서『역대한국문법대계(Ⅱ)』에 ①175로 출간한 바 있습니다.

결과적으로 안확의 초판본『조선문법』과『수정 조선문법』은 원래 출판 연대와 달리 연속성을 잃은 채 분권으로 출간되기에 이른 것입니다. 이러한 저간의 사정은 2012년에 발견된 초판본『조선문법』과『수정 조선문법』을 묶고 특히 초판본『조선문법』을 대상으로 연구한 업적들을 한자리에 모을 필요성을 제기하였습니다. 이에 따라『안확의 국어 연구』는 1부 자료편과 2부 연구편으로 나누되 자료편은 초판본『조선문법』과『수정 조선문법』으로 구성하고, 연구편은 초판본『조선문법』을 대상으로 연구한 논문 세 편을 싣는 것으로 하였던 것입니다. 결과적으로 박이정출판사에서 먼저 나온『훈민정음을 사랑한 변호사 박승빈』에 이어 출판됨으로써 국어학자에 대한 연속물 출간에 기여하게 된 것으로 생각합니다.

다음으로 2010년에 출간된『주시경 국어문법의 교감과 현대화』에 대해 말씀드리도록 하겠습니다. 한힌샘 주시경(周時經, 1876~1914)은 독립운동가이자 국어학자로서 널리 알려져 있으며 '한글'이라는 명칭을 붙인 장본인으로도 인정되고 있습니다. 그는 많은 업적을 남겼지만 그 가운데 가장 대표적인 업적으로 손꼽히는 것이 1910년에 발간된『국어문법』입니다.

잘 알려져 있다시피 이 책은 1911년과 1913년에는 일본 제국주의자들의 국권침탈로 말미암아 그 제목이『조선어문법』으로 바뀌었을 뿐만 아니라 1911년본에는 용어에, 1913년본에는 내용에 변개가 가해져 중판(重版)된 바 있습니다. 이들 세 이본(異本)의 비교는 1979년에 차이리엔강(蔡連康, 대만 정치대 한국학과 교수)의『주시경의 문법서에 대한 비교 연구』에서 처음으로 시도된 바 있고 고영근·이현희 교수의 노력으로 1986년에는 1910년본『국어문법』을 중심으로『주시경, 국어문법』의 교주본(校註本)이 출간되기에 이르렀습니다.

특히 후자는 정본(定本) 수립을 위한 최초의 업적으로서 그 가치가 높이 평가되어 왔습니다. 그러다가 1990년대에 들어 1909년에 나온 원고본『국어문법』이 공개되었습니다. 이 검열본은 통감부 검열용 원고본으로서 군데군데 손질한 곳이 많아『국어문법』의 형성에 얽힌 소중한 정보들이 그대로 담겨 있습니다. 이에 1909년본부터 시작하여 1910년본, 1911년본, 1913년본에 이르는 비교 작업을 토대로 새로운 정본(定本)의 수립이 요구되었습니다.

앞의 교주본이『국어문법』의 원래 모습을 최대한 유지함으로써 이본들 사이의 차이점이 상대적으로 부각되기 어려웠던 반면,『주시경 국어문법의 교감과 현대화』에서는 이본들 사이의 차이점을 최대한 부각하고 아울러 현대화를 시도하고 있다는 점에서 의의를 찾을 수 있습니다. 이는 앞의 교주본의 활용 가치를 유지하면서 늘어난 이본들과의 차이점을 한눈으로 파악할 수 있을 뿐만 아니라『국어문법』간행 100주년을 기념하여 현대화 작업을 병행하고 있다는 점에서도 큰 특징이 있습니다. 이러한 노력이 인정받아『주시경 국어문법의 교감과 현대화』는 2011년도에 학술원 우수도서로 선정된 바 있습니다.

Q 박이정출판사에서 많은 책을 출판하셨습니다. 그동안 박이정출판사와의 인연과 박이정출판사가 앞으로 가야할 길에 대해 귀한 말씀 부탁드립니다.

저는 〈형태론〉의 편집간사로서 학술지를 발간하면서 박이정출판사와 처음 인연을 맺었습니다. 발간 일정을 맞추느라 박이정출판사 2층에 마련된 편집실에서 다른 편집간사와 교정을 보던 것이 정말 엊그제 같습니다. 그리고 지도교수이신 고영근 선생님의 권유로『역대한국문법대계』의 편집위원으로 참여하면서 박이정출판사와 인연을 이어갔고 자료를 직접 구하러 다니면서 사장님과도 많은 의견을 나누었습니다.

최형용 교수가 쓴 문법 저서

앞에서 언급한『한국어 형태론의 유형론』,『안확의 국어 연구』,『주시경 국어문법의 교감과 현대화』도 모두 이러한 인연의 연장선에서 나온 결과물들입니다. 따라서 얼마 되지 않은 저의 학자로서의 이력에 박이정출판사가 차지하고 있는 부분이 매우 큽니다. 저는 박이정출판사가 지금까지처럼 앞으로도 많은 연구자들이 자신의 연구 결과물을 낼 수 있는 통로가 되기를 희망합니다. 다시 한 번 박이정출판사의 30주년을 진심으로 축하하며 앞으로도 더욱 번창하기를 기원합니다.

확장 1기 | 2001 ~ 2004

인문학 종합출판사로
지평을 넓히다

기존 국어국문학 중심 출판사에서 역사, 철학, 교육, 한문학, 비교문학, 외국어, 구전자료집에까지 지평을 넓혀 인문학 종합출판사로 발전했다. 교원대 한국초등국어연구소와의 제휴를 계기로 교원대 초등·중등·대학 국어교육 교재 출간이 활발하게 이루어졌고, 2001년 자회사 정인출판사를 출범해 자녀교육서, 그림동화 등 어린이 및 독서 전문 브랜드로 키워냈다.

출판계가 외국 번역서에 올인할 때 우리 책 해외수출 '역발상'

2000년대에 들어서면서 인터넷서점과 대형 할인마트가 급격하게 성장하고, 대형 서점 체인화 등으로 2,000여 개 이상 중소형 서점이 부도와 폐업을 맞이했다. 영상문화 발달로 인한 독서시간 감소, 독서 부진, 경기침체로 인한 도서구입비 감소, 할인판매 영향으로 출판산업 전반에 먹구름이 몰려왔다.

번역서가 크게 흥행하면서 출판사들은 잘 팔리는 외국서적을 찾아 너도나도 프랑크푸르트 국제도서전으로 달려갔고, 경쟁적으로 해외 베스트셀러의 판권을 사들였다. 시오노 나나미의 『로마인 이야기』, 마이클 샌델 교수의 『정의란 무엇인가』 등의 책은 자국에서보다 한국에서 더 큰 인기를 모으는 기이한 현상이 나타났다. 외국에서 10만 부 팔린 책이 우리나라에선 100만 부가 팔리는 일도 생겼다.

2000년대 출판문화의 역조현상이 두드러진 시기에, 박이정 출판사는 외국 서적을 수입하는 대신 우리 책을 해외에 수출하는 역발상 정책을 펼쳤는데, '해외한국학연구총서' 시리즈는 외국학자들의 책을 기획 출간해 한국학의 지평을 넓히고 해외에 소개하는 의미 있는 역할을 했다.

부길만 동원대 명예교수는 "당시 출판사들이 다들 외국 책 수입에 매달릴 때 박이정은 수입 대신 소규모라도 수출을 시작했다"며 "우직하게 내 것을 팔겠다는 뚝심으로 해외시장 개척에

'해외한국학연구총서' 시리즈

우수학술도서

앞장섰다"고 말했다. 이어 박이정출판사가 북한서적 출판의 선구적 역할을 한 점, 그로 인해 다가올 통일시대 출판의 물꼬를 튼 점도 높이 평가했다.

2001년부터 박이정출판사는 눈에 띄는 상승곡선을 달리게 된다. 당시 정부는 '책의 해'를 지정하면서 문화체육관광부에서 우수도서 선정을 처음 시행했고, 대한민국학술원에서도 50억 원을 지원했다. 이런 상황은 박이정출판사에게 절호의 기회였는데, 오랫동안 우직하게 좋은 책을 만들어온 공로를 인정받아 수많은 우수도서가 탄생하게 된다.

2001년에 문화관광부 우수학술도서로 4종 선정되었고, 2002년에는 문화관광부 추천도서 학술부문 3종, 교양부문 2종, 대한민국학술원 우수학술도서 7종 등 수많은 책들이 대외적으로 인정받았다.

북한과 연계한 첫 기획 출판…통일시대 출판의 물꼬를 트다

박이정출판사는 설립 초기부터 국어학 전반에 걸쳐 다양한 연구서를 출간해 학계에 보급해 왔으며, 무엇보다 분단을 극복하고 옹골찬 국문학의 연구를 위해 북한의 자료와 연구 성과물을 소개하려 노력했다. 하지만 초기에는 여건이 허락지 않아 연변의 조선족을 중심으로 한 연구 성과물에 만족해야 했다.

마침 1998년 김대중 대통령이 남북한 긴장완화와 북한의 개혁·개방을 유도하기 위해 '햇볕정책'을 펼치면서 강경일변도의 대북정책이 변화하기 시작했다. '경제협력 활성화 조치'가 내려졌고 남북한 비료협상, 정주영 명예회장의 북한 방문, 금강산 관광개발사업 등으로 이어졌다.

남북한 교류가 활기를 띠면서 박이정출판사는 '북한에 책 보내기 운동'에도 적극 동참했으며, 그간 연변대학이나 연변사회과학원 언어연구소와 꾸준히 교류한 결과로 조선민주주의인민공화국 사회과학원 언어학연구소에서 집필한 『조선어학전서』 65책을 출판하기로 최종 결정했다. 북한과 연계한 첫 기획 출판이었다.

2000년 10월 24일 『조선어학전서』 65책의 출판을 위한 원칙적인 합의를 진행했으며, 구체적인 계약은 2001년 5월 10일에 이루어졌다. 계약에 앞서 2001년 2월 연변에서 열린 국어정보학술대회에 참가했던 조선민주주의인민공화국 사회과학원 언어연구소 문영호 소장과 연변 사회과학원 언어연구소 전병선 소장으로부터 대한민국 최기호 교수가 계약금을 전달하고 원고를 받아 출판이 진행되었다.

"『조선어학전서』를 출판하게 됨은 남북한 학술교류에 큰 족적이 될 것이다. 특히 류렬 교수의 『향가연구』는 원고지에 직접 쓴 육필 원고로 노학자의 모습이 담겨 있어 인상이 깊었다. 이 전서가 북한의 국어학 연구에 도움이 되고, 나아가 조국통일에 자그마한 초석이 되길 기원한다."

『조선어학전서』의 출판을 진행한 최기호 교수는 책 머리말에 남북한 학술교류와 통일문학에 대한 바람을 피력했다.

이후 『조선어학전서』는 2001년 10월부터 2003년 9월 5일까지 총 10권이 세상에 나왔다. 특히 2003년 마지막 방점을 찍은 류렬 선생의 『향가연구』는 학계에 큰 반향을 일으켰다. 류렬 선생은 북한 국어학의 거장으로 2000년 이산가족 상봉차 서울을 방문했던 이력도 있었는데, 2004년 4월 세상을 떠났을 때 한국에서는 아무도 몰랐다. 때마침 박이정출판사 박찬익 대표가 그 사실을 알게 되어 연합뉴스에 첫 부고를 전한 일화도 있다.

"『향가연구』 책을 중국을 통해 북한에 있는 저자한테 전달해야 했기 때문에 연변으로 보냈는데 거기에서 몇 달 지체하다가 북한으로 간 것 같아요. 책을 전달하려는데 류렬 선생이 몇 개월 전에 돌아가셨다는 거예요. 류렬 선생 하면 북한에서 굉장히 유명한 언어학자거든요. 그런데 한국에서는 아무도 별세하신 걸 모른 거예요. 그래서 제가 연합뉴스에 제보를 했고, 이 소식을 접한 한글학회에서는 학회 새소식에 '류렬 선생을 생각한다'라는 추도사를 실었어요. 책 만들면서 참 고생도 많았지만, 부족하나마 류렬 선생의 마지막 길을 알리는 전도사 역할을 한 것 같아 뿌듯한 마음도 있어요."

『조선어학전서』 65책을 모두 내겠다는 원대한 꿈은 높은 현실의 벽 앞에서 중단되었지만, 처음 북한 책을 기획 출판했다는 상징적 의미와 훗날 남북한 연구자들의 학문적 교류를 활성화시키고, 분단으로 비롯된 온전하지 못한 국어학을 잇는 중요한 가교 역할을 했다는 점에서 큰 의의가 있다.

📖 조선어학전서 전10권

조선민주주의인민공화국 사회과학원 언어학 연구소에서 집필한 『조선어학전서』의 국내 출판본이다. 『조선어어원편람』은 신체, 음식물, 옷가지, 농작물, 식물, 동물과 같은 주제별로 묶어 설명한 어원풀이 사전이고 『조선어문법편람』은 국문법의 기초지식을 풍부한 용례로 풀고 있다. 『조선어표기편람』은 혼동하기 쉬운 우리말 표기를 다루고 있으며, 『조선지명편람—평양시편』은 총 650쪽에 이르는 방대한 양을 자랑한다.

북한의 주요 국어학 연구 업적이 담긴 65책 가운데 현재까지 10권이 출간되었으며, 목록은 다음과 같다.

번호	도서명	저자	번호	도서명	저자
1	조선어어휘편람	서학순 외	6	조선어문법편람	정순기 외
2	조선지명편람(평양시)	조창선 외	7	조선어어원편람(상)	김인호
3	조선어어휘통계학	문영호	8	조선어어원편람(하)	김인호
4	조선어어휘정리론	박상훈	9	조선어실용문법	김동찬
5	향가연구	류렬	10	조선어표기편람	안순남 외

📖 향가연구(류렬, 2003)

지금까지 남아 전해오는 사뇌가(향가)를 집대성한 역작으로, 오랫동안 독보적이던 양주동의 『고가연구』를 넘어서는 연구로 평가받고 있다. 200자 원고지 2,500매에 달하는 방대한 분량을 노학자가 육필로 집필해 화제가 되기도 했으며, 이 책은 상징성을 고려해 한글날에 맞춰 출간됐다.

『향가연구』에서 보면 남북한의 언어 차이가 명칭에서부터 확연히 차이가 난다. 남측에서는 '혜성가'라고 부르는 것을 북에서는 '살별노래'라 하고 '제망매가'는 '누이노래', '죽지랑가'는 '다마라화랑노래'라 부른다. 특수한 경우를 제외하고는 순우리말로 풀어쓰는 게 북측 시가 연구의 특징이다. 향가를 '사나노래'(신라의 노래라는 의미)로 부를 것을 주장하는 것도 이 같은 맥락이다. 삼국유사의 향가 14수와 균여전에 수록된 11수 이외에 향가 형식을 답습하고 있는 '도이장가'에 대한 해독을 시도했다.

저자인 류렬 선생은 한글학회 전신인 조선어학회 회원으로 활동하며 『우리말 큰사전』 편찬에 참여했다. 광복 직후 부산에서 한글강습소를 열고 『풀이한 훈민정음』, 『알기 쉬운 한글 강좌』 등 교재를 발간해 우리말 보급에 힘썼다. 한국전쟁 중 월북해 북한에서 사회과학원 언어학연구소 연구원, 김일성대학교 교수를 거치면서 고대 국어 연구와 사전 편찬을 주도했다. 『조선말대사전』 등 사전 편찬 작업에도 참여했고 『조선어의 역사』를 출간하기도 했다.

수많은 우수도서 탄생…한 해에 1억 원 넘게 정부 지원 받아

2001년 정부의 '책의 해' 지정과 우수도서 선정 사업이 시작되면서 박이정출판사는 커다란 날개를 달았다. 당시 출판사별 다섯 종까지만 우수도서로 선정할 수 있다는 규정이 있었는데, 박이정출판사는 계속 상한선까지 선정되는 기록을 세웠다. 특히 학술서적은 절대적인 지지를 받았다.

"당시 정부에서 지원을 많이 받았어요. 1억 1,000만 원 정도 지원받은 해도 있었고요. 덕분에 양평에 창고 부지도 마련했고, 좋은 책을 만드는 일에서 경제적인 부담이 많이 줄어들었죠."

박찬익 대표의 말이다. 우수도서 목록은 그야말로 화려하다. 2001년에는 『한국 민중시 문학사』(맹문재), 『졸수재집 1, 2』(이승수), 『경기도 사투리 연구』(김계곤), 『한국어와 인지』(이수련) 등 4종이 문화관광부 우수학술도서로 선정되었다.

2003년에는 『영남구전자료집』 외 3종이 문화관광부 추천도서 학술부문에, 『삼한습유』와 『오봉옥의 서정

『졸수재집 1, 2』

『한국어와 인지』

주 다시읽기』가 교양부문에 선정되었으며, 『한국 언어문화 탐색』 『편옥기우기』가 국제교류재단 선정도서에, 『아버지가 심은 나무』가 한국문화예술진흥원 우수도서로 뽑혔다. 『문법과 개념화』 외 7종도 대한민국학술원 우수학술도서로 이름을 올렸다.

2004년에는 『김광순 소장 한국고소설 전집』 70권(5차)이 완간되어 문화관광부 추천도서(학술부문)로 선정되었으며, 『한국개화기문학과 양계초』(우림걸)가 대한민국학술원 우수도서로 뽑혔다.

또 『김사엽 전집』 32책 완간이라는 뜻깊은 기록도 세웠다. 총 분량 1만 6,000쪽, 32권짜리 전집으로 국내에서 발간된 개인 저작집으로는 최다 분량을 자랑한다. 박찬익 대표는 연합뉴스와의 인터뷰에서 "지금까지 개인 저작집 중 최대라는 고 이가원 선생 전집이 30권인 점에서 볼 때, 아마도 이번 김사엽 전집을 최대 거질로 봐야 할 것"이라고 말했다.

고 김사엽 박사는 고대 한국시가와 소설 연구 및 민요 · 속담 채집에 주력했으며, 일본에서 보낸 20여 년과 그 이후 동국대 일본학연구소장 재직 시절에는 향가와 『만엽집』으로 대표되는 한국과 일본고전문학이나 두 나라 언어 연구에 혼신을 쏟았다. 특히 난해하기로 유명한 『만엽집』의 국내 연구를 선도한 것으로 평가되며, 한국 문화를 일본에 소개하는 데도 관심을 기울여 『삼국사기』와 『삼국유사』를 일본어로 번역 출간하기도 했다.

📖 영남구전자료집 전8권(조희웅 외, 2003년)

1988년부터 국민대학교 국어국문학과에서 '구비문학개론' 수업의 일환으로 구비문학 현지조사를 실시했는데, 2001년까지의 조사 결과를 토대로 영남지역에 대한 구비문학 자료를 정리해 8권의 책으로 엮었다. 자료집은 1권 경상남도 의령군 · 함안군, 2권 산청군, 3권 함양군, 4권 하동군, 5권 거창군, 6권 합천군, 7권

창녕군, 8권 의령군 · 함안군 등 지역별로 분류했다.

조사방식은 우선 설화, 민요 등 구비문학 자료만을 조사 대상으로 한정했으며 『한국구비문학대계』에 빠져 있는 지역을 중점 조사해 지역적 균형도 고려했다. 또 상대적으로 도시화가 덜 진행되어 구비문학의 전통이 살아있다고 여겨지는 군(郡) 단위 지역을 대상으로 했으며, 각 면(面)에 조사단을 파견해 가능한 많은 지역에서 조사가 이루어지도록 했다. 이런 세세한 노력 덕분에 명실상부한 지역 구비문학 자료로서 손색없는 명작이 탄생했으며, 2003년 문화관광부 추천도서 학술부문에 선정되었다.

국민대학교 현지조사팀은 영남지역에 대한 조사를 마무리한 후, 2002년부터 호남지역으로 조사 대상지를 옮겨 2010년 10월 『호남구전자료집』(조희웅 외 엮음)을 출간했다. 구례군, 나주시, 고흥군, 곡성군, 무안군, 장흥군, 영광군, 나주시 총 8권으로 구성되어 있다. 영남지역 자료조사와 마찬가지로 『한국구비문학대계』에 누락된 지역을 우선 선정했다. 이 책 또한 2011년 문화체육관광부 우수학술도서로 선정되었다.

📖 김광순 소장 한국고소설 전집 전84권(김광순 외, 2004~2007)

지금까지 필사본으로 전승되어 온 고소설 400여 종을 10여 년에 걸쳐 수집해 교정 · 검토하여 해제를 첨부, 84권 전집에 영인했다. 한국 고소설사의 새로운 지평을 열었다는 평가를 받고 있으며, 이번 작업을 통해 초창기 국문학자들이 고소설은 150종 미만이 전부라고 알고 있었던 것도 사실이 아님이 밝혀졌다.

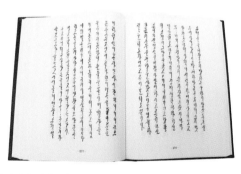

이들 필사본 고소설 중에는 아직 학계에 이름도 알려지지 않은 것이 많고, 알려져 있는 고소설도 이본 연구에 크게 주목되는 유일본 작품들로, '閑中一笑話', '僧虎相訟記', '瑤華傳', '강긔닌전', '己丑錄' 등 수십 편은 처음 학계에 소개되는 작품들이다.

필사본 형태로 전하는 고소설 474종 가운데 문학적으로 수준이 높은 작품과 미처 알려지지 않은 소설들 100종을 추리고 현대어로 다듬어 『김광순 소장 필사본 고소설 100선』도 기획, 2018년 12월 기준 50권까지 발간했다.

📖 김사엽 전집 전32권(김사엽전집간행위원회, 2004)

고대 신라가요인 향가와 일본 고대가요집인 『만엽집』을 중심으로 한국과 일본 고대문학 및 언어를 연구한 고 김사엽(金思燁, 1912-1992) 박사가 생전에 발표한 글들을 모은 전집으로, 고인의 10주기를 즈음해 2001년 발간작업이 추진되어 2004년 완간되었다. 고인의 제자들이 주축이 되어 구성된 김사엽전집간행위원회는 고인이 남긴 글 중에서 현재 소재가 파악되고 실물이 남아있는 저서 50권과 논문 400여 편, 강연 및 심포지엄 발표문 및 대담 내용 등을 전집 32권으로 정리했다.

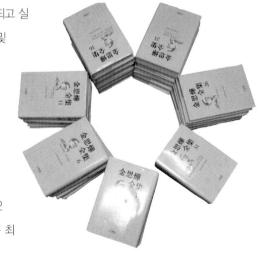

　1960년 천리대 강사가 된 이후 1982년 3월 동국대 부설 일본학연구소장으로 국내에 복귀하기까지 약 22년 동안을 일본에서 활약했기 때문에 별집 2권을 제외한 전집 나머지 30권 중 일본어로 발표된 글이 13권을 차지한다. 총 분량 1만 6,000쪽, 32권짜리 전집으로 국내에서 발간된 개인 저작집으로는 최다 분량이다.

치열한 학문 연구로 한 · 일 간 문화적 교량 역할 담당

Q 김사엽 선생님의 제자로서『김사엽 전집』을 읽으며 감회가 남달랐을 것 같습니다.

박이정출판사에서 2004년 출간한『김사엽 전집』32책은 우리나라에서 간행한 개인 저작집으로는 최다 분량입니다. 또 한 사람이 남긴 저술로는 심재완 선생이『청계김사엽박사추모문집』의 추모휘호에서 이르길 "志在不朽 著述等身"이라 썼어요. 곧 청계 선생께서 남긴 기록은 가치나 의의가 언제까지라도 길이 전하여 없어지지 않는 저술로, 그 저술을 쌓아올린다면 사람의 키와 맞먹는 높이가 된다고 하였습니다.

청계 선생이 생전 저술한 국문 단행본 27책과 일문(日文) 단행본 23책이 전집의 기저가 되었고, 그 밖의 국내외에서 쓴 각종 문 · 강연 · 심포지엄 · 대담 · 사진 등 415편 가운데, 발굴된 글은 전집에 거두어 실은 글도 있고 싣지 못한 글도 있어요. 이렇게 전집이 간행된 뒤에 또 19편의 글이 더 찾아지기도 하였으니, 아마 어느 구석엔가 청계 선생의 숨어 있는 글이 더 있을 것으로 생각됩니다.『김사엽 전집』은 국문이 17책 · 일문(日文)이 13책 · 별책 2책으로 구성되었고, 별책은『청계김사엽박사송수기념논집』(1973)과『청계김사엽박사추모문집』(2002)을 제외하면 청계의 순 저술은 30책이 됩니다.

Q 김사엽 선생님은 우리 국어국문학사에서 큰 획을 그은 대학자이십니다. 가장 큰 업적은 무엇이라 생각하십니까?

청계 선생이 경성제대를 1938년 마친 뒤, 우리 민요와 속담 등을 수집하기 위해 전국 각지를 답습하고 남긴『俗談大辭典』(1939)과『朝鮮民謠集成』(1948) 등은 이 방면 연구자들에게 오늘날 중요한 자료로 이바지되었을 뿐 아니라, 학문적 큰 공로로 받들어야 할 것입니다. 특히 송강가사에 일찍부터 관심을 기울여『鄭松江研究』(1950)와『松江歌辭校註解題』(1959)는 여느 송강가사 연구가들보다 선편을 잡았던 것이지요. 그리고 고소설 중 으뜸인『春香傳』(1950)과『校註解題春香傳』(1962)도 두드러진 성과로 볼 수 있어요.

그밖에『朝鮮文學史』(1948)와『改稿國文學史』(1954) 등은 광복 후 국문학도들에게 국문학 연구의 지침서 노릇을 감당했고,『李朝時代의 歌謠研究』(1956)는 청계의 서울대 박사학위 논문으로, 국문학도들이 중요 도서로 애지중지했지요.

뿐만 아니라 일본의『萬葉集』이 우리 신라 향가의 영향을 받았다는데서, 이를 국내에 알리기 위해『國譯萬葉集』을 1984년부터 국역하여 1991년까지 4책을 출간했으나, 5책은 청계 선생께서 와병 중이어서 구술로 받아 적은 원고대로 전집에 포함시켜 간행했던 것입니다. 가장 안타까운 일은『三國遺事』의 영향을 받아 이룩되었다는『日本靈異記』도 와병 중 가까스로 국역을 마치고 출판사에 넘겼으나, 원고 뭉치가 사라져 끝끝내 햇빛을 못 보게 된 점입니다.

Q 김사엽 선생의 가르침 가운데 특히 기억나는 일화가 있으면 말씀해 주세요.

청계 선생께서는 수업에 임하면, 흑판에 쓰는 글씨는 해서로 반듯반듯하게 씀으로, 제자들한테 글자 하나라도 바르게 쓰도록 이끌어 주셨어요. 선생님의 외모는 엄격하고 자상한 모습을 지녔습니다.『杜詩諺解』를 예습해 오게 하여 학생들에게 발표시키고, 발표 후 선생님께서 보충설명으로 마무리 지었어요. 속담론(俗談論) 시간에 한 여학생이 발표를 하는데, 차마 말로 어려운 구절이 있었으나, 다 읽을 때까지 꼿꼿이 서서 기다렸지요. 선생은 영남지방의 국문학 태두로서 각 대학 국문학과 창설에 적극적으로 활동하였고, 이러한 공로는 영남학계의 금자탑이 되어 지금 빛나고 있습니다.

Q 교수님께서 생각하시는『김사엽 전집』의 의의는 무엇인가요?

청계 선생의 일생을 시대 구분해 보면, 수학시대 30년 · 대구시대 20년 · 在日시대 20년 · 서울시대 10년이 됩니다. 만년인 재일과 서울시대 30년 동안 선생님의 뜨거운 학구열과 집필열정은 노익장을 과시하고도 남음이 있지요. 일본이 한국을 너무 몰라, 이를 알리기 위해『朝鮮文學史』(1971),『朝鮮のこころ』(1972),『古代朝鮮語と日本語』(1974),『朝鮮の風土と文化』(1974),『日譯韓國の人間國寶』(1976),『日譯三國遺事』(1976),『韓國詩とエッセの旅』(1978),『記紀萬葉の朝鮮語』(1979),『日譯韓國古代史上 · 下』(1979),『日譯三國史記』

(1980 · 1) 등을 일본에 알리는 한편, 우리 신라향가의 영향을 받은 일본의 『萬葉集』을 국역한 것은, '일본문화의 뿌리가 한국'이라는 전제하에서 이루어졌던 것입니다. 이렇게 청계 선생의 연구와 국문 내지 일문으로 열정적으로 이룩한 번역은, 우리나라 역대 여느 정치가나 외교관들이 한일관계의 유대를 꾀한 것보다, 한일 간 문화적 교량 구실로써 끼친 공로로, 어떤 주일대사도 감당치 못한 금자탑을 세웠다고 할 수 있어요.

김창규 교수 저서

Q 교수님은 교대에서 정년 때까지 노계 연구를 하셨고 저서도 많이 내셨습니다. 출간한 책에 대해 말씀해 주세요.

1956년부터 노계집 연구를 위해 노계 종가에 드나들면서 57년인가 노계문학에 대한 논문 발표를 했어요. 그 뒤에 틈틈이 노계에 관한 글을 써 놓은 것을 한데 뭉쳐 놓은 것이 『노계시문학논고』이고, 노계문집을 출간한 순서대로 1차 간행, 2차 간행, 3차 간행한 것을 따로 엮어서 『노계문학집성집성』을 냈어요. 이후 『노계집』과 『노계시평석』도 출간했어요. 『노계시평석』은 초보자에서 전공자까지 누구나 쉽게 읽고 이해할 수 있도록 노계시문학을 전반적으로 고찰해 본 책입니다.

『야생 문화 사전』은 주로 우리 규방가사에 나오는 내용들을 많이 실었는데, 그 다음에 속담이나 경상도 사투리 같은 특이한 것들도 많이 넣었고요. 예를 들어, 대구 사람들은 제일 친한 친구를 만나면 "야, 이 문둥이야, 니 이제까지 안 죽고 살았다" 하거든요. '문둥이'라고 하면 나병 환자 아닙니까. 그런데 대구 사람들은 옛날에 '문둥이' 소리를 많이 했죠. 이런 말도 친한 친구한테는 통하는 말이거든요. 경상도 말의 묘미가 그런 데 있는데 여기에 다 못 넣었어요. 이것을 한 번 보충할 계획입니다.

Q 지금 출간되고 있는 국어교육이나 국문학 책과 옛날을 비교한다면 어떠신가요?

우리 것을 찾아 연구하고 사용하게 해야 하는데, 지금 우리 교육이 너

무 서구화가 되어서 문제입니다. 가령 지금 상점 같은 데 보면 전부 '할인' 이러는데 우리말에 '에누리'라는 좋은 말이 있거든요. '에누리'라는 우리말은 내버리고 일본말 '와리비키(わりびき)'에서 온 '할인'을 쓴단 말이죠. '역할'도 마찬가지예요. '역할'이 일본말로 '야쿠와리(やくわり)'거든요.

또 인간성 교육, 인간의 존엄성에 대한 교육이 지금 학교에 전혀 안 되고 있어요. 요새 사람을 쉽게 죽이는 끔찍한 사건이 많이 일어나는데, 인간의 존엄성에 대한 교육은 우리 국문학 작품을 찾아보면 답이 나오거든요. 너무 시류를 타서 외래의 것을 선호해 받아들이는 모습을 보면, 나는 참 안타까워요.

청계 선생의 제자인 김창규 전 대구교육대학교 국어교육학 교수는 널리 알면서도 깊이 있게 자세한 내용의 국학 저서를 30년 동안 끈질기게 꾸준히 출판한 박이정출판사의 노고를 치하했다.

Q 30돌을 맞은 박이정출판사가 앞으로 어떻게 성장했으면 바라시는지, 애정 어린 조언 부탁드립니다.

박이정출판사가 일세(一世)를 맞는다니 축하하는 바입니다. 인간의 "世"는 "서른"을 뜻하지요. 박이정은 널리 알면서도 깊이 있게 자세한 내용의 국학도서를 30년 동안 끈질기게 꾸준히 출판했습니다. 본디 이런 국학 관련 전공서적은 소수 전공자에게만 필요로 하고, 영업이익이 전혀 없는 안 팔리는 책인데, 이 안 팔리는 국학서적에 매달려 30년 동안 내리 줄곧 국학서적만을 출간한 박찬익 사장의 끈기에 박수를 보냅니다.

'박이정'이란 『後漢書』 馬融傳에 『좌씨춘추』에 주를 붙였는데, "가규(賈逵)는 자세하나 넓지 못하고, 정중(鄭衆)은 넓기는 하나 자세하지 못하다. 이미 자세하고 넓으니, 내 무엇을 더하리오"라는 말이 있긴 합니다.("賈君精而不博 鄭君博而不精 旣精且博 吾何加焉")

고소설 연구 총결산, 소중한 문화유산을 지키다

Q 고소설 수집에 평생을 바치게 된 계기가 있으셨는지요?

『김광순소장 필사본 고소설』은 작품 전체가 문화재적 가치가 있음에
도 조선조의 억불숭유(抑佛崇儒) 정책으로 인해 창작 연대와 작자가 거
의 없습니다. 자신이 심혈을 기울여 쓴 작품에 서문을 쓰면서도 오죽했
으면 "이 책은 누가 쓴 것인지 모른다(此書不知何許人也)"며 스스로 숨
기려 했겠습니까? 그 이유는 여러 가지가 있겠지만 당시 시대 조류가
그러했습니다.

제가 소장하고 있는 477종(복사본 포함)의 필사본은 모두 문화재로서
의 가치가 있다고 생각합니다. 또한 목판 구활자본까지 합하면 934종을
소장하고 있습니다. 이들 작품의 가치가 모두 밝혀진다면 우리 문학사,
고소설사를 다시 써야 할 정도로 획기적인 가치가 있다고 생각합니다.

고소설을 모으기 시작한 것은 대학원 재학 때부터입니다. 당시는 고
서점에서 필사본 고소설을 쉽게 볼 수 있었고 엿장수들의 엿 한 가락과

한국 고소설 연구에 평
생을 바쳐온 김광순 경
북대학교 국어국문학
과 명예교수는 고소설
자료수집에도 남다른
애착을 가졌는데, 『김
광순소장 필사본 한국
고소설 전집』은 개인
의 수집결과라고는 믿
기 어려운 역작으로 이
분야에서 독보적인 위
치를 확인케 했다.

바꿀 수도 있었습니다. 그러다 우연히『계명』에 수록된『금오신화』를 발견한 게 결정적 계기가 되었지요.『금오신화』의 작자 매월당 김시습(1435~1393)은 수양대군이 왕위를 찬탈할 때 반대한 생육신의 한 사람으로 단종의 시신을 거둔 충신 엄흥도와 함께 동학사에서 제를 올리기도 한 사람입니다. 당시 일본에서 유학 중인 육당 최남선이『금오신화』가 일본에서 두 번이나 출판되어 읽히는 것을 발견, 우리나라로 역수입하여 1927년 〈계명〉 19호에 수록함으로써 한국 최초의 소설『금오신화』가 비로소 널리 알려졌던 부끄러운 역사를 가지고 있습니다. 이후 우리 고전문헌이 다시는 밀반출되지 않도록 하는 데 일조해야겠다는 생각에서 경북대 대학원 2학년 때부터 본격적으로 고소설 수집에 나섰어요. 어느덧 60년 세월이 흘렀습니다.

Q 우리 고소설의 가치를 평가하신다면?

몇 년 전부터 택민국학연구원에서는 대구시의 지원을 받아 8명(경북대 김광순 · 정병호 · 권영호 · 강영숙, 동국대 김동협, 영남대 신태수, 대구교대 백운용, 안동대 박진아)의 고소설 전문가가 고소설 100종을 선정하여『김광순소장 필사본 고소설 100선』이라 명명하고 역주 작업을 하고 있습니다. 일반대중들도 쉽게 읽을 수 있도록 하기 위함이지요. 이를 소재로 하여 콘텐츠 사업과 연결시키면 무한한 가능성이 있습니다. 전국학술대회를 두 번이나 개최했고 이들 작품에 대한 학자들의『書評』(숭실대 소재영, 연세대 설성경, 건국대 김현룡, 고려대 설중환, 영남대 신태수)도 이어졌습니다. 특히 10여 편의 유일본과 30여 편의 희귀본은 기존 문학사에서 언급하지 않았던 새로운 작품들이 많아 우리 문학사를 더욱 풍성하게 한다는 극찬을 받았습니다.

근래에는 이러한 귀중한 문헌을 소중하게 보관할 수 있는 문학관 건립이 절실하다고 생각하여 고소설 문학관 건립에 매진하고 있습니다. 고소설 문학관은 한국작품이 외국으로 유출되지 않도록 할 뿐 아니라, 개인이 소장하면서 훼손되고 있는 필사본 고소설을 체계적으로 관리하는 데 크게 기여하리라 봅니다.

Q『김광순소장 필사본 한국고소설 전집』은 10년에 걸쳐 완성한 역작입니다. 84권 전집이 세상에 나오기까지 참으로 험난한 작업과정이 이어졌을 것 같아요.

한꺼번에 84권을 출판하기가 힘들어 84권을 7차례로 나누어 출판했습니다. 1차본에서 7차본까지 출판되었는데 1차본과 2차본은 경인문화사에서, 3차본부터 7차본까지는 박이정출판사에서 했습니다. 그 출판과정을 보면 다음과 같습니다.

1차본 金光淳所藏 筆寫本 韓國古小說全集(1권-20권)

2차본 金光淳所藏 筆寫本 韓國古小說全集(21권-40권)

3차본 金光淳所藏 筆寫本 韓國古小說全集(41권-50권)

4차본 金光淳所藏 筆寫本 韓國古小說全集(51권-60권)

5차본 金光淳所藏 筆寫本 韓國古小說全集(61권-70권)

6차본 金光淳所藏 筆寫本 韓國古小說全集(71권-82권)

7차본 金光淳所藏 筆寫本 韓國古小說全集(83권-84권)

　한 가지 유의할 점은 7차례로 출판하면서 목록색인(가나다순)도 20권과 40권, 50권, 60권, 70권, 82권, 84권까지 7번이나 변경되었으니 권수가 늘어날 때마다 총목록도 늘어난 셈입니다. 그래서 [金光淳所藏 筆寫本 古小說韓國古小說] 總目錄은 7차본인 83권과 84권의 총목록 색인을 보셔야 전체 목록의 색인이 되니 참고 바랍니다. 작품 수는 474권이라 알려져 있지만 전체 색인에서 3개의 작품이 누락되어 있고 55권의『〈명당형녹』, 66권의『길동 단』, 67권의『수매청심록』의 세 작품이 내용은 수록되어 있으면서도 총 목록색인에서 누락되었으니, 1권부터 84권에 수록된 작품 수는 477권임을 밝혀둡니다. 작품 이름이 잘못된 것도 있으니 74권에『최현전이라』는『취연전이라』의 오류임을 밝혀둡니다. 전체적으로 재판을 할 때 각 권마다 총 목록색인과 함께 수정 보완할 예정입니다.

Q 필사본 중에서 그간 학계에 알려지지 않은 희귀한 작품들이 많습니다. 어떻게 발굴한 것인가요?

　『오일론심기』,『윤선옥전』,『승호상송기』등 10여 편의 소설은 학계에 처음 소개된 것이며『슈육문답』,『장션싱젼이라』,『남계연담』,『유생전』,『어룡전』등의 희귀본 30여 편도 있습니다. 이 가운데서도『장션싱젼이라』의 발굴과정에 대해 몇 말씀을 드릴까 합니다.

　반세기 전 복사기가 없었던 시절로 돌아가, 당시 효성여대(대구가톨릭대) 국문학과 이상순 조교가 성주 어느 촌가에 이 작품이 소장되어 있다는 소식을 듣고 달려갔지만 주인이 팔지 않겠다고 하여 이틀 밤을 새워가면서 원고지로 손수 옮긴 작품입니다. 그때(1964년 9월 22일)는 이미 학위 논문이 완성되어 구두 발표가 막 끝난 뒤였습니다. 이상순 조교는 필자의 외사촌 동생 최정자(국어교사)와 국문과 동기동창인데, 내가 경북대 대학원 석사학위로「李朝擬人小說研究」라는 논문을 쓰고 있다는 소식을 전해 듣고 그렇게 했다는 걸 훗날 외사촌에게 들었습니다. 나에게는 고맙고도 아름다운 여인이었죠. 한 학기만 늦게 졸업했더라면 논문 속에 이 작품도 반영되었을 텐데 안타까운 일입니다.

　몇 년 뒤 그녀는『장션싱젼이라』를 붉은 보자기에 고이 담아 학교로 보냈습니다. 그리고 지금부터 25년여 그녀가 54세에 이미 고인이 되었다는 말을 듣고 진달래가 만발한 어느 봄날, 가창댐 산자락에서 꽃 한 송이를 꺾어 선물했던 기억이 어렴풋이 납니다. 명복을 기리는 마음에서 『김광순소장 필사본 한국고소설 전집』 81권에는 그녀가 쓴 글씨를 그대로 수록했습니다. 그리고 『김광순소장 필사본 고소설 100선』 속에도 넣어 다시 빛을 보게 했습니다. 이 작품을 필사한 한 여인의 고운 정성과 신명을 다해 역주한 필자의 정성어린 글이 하나가 되어 우리 문학사에 영원히 남길 바랍니다.

Q 우리 고소설 중에서 특별히 감명 깊었던 작품이 있으면 소개해 주세요.

특이한 고소설이 있다하면 무조건 찾아갔고, 값은 부르는 대로 주고 모았습니다. 유일본은 말할 것도 없고 희귀본이라면 국립대 교수 몇 달 봉급도 아낌없이 주기도 했어요. 아내가 약국을 경영하고 있어 끼니를 걱정하지 않아도 되었기에 평생 이런 일을 할 수 있었던 것 같습니다.

책 소유자를 아무리 달래도 팔 의사가 없을 때는 할 수 없이 필사하거나 복사기가 발명된 이후에는 빌려서 복사한 경우도 많습니다. 이렇다 보니 때론 시골 촌가에서 며칠 밤을 보낸 일이 한두 번이 아닙니다. 그때 구입한 희귀본, 유일본, 필사본 고소설들이 많습니다. 그렇게라도 내 손 안에 들어오지 않았다면 외국으로 밀반출되거나 종이공장으로 가서 사라졌을지도 모를 일이죠. 지금 이들 작품들의 가치를 따진다면 웬만한 아파트 한 채 값보다 비싼 작품들도 있습니다. 최근에는 거금을 주고라도 나의 고소설을 인수하겠다는 사람도 있습니다. 하지만 한 권도 판매한 적이 없어요. 무슨 일이 있더라도 우리 조상들의 귀중한 문화유산이 외국으로 밀반출되거나 흩어져서는 안 된다는 생각뿐입니다. 지금 10여 편의 유일본과 30여 편의 희귀본들 모두가 그렇습니다.

Q 이 전집을 통해 독자들이 무엇을 느꼈으면 하고 바라셨나요?

내가 이 전집 자료를 모을 때만 해도 고서점이나 혹은 일반 서점에서도 필사본 고소설을 볼 수 있었는데 지금은 필사본 고소설은 거의 찾아볼 수 없습니다. 당시만 해도 종이가 귀하던 때라 보이는 대로 벽지나 장판밑지로, 아니면 종이공장에 팔거나 고서를 비롯해 종이를 물에 담가 디딜방아에 넣어 서당방에 만년장판을 만들기도 했습니다. 뿐만 아니라 문종이, 불쏘시개로 쓰이기도 했죠. 당시엔 무수히 많은 고서가 사라지는 것을 내 눈으로 직접 보기도 했습니다.

이때부터 모아둔 고서가 필사본 고소설 이외에도 예컨대 목판본을 비롯해 고소설에 관계되는 자료만 2,000여 종을 소장하고 있습니다. 이때 우리의 귀중한 문헌이 사라지거나 아니면 『금오신화』 같은 귀중한 작품들이 외국으로 밀반출되었을 것이라 생각합니다. 아마 내가 아니었다면 전집에 수록된 고소설들이 사라졌을 수도 있었을 텐데, 그나마 다행이라는 생각이 들기도 합니다.

Q 정년퇴임 이후 택민국학연구원을 운영하며 고소설 번역 사업에 헌신하고 계십니다. 현재 활동과 앞으로의 계획이 궁금합니다.

현재 〈국학연구론총〉을 매년 2회씩 간행하고 『김광순소장 필사본 고소설 100선』 역주본 8권을 간행하고 있습니다. 〈국학연구론총〉은 교육부 학술연구재단의 엄격한 심사를 통과한 학술논문집으로 교수 임용, 승진 등의 평가기준으로 쓰이며, 국내는 물론 세계 70여 개국에서 구독하고 있습니다. 고소설 역주사업은 2020년 12월 31일 7차 역주사업으로 마감될 것이며, 이어 역주사업 결과 간행된 현대어역을 가지고 문화콘텐츠 사업을 할 예정입니다.

Q 박이정과의 오랜 인연 중에서 생각나는 일화가 있으시면 이야기해 주세요.

『김광순소장 필사본 한국고소설 전집』은 1차, 2차 간행 후 일단 중단되었다가 박이정으로 옮겨 간행하였습니다. 박이정에서는 수지타산을 맞추기 어렵다고 하면서도 학계를 위해 헌신적인 마음으로 출판을 이어받은 것입니다. 전집 84권이 오늘날 학계에 크게 기여하게 된 것은 오로지 박이정출판사 박찬익 사장의 헌신적이고 과감한 결단 덕분이라고 생각되어 항상 감사하게 생각하고 있습니다. 뿐만 아니라 권이준 상무와 책임편집을 맡은 정봉선 실장의 성실한 대인관계도 이 자리를 빌려 감사의 말씀을 드립니다. 〈국학연구론총〉도 계속 간행함으로써 박이정출판사와의 끈끈한 인연은 영원할 것이라 믿고 있습니다. 이후 문화콘텐츠 사업 구축도 박이정출판사와 함께 활발히 전개할 생각입니다.

Q 30돌을 맞은 박이정출판사에게 애정 어린 조언 부탁드립니다.

『김광순소장 필사본 한국고소설 전집』 84권이 전국 대학도서관에 반드시 있어야 하는데 아직도 누락된 대학도서관, 국공립도서관이 많이 있습니다. 몇 권만 들어 있는 도서관도 있고 5차본에서 끝난 도서관이 있는가 하면 마지막 출판한 전집 83권과 84권 일부만 들어있는 도서관도 있습니다. 예를 들면 충남대학도서관에는 51~70권, 83~84권도 들어있지 않아서 학과 전공교수의 요구도 있었습니다. 아예 없는 대학도서관도 있으니 전국적으로 한 번쯤 살펴보고 출판계획서를 정리해 전공교수들이 연구하는 데 차질이 없도록 해야 할 것입니다.

박이정출판사는 눈앞의 이익만을 목적으로 하지 않고 길이 역사에 남을 만한 작품이면 과감히 투자하는 정신이 있어서 항시 존경하고 있습니다. 계속 그런 정신으로 출판한다면 청사에 길이 남을 출판사가 될 것으로 확신합니다.

마지막으로 박이정 창립 30주년을 맞은 기쁨과 함께 귀사의 무궁한 발전과 행운이 함께하시길 기원하는 바입니다.

어린이 도서 전문 브랜드 '정인출판사' 새롭게 출발

「숲의 속삭임」

「피터의 바다」

「나만의 정원」

박이정출판사는 2001년 자회사인 정인출판사를 설립했다. '잡티나 불순물 없이 깨끗하고 어진 어린이를 위해 좋은 책을 만들겠다'는 의미로 '정인'이라는 이름을 지었다. 처음에는 박이정의 학술 콘텐츠를 어린이용으로 만들고, 일부 책은 외국어로 번역해 해외로 수출할 계획도 세웠다.

「언제나 널 사랑할 거야」

「해님 사랑해요」

첫 책으로 번역서인 그림동화 『숲의 속삭임』을 시작으로 『피터의 바다』, 『나만의 정원』, 『언제나 널 사랑할 거야』 등을 펴냈고, 자녀교육서 『당신은 당신 아이의 첫 번째 선생님입니다』와 창작동화 『해님 사랑해요』 등 다양한 유·아동 대상 도서를 출간했다.

2004년에는 어린이 외국어 교재 『하우하우 중국어』 4권을 개발했다. 『하우하우 중국어』는 한국과 중국 양국이 공동 개발한 주니어용 어학 학습교재로, 기초 발음부터 시작해 말하기, 듣기, 읽기, 쓰기를 종합적으로 다루고 있다. 기초회화편 2권과 중급회화편 2권으로 구성되어 있다.

조금 우습고 엉뚱한 뒷이야기가 있는데, 정인출판사의 뿌리가 성인용 도서를 출간했던 출판사였다는 사실이다. 당시 박이정출판사의 편집장이었던 시인 이동엽이 다른 장르의 책으로 수익을 올려보겠다는 목표 하에 '깊은산출판사'라는 이름의 출판사를 등록했는데(박찬익 대표는 출장 중이라 따로 보고 받지 못했다.) 동성애 등을 다룬 성인용 책을 출간해 결국 두 권은 간행물윤리위원회에 회부되어 판매가 중단되는 바람에 출판사 등록까지 취소하는 일이 생겼다. 그 후 정인출판사로 이름을 바꿔 어린이 책을 만드는 자회사로 다시 태어났다.

「하우하우 중국어」

교원대 초등국어연구소와 공동기획…초등 · 중등 · 대학 교재 흥행

1993년 『독서교육의 이론과 방법』에 이어 이듬해 『학습자 중심의 국어교육』을 발간하면서 국어교육 분야로 영역을 확대했던 박이정출판사는 1999년 『국어지식탐구』(김광해 저)를 통해 한 단계 성장했다. 『국어지식탐구』는 각급 학교 '국어' 과목의 국어지식 영역과 고등학교 '문법' 과목의 교육과정을 기틀로 해 설명한 국어학개론서로, 10년간 사범대학교 국어학개론 대표 교재로 사랑받으며 1만 부 이상 판매된 베스트셀러다.

2001년 교원대학교 한국초등국어교육연구소와 제휴해 초등국어 연구총서를 펴내고 연구소의 학회지를 출판하면서 국어교육 분야는 박이정출판사의 명실상부한 핵심 카테고리로 자리 잡았다. 연구소 설립 당시 박이정에서는 집기류를 비롯해 많은 물적 지원을 아끼지 않았다.

신헌재 교수가 주축이 되어 만든 한국초등국어교육연구소는 번역총서, 학술총서, 연구총서로 분류해 초등국어교육 관련 총서를 출간했는데 번역총서는 외국의 이론을 한국에 소개했으며, 학술총서는 교원대학교 출신 박사학위 논문을 묶었고, 연구총서는 그간의 경험과 이론을 정리해 교재로 쓸 수 있도록 개발했다.

연구총서의 첫 테이프를 끊은 이경화 교수의 『읽기교육의 원리와 방법』은 교원대학교뿐 아니라 한우리독서교사 양성과정 교재로 채택되었으며, 최근에도 노량진 고시학원 등에서 임용교사용으로 쓰이고 있다. 인기가 많아 학원가에서 불법 제본한 해적판이 나돌기도 했다.

중등 국어교육 분야에서도 여러 책들이 나왔다. 우리나라 국어교육 이론을 정립한 대표 연구자로 꼽히는 고려대학교 노명완 교수가 쓴 『문식성연구』(2002)와 노 교수가 공저로 참여한 『지식기반사회와 국어교육』(2003)이 중등교육 교재로 채택되었다.

교육대학 교재 출판도 활발하게 이루어졌다. 2002년 경인교육대학 정해승 교수의 『국어과 교육과정 실행연구』를 시작으로 2003년 진주교육대학 류성기 교수의 『초등 말하기 듣기 교육론』, 제주교육대학교 윤치부 교수의 『국어교육 논저목록 I - II』 등이 초등 · 중등 · 대학교에서 광범위하게 사용되었다.

교육 대상뿐 아니라 내용면에서도 영역을 넓혀갔다. 2002년 경상대학 국어교육과 이상구 교수의 박사학위 논문인 『구성주의 문학교육론』을 펴내 읽기교육에 이어 문학교육으로 확장했으며, 2004년 서울교육대학 이재승 교수가 번역한 『아이들과 함께하는 독서와 글쓰기 교육』 출간은 쓰기교육까지 통섭하는 계기가 되었다.

📖 국어지식탐구(김광해 외, 1999)

국어교사를 희망하는 대학생들이 우리말과 관련된 기초지식에 흥미를 가지고 접근할 수 있도록 도와주는 국어학개론서. 기존 국어학개론류에서는 볼 수 없었던 국어와 민족문화, 바른 언어생활, 풍부한 언어생활, 국어 탐구와 나라사랑 같은 내용들이 포함되었으며 국어교육 현장에 새로이 적용되기 시작한 탐구학습의 개념을 적극 수용했다. 언어의 탐구, 국어의 말소리, 국어의 문법, 국어의 의미, 국어와 민족문화 등 7개의 장으로 구성했다.

읽기 교육의 원리와 방법(이경화 저, 2001)

21세기 뉴미디어 시대에 적합한 '균형 잡힌' 읽기 교육의 방법을 제시한 개론서. 읽기의 필요성과 본질, 읽기의 이해 과정을 중심으로 아동과 청소년에 대한 이해와 발달 단계에 따른 읽기 지도 방법, 구체적인 독서 프로그램 등을 소개했으며 읽기 수업, 학급·학교·공공도서관 독서지도 등 독서와 관련해 구체적으로 활용할 수 있는 내용들도 담아내 읽기 교육의 이론과 실제를 총망라했다.

창조적 지식기반사회와 국어과 교육(노명완 외, 2003)

21세기 '창조적 지식기반사회'에 맞는 국어과 교육방법을 제시한 책이다. 국어교육 이론의 대표 연구자로 인정받는 저자는 창의성 계발을 위한 국어과 '교육과정 모형의 탐색'에 초점을 두고 21세기 지식기반사회의 특징, 과거 국어교육에 대한 반성, 창의성 계발을 향한 국어과 교육과정 모형의 탐구과제, 창의성 수업을 위한 국어과 교수·학습과 평가 등의 내용을 담았다.

'우리학문 다시 하기' 시리즈, 논란의 중심에 서다

2003년 박이정출판사는 학계에 파란을 일으켰다. '우리학문 다시하기 시리즈'가 바로 논란의 주인공이다.

"소위 말하는 '안티 국문학'이라고 할까, 그런 시리즈를 꼭 한 번 만들어보고 싶었어요. 우리 국문학에서 보면 분명히 학설이 잘못된 것이 밝혀졌는데도 불구하고 제자나 스승이라는 관계 때문에 계속 유지되고 있는 분야가 아직 많거든요. 그래서 이것에 대해 전면적인 비판을 하거나, 아니면 자료가 발굴돼 새롭게 인정받을 만한 학설 등을 시리즈로 내보자고 마음먹고 젊은 학자들을 설득하기 위해 한참을 쫓아다녔어요. 하지만 전부 스승의 눈치를 볼 수밖에 없는 처지라 시작부터 참 어렵더라고요. 결국 한 사람을 섭외했는데, 부산대학교 중문과 교수님이셨어요."

박찬익 대표의 겁 없는 도전은 계속되었고, 그렇게 해서 탄생한 책이 바로 『끝나지 않는 식민지 학문 100년』이다.

"경성제국대학교나 서울대학교를 비판하는 그런 책이었어요. 우리나라의 대표 대학은 성균관대학교여야 했는데 식민지로 인해서 왜곡이 됐다. 이런 부분들을 아주 적나라하게 비판을 했어요. 박이정이 원래 국문학 분야의 책을 내는 출판사인데 이런 시리즈를 내려고 마음을 먹었던 것은 제가 당시 젊었고 엉뚱한 구석이 있었던 데 기인한 것 같아요."

다행히 중문과 교수의 책이라 국문학계의 반발은 노골적으로 없었지만, 학계에서는 대부분 이런 상황을 불편해했다. 하지만 박 대표는 이후에도 반골 기질(?)을 내려놓지 않았다.

"최초의 국문 소설이라고 알려진 '홍길동전'보다 200년 앞서 씌어진 '설공찬전'이 이복규 교수님에 의해 발견되었어요. 그래서 학회에서 격렬한 논쟁을 벌였는데, '홍길동전'을 쓴 허균의 집안 종친회에서 관광버스로 올라오고 '설공찬전'을 썼던 채수 집안에서도 오는 바람에 그때 이복규 교수님이 아주 진땀을 뺐었죠."

이런 상황을 지켜본 박 대표는 결국 이복규 교수의 『설공찬전 연구』를 박이정출판사의 이름으로 세상에 내보냈고, '설공찬전'이 수록된 『초기 국문·국문본소설』도 함께 출간했다. 그때의 인연으로 2018년 『묵재일기 소재 국문본소설 연구』도 출간했다.

이후에도 박 대표는 '민족정신이라고 할 수 있는 역사와 국문학 쪽에서는 잘못된 부분을 바로잡아야 한다'는 사명감으로 젊은 학자들을 설득하러 팔방으로 뛰어다녔다. 하지만 다들 "사장님 큰일 나요. 그러면 장사도 망하고요, 저도 교수 안 돼요" 해서 결국 '우리학문 다시하기' 시리즈는 한 권에서 끝났다. 현실의 벽에 가로막혀 원대한 꿈은 꺾였지만, 잘못된 역사를 바로잡고자 했던 진실한 외침은 우리 사회에 작은 파장을 일으켰다.

📖 끝나지 않는 식민지 학문 100년(김세환 저, 2004)

식민지 학문 100년에 대한 연구서이다. 전통문학이 잘려나간 자리에 아무렇게나 끌어들인 일제나 서양의 이론을 배척해 잃어버린 역사와 문화를 되찾는 한편, 유구한 역사의 지혜를 살려나가면서 밝은 미래를 열자고 강조하고 있다.

왜정시대의 일본 신문학 모방, 잃어버린 역사와 왜정의 반도사, 왜정의 철학으로 왜곡된 전통학문, 버려진 성균관, 왜정을 계승한 서울대학교, 왜정으로 얼룩진 백의 문화 등 총 5장으로 구성되어 있으며 여전히 우리나라를 덮고 있는 왜정의 그림자를 들추어 신랄하게 비판하고 있다.

저자인 부산대학교 중문과 김세환 교수는 머리말에서 "현재 우리의 학교나 학문의 역사는 겨우 100여 년이며, 이는 곧 우리나라가 망한 후 침략자들이 우리의 것을 몰아내고 채워 놓은 것으로 시작된 식민지의 역사이다. 최근 우리는 조선총독부 건물을 철거하였지만 왜정의 음영은 여전히 이 나라를 덮고 있다. 가장 먼저 이를 거두어내야 할 우리의 학계(특히 인문학을 중심으로)가 오히려 왜정을 그대로 이어가고 있다"고 지적했다.

📖 설공찬전 연구(이복규 저, 2003)

『설공찬전 · 주석과 관련자료』(1997) 이후에 이루어진 설공찬전 관련 연구 성과와 자료를 모은 책이다. 이전 책에 실었던 해설 논문도 수정 · 보완해 다시 실었다. 저자는 이 책에서 세 가지 주장을 강조하는데 설공찬전이 최초의 번역체 국문소설(국문본소설)이라는 점, 설공찬전이 실화에서 유래한 소설이라는 점, 창작 국문소설의 효시작은 허균의 '홍길동전'이 아니라 '오륜전전'이라는 점이다.

내용을 살펴보면, 설공찬전 국문본의 발견 경위에서부터 설공찬전 국문본의 실상과 의의, 작자 채수의 생애와 작품관계, 설공찬전 국문본을 둘러싼 몇 가지 의문에 대한 답변, 설공찬전이 실화에서 유래한 소설임을 보여주는 증거들, 설공찬전 국문본과 최초 국문소설 문제 등 다양한 연구 자료들이 수록되어 있다. 설공찬전을 직접 발견한 저자가 여러 논쟁에 대해 '책임 있는 해명'을 하기 위해 고군분투한 흔적이 역력하다.

설공찬전은 서경대학교 이복규 교수가 충북 괴산 성주 이씨 묵재공파 문중에서 소장해 온 『묵재일기』에서 찾아낸 작품으로, 채수(1449~1515)가 쓴 조선 최초의 금서(禁書)이자 한글로 읽힌 최초의 소설이었다. 설공찬이 죽어 저승에 갔다가 혼이 돌아와 남의 몸을 빌어 이승에 머물면서 자신의 원한과 저승의 일을 기록한다는 내용을 담은 일종의 전기물(傳奇物)로 『조선왕조실록』에서 언급할 정도로 큰 사회적 충격을 가져온 작품이다.

🎙 저자와의 대화 | 『영남구전자료집』『호남구전자료집』 조희웅

소중한 구비문학 자료, 후세에 전하고 싶다

Q 10여 년에 걸친 현지조사를 통해 『영남구전자료집』과 『호남구전자료집』이라는 역작이 탄생했습니다. 편찬을 추진하게 된 계기가 있으셨나요?

원래 필자는 자의 혹은 타의로 전국적인 구비문학 조사에 간여하게 되었습니다. 좀 더 구체적으로 말하면 1960년대 말부터 1970년대 초에 걸쳐 서울문리대 학술조사 답사반에 동참하여 구비문학 연구의 기반을 닦았어요. 이때에는 학생(석사) 또는 조교로서 각처를 돌아다니며 조사(1967.6 경북 상주, 안동 조사가 시초, 이어 1968 충북 괴산, 단양, 영동, 옥천, 제천)하는 가운데 현지 경험 및 기술을 쌓아갔어요. 이를 바탕으로 하여 한국에서 '구비문학' 학문 분야의 최초 개론서인 『구비문학개설』(1971)을 낼 수 있었고, 이 책으로 우리나라에서 '구비문학'이란 명칭이 확립되기에 이르렀습니다. 그러던 중 1976년 8월 재직하던 학교를 옮겨 국민대에서 학과 교과과정 중에 '구비문학론'이라는 과목을 설치하게 되었어요.

조희웅 국민대학교 한국어문학부 명예교수는 대학교에 입학하면서부터 고전소설에 흥미를 가져 60여 년을 고전소설과 고전문학 연구에 매진했다. 그러한 숭고한 노력으로 『영남구전자료집』, 『호남구자료집』이라는 역작이 탄생했다.

그 무렵 전국 4년제의 각 대학에는 '구비문학'이라는 교과목이 속속 설강되고 있었죠. 하지만 주지하다시피 이 시기에 이르기까지도 구비문학 연구에 기초가 되는, 원문 그대로를 채록한 현지조사 자료집이 하나도 없었다고 해도 과언이 아닙니다. 연구를 하려고 해도 그 결과를 신뢰할 수 있는 데이터가 매우 부족했다고 할 수 있죠. 영호남 자료집의 발간은 이러한 상황 속에서 시간이 지날수록 점점 급속히 소멸되고 있는 민족문화유산 중 일부나마 영구 보전할 염원을 가지고 발간하게 되었던 것입니다.

Q 구전민요를 채록하는 등 현장의 목소리를 그대로 담고자 많은 노력을 하셨습니다. 현지조사가 어떻게 진행되었고, 책을 펴내는 과정은 어떠했는지 궁금합니다.

구비문학 자료집은 1970년에 『Folk Treasury of Korea』(1970)란 책을 처음 내었던 적이 있습니다. 이 책은 영역서였기 때문에 엄밀히 말한다면 원전 그대로라고는 할 수 없는 것이었죠. 현지 채록을 그대로 담아낸 것은 여러 전문학자들과의 공편 형태로 간행했던 『한국구비문학선집』(1977)이란 책이 시초였지만 수록 자료의 양이 너무 미약했어요. 그러던 중 전국적인 본격적인 자료 채록의 기회가 왔어요. 1970년대 말에 국가적인 핵심사업의 하나로 한국정신문화연구원이 출범하게 되었고, 이 기관을 통하여 '민족정기의 확립'이라는 슬로건 아래 그 첫 사업으로 전국적인 구비문학 자료 및 방언 자료 수집이 결정되었던 것이죠.

필자는 프로그램 수립 시에 운영위원 및 나아가서는 실제 현지조사에도 참여하게 되었고, 결과적으로는 1980년대 초부터 약 5년간에 걸쳐 전국 80여 개 시·군 단위의 자료보고집이 속속 간행되었습니다. 이 총서 중 필자가 행한 서울·경기 지방 조사분은 총 4개 지역(도봉·남양주·안성·용인)이었어요. 지금 생각하면 이 사업은 우리나라의 문운 흥성에 커다란 기여를 한 위대한 사업이었다고 자화자찬해도 좋다고 생각합니다. 하지만 유감스럽게도 1980년 중반에 이 사업은 완결을 보지 못한 채 중단되고 말아, 전 국토의 3분의 1 정도만 조사가 이루어졌을 뿐이었어요. 따라서 개인적으로는 너무나 애석한 마음을 금할 수가 없었죠.

이에 어떻게 하면 전국적인 조사 작업을 보완할 수 있을까를 생각하다가 마침내 그럴싸한 아이디어 하나를 생각해 내게 되었습니다. 그 방안은 내가 담당한 구비문학 개설 강의의 수강자 전원에게 현지답사를 학점취득의 필수조건으로 제시하고, 좀 더 구체적으로는 수강자 전원에게 현지조사는 물론 그 조사 자료를 각자 채록 제출케 한 후 마지막으로는 자료집 간행까지 의무화하게 하자는 것이었어요.

이 생각은 즉시 실행에 옮겨져 1980년대 중반경에 시작하여 2008년 필자가 강단을 물러나기까지 20여 년간 한 해도 빠짐없이 지속하였습니다. 조사 자료의 보고서는 처음 몇 해 동안은 경비 문제로 활자화하지 못하다가 1988~1991간은 학과지인 〈백악〉지에 부록의 형식으로 채록 자료의 일부나마 게재하였고, 1992년 조사분부터는 조사 자료 전체를 PC에 입력시켜 책자 형태로 간행했는데 2008년 정년 시까지 각 군별로 총 18책이 간행되었죠. 원래 국민대 조사는 처음부터 1980~1985간의 한국정신문화연구원에서 실행 간행했던 『한국구비문학대계』 조사에서 미실시되었던 지역을 선택하여 보완하는 뜻에서 조사하고 자료집을 간행함을 최종목표로 삼았어요. 그리하여 2000년에 영남지방 조사를 일단 마무리하고, 2001년부터는 호남지역 조

『영남구전자료집』

『호남구전자료집』

사를 시작하여 2008년까지 계속하였습니다.

하지만 늘 조사보고서가 한정판으로 간행되고 배포처도 매우 한정적이었던 형편이라 자료가 사장됨을 안타깝게 여겨 정식 출판을 계획하고 두루 알아보던 중 자주 내왕이 있던 박이정 박찬익 사장의 쾌락을 얻어 간행하게 되었습니다. 채록 자료의 중심을 이루는 영남과 호남의 자료들은 각각 8책씩으로 간행되었는데(2003, 2010) 다행스럽게도 영남편은 2006년 문화관광부 선정 우수학술도서로, 호남편은 2011년 문화체육관광부 선정 우수학술도서로 지정되는 행운도 얻었습니다.

박이정과의 인연은 이에 앞서 1997~1999년 3년간에 걸쳐 학술진흥원의 연구비를 받아 실시하였던 경기북부 지역 즉 한강 이북 경기도 일대의 조사 자료를 모은 『경기북부구전자료집』(2001, 전2책)에서도 이루어진 바 있었습니다.

위에서 말한 자료집은 모두 설화 위주의 것이었습니다. 따라서 여기에 싣지 못했던 구비문학 타 분야의 자료들 중 영남지방의 민요를 원음 그대로 보존할 방도를 모색하다가 신나라레코드사의 후의를 입어 2005년에 '영남구전민요'란 이름으로 CD 열 장에 묶어 간행하였는데, 이 CD 세트는 점차 소멸되어 가고 있는 구전민요의 원음을 영구 보존할 수 있게 했다 하여 당시 각 신문과 방송국에서 특별 인터뷰를 행하기도 했었어요. 동시에 이 CD집에 포함되지 않은 민요자료들을 묶어 『영남구전민요자료집』(전3책)이란 이름으로 출간하였습니다.

이때 영남편에 이어 호남편까지 간행할 생각으로 신나라레코드사와 약속을 한 바도 있지만, 안타깝게도 호남 조사 시엔 이미 민요 채록을 거의 할 수 없었고, 단 몇 장만이라도 CD로 묶어볼 생각도 있었으나 채록 자료가 너무 보잘 것 없어 결국 포기하고 만 것은 두고두고 후회됩니다.

위에서 말한 자료집 외에 충청지방을 중심으로 1960년대 말과 1970년대에 조사했던 구전설화 자료들은 가장 늦게 2011년에 『이야기 망태기』(전2책)란 책에 모아 출판하였습니다.

Q 많은 어려움이 있으셨을 텐데, 특히 기억나는 일이 있으시다면?

결과적으로 필자는 제주지역을 제외한 전국 모든 지역의 설화 자료집을 낸 셈이 되었어요. 『경기북부구전자료집』(2001, 전2책), 『영남구전자료집』(2003, 전8책), 『영남구전민요자료집』(2005, 전8책), 『호남구전자료집』(2009, 전8책), 『한국구비문학대계』, 『이야기 망태기』(전2책, 2011)가 곧 그것이죠. 이 중 대부분의 자료 채록은 내 개인뿐 아니라 동참했던 제자들의 헌신적인 노력이 아니었으면 있을 수 없었을 것이라 생각하여 다시 한 번 경의를 표하고 싶습니다. 그런데 유감스럽게도 영남 자료집의 경우는 방언과 구비문학에 대한 지식이 별로 없는 학생들의 채록을 일일이 원 녹음테이프를 대조 확인하지 못한 채 간행했기 때문에 채록상의 오류가 상당히 많았어요. 이를 뒤늦게 발견하고 늘 수정본을 낼 생각을 가져왔지만 오늘까지도 실천에 옮기지를 못하고 있습니다. 호남 자료집의 경우는 총 8권분을 스스로 하나하나 바로잡느라 어마어마한 고생을 했어요. 그중에는 채록자가 제보자의 구술 내용을 잘못 알아듣거나 혹은 대충 옮겨 적은 것이 많아 원래 제보자의 구술대로 일일이 수정하여 완벽을 기하느라 새로 쓰다시피 했죠.

박이정에서 간행했던 한문소설『편옥기우기』는 국민대 소장인데, 국내 유일본의 번역이었어요. 이 책에는 한문 이체자가 많이 쓰여 있어 처음 접하는 독자로선 읽어내기조차 용이하지 않아요. 이 작품을 대학원 고전소설 강독시간에 교재로 선정하여 한 학기 동안 실시하고, 수강에 동참했던 제자들과 번역서로 내었는데, 동서에는 원문과 번역문은 물론 부록으로 이체자들을 일일이 그려 붙여 독자의 이용에 이바지하게 한 점에 보람을 느낍니다.

Q 이 책을 통해 학계나 사회에 던지고 싶었던 메시지는?

우리나라에는 아직도 널리 알려지지 않는 연구 자료들이 널려 있어요. 앞으로도 이러한 자료 발굴에 좀 더 힘쓰고 심도 있는 연구를 더하여 남에게 뒤지지 않는 우리 문화의 우수성에 자긍심을 가지고 널리 알려야 합니다.

Q 구전자료집이 어떻게 활용되길 바라시는지요?

현재 국내외적으로 우리 문화콘텐츠가 매우 주목을 받고, 나아가 그 내용에 대한 관심이 고조되는 추세에 있습니다. 문학연구가의 입장으로 보면 구비문학 자료야말로 그 핵심을 이루는 것으로 생각해요. 이러한 자료들은 문학작품의 소재는 물론이고 만화, 영화, 음악이나 미술, 무용, 건축 등등 다방면의 소재로 활용하고 나아가 언어 연구, 사회 연구, 역사 연구, 풍속 연구 등등에도 활용될 수 있을 것임을 확신합니다.

Q 구비문학 연구에 평생을 바치셨습니다.

우리 연령대의 세대는 대부분 문자문학의 세대라기보다는 구비문학의 전통 속에서 성장했다고 생각해요. 초등학교 시절을 마칠 때까지 우리는 해방과 한국전쟁의 와중에서 자랐어요. 주변에서 도서관이란 것은 본 일도 없고 신문을 구독하는 집조차 없었어요. 우리 세대의 문화생활에는 구비문학밖에 주어지지를 않았던 것이죠. 때문에 우리는 어른들이 들려주는 이야기나 노래 속에서 일상을 지냈어요. 그 밖에는 어쩌다 어머니가 이웃에서 빌려온 딱지본 소설이나 선친께서 보시던 낡은 잡지 몇 권이 내 문학적 자산의 전부였습니다.

하지만 이러한 개인적 자산이 밑거름이 되어 초등학교, 중고교를 거치는 과정에서 차차 문학의 마력에 이끌리게 되었고 드디어는 대학도 한국문학과를 택하게 되었어요. 어쭙잖게도 중고교 시절에 습작소설 몇 편을 써본 후에는 작가로서의 꿈도 가졌었죠. 그러나 얼마 가지 않아 작가로서의 소질에 대해 스스로 의문을 갖게 되었고, 연구자로서의 길을 택해 어렸을 때부터 익숙했던 구비문학에 눈을 돌리게 되었습니다. 이제 생각하니 당시 주변여건이 필연적으로 나를 그렇게 인도해갔다는 생각이 드는군요.

그 필연적 여건이란 우선 당시 우리 과에 고전 산문 담당교수로 고 성산 장덕순 선생께서 우리들이 입학한 후 새로 부임해 오셨고, 곧 연례의 학과행사로 구비문학 현지조사가 실시되었던 것이죠. 나는 학부시절만 하더라도 고전소설 및 시가에 관한 논문을 써 보다가, 학부 졸업논문의 테마로는 '설화'를 택했어요. 이어 석사 논문도 설화를 주제로 하여 썼는데 이것은 제1회 논문상(인문과학계)을 수상하는 영광을 얻었습니다. 그리고 1971년에는 스승과 선배, 동료와 함께 이 땅 최초의 구비문학의 개설서를 간행하였습니다. 이후 각 대학에는 다투어 구비문학이라는 학문분야가 하나의 학과목으로 자리 잡기에 이르렀죠. 이러한 이유로 나는 구비문학을 나의 주전공으로 삼았던 것이라 할 수 있습니다.

Q 서양의 고전소설은 수백 년을 이어오며 사랑받고 있는 반면, 우리 고소설은 대중들에게 잘 알려져 있지 않습니다.

우리 고전소설들이 외면을 받았던 여러 가지 이유가 있겠지만, 가장 큰 이유는 너무나 천편일률적이고, 감흥도 없는, 케케묵은 빤한 이야기란 고정관념이 대중들의 머리에 각인되어 있는 것 같아요. 그러나 우리 고전들의 원전을 한번 찬찬히 읽어보노라면 자신도 모르는 사이에 빠져드는 매력이 있음을 알 수 있게 됩니다. 흔히 『춘향전』은 그렇고 그런 이야기라거나, 『흥부전』이나 『심청전』은 말도 안 되는 동화 같은 이야기이고 유치한 이야기라 치부해 버리기 쉽지만, 한번 꼼꼼히 읽어나가노라면 어느 사이에 유쾌한 감흥이 솟아오르고 코끝이 찡해지는 진한 감동도 받을 수 있음을 확신합니다.

양적으로도 우리 고전문학사상에는 외국에 못지않은 다수의 고전소설이 창작되었음이 확인되는데, 그들 작품 속에는 인간의 삶에 있어서 시대와 장소를 초월한 보편적인 인간 군상들이 등장하며, 전형적인 성격 유형을 보여주고 있어요. 따라서 앞으로 고전작품들의 번역과 주해 작업이 더욱더 진척되기만 한다면 대중화가 전연 무망한 일이 아니리라 생각합니다. 다만 현재 또는 앞으로의 시대적인 추세가 점점 일반 독자의 시선이 책으로부터 떠나가고 있는 듯한 불안한 예감이 드는데, 바로 이러한 과제를 어떻게 극복하느냐는 연구자는 물론 출판사들이 극복해야 할 커다란 과제일 것입니다.

Q 최근에도 고전소설과 관련한 저서들을 지속적으로 발간하고 계십니다. 앞으로 집필 계획이 궁금합니다.

구비문학 및 고전소설의 자료 정리 및 작품 발굴 작업을 계속할 것입니다. 현재의 건강상태로 보아 가능할까 여부는 단정할 수 없지만, 고전 독해사전의 완성을 장기 목표로 삼고, 단기적으로는 현재 고전작품에 등장하는 관용어(속담, 고사성구, 난해어, 욕설, 속신어 등등)들의 자료사적 탐색 작업을 진행하는 중입니다.

Q 30돌을 맞은 박이정출판사를 위해 한 말씀 부탁드립니다.

박이정과 박찬익 사장님의 출발지이자 고향이라 할 수 있는 국어국문학 연구 분야에서 앞으로도 좋은 서적을 많이 간행하여 이 땅의 독보적인 출판사로서 50년사, 70년사, 100년사가 계속 나올 수 있기 바랍니다. 특히 지료 발굴 및 자료 정리에 힘써 학계에 커다란 밑거름이 되어주기를 기원하겠습니다.

조희웅 교수의 저서

확장 2기 | 2005 ~ 2010

인문예술 종합출판사의
면모를 갖추다

외국인을 위한 한국어, 한국학, 창작, 동화에까지 영역을 넓힘으로써 인문예술 종합출판사의 면모를 갖추게 되었다. 특히 이 시기에는 한류 열풍과 맞물려 한국어교육 서적이 흥행했고, 『외국어로서의 한국어교육학 개론』은 박이정의 베스트셀러로 자리매김했다.

'한류' 업고 한국어 열풍…외국인 대상 한국어교육으로 새 전환점

1996년 한국의 TV 드라마가 중국에 수출되고 2년 뒤 가요가 알려지면서 아시아를 중심으로 대한민국의 대중문화가 대중적 인기를 얻게 되었고, 2000년 이후에는 김치·고추장·라면·가전제품 등 한국 관련 제품까지 붐을 일으키며 전 세계적으로 '한류'의 인기가 뜨거웠다.

덕분에 한국 기업이 중국이나 동남아로 진출함으로써 한국어 열풍을 일으켰고, 이로 인해 한국어 사용 인구가 독일어에 이어 세계 13위를 기록하는 놀라운 일도 일어났다. 이는 기존 13위였던 프랑스어 사용 인구를 밀어낸 결과였다. 각 대학에 언어교육원이 개설되고 한국어교원 양성소가 생기는 등 한국어교육이 세계적으로 반향을 일으켰다. 이런 시대적 흐름을 타고 박이정출판사는 발 빠르게 움직였다.

"박이정의 베스트셀러 다섯 손가락 안에 꼽히는 『외국어로서의 한국어교육학개론』이 2005년에 나왔어요. 허용 교수님과 한국어교육 유학파 1세대들이 모여 이 책을 썼는데, 무려 2~3만 부가 나갔어요. 지금도 꾸준히 판매되고 있고요. 1999년에 발간된 『국어지식탐구』가 국어교육 분야의 대표작이라고 한다면, 한국어교육은 단연 『외국어로서의 한국어교육학개론』을 꼽을 수 있죠. 무엇보다 이 책은 박이정의 대표 책들이 국어국문학 중심에서 한국어교육 쪽으로 넘어온 계기가 되었고, 첫 번째 주자로서 기대 이상의 성과를 내주었어요. 덕분에 그 후로 『외국어로서의 한국어 발음교육론』, 『외국인을 위한 표준 한국어문법』, 『한국어 능력시험』 등 한국어교육 분야 책들을 꾸준히 낼 수 있었어요."

박찬익 대표의 이야기처럼, 2005년은 한국어교육 쪽으로 방향을 틀어 새로운 영역을 개척한 중요한 시기다. 현재 박이정출판사 매출 가운데 한국어교육 분야 책들이 차지하는 비중이 30% 이상인 것을 감안하면, 탁월한 선택이었던 셈이다.

2007년에는 본격적인 해외진출을 위해 영미권이나 유럽, 동남아시아를 중심으로 홍보를 실시했으며, 이듬해『한국어능력시험』5권 세트를 중국 상해외대에 있는 김충실 교수와 합작·기획해 한국어판과 중국어판으로 출간하는 성과를 올렸다. 이어 캘리포니아 주립대학 객원교수를 거쳐 한동대 글로벌리더십학부로 자리를 옮긴 김종록 교수가『외국인을 위한 표준 한국어 문법』과『외국인을 위한 표준 한국어 동사활용사전』을 집필했다. 두 권은 처음 한국어를 배우는 외국인 학생을 대상으로 한 한국어교육 책으로, 2012년 영문판으로 번역돼 해외에서도 인기를 끌었다.

2009년에는 외국인과 다문화가족을 위한 초급 교구재를 최초로 개발했다. 서울대학교 언어교육원 한국어교육센터 서경숙 교수가 만든『(신나는 한국어 수업을 위한) 쏙쏙 한국어 카드』는 1억 원 이상 투자한 대규모 프로젝트로, 좋은 콘텐츠 덕분에 2,000질(어휘카드 500장, 문법 및 문형카드 92장 및 가이드북 수록, 1질 15만 원)을 판매하는 성과를 올렸다.

📖 외국어로서의 한국어교육학개론(허용 외, 2005)

외국인에게 한국어를 가르치기를 희망하는 대학생이나 대학원생을 위한 개론서이다. 허용 한국외국어대학교 교수를 필두로 강현화(경희대), 고명균(간사이대학), 김미옥(연세대), 김선정(계명대), 김재욱(고려대), 박동호(경희대) 등 일곱 명의 집필진이 함께했다.

이 책의 가장 큰 특징은 국어학이나 국어교육학적인 접근방법을 탈피하고 외국인들을 가르치는 데 도움을 줄 수 있는 방법으로 접근했으며, 무엇보다 현장에서 유용하게 사용할 수 있도록 실제 교육방법을 제시했다는 점이다. 다음으로 외국어로서의 한국어교육에서 기본적으로 알아야 할 사항과 필수적인 내용들을 보다 쉽고 짜임새 있게 배치했으며, 간결한 표와 사진·삽화를 적절히 배치해 활용도를 높였다.

📖 외국어로서의 한국어 발음교육론(허용·김선정 저, 2006)

제목 그대로 외국어로서의 한국어 발음교육을 위한 교재다. 발음에 관련된 원리를 설명하고, 교육 방안과 교실에서의 활동도 다루고 있다. 한국어 발음의 특징과 그 원리는 무엇이며, 외국인 학습자들에게 그것을 어떻게 효과적으로 가르칠 수 있는지에 중점을 두었다.

각 장의 앞부분에서는 해당되는 발음의 규범에 대해 그 원리를 알기 쉽게 설명했고, 뒷부분에서는 그러한 원리를 바탕으로 교실에서 필요로 하는 교육 방안과 교실활동 유형을 다루었다. 한국어에서 사용되는 자음 글자 19개와 모음 글자 21개의 발음을 기술했고, 표기와 발음 사이의 관계를 발음 규칙으로 정리했으며, 겹받침 11개의 발음도 세세히 밝혔다.

📖 한국어능력시험 전5권(김충실 외, 2007)

외국인 한국어 학습자들을 위한 한국어능력시험 대비 교재로 읽기 · 문법 · 듣기 · 어휘 · 쓰기 등 총 5권으로 구성되어 있으며 초급 · 중급자를 대상으로 한다.

'읽기' 편에서는 독해 원리를 설명하기 위해 이론편을 준비했으며, 한국어능력시험을 분석하고 이에 따른 전형적인 문제유형을 제시했다. '문법' 편은 문법 범주를 등급별로 분류했으며, 출제빈도수가 높은 문법 항목에 대한 설명과 예시를 보여준다. '듣기' 편은 문제를 분석하는 방법을 가르쳐서 언어정보처리능력, 사고능력, 판단추리능력 등 능력 향상에 초점을 두었다. '어휘' 편은 한국어능력시험의 어휘 영역을 어떻게 공부하고 준비하면 좋을지에 대한 학습 안내서와 같은 교재로, 중국인 학습자들을 위해 모든 내용을 한국어와 함께 중국어로도 설명했다. '쓰기' 편은 최근 달라진 한국어능력시험의 쓰기 영역을 대비한 교재로 바르게 쓰기, 목적에 맞게 글쓰기, 문장 연결하여 쓰기, 문단 쓰기 등을 다루고 있다.

📖 (신나는 한국어 수업을 위한) 쏙쏙 한국어 카드(서경숙, 2009)

한국어를 처음 배우는 외국인, 이주여성 및 이주노동자들의 한국어교육을 위해 만들어진 교구다. 이 교구를 기획하기 전에 여러 논문들을 참고했고, 각 기관별(한국외대, 연세대, 고려대, 이화여대 등)로 교육현장에 있는 교사들을 직접 만나거나 전화 사전조사를 실시했다. 교구의 문형 설명은 국립국어원에서 만든 『외국인을 위한 한국어문법(용법편)』을 참고했다. 어휘카드 500장, 문법 및 문형카드 92장 및 가이드북을 포함하고 있다.

🎙 저자와의 대화 | 『외국어로서의 한국어교육학 개론』 허 용

시대적 요구 반영, 외국인 위한 실제 교육방법 제시

Q 『외국어로서의 한국어교육학개론』은 박이정출판사가 국어국문학 중심 출판에서 한국어교육으로 새로운 영역을 확장한 출발점이 되었습니다.

　이 책은 2005년에 출판되었는데 당시 한국이 국제적 위상이 올라가고 한류의 영향으로 중국, 일본은 물론 태국, 베트남 등 외국에서 한국어를 배우거나 가르치려는 사람이 많아졌어요. 대학에서는 단기과정의 한국어 교사 양성과정과 외국어로서 한국어교육 석사과정이 설립되었죠. 이러한 시대적 요구를 반영해 한국어교육학개론을 기획하고 집필하게 되었습니다.

　한국어교육은 국어학이나 국어교육과 밀접한 관련이 있지만 여러 면에서 다른 학문영역입니다. 따라서 국어학의 관점이 아닌 다른 각도에서 접근해야 하죠. 국어학이나 국어교육의 교재로는 한국어교육이 요구하는 바를 충족하기 어려우니까요. 『외국어로서의 한국어교육학개론』은 외국인들을 가르치는 데 도움을 줄 수 있는 방법으로 접근하고 실제 교육방법을 제시한 것이 가장 큰 특징입니다. 박이정과의 인연 덕분에 이후에도 『즐거운 한국어 수업을 위한 교실 활동 100』, 『외국어로서의 한국어 발음 교육론』 등 한국어교육에 관한 다수의 책을 출판할 수 있었어요.

Q 언어학과 한국어교육에 대한 공로를 인정받아 세계 3대 인명사전 중 하나인 '마르퀴즈 후즈 후(Marquis Who's Who in the World)' 2016년판에 등재되셨습니다. 어떤 업적들이 수상에 영향을 미쳤다고 생각하십니까?

한국어교육의 초창기를 이끌었던 분들을 1세대라고 한다면 저희는 한 1.5세대쯤 됩니다. 1세대는 우리보다 십여 년 선배들인데, 아무것도 없는 불모지에서 한국어교육의 기반을 닦았습니다. 아주 귀한 일을 하신 거죠. 지금은 그분들이 닦아 놓은 기초를 디딤돌 삼아 한국어교육이 어느 정도 자리를 잡고 번창해 나가는 시기라고 할 수 있습니다.

우리 세대는 한국어교육의 학문적 정체성을 수립하기 위해 노력한 세대라고 이야기하고 싶습니다. 2000년 초·중반에 한국어교육이 하나의 독립된 학문으로 인정을 받았는데, 그 전까지는 한국어교육을 '국어교육의 하위 부류' 정도로 생각했었거든요. 사람들의 생각이 금방 바뀌지 않기 때문에 한국어교육을 하나의 독립된 학문으로 정립하는 데 아주 많은 노력이 필요했습니다.

한국어교육이 학문적으로 정립되기 위해서는 몇 가지 조건이 필요했습니다. 학문이 되려면 어떤 과목이 있어야 하는지, 과목이 있다면 어떤 커리큘럼을 담아야 하는지가 중요한 문제였죠. 즉, 교육과정의 정립 문제였어요. 가령, '한국문화에 대해서는 외국인들에게 어떻게 가르쳐야 할까'라 한다면 아직까지는 명확하지가 않아요. 전통문화를 가르쳐야 하는지, 외국인들에게 한복이나 요즘 유행하는 '치맥'을 가르쳐야 하는지 통일된 안이 없다는 거죠. 그래서 저희는 한국어교육의 교과목을 결정하고, 교과목에 들어갈 학문적 내용을 정립하는 데 참 많은 논의를 하였습니다. 당시의 학술대회를 보더라도 그런 것들을 주제로 한 경우가 적지 않았어요.

제가 한국어교육에 조금이라도 기여한 바가 있다면, 그와 같은 교육과정을 정립하는 데 필요한 기본적인 교재 집필에 많이 참여했다는 것입니다. 뜻을 같이하는 사람들과 집필 작업을 했는데, 실패를 하더라도 포기하지 말자는 생각, 한국어교육 교재의 기초를 닦아보자는 야심 찬 꿈을 갖고 임하게 되었지요. 무엇보다 지금 활발하게 활동하는 2세대들이 한국어교육의 꽃을 활짝 피우고 있어 고맙게 생각합니다.

Q 영국에서 한국어교육 연구를 오랫동안 해오셨습니다. 특별히 기억에 남는 일이 있으신가요?

영국 유학생활 중, 한국어교육과 관련해서 기억에 남는 일들이라면 몇 가지가 있습니다. 그 중 하나는 토요일마다 열리는 런던한인학교에서 7~8년 한국어를 가르쳤는데, 이 기간 동안 한국어교육에 대해, 특별히 한국어교육에 대한 언어학적 접근에 대해 생각을 많이 했습니다. 또 하나는 한국으로 파견되는 영국 대사관 직원들을 가르쳤던 것입니다. 이 직원들이 한국으로 파견될 때 한국어로 기본적인 의사소통을 할 수 있는지 그 자격을 판단하는 권한이 저에게 주어졌습니다. 부담이 되면서도 보람찬 일이었지요.

그와 비슷한 일이 또 하나 있는데 우리 식으로 말하면 수시 입학으로 다른 학생들보다 먼저 입학이 결정된 학생들의 경우 입학 때까지 남은 기간 동안 과제를 내주는 제도가 있는데, 한국 교민 자녀들의 경우는 가끔씩 한국어를 배워오게 하더군요. 그때 옥스퍼드나 캠브리지 대학교에 입학한 수재들이 저한테 한국어를 배우러 온 적이 있었습니다. 특이한 점은 제가 주는 점수를 그 대학들이 그대로 인정해 주었다는 것입니다. 이런 일들로 볼 때 저는 영국 정부와 대학으로부터 한국어교육의 전문 강사로 인정을 받은 셈이라고나 할까요? 아무튼 당시 저에게는 매우 보람찬 일이었고 우리의 언어, 한국어를 좀 더 사명감 있게, 책임감 있게 가르쳐야겠다는 다짐을 하게 만들었습니다.

물론 기분 상했던 일도 있었어요. 1980~90년대만 해도 한국을 오지로 생각하는 사람들이 꽤 있었어요. 게다가 당시 한국에서 삼풍백화점 붕괴사고, 성수대교 붕괴사고 등 안 좋은 소식들이 들려오던 시기였는데, 한국 발령을 받고 저에게 한국어를 배우던 어떤 사람은 "왜 내가 그런 곳에 발령받아 가야 하는지 모르겠다"며 투덜대기도 했습니다. 정말 자존심이 상했어요. 지금은 우리나라와 한국어의 위상이 꽤 높아졌지만, 그때는 많은 사람들이 일본어나 중국어를 제2외국어로 배우고 있었거든요. 지금 생각하면 격세지감이라 할 수 있지요.

❓ 앞으로 교수님의 비전이나 연구계획이 궁금합니다.

이제 학교에 머무를 시간이 얼마 남지 않았습니다. 저는 이 시간이 굉장히 아까워요. 이제 언어학, 특별히 제가 하는 일에 대해 조금 알 것 같은데 말이죠. 저는 좋은 대학교수의 유형은 두 가지가 있다고 생각해요. 하나는 학문적 업적이 뛰어나 세계를 선도하는 선구자적인 역할을 수행하는 학문계의 리딩 연구자가 되는 유형이고, 다른 하나는 학문적으로 뛰어난 사람들의 연구를 열심히 공부해서 그 내용을 후학들에게 잘 전수하는 유형입니다.

후자의 경우에도 끊임없는 공부가 필요합니다. 선생들도 공부하지 않으면 10~20년 전의 내용을 가르치게 되니까요. 그래서 열심히 공부해 가장 최근의 학문적 흐름을 이해하게 해줄 수 있는 것도 교수로서 보람찬 일이라고 생각해요. 저는 전자는 못 되지만, 후자로 가려고 하는데 이 역시도 쉽지가 않네요.

분명 아쉬운 부분도 있어요. 제가 언어학을 공부하면서 예로부터 내려온 훈민정음에 대해 등한시했다는 생각을 많이 합니다. 훈민정음에 들어간 여러 내용들을 지금 읽어보면, 당시 선인들이 한 글자 한 글자에 의미를 담아 썼을 텐데, 그 의미를 어떻게 해석해야 할지 깊은 연구가 필요한 데도 지금 국문과 등에서는 서양학문을 바탕으로 한 연구에 집중하는 양상을 띠고 있습니다. 물론 저도 여기에 포함되긴 하지만 훈민정음의 다른 해석, 숨겨져 있는 비밀이 파헤쳐지지 못하고 있다는 게 큰 아쉬움으로 남아요.

제가 다시 옛날로 돌아간다면 100% 장담할 수는 없지만, 훈민정음을 연구하고 싶습니다. 서양의 학문은 제가 아니라도 누구든지 할 수 있는 반면, 훈민정음은 연구하는 사람이 많지

도서출판 박이정 30년사

허용 한국외국어대학교 한국어교육과 교수는 한국어교육의 학문적 정체성을 정립하는 데 큰 역할을 했다. 그 결과물인 『외국어로서의 한국어교육학 개론』은 외국인들을 가르치는 데 도움을 줄 수 있는 방법으로 접근하고 실제 교육방법을 제시한 것이 가장 큰 특징이다.

않기 때문에 아주 중요한 의미가 있을 거라는 생각을 해요. 후학들이 이 연구에 관심을 기울여줬으면 하는 바람입니다.

Q 현재 한국어의 위상과 한국어교육의 현황, 보완점에 대해 말씀해 주세요.

한국어교육의 학문적 위치에 대해 말하고 싶은데, 가장 큰 문제는 학문적 발전이 더디다는 것입니다. 한국어교육과 관련된 여러 가지 책들이 나오고 있지만, 학문적 깊이가 아직은 깊지 않다고 생각합니다. 현재 '프로젝트' 개념의 한국어교육 연구나 전파가 많이 이뤄지고 있는데 이런 정책적인 흐름도 중요하지만, 학문적으로 좀 더 깊이를 찾는 것도 매우 중요하죠. 외국인들이 한국어에 대해 물을 때 아직까지는 정확한 대답을 못해 주는 경우가 너무 많으니까요. 외국인을 위해 좀 더 정교한 한국어 문법과 교수법이 필요합니다.

Q 30돌을 맞은 박이정출판사에 바라시는 점이 있으시다면 한 말씀 부탁드립니다.

박이정은 어려운 출판환경에도 정도를 지키며 출판 산업을 영위하고 있습니다. 과거에도 늘 앞서 시대를 읽고 참신한 기획을 위해 고민해 온 출판사입니다. 앞으로 더 넓은 혜안으로 세계인이 필요로 하는 한국어 교재를 출판하고 해외에 꾸준히 보급하기를 바랍니다. 이는 박이정의 출판 사업뿐 아니라 국가적으로도 외국에 한국을 알리는 큰 역할이며 보람된 일이 될 것입니다.

『역대한국문법대계』

우리글 문법자료에 큰 획을 그은 역작『역대한국문법대계』출간

2008년에는 박이정출판사를 대표하는『제2판 역대한국문법대계(第2版 歷代韓國文法大系)』가 출간되었다. 1860년대부터 1960년대까지 1세기 한국문법을 총망라한 획기적 자료총서로, 문법적 저술 300여 종을 총 102권으로 간행했다.

> "고영근 전 서울대학교 교수와 김민수 전 고려대학교 교수가 기획출판하고 제자인 최형용 이화여자대학교 교수, 최호철 고려대학교 교수가 합류해 학계의 대를 이었다는 점에서 매우 값진 결과물이죠."

박찬익 대표의 말처럼,『역대한국문법대계』는 세대를 이어온 만큼 그 규모가 방대하며 우리글 문법자료에 큰 획을 그은 역작으로 평가받고 있다.

본 대계는 원본의 모습을 되살린다는 뜻에서 표지와 판권까지 넣어 촬영했으며 각 저술마다 해설을 붙임으로써 국어학 연구 내지 우리나라의 언어학 연구의 기초자료의 역할을 다할 수 있도록 편집, 제작에 만전을 기했다. 아울러 제1판의 해제를 전면 보완함으로써 시대적 요청에 부응할 수 있도록 배려했다.

『역대한국문법대계』는 발간 시기에 관계없이 전체 구성을 4부로 나누었으며 1부는 국내에서 발간된 자료, 2부는 국외에서 발간된 자료, 3부는 맞춤법·외래어 등 어문 관계 자료, 4부는 북한자료를 담고 있다.

이듬해인 2009년에는 제2판 역대한국문법대계 1차 배본(25책, 제1부)이 이루어졌다. 25책은 1960년대 이후의 자료를 집대성했으며, 내용은 대한민국의 중고등학교 문법 교과서와 교사용 지도서로 구성했다. 2015년에는 러시아, 중국에서 간행된 1930년대 이후의 자료 32책(제2부)을 17권으로 간행했다. 현재 발간자료를 포함하면 1부 70책, 2부 61책, 3부 14책으로 총 145책이 발간되었으며 4부 북한자료는 준비단계에 있다.

한국문법 총망라, 국어문법연구에 새로운 활기 부여

Q 『제2판 역대한국문법대계』는 역대 한국문법을 총망라한 대작으로 평가받고 있습니다. 국어학자 1세대에서 2세대로 학계의 대를 이어가며 집필한 것도 특별한 경우인데요, 어떻게 이런 방식이 가능했던 건가요?

작년에 작고하신 약천 김민수 선생님이 국어학 역사에 관심이 많으셨는데, 지금까지 한국문법을 연구한 업적을 한번 전체적으로 모아보자 해서 서울대 고영근 선생님, 하동호 선생님과 함께 기획해 만드신 책이 『제1판 역대한국문법대계』 102권입니다. 그때가 1980년대 중반이었고, 탑출판사에서 출간이 됐죠. 그 후 하동호 선생님이 먼저 세상을 뜨셨고, 탑출판사도 1세대에서 2세대로 넘어가면서 운영 방침이 달라져 2판, 3판에 대한 계획은 세우지 못하고 있었어요.

그렇게 30년쯤 흘러갔어요. 제1판이 1960년대까지만 정리한 상태이니 그 뒤를 이어서 만들어야 하지 않을까, 하고 탑출판사에 얘기를 했더니 더 이상은 못하겠다고 해서 새롭게 인연이 닿은 곳이 박이정출판사에요. 박이정은 탑에서 나온 제1판을 건네받아서 다시 더 찍고, 1960년대 후반부터 2000년대까지 역대 한국문법을 보충해서 '제2판'이라고 이름 붙였어요. 결과적으로 박이정은 1860년대 우리나라 문법이 기술된 때부터 2000년대까지를 총망라한 내용을 확보하고 있는 셈이죠.

그런데 『역대한국문법대계』가 저희 세대까지 오게 된 것은 1960년대 이후 2000년대까지는 당신들이 할 수 있는데 2000년대 이후에 당신들이 돌아가신 뒤에는 어떻게 하느냐, 그렇게 해서 대를 이어 책을 펴낼 수 있는 다음 편찬자를 물색하게 되었던 거예요. 김민수 선생님은 나를 후임자로 추천하셨고, 고영근 선생님은 지금 이화여대에 계시는 최형용 교수를 추천해서 2판 낼 때부터 함께 참여하게 되었죠. 그렇게 해서 박이정에서 펴낸 2판은 선배 세대가 2명, 후배 세대가 2명, 총 4명이 편찬자가 된 것입니다.

Q 자료가 워낙 방대해서 많이 힘드셨을 것 같습니다.

사실 탑에서 만들 때 그분들이 고생을 많이 하셨죠. 국내에 있는 자료는 물론, 국외에 퍼져있는 자료까지 다 망라해야 되고, 옛날 필사본은 일반 독자들이 보기가 어려우니까 영인하고 옆에 따로 일일이 활자화해서 102권을 만들어 놨어요. 저희는 그런 어려움은 없었고, 다만 그분들을 따라가기가 어려웠어요. 워낙 대단하신 분들이었으니까요.

문제는 내가 스승으로부터 다음 편찬자로 인계를 받았는데, 그러면 나도 그와 같은 역할을 해야 하는데 솔직히 걱정이에요. 앞으로 10년이나 20년 후에 다시 대를 이어서 이 책을 진행할 수 있을지, 그냥 2000년대에서 끝나버릴지 그것은 알 수가 없죠. 의지에 달려 있는 문제니까요.

박이정출판사도 많이 힘들었을 거예요. 왜냐하면 김민수 선생님이나 고영근 선생님이 연세도 많고 이미 탑에서 그 책을 만든 경험자이기 때

박이정출판사의 『역대한국문법대계』는 1860년부터 현재까지 국내외에서 출간된 대한민국 문법서들을 모두 담고 있는 자료총서로, 발간 시기에 관계없이 전체 구성을 4부로 나누고 있다.

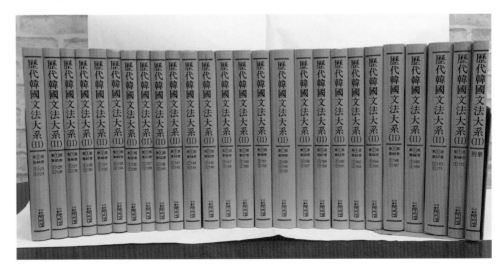

문에 '이것은 이렇게 해라, 저것은 저렇게 해라' 세세하게 지적을 많이 하셨거든요. 아마 사장 입장에서는 '내가 알아서 할 텐데 별것을 다 신경 쓴다' 했겠지만 내가 옆에서 들어보면 선생님들 하시는 말씀이 다 일리가 있고 출판사도 그렇게 할 필요가 있는 것이었어요. 보통 언어학 하는 사람은 전체 속에서 부분이 딱 맞아야 되는데, 그게 안 맞으면 막 짜증이 나는 게 몸에 배어 있거든요. 그분들도 그렇고 저도 그렇죠. 아마 박이정에서 두 분만큼 까다로운 저자는 못 봤을 거예요. 아주 치밀한 분들이니까요.

김민수 선생님은 옛날 활자본 쓸 때 원고지에 쓴 내용이 국판 활자에 어떻게 배치된다는 것을 다 알고 쓰셨어요. 표를 하나 그리더라도 이 표가 넘어가겠다, 다 알고 표를 그리셨거든요. 단락을 나눌 때도 한 치의 오차가 없고, 쓸데없는 말이 없어요. 이런 분한테 출판사가 자기가 전문가라고 섣불리 했다가는 바로 걸리죠. 박이정이 어려운 점은 그거였을 거예요.

출판사뿐만 아니라 사회 도처에서 우리가 반성하고 염두에 둬야 될 것들은 전체적인 체계와 운용인 것 같아요. 학생들 공부하고 일시키는 것을 봐도 주먹구구에 임기응변이고, 그냥 순간모면인 게 너무 많아요. 그래서 교육의 목표가 과연 어디에 있을까, 지금 현재 교육목표와 내용에 회의를 느낄 때가 많아요. 가나다라, ABCD를 잘하는 학생이 과연 훌륭한가, 아니면 전체적인 사회생활 가운데서 자신의 위치에 충실한 학생이 훌륭한가. 일례로 하나의 조직 속에서 자기가 맡은 일이 있고 주어진 위치가 있으면 그 일을 제대로 잘하면 잘될 텐데 자꾸 옆의 일을 건드린다든가 또는 자기 일을 완수하지 못해서 전체를 기다리게 하는 일들이 너무 많고, 그런 일이 발생했을 때 책임감을 느끼고 개선해야 되는데 자꾸 변명하고 이유 대느라 시간을 낭비하거든요. 시간도 돈도 낭비되고 신뢰도 없어지는 불신시대가 되는 거죠. 이런 생각을 하면 그분들의 삶의 자세나 행동방식이 부럽고 존경스럽습니다.

Q 이 책을 통해 학계나 사회에 던지고 싶었던 메시지는?

김민수 선생님이 늘 그런 얘기를 하셨어요. 당신들이 80년대 중반에 이 책을 내니까 일부 비우호적인 독자층에서 그냥 예전에 나왔던 문법책 모아놓은 것에 불과한데 무슨 업적이라고 할 수 있겠느냐, 그런 얘기를 많이 했대요. 그러면서 당신이 하는 말이 물론 업적을 다 모아놓은 것이기 때문에 창작물은 아니지만 그것을 모아놓고 나서 한국어 문법에 대한 연구가 굉장히 활성화됐다. 그것이 없을 때는 이쪽 문법을 연구할 개인이 다 일일이 찾아야 돼서 힘드니까 연구하는 사람이 많지 않았는데 어쨌든 이것을 모아놓으니까 편안히 앉아서 연구할 수 있다는 거죠.

그래서 이 책이 출판된 이후로 우리 문법이 어떻게 기술돼 왔는가를 연구하는 연구자가 많이 늘어나게 됐고, 그 연구 결과에 따라서 많은 것이 밝혀지기도 하고 결과적으로는 문법 연구사에 아주 좋은 큰 영향을 끼쳤다고 하셨어요. 그분의 말로 이 질문에 대한 답을 드리도록 하겠습니다.

책이 나왔으니까 단순히 독자들 입장에서는 '남이 쓴 책 모아놓은 것, 그게 뭐야' 말은 쉽게 하지만 '그럼 당신들이 모아봐라' 하면 힘들어서 못할 거란 말이에요. 그러니까 소모적 논쟁보다 모아놓은 것을 가지고 연구를 어떻게 잘할 것인가, 그것을 생각했으면 좋겠어요. 모아놓은 것을 가지고 고맙게 사용하면 고마운 것이고, 연구하는 학자들이라든가 꼭 전문적으로 연구하지 않는 일반대중들도 그것을 보면 100년 전에, 50년 전에 그 학자

최호철 고려대학교 국어국문학과 교수는 『역대대한국문법대계』가 출판된 이후로 우리 문법이 어떻게 기술돼 왔는가를 연구하는 연구자가 많이 늘어나게 됐고, 문법 연구사에 아주 좋은 큰 영향을 끼쳤다고 밝힌다.

들은 이렇게 문법을 썼구나, 자신이 고등학교 때 배웠던 문법이 이때 이렇게 됐었구나, 하면서 문법의 변화와 발전을 느낄 수 있을 것 같아요. 연차별로 문법책이 또 계속 나오니까 그 이후에 나오는 책들도 섭렵해서 모아두면 연구하는 데 도움이 되겠죠. 그래서 3판, 4판 계속 나갔으면 하는 바람입니다.

Q 4부 북한자료도 준비 중에 있다고 했는데, 진행상황은 어떤가요?

탑에서 처음 만들 때 3부로 편성을 했어요. 1부는 국내 학자들이 쓴 책, 2부는 외국인들이 쓴 책, 그리고 3부는 당시에는 논문이 그렇게 많지 않았기 때문에 국어 문법에 관련된 조그만 글이라도 쓴 것이 있으면 다 모았어요. 신문에 쓴 것, 잡지에 쓴 것 그게 3부에요. 그 후 박이정출판사에서 출판 기획을 할 때 앞으로 북한 문법책도 한 부분을 만들어서 냈으면 좋겠다는 의견이 나왔어요. 그러면 명실공히 남북한 전체 문법 연구서를 내게 되니까 계획상 4부를 신설해야 되겠다고 머리말에 썼어요. 하지만 대한민국 실정법상 아직 북한자료와 관련한 출판이 자유롭

지 못한 것 같아요. 그래서 4부 북한자료는 언제 실현될지 모르는 상황이에요.

지난번 박찬익 사장이 왔을 때 그 책을 내기가 어렵다면 해제만이라도 책을 낼 수 있지 않겠느냐고 제안한 적이 있어요. 그 전례로 김민수 선생님이 1991년에 펴낸 『북한의 조선어 연구사』 4권이 있어요. 당시 1990년대까지 나온 북한 책들을 해제해서 만드셨거든요. 앞으로 이 문제는 계속 논의되어야 할 부분입니다.

Q 30돌을 맞은 박이정출판사의 나아갈 길에 대해 한 말씀 부탁드립니다.

박이정출판사 대표가 국어국문학 전공인 걸로 알고 있어요. 그렇다보니 국어국문학에 특별히 관심이 많고, 그래서 국어국문학계 교수들도 많이 알고 있고, 전공자로서 국어국문학에 대해 어느 정도 파악하고 있는 것 같아요.

출판사이기 때문에 영리를 추구하는 것은 기본이지만 국어국문학은 돈 버는 데가 아니잖아요. 출판사는 돈을 벌어야 되고, 자신의 전공은 경영이나 돈 버는 과가 아니고, 마음속에 한국 언어문화에 대한 긍지와 자부심은 있고, 그것을 접목시키는 과정에서 갈등이 많을 거에요. 그런 갈등 속에서 『문법대계』를 맡아서 했다는 것은 참 높이 평가할 만해요. 제작비도 많이 들어갔을 거고요. 아마 박 사장이 그런 일을 하게 된 것은 박이정출판사를 하면서 문화사업에 기여해야 되겠다는 의식이 있었기 때문에 가능했을 것 같아요.

이번에 창립부터 지금까지의 출판 내용이라든가 그 과정에서 만났던 사람들을 중요한 자산으로 여기고 30년사를 내겠다고 하던데 김민수, 고영근 선생님의 역사 자료를 정리하는 모습에서 동기부여가 되었을 거예요. 이제 박이정도 역사가 있으니까 한번 해보자 하고 말이죠. 책에 따른 해제도 있고 인터뷰도 있고 메뉴도 다양하게 만들어서 30년사는 걱정을 안 해요. 다만 장사가 잘돼야 할 텐데 요즘 사람들이 책을 안 사 걱정이고, 그러니까 출판사한테 책 내자는 얘기를 못해요. 사실 우리 전공 책을 내는 것은 그 사람들에겐 뼈를 깎는 일이거든요. 그냥 안면으로 내주긴 내주는데, 사장 입장에서는 안 팔리면 창고만 차지하는 애물단지거든요. 이런 상황에서 언어 쪽에 관심 갖고 책을 내주는 게 기특하기도 하고 대견하기도 합니다. 앞으로 전자출판 쪽으로도 신경을 써야 될 것 같아요. 30년사 책에 저를 이렇게 불러서 잠깐이나마 얘기라도 하게 해줘서 고맙게 생각합니다.

애니메이션 만화 첫 시도…의미 있는 콘텐츠 발굴에 주력

2001년 출범한 정인출판사는 2005년 국산 애니메이션 〈섀도우 파이터〉를 만화로 제작하는 큰 모험을 감행했다.

> "KBS에서 1년 가까이 방송을 한다고 해서 기대를 많이 했는데, 책이 전혀 안 나갔어요. 제작비용이 어마어마하게 들었는데 말이에요. 아이들이 학교에 있을 시간에 〈섀도우 파이터〉를 방송하는 바람에 타이밍이 안 맞았던 것 같아요. 이벤트 한다고 티셔츠도 만들고 심지어 학교 앞에 가서 홍보물도 돌리고 했었는데, 적자가 이만저만 아니었죠."

박찬익 대표의 말처럼, 모험은 안타깝게 실패로 끝났지만 정인출판사는 그 후로 의미 있는 콘텐츠 발굴에 전력을 다한다. 서울교대와 제휴해 아동들에게 일기 쓰는 방법을 가르쳐주는 『한결이의 일기나라 여행』을 펴냈고, 깊이 있는 책읽기를 도와주는 독서 논술집 『맛있게 읽는 독서요리』 시리즈, 초·중·고 교육과정의 교과별·학년별 독서교육 지도안으로 만든 『독서토론 가이드북』 등 학생들 스스로 학습할 수 있는 독서·논술·토론·글쓰기에 대한 책을 지속적으로 개발하고 있다.

『독서토론 가이드북』

특히 『맛있게 읽는 독서요리』 시리즈는 (사)전국독서새물결모임에서 개발한 독서·토론·논술 교재로, 전국 초·중·고 독서지도교사들의 다양한 연구 활동과 풍부한 지도 경험을 담아내 현장에서 큰 호응을 얻었다. 초등편의 흥행 덕분에 중·고등학생을 위한 시리즈도 추가되었으며, 2017년에는 다문화 독서지도를 위한 『맛있게 읽는 다문화 독서요리』(전3권)도 출간되어 정인출판사의 명실상부한 간판 브랜드가 되었다.

이외에 동화작가 마해송의 삶과 시대적 상황을 바탕으로 작품세계를 총체적으로 밝힌 『마해송 동화의 주제연구』, 교실에서 할 수 있는 다양한 연극 활동을 제안하는 교본 『교육연극 수업 어떻게 할까?』 등 교육·이론서들도 출간했으며, 오판진이 쓴 『교육연극 아동극집』은 '2009년 어린이문화진흥회 좋은 어린이책'으로 선정되었다.

📖 맛있게 읽는 독서요리 시리즈 전6권(전국독서새물결모임 저, 2008)

현직교사들이 추천하는 초등학교 학년별 도서의 체계적 실용서이다. (사)전국독서새물결모임 전문위원들이 모여 다양한 연구 활동과 풍부한 지도 경험을 바탕으로 독서, 토론, 논술지도에 필요한 교재를 개발하고자 연구해 만들었다. 학생들의 나이를 고려해 6단계로 나누고 각 단계별로 교과와 관련된 도서를 선정해 다양한 활동을 할 수 있도록 구성했다.

2011년 새로운 추천도서를 포함해 『맛있게 읽는 독서요리Ⅱ 초등편』을 출간했으며, 중·고등학생을 위

한 시리즈도 추가했다. 중학교 과정은 15권의 추천도서를 2권으로 나누어 수록했으며, 고등학교 과정은 7권의 추천도서를 실었다. 2017년에는 다문화 독서지도를 위한 『맛있게 읽는 다문화 독서요리』(전3권)를 출간했다. 인권, 관용, 평화, 문화교류, 세계시민, 상호협력 등 다문화 덕목 6가지를 주제어로 추출해 다문화 이해 교육을 디자인했다.

📖 교육연극 아동극집(오판진 저, 2008)

일상생활 속에서도 서로 배역을 나누어 쉽게 즐길 수 있는 아동극들로 이루어져 있다. 너무 어렵게 생각하거나 거리감을 느끼지 않고 차근히 한 걸음씩 연극과 가까워질 수 있도록 구성했으며, 여러 가지를 경험해볼 수 있도록 다양한 작품을 다루었다. 또 토막 희곡이나 어린이들에게 익숙한 전래동화들을 각색해 연극놀이에 적용하는 등 수록 방식에서도 차별성을 꾀했다. 상상력은 물론 긍정적이고 적극적인 사고를 기르는 데 도움이 된다.

📖 (옛이야기 들려주는) 황금빛 은행나무 할아버지(이준섭 저, 2008)

이준섭 시인의 네 번째 동시집 『황금빛 은행나무 할아버지』를 읽으면 저절로 힘이 솟아난다. 꿈과 희망을 노래하는 활기찬 시적 화자의 목소리가 출렁거리는 바닷물결처럼 생동감이 넘치기 때문이다. 이러한 희망찬 목소리는 첫 동시집 『대장간 할아버지』(진명출판사, 1986)에서부터 일관되게 보여주는 이준섭 시인의 중요한 시적 특징이다. 이번 동시집 역시 이준섭 시인의 그러한 목소리를 일관되게 담아내고 있다.

이준섭 시인은 전통적이며 향토적인 시적 제재에 대한 관심과 우리 민족과 문화에 대한 성찰을 활달한 시적 화자의 목소리로 전달한다. 이준섭의 시 속에는 "노을꿈 가득 안고 이 세상 물들이는 아이", "어둠이 물드는 길목에 별 뿌리며 노는 아이"가 희망찬 목소리로 우리의 자랑스러운 전통문화나 역사의 현장, 우리나라의 아름다운 자연, 어린 시절 꿈을 키우던 시골의 정경 등을 이야기한다. 동적이며 희망이 깃든 동시, 그것이 바로 꿈을 키우며 성장하는 아이들의 이미지인 것이다.

이번 시집에서 특징적인 부분은 소리와 식물의 이미지에 있다. 베틀소리, 콩 타작 소리, 울음소리, 웃음소리, 노랫소리 등 소리의 이미지가 희망을 담아 형상화되어 있다. 또 생명을 은유하는 '식물', 아이들을 은유하는 '새싹', 꿈을 은유하는 '꽃'을 주된 소재로 사용하여 새싹-아이들을 바라보는 시인의 애틋한 마음을 담아내고 있다.

이처럼 『황금빛 은행나무 할아버지』는 이준섭 시인의 일관된 시 의식을 온전히 간직하고 있으면서, 한편으로 식물과 소리의 이미지를 통해 꿈과 희망이 무엇인지를 잘 보여주는 동시집이다. 특히 이 동시집은 이준섭 시인이 정년을 앞두고 준비한 것이어서 시인의 현실적인 꿈까지 담겨 있다. 그것은 우리 아이들에게 희망에 찬 옛이야기를 들려주는 '은행나무 할아버지'로 살고 싶은 꿈인 것이다.

'색동다리 다문화 동화' 시리즈 출간…다문화 출판 선두주자로 우뚝

중국과의 수교 이후 1990년대 중후반 조
선족 여성들이 대거 들어오면서 다문화사
회로 접어들기 시작해 2000년 이후 필리
핀, 베트남 등 동남아 여성과 농촌총각의
국제결혼이 활성화되어 다문화가정이 급격
히 늘어나게 되었다. 이로 인해 여러 심각
한 사회문제가 발생했다. 단일민족이라는
특수한 사회적 배경은 이민족에 대한 배타
주의와 차별, 혐오 등을 야기했고 다문화가
정의 빈곤문제, 교육문제 등과 결부되어 또
다른 사회적 불안으로 확산되었다.

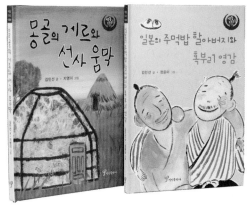

사회 각 분야에서 다문화가정을 돕고 그
들을 우리사회 일원으로 통합하기 위한 논
의가 활발하게 이루어지는 가운데, 무엇보
다 독서와 출판이 중요한 역할을 했다. 출
판계에서는 박이정이 선두에 서서 다문화
출판을 이끌게 된다. 다문화가정 어린이들

'색동다리 다문화 동화' 시리즈

이 건강하게 성장하기 위해서는 어릴 때부터 한국의 언어와 문화뿐 아니라 고향나라의 언어
와 문화를 함께 배우는 것이 중요하다는 생각에서 두 팔을 걷어붙인 것이다.

2010년 박이정의 어린이 책 브랜드 정인은 '색동다리 다문화 동화' 시리즈를 기획 출간한
다. 이는 국내 최초 다문화 동화책이었다.

> "'색동다리'는 우리말로 '무지개'라는 뜻이에요. 무지개가 아름다운 일곱 빛깔로 세상 건너
> 편을 이어주듯, 다문화가정과 한국 사람들을 아름답게 이어준다는 뜻으로 '색동다리 다문화'
> 라고 이름 지었어요. 그림은 프로젝트 그룹 다랑어에서 진행했는데, 각 나라의 옛날이야기
> 가 많다 보니 의상이나 당시 풍습을 그대로 재현을 해서 그려야 되잖아요. 그러다 보니 제작
> 기간이 2~3년 걸렸고 1억 원 이상 투자를 해서 완간이 되었어요."

박 대표의 말처럼, 색동다리 다문화 동화는 오랜 시간, 많은 사람들의 노력으로 완성된 소
중한 다문화 도서이다. 이 시리즈에는 중국, 일본, 몽골, 베트남, 필리핀, 태국, 말레이시아,
러시아, 키르기스스탄 등 다문화가정의 고향나라 이야기와 문화를 소개하는 내용을 담았다.
다문화가정의 엄마들이 직접 작가로 참여했으며, 서울교육대학교 원진숙 교수가 감수를 통해
이중언어로 편집했다. 본문은 한글이지만, 뒷부분에는 그 나라 말로 다시 표기했다.

이듬해인 2011년 정인출판사는 색동다리 다문화 동화 출간과 관련해, 서울국제도서전에 단독 부스를 내고 야심차게 준비했다.

"책을 낸 저자들이 여러 나라에서 온 선생님이자 우리나라로 시집 온 분들인데 그 나라 의상과 소품을 가지고 와서 전시도 하고 아이들에게 사인도 해줬어요. 일반적인 부스의 2분의 1밖에 안 되는 작은 규모였는데, 사람들이 길게 줄을 설 정도로 인기가 있었어요."

특색 있는 이벤트 덕분에 언론에서 인터뷰도 하고, 정인출판사가 다문화 전문 브랜드라는 사실을 알리는 데 큰 도움이 되었다. 실제로 서울국제도서전 이후 제주도 한 도서관에서 다문화관을 만든다고 800만 원 납품을 해달라는 제안을 받았고, KBS 라디오 프로그램 인터뷰에도 출연하는 등 기쁜 소식이 많이 생겼다.

독서도 교육이 필요…독서문화 확산 운동 전개

Q (사)전국독서새물결모임 소개를 먼저 부탁드리겠습니다.

교육은 교사의 질을 넘지 못한다는 말이 있지요. 교사 한 사람이 변하면 내가 맡은 학급 30명 학생이 행복하고, 나아가 내가 가르치는 학급 150여 명의 학생들이 행복하게 됩니다. 예나 지금이나 국가나 위정자는 교육에 대한 관심이 부족하거나 정치적으로 접근하곤 합니다. 그래서 우린 우리가 맡은 아이들이라도 행복한 미래를 위해 잘 가르쳐야 하겠다는 생각을 하게 되었고, 이와 관련한 다양한 독서교육 활동을 전개하였습니다. 이러한 독서교육 연구자들이 모이면서 전국 단위 조직으로 확산되었고 '독서새물결 교육운동'을 펼치기 시작했습니다. 독서도 교육이 필요하다는 인식 하에 전국의 초·중·고등학교 독서교육 선생님을 중심으로 3만 4,000여 회원들이 모여 지금도 학교 독서교육의 정착과 사회 독서문화의 확산을 위해 다양한 연구와 활동을 전개하고 있습니다.

학교 독서교육의 정착을 위해 책읽기 운동을 전개하고 있으며, 교사연수를 통해 전문성과 열정을 배양하는 활동도 전개하고 있습니다. 독서교육 연구와 실천 자료를 확산하기 위해 전국 단위 교사연수를 실시하고, 서울교대 등 대학평생교육원을 통해 학부모 교육도 하고 있으며, 방학마다 청소년 인문학 토론캠프도 진행하고 있습니다.

최근에는 진로독서교육 운동을 펼치고 있습니다. 자유학년제가 되고 진로교육이 주목받고 있기는 하나, 아직 학교 현장에선 진로교육이 정착되지 못하고 있는 것이 현실입니다.

진로탐색과 체험활동 등도 중요하지만 일회성이 아니라 연중 가능한 진로교육이 필요하다는 인식하에, 진로교육을 독서와 연계하는 연구를 전국의 진로교사와 독서지도교사 100여 명이 진행하여 진로독서 가이드북, 진로독서 워크북을 개발하여 학교에 공급하기도 했습니다. 최근에는 『미래꿈꾸는진로독서』 시리즈 단행본도 연구하여 출판하고 있습니다. 같은 연장선 하에서 인성독서와 다문화 독서교육 연구도 실천하고 있습니다.

이러한 연구 결과를 응집하여 교육부가 후원하는 대한민국 독서대회를 매년 개최하고 있습니다. 이야기식 독서토론과 독서새물결 독서토론 등을 진행하며 전 국민 독서토론 축제로 기획하였습니다. 독서발문으로 예선을 실시하고 독서토론과 독서논술로 이어지는 대한민국 최고의 독서축제입니다.

Q 『맛있게 읽는 독서요리』 시리즈를 발간하게 된 계기가 궁금합니다.

우리 법인은 교육부 후원으로 매년 전국 단위 독서대회를 개최해 오고 있습니다. 독서대회 방법은 독서발문–독서토론–독서논술로 진행됩니다. 우리 독서대회에 참가해 본 아이들은 우리 독서대회가 아주 재미있다고 얘기합니다. 독서토론이 주는 즐거움을 만끽한 것이지요. 이 아이들이 성장하여 자신의 진로를 성공적으로 이끌고 있는 모습을 보면서 보람과 사명도 느끼게 되었습니다.

이런 사명감으로 우리 아이들을 위해 아주 효과적이고 재미있는 독서교육 워크북이 필요하다는 인식으로 박이정과 함께 고민하였고, 정인출판사 이름으로 『맛있게 읽는 독서요리』 시리즈를 발간하게 된 것입니다. 재미있는 독서를 아이들이 좋아하는 요리와 연계하여 이야기식 독서토론 형태로 개발해 초중고 모든 학교에서 사용가능하게 하였고, 기본 학년 10학년 기준으로 집필하였지요.

Q 책 구성이나 내용을 보면 무척 참신한데요, 이렇게 멋진 기획이 어떻게 탄생하게 된 건가요?

우선 집필자 선정이 참신합니다. 우리 법인의 독서연구 활동은 교사연수를 꾸준히 하여 전국에 확산하는 것이 목적이며, 그 일환으로 대학 평생교육원 독서토론논술지도사 과정도 운영하고 있습니다. 이 중 서울교대 평생교육원을 수료한 전문가 집단과 현장 독서지도 선생님들이 함께 모여 기획하고 준비하였습니다.

우리 독서대회의 기본 틀인 이야기식 독서대회의 특징으로 구성하여 1부 미리 맛보기, 2부 차근차근 맛보기, 3부 다양한 맛 즐기기, 4부 함께 맛 나누기, 5부 쓱싹쓱싹 요리하기, 6부 학생논술문과 첨삭으로 구분한 것입니다. 이 구성이 바로 이야기식 독서토론 방법이기도 합니다.

제1부 | 박이정의 책 이야기

Q 이 시리즈에서 특별히 강조하고 있는 부분은 무엇인가요?

독서토론 중심으로 아이들에게 독서교육을 즐겁고 행복하게 지도해 보자 하는 것이 이 책의 기획 방향이었습니다. 요즘 비경쟁토론이란 말이 종종 나오기도 하는데, 이미 우리 법인이 18년 전에 시작한 이야기식 독서토론이 바로 비경쟁토론의 원형입니다. 책을 읽고 다양한 주제를 다양한 방법으로 재미있게 풀어보자는 것이 이야기식 독서토론이며, 이런 내용이 이 책에 반영되도록 노력하였습니다.

Q 이 책을 통해 학계나 사회에 던지고 싶었던 메시지는?

어떤 독서운동가는 아이들이 읽고 싶은 책만 읽도록 해야 한다고 얘기합니다. 더 나아가 책을 읽은 다음 아무것도 시키지 말라고 강요하고 있지요. 정말 교육과 학교 현장을 모르는 이상주의자의 위험한 독서관이라 생각합니다. 아이들이 읽고 싶은 책도 읽게 하지만 때로는 발달 단계나 교과 관련 도서를 읽도록 지도해 주는 것이 옳은 교육자의 모습이며, 올바른 독서교육의 모습이며, 행복한 독서교육이기도 합니다. 우린 이상적인 독서운동가의 모습에서 벗어나 행복한 독서교육운동가로 살고자 하며 우리 사회가 정치와 경제와 인권 논리에서 벗어나 참으로 옳은 교육, 참교육을 회복하기를 진정으로 원합니다.

Q 이 시리즈는 어떻게 활용하면 좋을까요?

우선 대상 도서를 먼저 읽어야 하겠지요? 책읽기 운동이 전제되면 좋습니다. 책을 읽은 후 이야기식 독서토론의 단계별 발문을 따라가면서 자신의 생각을 정리하고 서로 말하다 보면 모두가 재밌게 독서토론에 몰입될 것입니다. 따라서 2명 이상의 친구들이 독서대화도 할 수 있고, 학교에서 4명 단위 등 모둠 활동을 통한 독서지도에도 좋습니다. 물론 혼자 하부르타 형식으로 묻고 답하는 식으로 진행할 수도 있습니다.

Q 현재 주요 활동과 앞으로의 계획이 궁금합니다.

이처럼 다양한 독서교육 연구 활동을 전개하면서 어느 해에 학생들을 이끌고 라오스와 미얀마 세계시민캠프를 다녀온 적이 있었습니다. 이후 본 법인에서 극빈국 아이들을 위해 독서학교를 세워 저들의 미래도 행복하게 살도록 도와주어야 하겠다고 결의하였습니다. 그 결과 2018년 미얀마에 현지인 학교를 설립하였고, 매월 학교 운영비를 후원하고 있습니다.

앞으로 이런 극빈국 학교 설립 및 후원 사업도 지속적으로 실시하며, 회원 교사의 퇴임 이후 저들의 전문성을 접목할 사업도 구상 중에 있습니다. 우리가 세운 극빈국에서 한국어학당을 운영하고 봉사하고 활동할 수 있도록 하면 퇴임교사나 우리나라나 극빈국 모두 행복한 교육사업이 될 것입니다.

최근에는 EBS와 연구활동을 몇 가지 진행했습니다. EBS 독서강사센터의 교과독서, 인성

독서, 진로독서, 독서토론 이렇게 4개 과정을 개발하여 전국 단위 독서 연수를 진행하고 있습니다. 또한 EBS 독서력 진단 프로그램을 개발하여 전국적으로 실행하고 있습니다. 독서력 진단은 우리 법인이 개발하고 대한민국 독서대회를 통해 진행하고 있는 독서발문-독서토론-독서논술의 3단계를 접목한 것으로, 아이들의 독서력과 언어사용능력, 창의융합능력을 증진하고자 개발한 독서 프로그램입니다.

Q 박이정과 오랫동안 인연을 이어오셨는데, 특별히 생각나는 일화가 있으신가요?

박이정 양평 서가에서 박찬익 사장님과 만나 늦은 밤까지 독서와 출판사 이야기에서부터 정치, 경제, 사회, 문화, 교육 등 세상사는 이야기를 참 많이 나누었습니다. 그중 박찬익 사장님과 함께 멋진 학교 한번 만들어보자는 얘기도 나누었지요. 독서나 출판 등과 연계한 교육기관을 만들어서 우리 아이들의 행복한 미래를 위해 헌신하고 싶다고 하신 말씀이 지금 떠오르네요. 아마 우리 법인과 같은 비전이기 때문에 기억에 남은 듯합니다.

Q 30돌을 맞은 박이정출판사가 앞으로 어떻게 성장하길 바라시는지, 애정 어린 조언 부탁드립니다.

박이정하면 대한민국을 대표하는 인문학 도서 출판사입니다. 저도 대학 시절 박이정 책으로 공부하였지요. 박이정 30년을 축하하며, 우리 후배들도 박이정 도서로 인문학을 공부할 수 있기를 기원합니다. 나아가 대한민국 대표 독서교육서 발간 출판사로 우뚝 서길 기도합니다. 대한민국 다문화독서운동의 구심점이 되기도 진심으로 기원합니다.

(사)전국독서새물결모임 임영규 회장은 중학교 국어 교과서, 고교 문학 교과서 등을 집필했으며 국가 신지식인 교사로도 선정되었다. 정인 출판사에서 출간한 진로독서 인성독서 다문화독서 시리즈는 교육 현장에서 학생들을 가르치는 독서교육 교사들의 풍부한 현장경험을 살려 큰 호응을 얻고 있다.

좀 더 생생하고 색다른 다문화 동화 소개

Q '색동다리 다문화' 시리즈는 국내 최초 다문화 동화책으로서 큰 의미가 있고, 무엇보다 정인출판사를 다문화 전문 브랜드로 자리 잡게 한 중요한 책입니다. 출간 계기가 궁금합니다.

서울교대에서는 국내 최초로 고학력 결혼이주여성들을 이중언어 강사로 육성, 일선학교에 배치시키기 위해 6개월 동안 900시간 집중교육을 실시했어요. 당시 다문화교육연구원장으로 이들과 함께했는데, 공부를 하다 보니 쓰기교육이 가장 문제여서 매주 3시간씩 글쓰기 교육을 진행했어요. 6개월 정도 집중하니 처음에는 한 단락에서 나중에는 두세 쪽 분량으로 자신의 생각을 논리적으로 쓰는 사람들이 나타나기 시작했어요.

이들과 함께 쓰기 워크숍을 진행하면서 뭔가 의미 있는 일을 해보자는 생각이 들었고, 이중교육 읽기자료가 많이 부족하다는 사실에 공감했죠. 그러다가 각자 자신의 나라에서 할머니, 어머니 대까지 전해 내려오는 가장 원형적이고 보편적인 의미를 가진 이야기로 동화책을 써보자는 아이디어를 공유하게 되었고 중국, 일본, 몽골, 베트남, 필리핀, 태국, 말레이시아, 러시아, 키르기스스탄 등 각 나라의 동화를 이중언어로 쓰는 작업을 본격적으로 시작했어요. 저는 그들이 한국어로 쓰는 과정에서 도움을 주었습니다.

정인출판사 측에도 의미 있는 작업이 된 것 같고, 제가 가르친 다문화 이중언어 강사 선생님들과 함께 사회에 의미 있는 책을 출간한 점도 좋았고, 무엇보다 선생님들이 동화작가로 데뷔하게 되어 기뻐요.

Q 다문화가정 엄마들이 직접 작가로 참여해 화제가 되었어요.

이중언어 강사 공부를 하다가 대학원 공부를 이어가 석사 학위를 받은 분들도 다수 나왔고,

학교 현장에서 중견 이
중언어 강사로 활약하
면서 다문화교육의 선
두주자로 활약하는 분
들이 많아져 개인적으
로 큰 보람을 느낍니
다. 다들 작가로 데뷔
하면서 자신의 성취에

'색동다리 다문화 동화'
는 두 나라 말을 함께 표
기한 정인출판사의 어
린이 그림책 시리즈로
서, 10여 개국의 다문화
가정의 엄마가 직접 '작
가'로 참여하여 화제가
되었다.

대해 프라이드를 느끼게 되었고, 자신의 책을 본국 친정에도 보내며 무
척 뿌듯해했어요.

아직 우리사회는 다문화가정의 아이들을 결핍된 존재로 바라보는 시
선이 많지만, 사실 이들은 두 개의 언어와 문화를 가진 가치로운 자원이
에요. 아이들이 이중언어 교육을 받는다는 것 자체가 강점교육이고, 잠
재적인 역량을 키운다는 점에서 중요하죠. 또 다른 관점에서는 이들이
이중언어와 문화 속에서 성장할 때 비로소 건강한 자아정체성을 가진
사회적 존재로 성장할 수 있거든요. 색동다리 다문화 시리즈가 이중언
어의 필요성을 사회적으로 부각시키는 데 의미 있는 기여를 했다고 평
가합니다. 다문화가정 엄마들에게 읽힐 책이 없었던 시점에서 이중언어
로 읽기 자료를 출간했다는 자체가 의미 있고요. 앞으로 이런 시도들이
더 적극적으로 확산되었으면 하는 바람입니다.

Q 이 책을 진행하면서 특별히 염두에 두었던 부분이 있으셨나요?

책을 진행하다 보니 모든 언어와 문화권별로 보편적으로 사랑받는
원형적이고 범문화적인 모티브가 있고, 또 개별 언어와 문화권에서 가
장 유니크한 원초적 에센스랄까, 그런 것들이 있더라고요. 이런 부분들
을 잘 부각시킬 수 있는 방향을 고민하다가, 아동들이 대상이다 보니
삽화가 중요하다는 생각이 들었어요. 하지만 당시만 해도 시장성이 있
을까 하는 의구심이 적지 않았던 시기였는데, 박이정출판사에서 문화
적 특성을 잘 나타낼 수 있는 좋은 삽화를 그려주셔서 늘 고맙게 생각
하고 있어요.

Q 30돌을 맞은 박이정출판사에 애정 어린 조언 부탁드립니다.

박이정과는 인연이 깊어요. 1995년 처음 박사논문 『논술교육론』으로

원진숙 서울교육대학교 교수는 자신이 가르친 다문화 이중언어 강사 선생들과 함께 사회에 의미 있는 책을 출간한 점도 좋았지만, 무엇보다 선생님들이 동화작가로 데뷔하게 되어 기뻤다고 소감을 밝혔다.

첫 단행본을 출간했고, 『논술교육론』 덕분에 서울교대에 취업하게 되었고, 『삶과 화법』이 스테디셀러로 오랫동안 사랑받았어요. 또 초등교육연구소에서도 인연이 깊었어요. 교수생활 이

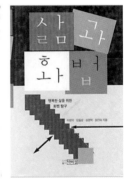

십삼사 년이라는 학문적 여정을 이어오는 동안 박이정과의 깊은 인연으로 함께 성장해왔죠. 박이정도 30년 동안 성장해 국어교육 분야에 걸출한 출판사로 자리 잡은 성년이 되었고요. 앞으로 초심을 유지하면서 좋은 책들을 내주시고, 국어교육학계에 초석이 될 만한 출판문화를 선도해주시는 데 가열찬 노력들을 해주실 거라 믿어 의심치 않으며 무궁한 발전을 빕니다.

전환기 | 2011 ~ 2019

디지털 시대로
패러다임을 전환하다

2011년 인터넷사업팀을 신설하고 전자책 사업을 본격화했다. 또 정인출판사가 '색동다리 다문화 시리즈' 를 지속적으로 출간하면서 다문화 전문 브랜드로 자리를 굳혔고, 본격적인 해외 출판으로 외연을 넓혔다. 2015년 사회과학 전문 브랜드 '패러다임북'을 새롭게 출범하며 이름에 걸맞게 박이정의 패러다임 전환을 꾀하고 있다.

4차 산업시대에 발 맞춰 디지털 시대로 이동…박이정은 전자학술도서로 차별화

4차 산업혁명이 본격화되면서 전 세계가 디지털 시대로 빠르게 이동하고 있다. 출판계도 이런 시대적 흐름에 따라 전자출판이 활성화되면서 출판 방식이 변하고 있다. 우리나라 전자책 사업은 1990년대 후반부터 시작되었지만, 막대한 예산을 쏟아부었음에도 별다른 실적 없이 2000년대로 넘어오면서 그나마 로맨스나 판타지, 무협 등 장르소설을 중심으로 판이 커지게 되었다. 출판사들 역시 돈이 되는 장르소설에 주력하는 경우가 많았다.

반면, 지식 관련 콘텐츠는 전자책 시장에서 힘을 발휘하지 못했다. 다양한 음성이나 영상 지원에 유리해 흥행할 거라고 예상했던 회화 관련 콘텐츠는 종이책의 위력을 당하지 못했고, 지식의 보고서인 백과사전은 포털사이트 무료 백과사전으로 대체되었으며, 수많은 정보들이 무료로 제공되는 세상으로 바뀌었다. 이런 시대적 상황 속에서 박이정출판사는 전자학술도서를 출판하겠다고 선언했다.

2013년 8월 학술자료의 전자데이터베이스화를 위해 학술전자출판협동조합 '아카디피아(ACADEPIA)'가 출범했으며 박찬익 대표는 초대 이사장으로 취임, 임기 4년 동안 출판·학술 정보 8,000여 종의 전자책을 만들어 학술도서 전자책 서비스를 시작했다. 뿐

학술전자출판협동조합 '아카디피아(ACADEPIA)'

119

만 아니라 공간의 제약이 없는 전자책의 특성을 활용해 해외 홍보
에 선도적인 역할을 했다.

이 시기에 가장 핵심적인 활동을 꼽는다면 '해외시장 개척'을 빼놓
을 수 없다. 『표준한국어문법』, 『형용사 사전』 등을 영어판으로 제작
해 해외 판매에 나섰으며, 본사에서 출간한 교재를 번역해 수출하거
나 해외 판권 수출에 힘썼다. 캐나다, 대만, 중국 등 대학에서 박이
정출판사의 책들이 교재로 사용되고 있다.

2015년에는 사회과학 서적 브랜드 '패러다임북'을 출범하며 방
송·언론·정치·사회문화 쪽으로 영역을 확대했으며, 2017년에

『표준한국어문법 영어판』

는 『세계영화예술의 역사』, 『한국 근대영화
의 기원』 등 수준 높은 영화예술 서적을 출
간해 새로운 변화를 꾀했다.

2018년에는 '출판에이전트가 추천한 책'
이라는 콘셉트로, 출판에이전트와 공동
기획 편집한 새로운 패러다임의 번역서인
『죽음미학』을 출간했다. 박이정은 앞으로
도 에이전트와의 합작을 통한 기획도서 출
간에 도전해볼 계획이다.

『세계영화예술의 역사』   『한국 근대영화의 기원』

다양한 장르에서 대작들 쏟아져…우수학술도서 다수 선정

『바보설화의 웃음과 의미 탐색』

2010년 기획 출간을 시작한 '색동다리 다문화 동화' 시리즈가
2011년에 14권을 출간하면서 정인출판사는 다문화 전문 브랜드
로 자리를 굳히게 되었다.

우수학술도서 선정은 연례행사처럼 계속 이어졌다. 2011년
『주시경 국어문법의 교감과 현대화』가 대한민국학술원 우수도
서로, 『한국어의 비교 구문 연구』, 『호남구전자료집』 등 4종이 문
화체육관광부 우수학술도서로 선정되었다. 2012년에도 『바보설
화의 웃음과 의미 탐색』, 『한국의 아리랑문화』 등 4종이 문화체육
관광부 우수학술도서로 뽑혔다.

특히 김연갑 한민족아리랑연합회 상임이사가 저술한 『한국의 아
리랑문화』는 아리랑 남북한 공동등재를 위한 기초자료로서 큰 역할을 하고 있다. 부연설명을 하
자면, 현재 아리랑은 유네스코 인류무형문화유산으로 개별 등재된 상황이다. 남한은 2012년 '아
리랑, 한국의 서정민요'란 이름으로, 북한은 2014년 '조선민주주의인민공화국의 아리랑 민요'란

이름으로 등재되었다. 이에 전국의 주요 아리랑 전승·연구단체들이 '분단된 아리랑'을 남북한 공동등재로 수정되도록 유엔에 중재를 요청한 가운데, 2018년 11월 씨름이 유네스코 인류무형유산 공동등재로 결정되면서 다음은 아리랑 차례라는 분위기가 형성되고 있다.

2013년은 박이정출판사에서 역사적인 대작들이 여러 종 발간되었는데, 『우리말 형태소 사전』과 『한국어역 만엽집』이 대표 저서다. 『우리말 형태소 사전』은 문화체육관광부 언어 분야 최우수학술도서로 선정되는 영예를 안았다. 최우수학술도서는 우수학술도서가 선정된 이후 각 분야별 가장 우수한 도서를 선별해서 주는 '최고의 상'이었다. 또한 만엽집 1·2·3권 3종이 모두 대한민국학술원 우수학술도서에 선정되는 이변을 일으켰다.

『만엽집』은 이전에 고 김사엽 교수가 일부 번역했지만, 완역을 한 것은 이번이 처음이었다. 『한국어역 만엽집』의 저자인 동의대학교 한국어문학과 이연숙 교수는 일본의 나라현이 주최하고 일본 외무성과 문부과학성이 후원하는 '제5회 NARA만엽세계상'을 수상해 화제가 되기도 했다. 만엽세계상은 만엽집(萬葉集) 또는 만엽집과 관련된 고대문화 연구에 현저한 업적이 있는 학자 등에게 2년마다 1명씩 선정해 시상하는 상이다. 이연숙 교수는 우리나라 향가와 만엽집 작품의 비교연구와 만엽집의 한국어 번역 등의 업적이 높은 평가를 받아 수상자로 선정됐다.

또한 국립국어원에서 기획하고 박이정출판사에서 제작한 『차곡차곡 읽히는 우리말 우리글』은 2013년 대한민국 우수전자책에 선정되었다. 국가에서 만든 한글 맞춤법 책이기 때문에 행여 오탈자 있을까 노심초사하며 교정을 아홉 번이나 본 덕분에 신뢰를 얻어 꾸준히 판매되고 있다.

2016년에는 최고(最古)의 문자인 갑골학에 대한 연구 업적을 체계적으로 집대성한 『갑골학 연구』(손예철 저)가 세상에 나왔다. 지난 한 세기가 넘는 기간 동안 전 세계적으로 활발하게 진행된 갑골학 연구를 국내에 소개함으로써 관련 학문과의 융합이나 응용 연구의 기초자료를 제공함은 물론, 갑골학 각 분야의 미진한 부분을 심화 연구하고 새로운 연구 영역을 개척하는 데 도움을 주었다.

📖 한국의 아리랑문화(김태준·김연갑·김한순 저, 2011)

우리 민족의 대표적 가락인 아리랑과 아리랑문화를 널리 알리는 개론서의 역할은 물론, 아리랑에 관해 학문적으로 접근을 시도하고자 하는 사람들에게 도움을 준다. 한민족의 정체성과 한국문화의 원형으로서 아리랑을 한국문화론적 시각에서 접근하고 그 내용을 심층적으로 연구한다.

제1부 '아리랑이란 무엇인가'에서는 아리랑의 문화 표상, 미학, 정서, 한민족의 심상 공간, 한의 풍류 등을 다뤘다. 제2부 '아리랑, 그 길고 긴 내력'에서는 아리랑에 의한 아리랑 읽기, 근대 민요 아리랑의 부각, 근대사 만화경, 아리랑 문화, 지속과 변용의 길, 본조아리랑 시대 등을 담고 있다. 제3부 '아리랑의 분포와 그 양상'에서는 아리랑의 종류와 지역별 분포, 각 지역 아리랑의 실상과 사연 등의 내용을 살피며, 제4부 '여러 아

리랑의 음악적 특징'에서는 노래로서의 아리랑을 위한 민요의 일반적인 이해, 밀양 아리랑, 정선 아리랑 등 다양한 작품의 음악적 특징을 고찰한다.

📖 한국어역 만엽집 전14권(이연숙, 2012~2018)

『만엽집(萬葉集)』은 629년경부터 759년경까지 약 130년간의 작품 4,516수를 모은 일본의 가장 오래된 가집으로, 원본은 총 20권으로 이루어져 있다. 만엽집이란 '많은(萬) 작품(葉)을 모은 책(集)'이라는 뜻과 '만대(萬代)까지 전해지기를 바라는 작품집'이라는 뜻을 담고 있다. 책에 수록된 작품 중 작가가 알려져 있는 것은 530여 명이며, 나머지 절반 정도는 미상이다. 여기에 수록된 4,516편의 시 가운데 일부는 7세기 혹은 그 이전의 작품들이다.

『만엽집』이 수백 년 동안 일본인들로부터 사랑을 받아온 것은 '만요초(萬葉調)'라고 불리는 소박하고 참신하면서도 진지한 감동을 불러일으키는 힘이 있었기 때문이다. 이는 『만엽집』만이 가진 특징으로, 이후에 나온 세련되고 양식화된 시에서는 찾아볼 수 없는 것들이기 때문에 더 소중하게 여겨지고 있다.

동의대 국어국문학과 이연숙 교수가 30여 년에 걸친 지난한 작업 끝에 원본 20권 전체를 완역했다. 한국어 완역본은 전14권으로, 1권이 2012년 9월에 나온 이래 2018년 2월에 14권이 간행됐다.

📖 차곡차곡 익히는 우리말 우리글(이관규 외, 2012)

'웃옷'과 '윗옷'의 정확한 뜻을 아는 사람은 몇 명이나 될까? 그동안 어렵게만 여겨왔던 우리말과 글의 어문규범을 쉽게 이해하고 편리하게 쓸 수 있도록 만든 유용한 교재이자 안내서이다. 초등학생과 청소년뿐 아니라 성인들에게도 도움이 되도록 구성했다. 1권은 한글맞춤법, 표준어 규정, 외래어 표기법, 국어의 로마자 표기법의 순서 등 네 가지 단원으로 나눴으며 각 단원마다 길잡이, 미리보기, 탐구하기, 연습하기, 참고하기, 마무리하기의 순서로 구성했다. 2권은 보다 난이도를 높였다. 일상생활에서 자주 혼동되는 예들을 골라 흥미를 끌고 있으며, 왜 어문규범을 익혀야 하는지를 상황 위주로 쉽고 자세하게 설명했다.

저자와의 대화 | 『한국어역 만엽집』 이연숙

만엽집 완역…중국보다 한국 영향 더 크다

Q 오랜 기간 지난한 작업 끝에 국내 최초로 『만엽집』 20권 전체를 완역하셨습니다. 그 오랜 시간을 견디어낸 힘의 원천이 무엇인지 궁금합니다.

오랫동안 관심을 가지고 연구한 분야가 개인의 연구단계에 머물고만 있을 것이 아니라, 보다 많은 분야 연구자들에게 실질적인 도움을 줄 수 있도록 기초 작업을 해야겠다는 바람이 컸기 때문이라고 생각합니다.

그리고 문학의 대중화에 조금이라도 이바지하고자 하는 생각이 강했기 때문입니다. 일본 만엽집 연구자들, 중국의 고대문학 연구자들과 함께 향가 연구를 한 결과물이 『향가-주해와 연구-』라는 제목으로 2008년에 일본 신텐샤(新典社)에서 출판되었습니다. 이 책이 일본의 연구자들 뿐만 아니라 일반인들도 한국의 문화와 정신을 잘 이해할 수 있는 계기가 될 수 있듯이, 마찬가지로 『만엽집』을 통해서 우리 한국인들도 일본의 문화와 정신을 이해하는 데 도움이 될 수 있다면 좋겠다고 생각했습니다. 그리고 만엽집 완역을 위해 아낌없는 격려를 해주신 분들의 힘 덕분에 해낼 수 있었던 것 같습니다.

제5회 NARA 만엽집 세계상 수상 준비 기간을 포함해 10년 세월을 쏟아 부은 끝에 '만엽집'을 완역한 이연숙(동의대) 명예교수는 이 책의 가치를 알고 흔쾌히 발간을 수락해준 박이정출판사에 감사를 전했다.

Q 국내 작품이 아닌, 일본에서 가장 오래된 가집인 만엽집 연구에 몰두하신 이유가 있으신가요?

국내 작품에 몰두하지 않은 것은 아닙니다. 저는 국내 고전 시가 문학, 그중에서도 향가를 중심으로 연구를 했습니다. 그리고 향가 작품과 일본의 만엽집 작품의 비교 연구에도 힘을 쏟았습니다. 만엽집에 처음 관심을 가지게 된 것은, 향가를 연구하다 보니 작품 수가 워낙 적었으므로 향가와 거의 같은 시기에 창작된 작품을 수록하였고, 또 당시는 우리나라 삼국의 문화가 일본에 끼친 영향이 큰 시대였으므로 만엽집 작품을 통해서 향가연구만으로는 해결하기 힘든 새로운 방법론을 모색해 보고자 하는 바람에서였습니다.

Q 만엽집의 가치는 어디에 있다고 생각하시나요?

만엽집은 일본의 가장 오래된 시가집이면서 4,516수라는 방대한 작품이 실려 있으므로 일본이 세계적으로 자랑하는 문화유산입니다. 그러나 그 가치는 우리 입장에서 살펴보아도 매우 큽니다. 일본 만엽집의 대표적 연구자인 나카니시 스스무(中西 進) 교수는 삼국전쟁에서 백제가 패하고 백제의 고관들이 일본으로 망명하면서 백제 문화를 일본이 계승하는 형식으로 역사가 흘러갔는데 그 속에서 탄생한 것이 만엽집이라고 말하고 있습니다.

만엽집은 한국의 문학, 어학, 문화, 역사 등 여러 분야에서 귀한 보조 자료가 될 수 있습니다. 만엽집 작품은 우리나라 향가와 마찬가지로 한자의 음과 훈을 차용한 표기방식을 취하고 있으므로 향찰 연구에 도움이 될 수 있습니다. 그리고 한국어가 어원이라고 일본인 어학연구자도 말하는 단어들이 많으므로 어학 연구에도 좋은 자료가 될 수 있을 것입니다. 예를 들면 劍刀 '刀(나, な)'는 조선어 '날', '쿠시로(くしろ)'라고 하는 말은 조선어 kusï1(珠)과 같은 어원이라고 하는 것 등입니다.

문학적인 면에서는 향가와의 비교 연구뿐만 아니라 전 시대 전 장르와도 비교연구가 가능하므로 우리문학연구의 지평을 넓힐 수 있습니다. 그리고 만엽집 작가 중에는 한인계가 많으며, 야마노에노 오쿠라(山上

憶良)라고 하는 유명한 작가도 한인계이므로 이런 작가 연구를 통해, 자료가 적은 우리나라 삼국시대의 작품 성격 등을 찾아내는 작업도 앞으로의 과제가 될 수 있습니다. 백제의 정원, 윷놀이가 일본에 전래된 것 등을 알 수 있는 작품도 있고, 신라에 사신을 보낼 때의 작품들도 있으므로 문화, 역사 연구의 자료도 찾을 수 있습니다. 그러므로 만엽집은 일본인들 뿐만 아니라 우리나라 문학, 문화, 역사 연구자들에게 우리나라에는 없는 자료를 제공해 주므로 그 가치가 매우 큰 것을 알 수 있습니다.

Q 책을 쓰시면서 숱한 어려움이 있으셨을 텐데, 가장 힘들었던 점은 무엇인가요?

첫째, 작품 수가 너무 많다는 것입니다. 4,516수를 번역하는 작업은 단기간에 되는 것이 아니므로 인내력이 필요한데 자신과의 고독한 싸움을 했습니다. 더구나 텍스트로 한, 나카니시 스스무(中西 進) 교수의 코단샤(講談社) 문고『만엽집』만을 번역하는 것으로 그치지 않고, 대표적인 만엽집 주석서 5종을 택하여 모두 읽고 해석이 다른 부분 등을 해설까지 하였으므로 작업이 무척 힘들었습니다.

둘째는 만엽집에는 기본적으로 57,577 자수율을 중심으로 한 5구 형식의 단가(短歌)가 많지만 많게는 149구, 116구 등으로 이루어진 장가(長歌)도 꽤 있습니다. 이 장가는 마치 한 문장처럼 앞의 내용을 압축하여 전개되므로 번역하기가 매우 힘들었습니다.

셋째, 전문 용어나 식물, 동물 이름을 우리말로 번역하는 것이 힘들었습니다. 활의 부분 명칭을 확인하기 위하여 활 박물관에 전화를 해서 문의한 일도 있고, 염색 분야의 용어 번역을 위해 염색 분야 전문가들께 물어도 잘 알 수가 없어서 힘들었던 적도 있습니다. 식물명은 그냥 번역만 하면 안 되므로 어떤 식물인지 찾아서 실제로 그 모습을 확인해 보고 했습니다.

넷째, 일본 만엽집에는 상투적 수식어인 마쿠라코토바(枕詞), 길게 비유적으로 수식하는 죠코토바(序詞), 중의적 의미를 나타내는 카케코토바(掛詞)라는 것이 있습니다. 마쿠라코토바(枕詞)는 유래를 알 수 없는 것도 많기 때문에 일본인들도 괄호로 처리하므로 저도 그렇게 하고 해설에서 의미가 확실한 것은 설명하는 방식으로 했습니다. 카케코토바(掛詞)는 그야말로 압축해서 의미를 나타내므로 자수율에 맞추어서 번역하기가 힘들었습니다.

다섯째, 만엽집에는 한문 서문과 한시 작품도 많은데 그런 작품들의 번역도 힘들었습니다.

여섯째, 번역은 내용을 완전히 이해했을 때 좋은 번역이 된다고 생각합니다. 만엽집 작품은 당시의 관습, 역사, 민속 등 일반적으로 문학에서 다루는 이상으로 광범위한 분야에 대한 지식이 없으면 이해하기 어려우므로 작품을 완전히 이해하기 위해서는 역사, 민속에 대해 알아야 했습니다.

일곱째, 만엽집 작품의 자수율에 맞추어서 번역을 했는데, 특히 앞에서 말한 카케코토바(掛詞) 등을 자수율에 맞추기가 힘들었습니다.

여덟째, 번역부터 교정까지 혼자 힘으로 다 하다 보니 시력이 많이 나빠지기도 했지만 감사함으로 했습니다.

Q 만엽집 내용 가운데 교수님께서 특히 사랑하는 인물이나 문장이 있으면 소개해 주세요.

신라계, 혹은 백제계라고 하는 누카타노 오호키미(額田王)와 그녀의 작품 중 권제1의 20번가가 가장 기억에 남습니다. 작가가 한인계인데다, 오오아마(大海人) 왕자와 결혼하여 토오치(十市) 왕녀를 낳았지만 오오아마(大海人) 왕자의 형인 텐지(天智)왕이 아내로 데려갔다가, 텐지(天智)왕이 사망하고 오오아마(大海人) 왕자가 텐무(天武)왕이 되자 다시 텐무(天武)왕의 아내가 된 미모가 뛰어나고 노래를 잘 지은 여성입니다. 그리고 역시 한인계이면서 만엽집의 대표적인 작가인 야마노에노 오쿠라(山上憶良)와 그의 작품들에 애착이 갑니다.

Q 한국어역 만엽집 14권이 지난해 완간되었습니다. 기나긴 여정을 끝내고 마침표를 찍으면서 어떤 생각이 드셨는지 궁금합니다.

꿈만 같습니다. 만엽집은 총 20권으로 되어 있는데 불과 2, 3권 정도를 제외하고는 장가(長歌)가 많든가, 역사적인 사건과 관계되는 작품이 많든가, 한시문이 많든가 해서 산 넘어 산이라는 말이 실감날 정도였습니다. 2012년에 『한국어역 만엽집』1, 2, 3권이 출판되었을 때 원로교수님들께서 꼭 완간해야 한다고 건강에 유의하라고 하시며 많은 격려를 주셨습니다. 그 격려에 힘입어 용기가 났습니다만, 중간쯤에는 끝까지 해낼 수 있을까 정말 염려가 되었습니다. 번역, 교정 모든 작업을 혼자서 했는데 무사히 잘 마무리할 수 있었던 것은 하나님의 은혜라고 생각합니다. 이 번역집이 많은 분야 사람들에게 도움이 된다면 기쁘겠습니다.

Q 앞으로 한국어역 만엽집이 어떻게 활용되고, 또 사회에 어떤 역할을 하길 바라시나요?

만엽집은 일본문학 연구자들이 제 번역을 참고로 하면 번역하는 시간을 줄일 수 있으므로 도움이 될 것입니다. 오래 전부터 만엽집에 대한 우리나라 문학 연구자들의 관심은 컸지만 완역이 없어서 활용할 수가 없었는데, 부족하나마 이제 원문, 훈독문, 가나문, 해설까지 곁들인 완역이 되었으므로 우리나라 문학, 어학, 역사, 문화 관련 연구자들은 자료로 활용할 수 있습니다. 그리고 문인들도 작품의 소재 등으로 활용할 수 있다고 생각됩니다.

만엽집에는 왕을 비롯해서 일반 서민에 이르기까지 다양한 작자들의 작품이 실려 있으므로 만엽집 작품을 보면 고대 일본인, 일본 문화를 알 수 있습니다. 일본 만엽집 작품을 통해 일본의 문화를 이해하고 서로 우호관계를 더욱 다져나가는 계기가 되었으면 좋겠습니다.

Q 제5회 NARA만엽세계상을 받으셨어요. 수상소감에서 "앞으로 한일 문화교류가 더욱 활발해지길 바란다"고 하셨습니다. 좀 더 구체적인 설명을 부탁드립니다.

위에서도 말했듯이 제가 참여한 향가 연구회의 결과물은 『향가-주해와 연구-』라는 제목으로 2008년에 일본 신텐샤(新典社)에서 출판되었습니다. 이번에 만엽집은 한국에서 완역완간이 되었습니다. 만엽집에는 우리문학, 문화를 위한 연구 과제가 매우 많습니다. 가능하면 한

도서출판 박이정 30년사

일 공동 연구가 활성화되어 이 분야의 학문적 진전이 이루어질 뿐만 아니라 일반인들도 이 책들을 통해서 양국의 문학, 문화를 더 잘 이해할 수 있으면 좋겠습니다.

Q 박이정과의 오랜 인연 중에서 특별히 생각나는 일화가 있으시면 이야기해 주세요.

박이정과의 인연은 1999년에 『신라향가문학연구』를 내면서 맺어졌습니다. 그 뒤 2권의 한일고대문학비교 연구서도 출판하였고 이번에 『한국어역 만엽집』 14권을 수년에 걸쳐 완간하게 되었습니다. 만엽집 번역 출판 문제를 꺼내었을 때 만엽집의 가치를 알고 흔쾌히 수락하시고 책의 내용을 고려해서 책의 판형과 표지 종이 등 모든 면에서 정성을 기울여 주셨습니다. 책을 본 분들이 출판사에서 세심하게 신경을 쓴 것이 느껴진다고 했습니다. 완간이 된 데는 출판사의 깊은 배려와 편집자의 노력과 표지 사진을 제공해 준 일본 나라 만엽문화관의 도움이 컸기에 감사드립니다.

Q 30돌을 맞은 박이정출판사를 위해 한 말씀 부탁드립니다.

박이정출판사의 30돌을 진심으로 축하드립니다. 제가 아는 바로는 박이정출판사는 세상적인 가치와는 별도로 문학적으로 가치가 있는 작업에는 힘이 들더라도 문화적 소명을 가지고 출판사의 역할을 잘 감당하고 있다고 생각합니다. 그리고 안주하지 않고 출판계의 발전을 위해 계속 새로운 모색을 하고 있다는 것을 느꼈습니다. 첫 출발 때의 마음을 잃지 않고 서적 출판문화와 미디어 문화를 잘 조화하여 출판계의 발전에 더욱 이바지하여 출판사의 역사에 우뚝 서기를 바랍니다.

저자와의 대화 | 『차곡차곡 익히는 우리말 우리글』 이관규

우리말과 글 바르게 익히면 나라가 부강해져

Q 이 책의 가장 큰 특징은 무엇인가요?

국가기관인 국립국어원에서 이 책을 기획했고, 집필 과정 그리고 원고를 수정하는 과정에서 아주 깊이 있게 국립국어원의 연구진들이 참여했습니다. 또한 우리말 우리글, 한글 맞춤법, 표준어 규정을 전공한 분들께서 자문을 많이 해주셨어요. 이 책은 명실공이 여러 사람이 같이 한, 그리고 국가 차원에서 나온 책이라고 자신 있게 말씀드릴 수 있습니다.

Q 기존에 나온 어문규범 책과 비교되는 장점이 있다면?

시중에는 80여 개, 그 이상이 될지도 모르겠어요. 한글 맞춤법, 표준어 규정, 로마자 표기법, 외래어 표기법 등을 해설한 책들이 참 많이 있습니다. 그런데 그 책들은 대개의 경우 국립국어원에서 나온 규정집과 해설서의 내용을 응용한 정도라고 할 수 있어요. 반면『차곡차곡 익히는 우리말 우리글』은 규정이나 해설을 그대로 가져와 재배치한 것이 아니라 실제 언어생활에서 사용되는 것, 꼭 필요한 것, 틀리기 쉬운 것 등을 엄선해 난이도와 내용 유형에 따라 배열을 했고, 폭넓은 사람들에게 도움이 될 수 있도록 이론적이면서도 실천적으로 생생한 자료를 물 흐르듯이 구성했습니다.

Q 올바른 국어 생활을 위해 어떤 노력들이 필요할까요?

무엇보다도 우리의 말과 글을 사랑하는 마음이 가장 중요한 것 같아요. 그것만 있으면 해결 안 될 문제가 없다고 봅니다. 말은 인격을 나타낸다고도 하지 않습니까? 유창하게 의사소통만 하면 됐지 이렇게 접근할 것이 아니라, 정확하고 상황에 적절하게 언어를 사용하는 습관을 들이는 것이 상당히 중요하다고 생각합니다. 그러기 위해선 표준국어대사전 같은 공인된 사전을 항상 가까이 하려는 마음자세와 한글 맞춤법이나 표준어 규정 등 어문 규정을 찾아보려고 하는 노력도 필요하지 않을까 싶어요.

이관규 고려대학교 국어교육과 교수는 『차곡차곡 익히는 우리말 우리글』을 통해 우리말 어문 규범을 쉽고 재미있게 익혀, 바르고 품위 있는 말글 생활을 차곡차곡 쌓아가길 기대했다.

Q 마지막으로 한 마디 남기신다면

어떤 사람들은 지금처럼 자유를 만끽하는 시대에 우리의 언어 생활을 제약하는 어문규범이 있는 것에 대해 상당히 불만이 있을 겁니다. 그런데 우리 모두가 자유를 누린다고 해서 말과 글마저 규정이 없어진다면 이 사회가 혼란에 빠지게 되지 않을까요? 물론, 맞습니다. 언어는 변하지요. 항상 변합니다. 그런데 언어가 사용되는 어느 한 시점, 이 시점에 기준이라는 것이 꼭 필요한 거라고 봅니다. 기준이 있어야지 한 시대의 언어가 변했는지 안 변했는지 어떻게 변했는지 이런 것을 알 수가 있잖아요. 바로 한글 맞춤법이나 표준어 규정 이런 것들이 그 기준을 보여주는 것이라고 생각합니다. 우리가 지금 이 시대를 살아가면서, 지금 현재를 살아가면서 내가 하는 말이 올바른가 그렇지 아니한가를 알지 못하고 사용하는 것만큼 불행한 것은 없는 것 같아요. 올바르게 사용하는지, 적절하게 사용하는지, 그렇게 인식하면서 말과 글을 사용한다면 우리의 언어 생활이 더 풍족해지고 아름답게 될 거라고 생각합니다. 제가 뵌 적은 없지만 지금으로부터 120년 전에 우리말 우리글을 위해서 목숨을 바쳤던 분이 있습니다. 주시경 선생님이시죠. 그분이 이런 말씀을 하셨죠. "말이 오르면 나라가 오른다." 우리가 우리말과 우리글을 올바르게 사용하고 익히면 우리나라가 더 발전하고 건강해지지 않을까 생각합니다.

국내 최초 형태소 사전 · 갑골문 자전 등 발간하며 전문사전 시대 이끌어

박이정출판사는 2006년 국내 유일의 부사 사전(우리말 부사 사전)을 발간한 데 이어 2012년 또다시 국내 최초 형태소 사전(우리말 형태소 사전)을 펴내며 전문사전 시대를 선도, 차별화된 사전의 역사를 새로 썼다.

두 권의 사전을 집필한 백문식 선생은 중 · 고등학교에서 36년 동안 우리말과 글을 가르친 교육자로, 10여 년 동안 방대한 자료를 모아 역작을 만들었다. 정부에서도 인정받아 『우리말 부사 사전』은 2007년 문화관광체육부 우수학술도서로, 『우리말 형태소 사전』은 2013년 문화체육관광부 언어 분야 최우수학술도서로 선정되는 영예를 안았다.

이어 2015년에는 『15세기 국어활용형 사전』이 나왔다. 15세기 국어에 대한 활용형을 나열한 방대한 책으로, 이 또한 우수학술도서로 채택되었다. 2017년에는 형태 · 음 · 뜻이 밝혀진 갑골문 1,100여 자(字)를 소개하고 풀이한 국내 최초의 갑골문 자전(字典)인 『간명 갑골문 자전』이 발간되어 문자학 연구자들에게 환영을 받았다. 저자인 한양대학교 중어중문학과 손예철 교수는 조선일보에 소개되는 등 화제가 되기도 했다.

📖 우리말 부사 사전(백문식 저, 2006)

일반 국어사전과 달리 부사(副詞)만을 다룬 국내에서 유일한 사전이다. 국어학자나 사전 편찬자의 연구를 위한 언어재(言語材)로서, 그리고 작가나 일반 독자에게는 부사의 쓰임을 정리해 오용을 바로잡고 정확한 표현을 위한 어휘 선택과 이해에 도움을 주고자 했다.

수록된 어휘의 수는 순수부사, 합성 및 파생부사를 포함해 2만여 단어에 이른다. 표제어의 정확한 풀이와 용례(用例)를 제시해 누구나 쉽게 찾아 쓸 수 있도록 엮었다. 우리말과 글을 한층 풍요롭고 맛깔스럽게 활용할 수 있는 역량을 키워주며 상징어는 문학작품, 광고문, 만화, 신문 기사 표제어, 통신 언어 등에 널리 쓰여 정보화 시대에 걸맞게 표현의 간결성과 경제성을 동시에 충족시키는 데 길잡이 구실을 한다.

📖 우리말 형태소 사전(백문식 저, 2012)

10여 년에 걸쳐 완성한 최초의 형태소 사전으로, 일반 국어사전의 전형적인 틀을 따르되 낱말 위주가 아닌 형태소(形態素)를 올림말(표제어)로 삼은 것이 특징이다. 비유하자면, 수소나 산소 같은 원소를 중심으로 재구성한 사전이라 할 수 있다. 『우리말 형태소 사전』은 줄기를 잡아당겨 고구마나 감자를 한꺼번에 캐듯이, 형태소에 딸린 말뭉치 공부로 낱말의 뜻을 쉽게 익힐 수 있게 구성했으며, 학습자에게는 낱말 만들기 규칙의 자연스러운 습득으로 어휘력 증진과 언어활용능력 향상에 많은 도움을 준다.

📖 15세기 국어활용형 사전(이진호 외, 2015)

15세기의 체언이나 용언이 다양한 문법 형태소와 결합할 때 어떤 형태로 나타나는지를 모아 놓은 자료집이다. 제목에 나오는 '활용형'은 용언에만 해당하는 협의의 개념이 아니고 체언까지 포함한 광의의 개념이다. 체언과 용언을 묶어서 표현할 만한 마땅한 용어가 없어서 '활용형'이라는 기존 용어를 가져온 것이다. 되도록 모든 문헌을 대상으로 활용형들을 추출하고자 했고, 체언과 용언별로 활용형만 간단히 제시했다. 거의 모든 활용형들을 성조와 더불어 제시했기 때문에 어떤 형태를 간단히 확인하고 참고하는 데 유용하다.

📖 간명 갑골문 자전(손예철 저, 2017)

현존하는 중국문자 가운데 가장 원시적인 자형(字形)을 유지하고 있는 최고(最古)의 문자인 갑골문은 중국의 문자학과 성운학 · 훈고학 · 고고학 · 경학 · 역사학은 물론, 정치 · 경제 · 사회 · 문화 · 군사 · 역학 · 천문 · 의학 · 풍속 등의 연구에 직 · 간접적인 자료로 이용되고 있어, 가늠하기조차 어려울 만큼 학문적 가치를 가지고 있다. 이 책에 수록된 갑골문자는 해당 글자의 형 · 음 · 의(形音義)가 밝혀진 것에 국한하되, 독음을 알 수 없는 것은 괄호 속에 '??'로 표시했고, 갑골문의 수록 순서는 참고의 편의를 위해 중국의 고문자학을 포함한 한자학 연구에서의 경전이라 할 수 있는 『설문해자(說文解字)』의 배열 순서를 따랐다.

🎤 저자와의 대화 | 『우리말 형태소 사전』 백문식

국내 최초 형태소를 올림말 삼아 우리말 집대성

백문식 선생은 중·고
등학교에서 36년 동안
우리말과 글을 가르쳤
다. 『우리말 부사 사
전』은 2007년 문화관
광부 우수학술도서에,
『우리말 형태소 사전』
은 2013년 문광부 최
우수학술도서에 선정
되었다.

Q 국내 최초 『우리말 부사 사전』, 『우리말 형태소 사전』을 펴내 전문사전 시대의 마중물 역할을 하셨습니다. 어떻게 전문사전 발간을 생각하셨던 건 가요?

나는 중고등학교 국어과 교사로서 학생들에게 '어떻게 하면 좀 더 효율적으로 어휘력을 향상시킬 수 있을까'라는 과제를 구상하고 실행방법을 찾아야 했어요. 학생들을 가르치면서 체계적인 교수학습지가 하나쯤 있었으면 하는 바람이었죠. 그리하여 언어사용능력 신장을 돕기 위한 자료를 개발하고 탐구수업 형태로 교육 현장에 적용하였습니다.

틈나는 대로 관련 논저를 꼼꼼히 읽고, 각종 사전을 참고하면서 지며 리 깁고 더하기를 게을리 하지 않았어요. 아울러 정리된 어휘집을 비롯한 접사, 형태소, 어원 등의 성과물을 엮어 공유하면 어떨까 하는 생각도 들었어요.

그동안 선학의 한글사랑과 연구 업적에 더하여 우리 사전이 걸어온 길과 현황 그리고 다른 나라 사전사를 비교 검토하였습니다. 부러움과 함께 '사전' 작업이 사명으로 다가왔고 때마침 중국 베이징 와이먼서점, 일본 오사카 대형서점을 둘러본 경험이 어리석고 무딘 나를 채찍질했어요. 먼저 어원과 파생어 사전을 펴내고 이를 밑거름으로 하여 어설프게나마 『우리말 부사 사전』과 『우리말 형태소 사전』을 내놓게 되었죠.

Q 교직에 몸담으면서 20여 년 동안 외부의 도움 없이 혼자 자료를 수집하고 정리해서 5종류의 사전을 펴내셨습니다. 솔직히 말하면, 이게 가능한 일일까 싶습니다.

인문계 고등학교에서 수십 년간 고3 학생들과 거의 같은 일과로 휴일도 방학도 없다시피 근무하였습니다. 이렇게 자기주도 학습을 지도하면서 생활한 것이 연구시간 확보가 된 셈이죠. 참고서적은 개인장서와 도서관을 주로 이용하였습니다. 필요한 경우에는 졸업생 제자들 인편을 통한 전국 대학도서관 접근이 가능하여 도움을 받았습니다.

Q 사전 작업을 하면서 숱한 어려움이 있으셨을 텐데, 가장 힘들었던 점은 무엇인가요?

가르치면서 틈틈이 가벼운 마음으로 시작한 일인데, 시간이 지날수록 힘에 부쳐 몇 번이고 중도에 포기할까 망설였어요. 장시간 집중하다 보면 사고가 엉클어져 머리가 띵해요. 간간이 책을 덮고 나 몰라라 잊으려 애를 쓰다가도 애물단지를 끌어안고 또 다시 책장 넘기기를 되풀이하였습니다. '한두 해 작업도 아니고 언제 끝날지 모르는 일이다. 오늘 해도 그만 안 해도 크게 표가 나지 않는다. 그렇다고 도중에 그만둘 수야 없지 않은가' 하면서 말이죠.

"사전 편찬은 생명을 단축하는 일이다. 혼자서 할 일이 절대 아니다. 신학사전 쓰다가 마무리도 못 짓고 정신이상자가 된 사람 있다더라. 곰이나 사전을 만든다. 그냥 편하게 살아라. 하려거든 쉬엄쉬엄 하든지." 문득 형님의 걱정 어린 말씀이 떠오르네요. 좋은 시절 늪에서 헤어나지 못하고 틀에 갇혀 지낸 것만 같아요. 오랜 세월 혼자 외로운 재미로 아무런 지원도 없이 묵묵히 끈기와 엉덩이 힘으로 해냈어요. 이제야 가슴 뿌듯한 보람을 느낍니다.

Q 『우리말 부사 사전』과 『우리말 형태소 사전』을 만들면서 특별히 중요하게 생각했던 부분이 있으셨나요?

요즘 인터넷 시대와 더불어 검색용 전자 국어사전의 활용도가 높아졌어요. 종이 사전이 뒷전으로 밀려나는 추세지요. 아무래도 사전의 올바른 활용법은 낱말을 검색하는 데서 그칠 것이 아니라, 손때 묻은 종이 사전으로 찾아 읽을 때 비로소 주변의 관련 지식과 의미를 폭넓게 파악할 수 있는 것입니다. 파생어, 조사·어미, 부사·동사·형용사, 형태소, 어원사전 등이 필요한 이유는 종합 국어사전의 내용을 세부적으로 정확도를 높여 보완하기 위함이에요.

『부사 사전』은 부사가 문장에서 필수가 아닌 부속 성분이라고 하지만, 우리말을 한층 맛깔스럽게 꾸미는 구실을 합니다. 특히 언어를 경제적으로 쓰려는 욕구와 부사의 함축성이 현대 언어생활과 맞아떨어진 까닭이지요.

『형태소 사전』은 미진하나마 방대한 양의 낱말을 가장 작은 말의 요소로 분류해 놓은 사전이에요. 곧 한국어 정보처리와 전산 국어학에서 다루는 형태소 분석 말뭉치로부터 형태소 목록을 만드는 기본 작업이지요. 우리가 단어와 형태소 그리고 활용 규칙을 안다는 것은 머릿속에 나의 사전을 갖고 있다는 의미입니다.

ⓠ 이 사전들이 어떻게 활용되고, 또 사회에 어떤 역할을 하길 바라시나요?

『부사 사전』은 광고문, 만화, 신문기사, 통신언어 등 글쓰기에 널리 쓰여 정보화 시대에 걸맞게 표현의 간결성과 경제성을 동시에 충족시켜 줄 것입니다. 『형태소 사전』은 말뭉치 학습으로 관련 낱말이 가진 의미를 쉽게 이해할 수 있도록 엮었어요. 언어 규칙의 습득이 어휘력 향상과 실생활에서의 언어 활용에 도움이 되었으면 합니다. 아무쪼록 이 책이 우리말을 사용하는 이들에게 정확하고 다양한 표현을 위한 길잡이 구실을 하였으면 하는 바람입니다.

ⓠ 반평생을 한글연구에 바치셨는데, 한글이 올곧게 사용되지 못하는 현실이 참 마음 아프실 것 같습니다.

한글은 겨레의 표상입니다. 수많은 언어 가운데 논리적이고 합리적이며, 인류가 만든 가장 위대하고 기념비적인 문자라는 칭송을 받고 있지요. 과학성과 편리성을 보더라도 정보화 사회에 걸맞고 컴퓨터 원리에도 잘 부합하는 문자입니다. 무한한 경제적 가치를 일궈낼 소중한 자산이에요.

우리말이 외국어(외래어) 남용으로 뒷전에 물러앉은 것 같아요. 사회가 각박해진 탓인지 비어와 상말이 난무하는 실정이지요. 발음도 엉망이에요. 아름답고 정겨운 우리말이 심각하게 오염되었어요. 언중의 무지가 말살이의 혼란으로 이어져 국어의 권위를 떨어뜨리고 국민 정서를 메마르게 하고 있어요. 국가 수준의 언어 정책 부재가 원인입니다. 품위 있는 언어생활이 절실합니다.

ⓠ 퇴임 후 국어국문학, 헌법, 전통문화까지 영역을 넓혀 연구하고 계신데, 끝없는 학구열과 상상력은 어디에서 나오는 건지 궁금합니다.

한바탕 진통을 겪고 난 후, 지난 날로 다시 돌아가고 싶지 않은 것은 인지상정이에요. 어느 정도 쉬고 나면 일에 대한 욕구가 되살아난다고 할까. 공부도 운동처럼 살아 움직여야 생명력을 잃지 않아요. 언어는 사상이나 감정을 담아내는 그릇입니다. 국어학은 어학에 머무르는 것이 아니라 모든 학문의 근간을 이루지요. 학문 간 융합이라는 차원에서 언어가 사회, 문화, 역사 전반을 아우르는 도구가 됩니다. 어느 분야에서건 '내용은 알차고 표현은 쉽게' 써야 한다는 생각이에요.

Q 박이정과의 오랜 인연 중에서 특별히 생각나는 일화가 있으시면 이야기해주세요.

『우리말 표준발음 연습』을 출판 의뢰할 때입니다. 표준발음법과 필요성에 대하여 진지하게 설명하는데, 경상도 말씨인 박찬익 사장님께서 고개를 갸우뚱하며 경청하시던 모습이 떠오르네요.

Q 30돌을 맞은 박이정출판사가 앞으로 어떻게 성장했으면 바라시는지요.

박이정은 국어국문학 발전에 산파 역할을 한 손꼽히는 출판사입니다. 그동안 꼭 있어야 할 전문서적이라면 수익성을 뒤로 한 채, 뚜벅뚜벅 큰 걸음을 걸어온 경영철학에 경의를 표합니다. 앞으로 세계를 무대로 한 한국학 확장에 더욱 이바지하기를 바랍니다.

시집살이·한국전쟁 등 소재로 한 역사 이야기 책 출간

국어학, 국문학 중심에서 한국어교육, 창작, 동화, 예술, 사회과학 등으로 영역을 확대해 인문예술 종합 출판사로 자리 잡은 박이정출판사는 역사와 관련한 다양한 출판을 시도한다. 2013년 국내 최초로 여성의 시집살이에 초점을 맞춰 구술 채록 작업을 한『시집살이 이야기 집성』이 포문을 열었으며, 이후 2014년에는 역사소설『총의 울음』이 발간되었고, 2017년에는 『한국전쟁 이야기 집성』이라는 10권짜리 구술 총서가 탄생했다.

『시집살이 이야기 집성』은 눈물 없인 들을 수 없는 호된 시집살이를 할머니들의 생생한 목소리로 들려주는 아주 특별한 역사 이야기 전집으로, 동아일보 등 주요 언론에서 비중 있게 다루어지며 사회적 반향을 일으켰다.

손상익 작가

『한국전쟁 이야기 집성』은 '전쟁'보다 '사람'에 초점을 맞춘 새로운 전쟁 이야기를 담고 있다. 이전까지 한국전쟁이 역사학 쪽 시각에서 참전 용사의 수기나 학살피해자들의 진술에 맞추어 기술했다면, 이 책은 건국대학교 국어국문학과 신동흔 교수 팀이 3년 동안 전국 각지를 돌며 보통사람들의 경험을 두루 포용했다는 점에서 큰 의의가 있다. 국방부 등 국내 주요기관과 도서관뿐 아니라 일본이나 미국 등 한국전쟁에 관심이 많은 외국에서도 많이 판매되었다.

2014년 출간된『총의 울음』은 역사소설이다. 국내 1호 만화평론가로 불리는 저자 손상익은 5년간의 자료조사와 문학적 상상력을 더해 이 책을 썼는데, 개화기 때 프랑스와 미국 함대에 맞서 싸웠던 조선군 범 포수의 이야기를 흥미진진하게 다루고 있다. 한국출판문화산업진흥원 '이달의 읽을 만한 책'으로 선정되었으며, 저자와 함께하는 강화도 현지답사 등 다양한 이벤트를 진행해 화제를 모으기도 했다.

📖 시집살이 이야기 집성 전10권(신동흔 외, 2013)

호된 시집살이로 고난과 인내의 삶을 살아온 할머니 109명의 생생한 목소리를 담은 10권짜리 구술 총서. 신동흔 건국대 국어국문학과 교수를 비롯한 연구자 24명이 2008년부터 2년간 전국의 할머니들을 만나 시집살이에 얽힌 이야기를 채록해 펴냈다. 여성의 시집살이에 초점을

맞춰 구술 채록 작업을 한 것은 최초의 시도다.

구술내용은 시집살이를 겪은 내용으로 한정하지 않고 시집생활을 축으로 삼는 가운데 여성의 생애 체험을 포괄하는 형태로 자료조사를 수행했으며, 그 구술 내용을 최대한 충실히 반영해 정리했다. 별책으로 개별 연구자들의 논문집 1권이 있다. 책에는 진한 사투리가 밴 할머니들의 말투가 거의 가공되지 않은 채 그대로 실렸다. 이 책의 자료들은 구비문학 외에 민속과 생활사, 여성사, 사회사 등의 여러 연구 분야에서 널리 기초 자료로 쓰이기에 충분한 가치가 있다.

📖 한국전쟁 이야기 집성 전10권(신동흔 외, 2017)

6.25전쟁 67주년을 맞아 한국전쟁 이야기를 10권으로 묶어낸 방대한 자료집. 건국대학교 신동흔 교수가 연구책임을 맡은 '한국전쟁체험담 조사팀'이 한국학중앙연구원의 지원을 받아 2011년부터 2014년까지 전국 각지를 떠돌며 수집한 한국전쟁 이야기를 선별해 만들었다.

개별 구연자를 기본 단위로 구성했으며 현지조사를 통해 자료를 수집한 약 300건의 자료 가운데 가치가 높다고 판단되는 162건의 구술 자료를 선별해 주제유형별로 수록했다. 별책으로 개별 연구자들의 논문집 '한국전쟁 체험담 연구'가 있다. 책 속에는 전쟁의 참상과 고난을 단적으로 잘 보여주는 이야기들은 물론, 피난 수용소에서 생활한 사연, 이념 문제로 발생한 일들, 전쟁의 와중에서 죄 없이 억울한 죽음과 피해를 겪은 이들과 인정을 저버리지 않고 서로를 돕거나 살린 미담 등 많은 사연들을 수록해 '우리에게 전쟁이 남긴 것'이 무엇인지 다시금 생각하게 한다.

📖 총의 울음 상 · 하(손상익 저, 2014)

개화기 때 최강의 프랑스와 미국 정예군을 막아낸 조선군 범 포수의 이야기를 다룬 장편소설이다. 저자는 강화도 근대사를 연구하다가 조선왕조실록의 행간 속에서 병인양요(1866)와 신미양요(1871) 당시 프랑스와 미국 함대에 맞섰던 조선군의 주력 부대가 함경도와 평안도에서 차출된 백두산 범 포수들이라는 사실을 발견했다. 역사의 그늘에 묻힌 그들의 처절한 항전과 조선의 위대한 승리를 조명하고 있으며, 5년간 자료조사에 문학적 상상력을 더해 역사소설로 탄생했다. 저자는 국내 1호 만화평론가로 불리는 손상익으로, 1991년 '시사만화 고바우에 대하여'로 신춘문예에 당선됐고, 저서 『한국만화통사』 등이 있다.

할머니 109명이 풀어놓은 한많은 시집살이 이야기

Q 생애담과 경험담이라는 것은 각색되지 않은, 살아있는 날것의 이야기라는 생각이 듭니다. 여기에 관심을 갖게 된 이유가 있으신지요.

생애담은 현지조사를 하면서 자연스럽게 관심을 갖게 됐어요. 실제로 이야기판에 가보면 옛날이야기나 전설, 민담만 있는 게 아니라 이런 경험담들이 굉장히 많아요. 기록문학에는 허구의 문학만 있는 게 아니라 사실의 문학도 있잖아요. 구비문학에서도 똑같거든요. 그동안 (학계에서) 허구의 문학, 전설이나 민담 쪽에 관심을 많이 가져왔는데, 균형을 이뤄야 된다고 생각했어요. 상대적으로 경험담 쪽 연구가 소홀했기 때문에 좀 더 관심을 갖게 되었고요. 개인적으로는 어릴 때 선친께서 본인 경험담을 많이 들려주셨어요. 일제 강점기 때 징용으로 일본 가서 고생하셨던 이야기, 돌아가실 뻔했던 이야기들이 굉장히 인상적이었어요. 그래서 경험담도 굉장히 재미있고 의미 있는 것이라는 생각을 하게 됐죠.

Q 시집살이 이야기를 연구 과제로 삼았던 이유가 있었나요?

현지에서 설화 조사를 많이 했어요. 조사를 나가서 옛이야기를 해달라고 부탁드리면 할머니, 할아버지들께서 자기 살아온 이야기를 하시는데 굉장히 재밌고 감동적인 이야기들이 아주 많은 거예요. 그래서 '언제 한 번 설화만이 아니라 이런 살아온 이야기를 한번 집중적으로 조사해야겠다'는 생각을 했죠. 특히 할머니들 같은 경우는 시집살이 경험이 워낙 강하게 남아 있다 보니까, 시집살이 이야기를 많이 하시더라고요. 실제로 조사를 나가보니까 일부러 꾸며도 그렇게 꾸밀 수 없을 것 같은 사연들이 참 많았습니다.

Q 조사 과정에서 특히 힘들었던 점이 있으셨나요?

현지조사를 꽤 오랫동안 많이 해왔는데, 설화 조사라는 게 생각보다 쉽지가 않아요. 옛날이야기나 전설, 민담 얘기 해달라고 하면 잘 모른다며 잘 안하세요. 그런데 의외로 시집살이 이야기는 많이 나온 거예요. 왜 그러냐면 그분들 중에 시집살이 안하신 분들이 없으니까요. '하, 시집살이~' 하시며 바로 이야기를 술술 하는 경우가 많았어요. 또 사연들 중에 참 기막힌 것들이 많아요. 그렇다 보니 답사를 나가면 조사원들이 할머니들이랑 같이 막 울어요. 이야기 조사는 어렵지 않았는데, 가슴이 많이 아팠죠.

Q 조사한 이야기들 중에 기구한 사연들이 많다고 하셨는데요.

한 분 한 분의 이야기가 다 삶의 무게가 담겨 있는 것들이에요. 기가 막힌 이야기고 다 대단한 이야기죠. 예를 들면 신방 생활을 하는데 시동생이 열 명이나 있어서 다 한 방에서 잔 경우도 많고요. 시아버지가 결혼을 여덟 번이나 해서 계속 새로운 시어머니를 모셨다든지 그런 경우도 있고요. 남동생이랑 같이 민며느리처럼 시집을 갔는데 하도 구박이 심하니까, 차라리 죽는 게 낫겠다 싶어서 호랑이에게 잡아먹히려고 동생 데리고 산속에서 호랑이를 기다렸다는 분도 계셨어요. 그런데 그 동생은 나중에 군대 가서 세상을 떠났다고, 그 얘기를 하시는데 제가 정말 마음이 아프더라고요.

Q 소개해주신 내용이 참 흥미롭네요. 그러고 보니 권마다 다 부제가 있었죠.

예를 들어 2권은 '파란만장 소설 같은 삶'이라고 붙였어요. 정말 소설 같은 삶을 사신 분들을 거기 담았죠. 10권 같은 경우엔 '여성이라는 이름의 철학자들' 이렇게 부제를 붙였어요. 조사 가서 할머니들 만나 뵙고 이야기를 듣기 전에 그분들을 보면 참 평범하세요. 근데 막상 이야기를 시작하시고 한 시간 두 시간 이야기를 듣고 나면 그분에게 저절로 고개가 숙여지는 거예요. '아, 이분들이 진짜 인생을 사셨구나. 이분들이 철학자들이다.' 이런 생각을 하게 만드는 할머니들이 참 많았습니다.

Q 조사에 협조해주셨던 분들께 전하고 싶은 말씀이 있으시다면.

일단 그분들한테는 참 감사하다는 말씀밖에 드릴 게 없어요. 조사에 응하고 좋은 이야기를 해주셔서 감사하다, 이런 측면에서도 감사하다는 말씀을 드리게 되지만 더 감사한 건 그 힘든 세상을 다 감당하면서 열심히 살아주셔서…… 그래서 오늘날 우리가 이렇게 살 수 있게, 그렇게 뒷받침을 해주셔서 정말 감사하다는 말씀을 드리고 싶어요. 그렇게 살아오신 삶이 결코 헛되지 않다, 남들보다 더 열심히 힘들게 살아오셨기에 당신의 인생이 더 빛나는 것이다, 이런 말씀을 드리고 싶습니다.

우리 책 번역해 해외에 소개…캐나다·대만·중국 대학에 교재 수출

박이정출판사는 2012년부터 다중어 책 발간을 시작해, 우리 책을 번역해서 해외에 소개하는 일에 매진하고 있다.

> "『표준국어문법』이라고 해서 500쪽 분량의 상당히 두꺼운 책인데, 영어판으로 번역해서 아마존을 통해 해외에 소개했고, 그 이후 『형용사사전』도 영어판으로 번역해서 책을 냈어요. 2016년부터 워털루대학교의 교재를 우리가 직접 영어로 만들어서 학교에 납품하고 있는데, 해마다 300~400부씩 나가고 있어요. 대만이나 중국에서도 우리 책을 교재로 쓰고 있죠."

박찬익 대표가 출판사 설립 때부터 목표로 했던, 한글로 책을 내고 한글 책을 외국어로 번역해 세계에 널리 알리겠다는 원대한 계획을 이루고 있는 셈이다.

2012년 『외국인을 위한 표준 한국어 문법』의 영어판인 『Standard Korean Grammar for Foreigners』 발간을 시작으로 『외국인을 위한 표준 한국어 동사활용사전』도 『Korean Verb Conjugation for foreigners』로 번역되어 해외시장에 판매되었다. 2015년에는 직접 교재 제작에 나섰다. 모든 단어와 문장을 영문·일문·중문 세 가지 언어로 표기해 범용 교재로 만든 『Simple Korean』은 현재 대만에서 교재로 사용 중이다.

『Standard Korean Grammar for Foreigners』

2016년에는 김영곤 교수의 『Dr. Kim's Korean for Complete Beginners』(한국어를 배우기 위한 책)가 출간되어 캐나다 워털루대학교 교재로 판매되고 있으며, 한국어 교재의 중국 수출을 목표로 공주대학교와 중국유명대학이 공동 기획한 『早安 韓國語(조안한국어) 초급·중급』은 중국에서 교재로 사용되고 있다.

> "대만에 어학 책을 소개하는 LiveABC라는 회사가 있는데, 외국어를 배우는 책을 동영상이나 교재로 개발해서 해외에 수출하는 곳이거든요. 마침 한국어 쪽이 없어서 우리가 제휴를 해서 그쪽에 있는 책을 수입해 한국에 팔고 있어요. 또 중국이나 동남아 쪽에 책을 팔기 위해서 LiveABC와 업무체결도 했고, 우리 출판사에서 만든 한국어능력시험(TOPIK) 관련 책을 시장조사를 위해 직접 가져가게 했어요. 대만에서 관계자가 왔고 우리도 대만에 두 번 가서 협상했죠. 아직까지 뚜렷한 결과는 없는데, 외국으로 우리 책을 수출할 수 있는 하나의 기지가 될 것 같아서 계속 제휴를 하고 있습니다."

박 대표는 해외 출판이라는 희망을 가슴에 품고 틈날 때마다 세계 곳곳의 관계자들을 만나고 있다. 우리의 정신문화인 한글 콘텐츠들이 또 다른 '한류'가 되길 간절히 바라면서.

📖 Simple Korean(조영미 · 한상호 · 이한라 저, 2015)

아주 간단한 단어와 표현을 통해 손쉽게 배우고 활용할 수 있는 한국어를 알려주는 초급 한국어 교재다. 모든 단어와 문장을 영문 · 일문 · 중문 세 가지 언어로 표기, 세 가지 언어권의 학생들을 가르치는 데 범용 교재로 사용할 수 있다. 크게 자모, 유용한 단어, 유용한 대화 부분으로 구성되어 있다. '자모' 부분에서는 한국어의 자음과 모음을 쓰고 듣고 평가하는 과정을 제시했으며, 배운 자모 글자가 들어간 단어와 표현을 배운다. '유용한 단어'에서는 종류별 또는 상황별로 쓰이는 단어를 구분해 정리했다. '유용한 대화'에서는 한국 생활을 하면서 쓸 수 있는 유용하고 간단한 대화문을 제시해 한국어에 대한 이해를 높이도록 했다.

📖 Dr. Kim's Korean for Complete Beginners(김영곤 저, 2016)

저자가 캐나다 워털루대학의 한국어 과정 강의 경험을 바탕으로 개발한 초급 한국어 교재로, 현재 워털루대학의 한국어 과정에서 수업용 교재로 사용하고 있다. 한국어를 처음 배우는 영어권 학습자들의 한국어 학습에 도움이 되도록 구성했다. 한국어 초급과정 강의에서 활용이 가능하도록 한국어와 한글의 기초 내용을 교재 처음 부분에서 다루고, 그 다음에 21개의 본과로 나누었다. 한 개의 과는 대화, 어휘, 표현, 발음, 문법, 연습문제로 구성되어 있어 종합적인 한국어 학습이 가능하다.

📖 早安 韓國語(조안 한국어) 초급 · 중급(이광호 · 도희금 저, 2017)

이 책은 언어를 습득시켜야 하는 실용도서로서의 성격이 강하다. 당연히 한국어를 배우고자 하는 많은 학생들에게 실질적 도움을 줄 수 있도록 구성되어 있다. 이 책으로 공부한 사람이면 한국인에게 한 마디라도 자신 있게 말을 걸 수 있도록 하는 데 주안점을 두었기 때문에 어휘와 구문, 말하기에 중점을 두었다. 그리고 외국인 학생들을 대상으로 하는 토픽(TOPIK) 시험도 감안해서 문법 항목을 제일 마지막에 배치했다.

교원대 · 서울교대 등 사범대학 국어교육과 필수 교재 편찬

1993년『독서교육의 이론과 방법』, 1994년『학습자 중심의 국어교육』, 1999년『국어지식탐구』, 2001년 교원대학교 초등국어 연구총서『읽기교육의 원리와 방법』 등으로 이어지며 국어교육 분야에서 대표 출판사로 자리 잡은 박이정은 21세기에 들어서면서 변화하는 시대에 맞게 더욱 참신하고 수준 높은 책들을 발간한다.

특히 교원대학교 한국초등국어연구소를 설립한 신헌재 교수와 제자들의 활약이 돋보였는데,

2015년『초등문학교육론』과『초등국어수업의 이해와 실제』, 2017년 번역서
『행복한 독서를 위한 독서 태도 교육』등을 출간해 임용교사용 및 여러 교육
대학 교재로 쓰였다.

제9차 교육과정에 따른 서울교육대학교 국어교육과 교재도 출판했다.『초
등 국어과 수업방법』과『글씨쓰기 연습』등 필수 교재를 편찬해 보급했으며,
2018년에는『초등 국어과 글씨 쓰기 지도』와『초등 국어과 교수 학습의 원리
와 적용』등을 최근 교과과정에 맞게 개편해 보급하고 있다.

중등국어교육 분야에서도 많은 책들이 나왔다.『국어과 교수학습방법 연
구』가 중등교육 교재로 널리 사용되었으며 2014년『국어과 교육과정과 교과
서』, 2015년『국어문법의 교육과 현상』, 2016년『사이버 의사소통과 국어교육』등이 사범대학 교재
로 채택되었다.

📖 초등국어수업의 이해와 실제(신헌재 외, 2015)

현장의 교사들이 초등 국어수업의 현상과 실제를 더 구체적으로 이해하고,
나아가 실제 수업을 계획하는 데 도움이 되도록 기획했다. 1부에서는 국어
수업이 가지는 인식의 변화와 함께 실제 수업을 운영 · 계획하기 위한 설계
및 국어 교수 · 학습이 실천되는 교수적 지식을 설명했다. 2부에서는 듣기 ·
말하기 · 읽기 · 쓰기 · 문법 수업 등 영역별 원리를 다루었으며, 3부에서는
초등 국어수업의 실제를 염두에 두고 집필했다.

📖 초등 국어과 글씨 쓰기 지도(손희연 외, 2018)

초등 교사나 초등 예비 교사들에게 글씨 쓰기에 대한 기본적인 이론을 제시하고,
한글 및 한자의 글씨 쓰기 연습을 실제 해볼 수 있는 기회를 제공한다. 기본적으로
초등학생들에게 글씨 쓰기를 가르치는 데 도움을 주도록 만들어졌고, 이를 위해 글
씨 쓰기와 관련된 내용을 폭넓게 반영했다. 1부는 글씨 쓰기에 관련된 이론적인 설
명, 2부는 글씨 쓰기 지도의 실제를 다루고 있다.

📖 국어과 교수학습방법 연구(박영목 저, 2011)

홍익대학교 사범대 학장인 저자가 국어 교과를 구성하는 각 영역별 교수학습 이론
및 방법을 정교하게 탐구하고 개발한 내용을 서술했다. 국어과 교육의 내용과 특성,
국어과 교수 학습과 평가, 교수 설계 이론과 교수 학습 모형, 듣기 · 말하기 · 읽기 ·
쓰기 · 문법 · 문학 영역의 교수 학습 등 총 8장으로 구성되어 있다.

언론 · 방송 · 정치 · 사회문화 포괄하는 사회과학 브랜드 '패러다임북' 출범

2015년 박이정출판사의 식구가 하나 더 늘었다. 2001년 어린이 도서 전문 브랜드 '정인출판사'를 출범한 이후 15년여 만에 사회과학 서적 전문 브랜드 '패러다임북'을 만든 것이다. 방송 미디어가 대세인 요즘 트렌드를 반영해 언론과 방송, 정치, 사회문화 등을 아우르는 책을 펴내려는 나름의 포석이다.

"최근 대학에서는 기초학문보다는 실용학문 위주로 학생들을 모집하고 있고, 학생들도 학과에 대한 애착이 줄어들어 안정적인 공무원과 공기업체를 선호합니다. 그 결과 국어국문과를 없앤 대학도 늘고 있어요. 국어학과 국문학 전문 출판사로서는 큰 위기인 셈이죠. 그래서 출판의 외연을 넓히기 위해 2001년 독자층이 많은 어린이 도서 분야에 진출했고, 그 연장선에서 또 다른 분야의 진출을 계속 고민하고 있었어요. 마침 언론홍보대학원에서 정치학 석사학위를 취득하는 과정에서 사회과학 분야 관계자와 예비 저자를 많이 만났고 직접 시장 조사도 해보면서 승산이 있겠다고 판단해 패러다임북을 만들었습니다."

사실 패러다임북은 '미래 문화산업을 위한 출판'이라는 원대한 목표를 잡았다. 캐릭터 사업이나 애니메이션, 동영상 교재, 문학관 자료, 예를 들어 문인이나 국어학자의 흉상, 애장품 등을 상품으로 개발해 외국에 판매하려는 계획을 세웠던 것이다. 하지만 시기적으로 큰 사업을 시작하기에 위험성이 있다고 판단해 출판으로 범위를 축소하는 선에서 일단락되었다.

첫 책으로 건국대학교 통일인문학연구단에서 기획한 『통일담론의 지성사』가 출판계의 문을 두드렸고 로동신문의 보도형태, 선전선동 체계, 세습담론 등을 분석한 『북한의 선전선동과 로동신문』과 출판학회 회장을 역임한 이종국 교수의 논문을 정리한 『편집 출판학 연구 총설』 등이 출간되면서 통일, 정치, 출판까지 아우르는 존재감을 드러냈다.

이후 『죽음이란 무엇인가』, 『메타인지와 말하는 공부』, 『6일간의 벽신문』, 『미디어 공론장과 BBC 100년의 신화』, 『영상커뮤니케이션과 기호학』 등 참신한 주제의 책들을 발간해 화제가 되었다. 그중 공영방송의 모범인 BBC의 잘못된 신화를 파헤친 『미디어 공론장과 BBC 100년의 신화』는 방송문화 대상을 수상하기도 했다.

앞으로 패러다임북은 정치, 언론, 방송, 신문, 사회학의 연구 총서와 실용 총서를 출판하고 나아가 출판 관련 문화상품을 개발해 국내는 물론 해외에 수출할 계획이다.

📖 북한의 선전선동과 『로동신문』(이기우 저, 2015)

로동신문의 보도 형태, 선전선동 체계, 세습 담론 등을 심층 분석한 책이다. 전체주의 북한 체제의 속성에 대한 이해, 그리고 그들에게 있어서 선전선동의 중요성, 그 중추기관으로서 로동신문의

선전 원리와 선전 패턴 등을 설명한다. 이를 규명하기 위해 로동신문의 주체사상에 대한 보도 및 두 번에 걸친 권력세습 보도에 초점을 맞춰 분석해 북한 체제의 본질을 파헤친다.

📖 **메타인지와 말하는 공부**(김판수 · 최성우 · 양환주 저, 2017)

4차 산업혁명 시대를 살아갈 미래 인재의 핵심역량을 키우는 공부법을 소개하고 있다. 메타인지 능력이란 자신이 아는 것과 모르는 것을 구별하고 나아가 아는 것과 정확히 아는 것을 구별하고 직접 설명할 수 있는 능력이라고 정의할 수 있다. 이 책에서는 메타인지에 대한 자세한 설명과 더불어 메타인지 학습법을 중심으로 말하는 공부와 플립러닝 등에 대해서 다루어 학부모들에게 자녀들의 성적 향상을 위해 정말 필요한 것이 무엇인지에 대해 알려 준다. 실제 생활에 적용이 가능한 문제해결능력, 창의력, 소통능력, 리더십 개발 등과 같은 핵심역량을 키울 수 있는 방향도 제시하고 있다.

📖 **미디어 공론장과 BBC 100년의 신화**(정용준 저, 2018)

방송 100주년을 맞은 BBC의 역사를 총망라한 책이다. '20세기 가장 훌륭한 문화적 창조물'이라는 공영방송의 이념과 제도의 원형을 BBC의 역사를 통해 살펴보는 작업의 결과물이기도 하다. 이 책은 BBC를 통해 공영방송의 이념적 · 제도적 원형을 비판적으로 검토하고 이를 통해 시버트 등의 언론4이론과 핼린과 만치니의 책이 제시했던 자유주의 공영방송 모델을 역사적으로 검토하고자 했다.

'통일인문학총서' 발간…국어학에서 인문학까지 통일시대 준비

1993년 본격적으로 조선족 연구서를 출간하며 남한과 북한의 우리말 잇기에 나선 박이정출판사는 2000년 『조선어학전서』 65책의 출간을 합의, 북한과 연계한 첫 기획 출판이라는 새 역사를 쓴 이력이 있다. 이러한 남북 학술교류와 통일문학에 대한 바람은 '통일인문학총서' 발간을 통해 국어학에서 인문학 분야까지 확대하는 계기를 마련했다. 건국대학교 통일인문학연구단은 한반도의 통일 문제를 인문학적으로 접근하기 위해 출범한 연구기관으로, 박이정출판사는 통일인문학총서의 일부 책들을 제작하는 일을 맡았다.

2012년 탈북 트라우마 사례를 선별해 생애담 구술 방식으로 엮은 『고난의 행군시기 탈북자 이야기』를 발간한 데 이어 2015년 『역사가 우리에게 남긴 9가지 트라우마』, 『통일담론의 지성사』, 2018년에는 『탈분단의 길』, 『복수의 민주주의와 인권국가 구현방안』, 『국가폭력 트라우마와 치유』 등을 펴냈다.

📖 통일담론의 지성사(2015)

　　김구, 문익환 등 일찍이 통일의 담론을 이끌어온 8명의 실천적 사상가들의 통일론을 다루고 있다. 이를테면 1972년 '7.4 남북공동성명'은 장준하와 강만길이 통일을 바라보는 관점에 결정적인 영향을 미쳤고, 1980년 광주민주항쟁을 거치면서 문익환의 통일론은 크게 변화했으며, 1987년 6월 항쟁과 이후의 세계사적 탈냉전 현상은 백낙청의 분단체제론에 깊은 흔적을 남겼다. 이들의 통일담론이 현재의 고착화된 분단체제 속에 어떤 역사적 진통으로 아로새겨져 있는지, 오늘날의 세대가 분단 현실을 극복하기 위해 어떤 문제의식과 처방을 가져야 하는지를 생생하게 환기시켜준다.

📖 역사가 우리에게 남긴 9가지 트라우마(2015)

　　건국대학교 통일인문학연구단에서 진행한 2014년 푸른역사아카데미 '역사가 우리에게 남긴 9가지 트라우마'의 내용을 대폭 보완해 책으로 엮었다. 대중 강좌의 특성을 반영해 알기 쉽게 설명하면서도, 각각의 트라우마가 발생한 원인과 파장을 그 시대를 살았던 사람들의 삶을 통해 깊이 있게 통찰하고자 했다.

　　책 내용을 보면, 1강에서부터 9강까지는 각각 '식민지배, 분단, 이산, 전쟁, 국가폭력, 경제성장, 광주민중항쟁, IMF, 학벌주의'를 주제로 삼아 한국 근현대사 100년 동안 한국인들이 겪었던 대표적인 트라우마 9가지를 분석했으며 10강에서는 '통일인문학'의 시각에서 한민족이 감당해야만 했던 '역사적 트라우마'의 개념과 양상을 살펴보고, 그것에 대한 치유가 어떻게 가능할지에 대해 이야기한다.

📖 국가폭력 트라우마와 치유(2018)

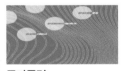

　　분단체제가 낳은 국가폭력 트라우마의 치유를 사회적 치유라는 관점에서 살피고 그것이 곧 지금과 다른 공동체의 형성이라는 점을 제시하고 있다. 이 책이 전제하고 강조하는 '사회적 치유'는 곧 미래의 새로운 공동체를 위한 이행기적 정의라고 밝히고 있다는 점에서 그 의의를 찾을 수 있다.

　　총 9개의 글이 실렸으며 주제에 따라 3부로 구성했다. 1부에서는 국가폭력의 논리를 분단권력을 유지하거나 재생산하는 분단체제 속에서 찾으면서 국가폭력의 양상과 그 치유가 사회적이어야 한다는 점을 확인한다. 2부에서는 분단이데올로기와 반공논리에 바탕을 둔 분단국가의 역사 서술을 넘어 고통의 연대를 가능케 하는 치유의 방안을 '사회적 기억'의 형성이라는 관점에서 제시한다. 3부에서는 분단폭력 트라우마의 치유에 장애가 되었던 분단국가의 논리에 대항할 수 있는 사회실천적 논리를 '정치'라는 이름으로 제안한다.

저자와의 대화 | 건국대 통일인문학연구단 김종군

소통, 치유, 통합을 핵심 키워드로 민족 공통성 연구

Q 건국대학교 통일인문학연구단에 대한 소개를 부탁드립니다.

우리 연구단은 분단된 한반도의 통일 문제를 인문학적인 관점으로 바라보고 연구하자는 취지를 가진 건국대학교 문과대학의 철학, 문학, 역사, 문화콘텐츠 교수들이 모여 2008년에 발족하였습니다. 2009년에 교육부와 한국연구재단에서 지원하는 인문한국(HK)지원사업에 '소통, 치유, 통합의 통일인문학'이라는 아젠다로 선정되어 10년간 연간 8억 원의 연구비로 연구사업을 진행하고 있습니다.

1단계 3년간(2009~2011년)은 신생 학문인 통일인문학의 이론을 정립하면서 연구사업의 토대를 마련하였고, 2단계 3년간(2012~2014년)은 통일인문학의 사회적 확산에 힘을 쏟았습니다. 3단계 4년(2015~2019년)은 통일인문학 연구성과의 현실 적용에 주력하고 있습니다. 그 주요 성과로 1단계에는 국내 유일의 통일인문도서관을 개원하였고, 2단계에는 대학원에 통일인문학 석박사과정을 개설하였으며, 3단계에는 통일인문학 관련 정책보고서 등을 발간하여 연구성과를 사회적으로 환원한 점을 들 수 있습니다. 10년 연구기간 동안 연구총서, 구술총서, 치유총서, 기획총서, 번역총서 등의 저술이 80여 권이고, 매년 국제 학술대회 1회 이상, 국내 학술대회 3회 이상을 개최하여 통일인문학 연구를 국내외에 소개하는 데 기여하였습니다.

Q 통일과 인문학의 조합이 독특합니다. 어떤 의미를 가지나요?

통일인문학은 지금까지의 통일담론을 정치학, 경제학, 북한학 등의 사회과학 분야에서 주도하는 가운데 누락된 '사람의 통일'에 주목하고 있습니다. 독일이 통일된 지 25년이 넘어서 체제나 정치, 경제가 통합되었다고 하지만 여전히 동독 주민과 서독 주민들 사이의 위화가 지속되는 현실에 주목하면서 통일의 중심에 사람(남북주민, 코리언 디아스포라)을 두어야 하고, 문화의 통합까지 고려해야 온전한 통일을 이룰 수 있다는 목표를 가지고 통일과 인문학의 조합, 인문학적인 통일연구를 시작하게 되었습니다.

Q 소통, 치유, 통합을 핵심 키워드로 제시하고 있습니다. 이러한 키워드는 연구 활동이나 저서에서 어떻게 발현되고 있나요?

통일인문학의 연구 방향은 분단 70여 년 동안 달라진 사상과 이념의 소통을 지향하고, 분단과 전쟁으로 상처받은 코리언들의 정서와 문예를 치유하며, 일제강점과 분단 이후 변화한 생활문화를 통합하는 데 두고 있습니다. 그래서 민족 동질성 회복을 통일의 당위성으로 삼지 않고, 민족 공통성 구축을 통일 과정에서 추구할 목표로 삼습니다. 이런 연구목표를 달성하기 위해 민족 공통성 연구를 지속적으로 수행하여 연구총서로 민족 공통성 시리즈(코리언의 민족 정체성, 코리언의 역사적 트라우마, 코리언의 생활문화, 코리언의 분단 통일의식) 4권을 발간하여 국내외의 반향을 불러왔고, 저서도 주제별로 나누어 연구총서(33권)를 기본으로 통일인문학 아카이브총서(10권), 구술총서(2권), 치유총서(2권), 기획총서(25권) 등을 발간하였습니다. 이들 총서는 기획과 출판 과정에서 통일인문학의 연구방법인 소통, 치유, 통합을 철저히 적용하였습니다.

Q 박이정출판사와 연계해 펴낸 통일인문학 총서 목록을 보면, 의미 있는 담론들을 다양한 관점에서 다루고 있습니다. 이런 주제를 선정하고 작업하는 과정이 어떻게 이루어지는지 궁금합니다.

수많은 저서를 출판 기획하면서 총서의 성격에 맞는 출판사와 협의를 하는 일이 쉽지는 않았습니다. 그런 가운데 정서문에 연구총서와 기획총서는 주로 문학분야에 집중하고 있으므로 박이정출판사에 도움을 청했습니다. 출판 취지를 이해해 주시고, 기꺼이 출판을 맡아주셨습니다.

연구총서 『고전문학을 바라보는 북한의 시각』(전3권)은 북한의 『조선문학사』를 비롯한 문학사와 연구서에서 고전산문과 시가 작품들을 어떻게 평가하고 있는지를 남한의 연구 시각과 비교한 성과입니다. 또한 구술총서인 『고난의 행군시기 탈북자 이야기』는 초창기 탈북민 3명의 구술을 녹취하여 출판하였는데, 탈북민이 간직한 트라우마를 진단하는 자료로 활용도가 높았고, 번역지원사업에 선정되어 영미권에도 e-Book 형태로 소개되었습니다. 북한에서 향유되는 이야기를 소개하기 위해 기획한 『우리가 몰랐던 북녘의 옛이야기』와 남북한의 이야

기를 비교하면서 소통의 지점을 찾고자 한 『남북이 함께 읽는 우리 옛이야기』는 일반 대중서로 출판되어 주목을 받았습니다. 그 결과 『남북이 함께 읽는 우리 옛이야기』는 2017년 세종도서에 선정되는 쾌거를 올리기도 했습니다.

Q 통일인문학 저서 작업을 하시면서 어떤 점이 가장 힘들었고, 또 어떤 때 보람을 느끼셨나요?

통일인문학연구단은 교수와 대학원생들이 주축이 된 연구공동체로서 매주 1회 세미나를 개최하면서 출판을 기획하고 원고를 집필하는데, 상호토론을 통해 논점이나 문체를 조율하는 과정을 거

통일인문학연구단은 분단된 한반도의 통일 문제를 인문학적인 관점으로 바라보고 연구하는 모임으로, 박이정출판사와 연계해 통일인문학 총서를 기획 발간하고 있다. 사진은 김성민 통일인문학연구단장.

칩니다. 10명 정도가 공동 연구와 집필을 진행하다보면 서로의 시각이 다르고 이를 표현하는 문체 또한 판이합니다. 1년 정도의 토론과 조율을 통해 공동의 원고를 만들어가는 일은 결코 쉽지 않은 작업입니다. 그러나 노력한 결과로 출판물을 손에 쥐게 되었을 때 서로 환호하면서 그동안의 노고를 위로하는 보람이 있습니다. 특히 우수도서로 선정되거나 방송 인터뷰 요청이 잇따를 때 그 보람은 더욱 큽니다.

Q 통일인문학 총서들이 우리 사회에 어떤 변화를 이끌었고, 앞으로 어떠한 역할을 해내길 바라시나요?

인문학적 시각으로 통일을 논의하는 연구는 통일인문학이 최초라고 말할 수 있습니다. 이런 연구의 결과는 통일인문학 총서와 같은 책을 통해 대중과 소통하게 됩니다. 통일인문학 총서들은 분단체제 속에서 북을 적대하도록 교육받은 기성세대들의 경직된 시각을 완화하는 데 기여하였고, 북에 대한 단순한 호기심이나 북을 대상화하는 왜곡된 시선을 바로잡는 데도 이바지하였습니다. 총서들은 우리 사회가 북한을 바르게 이해하는 데 유용할 것이며, 더 나아가서는 북한사회와 문화, 사람들과

소통하는 데도 도움을 줄 것입니다. 결국 통일인문학 총서의 기획과 출판은 통일의 한 과정이라고 감히 말씀드릴 수 있겠죠.

Q 30돌을 맞은 박이정출판사에 애정 어린 조언 부탁드립니다.

지난 30년 동안 우리 사회는 급속도로 변화하였습니다. IT산업이 주도하는 사회를 넘어 4차 산업혁명시대의 도래를 말하고 있습니다. 그런 가운데 종이책은 사라질 것이라는 부정적인 진단도 나오고 있습니다. 이런 진단 속에 출판시장도 많이 위축된 것이 사실입니다. 그럼에도 종이책이라는 매체가 인간에게 주는 매력은 사라지지 않을 것으로 봅니다. 특히 인문학 분야는 더욱 그럴 것이라고 예상합니다.

박이정출판사는 인문학 전문 출판사로서 지난 30년간 한국의 인문학 발전에 기여한 공로가 큽니다. 시대의 흐름에 따라 다양한 시도도 필요하겠지만 종이책 출판의 전통을 유지하면서 한국 인문학의 산증인으로 길이 번창하기를 빕니다.

'파피루스 속의 이야기보따리' 등 정인의 참신한 기획물 인기

정인출판사는 15년차 브랜드답게 기존 기획물을 확대·발전시키고, 동시에 참신한 기획물들을 대거 출간하면서 확고하게 자리 잡았다. (사)전국독서새물결모임의 현직교사와 독서전문가들이 함께 기획한 인성독서, 다문화독서, 진로독서 등 3대 독서시리즈는 탄탄한 콘텐츠의 힘 덕분에 현장에서 높은 인기를 누리고 있으며, 어린이 동화와 청소년 필독서로 만든 워크북 『다독다독 독서퍼즐』(초등용·청소년용)은 즐거운 책읽기를 위한 교재로 사랑받고 있다. 특히 대영박물관 학예연구원으로 있는 강주현 선생이 파피루스를 해석해 만든 이집트 전래동화 시리즈 '파피루스 속의 이야기보따리'는 2015년 『이집트의 신비로운 섬』을 시작으로 『용감한 이집트 왕자』, 『파라오 쿠푸와 마법사 제디』, 『수다쟁이 농부』 등 4권을 펴내 큰 화제를 불러일으키고 있다. 『이집트의 신비로운 섬』은 우수도서로 선정되었고, 저자가 직접 그린 원화는 작품성을 인정받아 윤봉길도서관에서 소장하고 있다. 이집트 문화를 소개하는 전시나 체험 등 독자와 호흡하는 다양한 이벤트를 열었으며, 소년조선일보와 소년한국일보 등 언론의 열띤 취재도 이어졌다.

이외에 성장소설을 통해 청소년들의 고민을 치유하는 독서지도 자료집 『청소년의 아픈 자리, 소설로 어루만지다』, 이해하기 어려운 헌법의 내용을 누구나 쉽게 이해하도록 만든 『알기 쉬운 대한민국 헌법』 등 다양한 장르의 책을 지속적으로 발간하고 있다.

📖 다독다독 독서퍼즐 초등용·청소년용(정선옥 저, 2015)

책 읽기에 퍼즐풀이가 주는 문제해결의 즐거움을 접목시켜, 독서에 관심이 없는 아이들도 즐겁게 책을 읽을 수 있게 만든 독서교재. 초등용은 그림형제 동화, 피노키오 등 고전동화에서부터 나의 라임오렌지 나무, 이상한 나라의 앨리스와 같이 널리 알려진 동화까지 수많은 작품들을 모아 만들었으며, 청소년용은 70여 종의 청소년 필독서를 '성장, 사랑, 정의, 사회·예술, 철학' 등 5개 분야로 정리하고 부록을 추가해 수록했다. 내용의 이해와 탐구에 필요한 주요 질문을 '생각해 보세요'에 정리해 손쉽게 독서지도에 활용할 수 있다.

📖 이집트의 신비로운 섬(강주현 저, 2015)

정인출판사의 이집트 전래동화 시리즈 '파피루스 속의 이야기보따리'의 첫 번째 책으로 3000년 전 이집트에서 파피루스 종이 위에 상형문자로 쓴 전래동화를 이집트 상형문자 연구 전문가인 강주현 선생이 번역한 작품이다. 『이집트의 신비로운 섬』은 고대 이집트판 '신드바드의 모험'이라 할 수 있으며 주인공이 탐험여행에서 돌아와 여행 중 이름 모를 섬에서 겪었던 신비한 자신의 모험담을 소개하고 있다. 이 책의 제일 뒤에는 부록으로 직접 색칠할 수 있는 상형문자 컬러링 카드를 실었다.

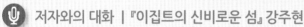 저자와의 대화 | 『이집트의 신비로운 섬』 강주현

국내 최초 이집트 전래동화…상형문자 직접 번역

Q 직업이 참 독특하고 매력 있어요. 어떤 일을 하시나요?

대영박물관 학예연구원으로 일하는데, 어린이들을 도와서 학습 프로그램을 함께 진행하고 있어요. 영국 아이들은 초등학교 때 중요한 4대 문명, 그중 하나인 이집트 문명에 대해서 꼭 공부를 해야 돼요. 그래서 학교에서 대영박물관으로 견학을 옵니다. 그러면 저는 상형문자도 보여주고 어떻게 읽는지도 알려주고 설명해주는 일을 하고 있어요.

Q 고대 이집트의 전래동화를 어떻게 국내에 출간하게 되었나요?

영국 리버풀대학에서 이집트학을 공부했고, 상형문자를 전공했어요. 상형문자를 배울 때 공부했던 첫 텍스트가 바로 '파피루스 1115'였는데요, 고대 이집트의 동화 이야기를 접하면서 일단 놀랐고요. 우리나라에 전래동화가 있는 것처럼 4,000년 전에 고대 이집트인들도 전래 동화를 가지고 있었어요. 그래서 이런 숨겨진 이야기가 한국에 전해진다면 얼마나 좋을까 그런 생각을 참 많이 했어요.

Q 이 책을 어떻게 만들었는지 제작과정을 소개해주세요.

이집트 상형문자를 한글로 해독해서 이야기를 만들었고, 상형문자도 함께 실어서 보는 재미를 배가했어요. 또 부전공으로 이집트 예술을 공부한 경력을 살려 이집트 고유의 예술양식을 바탕으로 동화 내용에 맞춰서 그림을 그렸습니다.

고대 상형문자를 직접 보면서 새로운 고대 언어에 대해 호기심을 가질 수 있고, 책의 뒤쪽에 음가를 한글화해서 실었으니까 소리 내어 읽어봐도 재미있을 거예요.

Q 『이집트의 신비로운 섬』은 어떤 내용인가요?

이 책은 용기와 희망을 잃지 않으면 결국 자기 삶을 행복하게 살 수 있다는 이야기인데요, 파라오의 명을 받은 선원이 다른 선원들과 함께 탐험 여행을 떠나게 돼요. 아름다운 파라오의 배를 타고 미지의 세계를 개척하기 위해 항해를 시작하죠. 하지만 커다란 폭풍우를 만나서 배가 난파되고 주인공 선원만이 살아남게 돼요. 다행히 미지의 섬, 신비로운 섬에 도착해 뱀으로 변신한 신을 만나 다시 이집트로 돌아간다는 내용이에요. 이 책은 4,000년 전에 쓰여진 이집트의 전래동화이고, 한 번도 우리나라에 제대로 소개된 적이 없는 책이랍니다.

Q 독자들에게 전하고 싶은 말은?

고대 이집트의 이야기와 상형문자에 대해 잘못된 인식을 가지고 있는 경우가 많은데요, 흔히 미라나 상형문자에 저주가 실린 게 아닐까 오해를 많이 하세요. 이 책을 통해 상형문자도 우리와 똑같은 언어였고, 4,000년 전의 고대인들도 우리와 똑같은 생각과 삶을 가지고 있었던 사람들이라는 사실을 꼭 알리고 싶어요. 그리고 그들의 아름다운 예술과 문자와 이야기를 한국 어린이들과 어른들에게 알리고 사랑받게 하고 싶습니다.

『이집트의 신비로운 섬』은 3,000년 전 이집트에서 파피루스 종이 위에 상형문자로 쓰여진 전래동화를 이집트 상형문자 연구 전문가인 강주현 저자가 번역하고 직접 삽화까지 그린 작품이다.

수준 높은 영화예술 이론서 발간…『조선영화의 탄생』우수도서 선정

박이정출판사는 단일학문의 경계를 뛰어넘어 관
련 학문과의 통합·통섭으로 트렌드가 바뀌고 있다
는 점에 주목, 2017년 영화예술 분야에 도전한다.

　"박이정은 한국어문학 전문 출판사이지만 앞으로
는 문화예술을 지향하는 출판의 외연 확장이 필요
하다고 생각해 한양대학교 영화연구소를 찾아가 상
의를 하고 기획출판을 제의했어요. 정태수 교수님
이 흔쾌히 받아주셔서 영화예술 관련 이론서를 펴
내게 되었죠. 그동안 영화 관련 책은 일반인을 대상
으로 한 영화감상이나 영화배우를 꿈꾸는 학생들을

박이정에서 새롭게 도전한 영화예술 이론서

위한 가벼운 교재나 수험서들이 주로 출간되었는데, 우리 출판사에서 기획한 영화학 총서
는 한국영화는 물론 세계영화 전반에 대한 이론과 역사를 깊이 있게 연구한 책으로서 가치
가 있다고 생각합니다."

박찬익 대표의 설명이다. 2010년 정태수 교수가 이화여자대학교 출판부에서 출간한『세계
영화예술의 역사』를 개정해 출간했으며, 영화 전반에 대해 단계적인 총서를 출판하기 위해 한
양대 영화연구소와 MOU를 체결하고『세계영화예술의 역사』,『한국근대영화의 기원』,『해방
과 전쟁 사이의 한국영화』,『슈퍼히어로 영화의 스토리텔링』등 수준 높은 영화 관련 이론서
들을 발간했다. 이런 노력들이 인정받아 2018년에 출간된『조선영화의 탄생』이 세종도서 학
술부문 우수학술도서로 선정되었다.

또한 2017년 인하대학교 이화진 교수가 번역한『문화하는 영화, 이동하는 극장』을 출간한
데 이어 2018년에는 한양대학교 현대영화연구소 시리즈인『글로컬 시대의 한국영화와 도시
공간 1(1980~1987)』과『글로컬 시대의 한국영화와 도시공간 2(1987~1997)』등을 펴냈다.

📖 세계영화예술의 역사(정태수 저, 2016)

　영화 등장에서부터 한국 영화로 종결되는 총 20개의 테마로 구성되어 있
다. 이를 통해 영화 연구자들이 영화에 대한 인식을 더욱 다양하고 총체적으
로 파악하는 데 도움을 준다. 2010년에 출간된 초판본(이화여자대학교출판
부 출판)의 16개 테마에서 세계영화 역사에서 빠져서는 안 될 브라질의 시네
마 누보, 쿠바의 혁명 영화, 체코의 혁신 영화, 대만의 신전영을 추가해 20
개로 늘렸다.

📖 한국근대영화의 기원(이효인 저, 2017)

　그간 정설처럼 받아들여졌던 '아리랑'의 좌표나 카프영화의 의미와 실태 등을 재점검하는 한편, 그들과 직간접적으로 관계 맺었던 개인 혹은 집단적 활동에 대해 추가적으로 검토했다. 그 결과 근대영화사의 지도는 보다 복잡한 모습을 띄게 되었는데, 여기에는 이념적 혹은 미학적 지향 외의 다른 지향도 포함되어 있었다. 더 나아가 무엇이 그들로 하여금 그러한 이념적 혹은 미학적 지향을 갖도록 했는지, 엄중한 식민치하에서 그것이 정말 가능하다고 믿었는지, 아니라면 자각하지 못한 어떤 욕망이나 착각이 있었던 것은 아닌지 밝혀보고자 했다.

📖 조선영화의 탄생(한상언 저, 2018)

　극장의 탄생에서 영화제작의 시작까지를 다루며 영화사 연구에 있어 중요한 사실 몇 가지를 세밀히 살피고 있다. 조선영화산업의 형성과 식민성, 극장의 설립, 한성의 극장들, 극장문화와 흥행산업의 형성, 경성고등연예관, 대정관과 닛다연예부, 황금관과 키네마칼라, 하야가와연예부의 유락관 경영 등 식민지시대 조선영화의 역사를 구체적으로 기록하고 있으며 특히 불모지와 마찬가지인 초기 한국영화사 연구에서 조선영화산업의 식민지적 구조가 어떻게 형성되었는지 밝히는 데 주력하고 있다.

영화는 인간 삶의 역사, 현대사회 이해하는 지평

Q 한양대 현대영화연구소와의 협업이 박이정출판사가 문화예술 등 인접학문으로 출판의 외연을 확장하는 데 큰 역할을 했습니다. 현대영화연구소에 대한 소개를 부탁드립니다.

현대영화연구소는 2005년 국내 대학교 최초의 영화전문 연구소로 출범했습니다. 영화가 대중문화의 중심으로 자리매김하고 있음에도 불구하고 산업으로서만 존재하고 그 가치를 평가받고 있는 시각에 대해 깊은 문제의식을 갖게 되면서 영화 자체의 체계적인 연구뿐만 아니라 인접학문, 즉 예술학, 인문학, 사회과학 등으로의 다양한 학문적 교류를 통해 외연을 확장함으로써 영화학의 새로운 위상과 우리나라의 문화·예술 발전의 중요한 허브 역할을 하고자 하는 목표를 실천하기 위한 것이었습니다. 이러한 목표에 의해 한국연구재단의 다양한 연구사업(일반공동연구, 중점연구소)과 집단학술활동인 세미나, 학술대회, 단행본 총서 시리즈의 지속적인 출간, 그리고 1년에 4회 발행하는 〈현대영화연구(등재지)〉라는 학술지를 통해 급속하게 변해가고 있는 현대사회를 이해하는 데 새로운 지평을 열어가고 있다고 할 수 있습니다.

Q 현대영화연구소에서 의미 있고 독특한 주제의 총서를 발간하고 있습니다. 총서를 기획하게 된 계기와 중요하게 생각하는 방향성은 무엇인지 궁금합니다.

현대영화연구소는 다양한 학문적 토대와 논리를 통해 영화 역사의 체계를 연구하면서 그 의미를 세우고자 하는 것이 중요 목표라 할 수 있습니다. 그 과정에서 저희 연구소에서는 영화 속에서 묘사된 공간이 일반 역사와 밀접한 관계에 있다는 사실을 포착하였습니다. 이것은 공간에 대한 다양한 학문적 의미, 해석을 영화 속에서 나타난 일상적 삶의 공간과 연결시킬 수 있는 실마리가 되었고, 기존의 영화연구의 특징인 내러티브, 장르 중심의 기계적인 해석에서 새로운 영역으로의 확장을 의미합니다. 이를 통해 현대영화연구소는 영화가 영화 속에 존재하고 있는 다양한 형식적 구성요소뿐만 아니라 그 안에 있는 인간, 사회, 시간의 흐름이라는 기본적 요소가 예술학, 인문학, 사회과학 등과 밀접한 관계 속에 존재하고 있다는 것을 학술적으로 규명하려 한 것입니다. 이것은 영화가 문화, 예술의 중요한 사회적 요인임을 증명하고 밝혀내는 것이며, 그것의 결과가 바로 총서 시리즈의 작업입니다.

Q 한국영화를 '분단과 자본'이라는 관점에서 기술했는데, 두 가지 키워드에 대해 간단한 설명을 부탁드립니다.

『세계영화예술의 역사』의 '한국영화' 편에서 분단과 자본은 1997년 이후부터 2007년까지의 한국영화를 가로지르는 핵심 키워드입니다. 이것은 기본적으로 영화가 여타의 예술표현수단 중에서 가장 실제적이고 사실적인 인간의 삶과 불가분의 관계에 있다는 것을 전제하고 있습니다. 그러한 불변의 전제에 근거한다면 1998년부터 2007년까지의 한국사회에서 가장 중요한 이슈는 IMF 사태와 남북관계의 변화라 할 수 있습니다. IMF 사태 이후 자본의 중요성과 물신화, 그리고 김대중·노무현정부에서의 남북관계의 변화는 반공이라는 이념의 차이를 좁히면서 민족이라는 개념이 다시 존재할 수 있는 공간이 확보되었던 시기였습니다. 이와 같은 변화의 현상은 한국사회의 자본과 이념의 가치관을 송두리째 변화시켰고, 그것이 이 시기 한국영화의 작품과 제작토대, 극장의 환경을 새롭게 구축했습니다. 이러한 이유로 이 시기의 한국영화는 정치, 사회, 문화의 가치변화와 밀접한 관계 속에서 파악되고 이해되어야 한다는 타당성을 가지게 되고 1998년부터 2007년 사이 한국의 가장 중요한 키워드가 자본과 분단에 대한 새로운 인식이라 할 수 있습니다.

Q "영화는 끊임없이 인간의 삶의 역사를 토대로 그 역사를 써나가야 한다"는 교수님의 말씀이 가슴에 와 닿았습니다. 좀 더 부연설명을 부탁드립니다.

영화는 많은 사람들에게 일상의 무료한 시간을 흘려보내기 가장 적합한 수단으로 인식되고 있습니다. 그러나 우리는 영화 속 인물의 말, 행동이 어느덧 우리들의 일상 속에 스며들고 있다는 현상들을 체험하고 목격합니다. 이것은 곧 영화가 사람들의 다양한 삶의 양식에 직·간접적으로 관여하고 있다는 것을 말합니다. 그럼에도 불구하고 많은 사람들은 부지불식간 영화가 자신들에게 주는 세밀한 영향에 대해 주의 깊게 인식하지 못하고 있습니다.

그렇다면 무엇 때문에 영화가 우리의 일상적 삶과 의식에 영향을 주고 있을까? 여기서 영화의 본질을 언급하지 않을 수 없습니다. 영화는 1895년 세계 최초의 영화라 불린 뤼미에르 영화로 돌아가서 그것의 내용과 특징을 살펴볼 필요가 있습니다. 뤼미에르의 초기 단편 영화에는 공장에서 퇴근하는 사람들의 모습과 기차역으로 도착하는 기차의 모습을 찍은 것들입니다. 영화의 본질은 바로 영화의 탄생이라 불리는 이 영화 속에 찍힌 사람들과 사물의 모습에 근거하고 있습니다. 이것의 의미를 좀 더 확장하면 카메라에 찍힌 그것은 개별 인간으로도 볼 수 있고, 집단화된 사회

로, 시간의 흐름과 함께 역사로 환원될 수 있습니다. 따라서 영화는 이미 가장 실제적이고 사실적으로 인간과 사회, 역사를 담고 있는 것입니다. 영화의 창작은, 영화의 본질은 바로 이것으로부터 시작됩니다. 그렇기에 영화는 인간의 삶의 역사로부터 결코 분리될 수 없으며, 그것으로부터 벗어나면 영화의 본질은 점차 사라지고 마는 것입니다.

정태수 한양대학교 연극영화학과 교수는 현재 현대영화연구소 소장으로 활동 중이다. 2005년 국내 대학 최초의 영화전문 연구소로 출범한 현대영화연구소는 영화 자체의 체계적인 연구를 통해 의미 있고 독특한 주제의 영화 관련 총서를 발간하고 있다.

Q 이 책이 문화예술계나 우리 사회에 어떤 역할을 하길 바라시나요?

첫째, 영화를 구성하고 있는 것들이 영화의 내적 구조의 형식에 국한되어 이해되지 않기를 바랍니다. 그것은 영화가 지향하고 있는 최종적 목표를 달성하기 위한 하나의 수단일 뿐입니다. 물론 영화의 내적 구조 형식이 그것의 목표와 동일한 가치의 의미를 지니고 있는 것도 많이 있지만 위에서 언급한 것처럼 궁극적으로 영화를 구성하고 있는 본질적 측면이 이 책을 통해 다시 한 번 환기되기를 바랍니다.

둘째, 영화를 만들거나 연구하는 사람들은 영화가 얼마나 많은 예술학, 인문학, 사회과학 등이 집약되어 있으며 그것으로 무장되어야 한다는 사실을 이 책을 통해 깊이 인식할 수 있기를 바랍니다.

셋째, 이를 통해 영화는 단순히 시간을 흘려보내는 것이 아닐 수 있다는 영화의 본질적 측면이 많은 사람들의 인식에 각인되어 보편화되는 기회가 되길 바랍니다.

Q 앞으로 어떤 활동을 계획하고 계신지 궁금합니다.

개인적으로는 정치권력과 영화, 그리고 영화를 구성하고 있는 총체적

요소에 근거한 영화역사 등 몇 권의 단행본을 준비 중에 있습니다. 그리고 현대영화연구소장으로서는 한국연구재단의 공동연구 및 중점연구소 지정 사업을 성실히 수행하면서 향후 국내외에서 보편화될 수 있는 다양한 연구테마에 집중하여 영화 연구의 허브 역할을 할 수 있도록 매진할 것입니다.

Q **박이정과 최근 여러 작업을 함께하셨는데, 어떤 인상을 받으셨나요?**

무엇보다 저자의 생각과 의견을 진지하게 청취 · 존중하고 반영하면서 작업을 진행하는 데 깊은 인상을 받았습니다.

Q **30돌을 맞은 박이정출판사에 애정 어린 조언을 부탁드립니다.**

전문 학술 영역의 다양화와 함께 쉽게 읽을 수 있는 문고판과 같은 형태의 다양화, 그리고 겉표지와 내지 편집의 세련화도 같이 이루어져 박이정이라는 출판사의 브랜드파워가 더욱 강해지길 바랍니다. 어려운 출판 환경 속에서도 30년 동안 묵묵히 한국 지성사의 한 자락을 지켜온 박이정출판사 모든 분들께 진심으로 축하드립니다.

극장의 탄생에서 영화제작의 시작까지

Q 교수님께서 쓰신 『조선영화의 탄생』이 세종도서 우수학술도서로 선정되었습니다. 박이정출판사에서 출간한 영화예술 관련 첫 선정도서인데요, 어떤 부분에서 좋은 평가를 받은 것 같으신가요?

우리나라에서 본격적으로 영화제작이 이루어지기 전에도 서울과 같은 대도시에는 영화관이 만들어져 운영되고 있었고 그곳에서는 세계 각국에서 제작된 다양한 영화가 상영되었습니다. 하지만 기존 한국영화사 연구의 경우 이러한 영화 관람의 체험이나 그 관람을 만들어 내는 환경에 대해서는 크게 주목하지 않았습니다. 그러다보니 1920년대 이전 영화사는 아주 소략하게 언급되는 정도였습니다.『조선영화의 탄생』은 지금껏 크게 주목받지 않은 초창기 영화의 수입, 유통, 상영과 같은 산업적 부분들에 주목하여 연구를 진행한 것이 주목을 받은 것이 아닌가 하는 생각입니다. 특히 막연하게 알고 있던 내용들을 자료를 중심으로 실증해 나갔기에 우리의 초기 영화사를 구체화할 수 있었다는 면에서 좋은 평가를 받은 것 같습니다.

Q 식민지시대 조선영화의 역사를 구체적으로 기술하고 있어 무척 흥미로웠습니다. 다양한 자료들을 어떻게 수집하신 건가요?

1910년 조선이 강점되면서 총독부에서는 〈매일신보〉를 제외한 모든 한글 신문들을 폐간시켜 버렸습니다. 반면에 일본어 신문들은 아무런 제재를 받지 않고 계속 발행되고 있었습니다. 저는 기존의 한국영화사 연구에서 거의 인용하지 않은 일본어 신문들에 주목했습니다. 총독부 기관지인 〈경성일보〉와 최대부수를 자랑하던 민간신문 〈조선신문〉 등 조선에서 발행되던 일본어 신문들을 검토하고 이를 〈매일신보〉와의 비교를 통해 중요한 자료로 활용하여 이를 인용했습니다. 그러다보니 자료의 부족으로 연구되지 않았던 1920년대 이전 조선의 영화산업이 더욱 풍성하게 보이기 시작했습니다. 그동안 버려졌던 것들이 빛을 보게 됨으로써 비로소 한국영화사의 사라졌던 한 페이지가 새로 쓰이는 계기가 된 것은 아닌가 하는 생각입니다.

Q 조선영화를 주제로 책을 펴내게 된 계기가 궁금합니다.

저는 1945년부터 1950년 사이, 소위 해방기라 불리는 시기를 중심으로 석사논문을 작성했습니다. 박사과정에 들어서면서 1950년대 이후 한국영화를 연구할 것인지, 아니면 1945년 이전 조선영화를 연구할 것인지 두고 고민하게 되었습니다. 이때 민족문제연구소에서 추진하고 있던 『친일인명사전』 사업에 영화부문 편찬위원으로 참여했고, 자연스럽게 일제 말기 조선영화인들의 친일행위를 중요하게 연구하게 되었습니다. 그러면서 조선영화인들이 친일행위에 동참하게 될 수밖에 없었던, 영화산업에서의 식민지적 구조가 어떻게 만들어졌는지를 연구해야겠다는 생각을 했습니다.

그렇게 하여 조선이 일본의 식민지가 되던 20세기 초반 영화산업에 관심을 갖고 연구를 진행하게 되었습니다. 강점 초기에 만들어진 산업적 구조를 알면 일제강점기 조선영화와 조선영화인의 무력함을 알 수 있겠다는 생각이었습니다.

Q 이 책을 통해 독자들에게 말하고 싶은 메시지는 무엇인가요?

식민지라는 체제는 제국의 끊임없는 간섭과 제재를 받을 수밖에 없습니다. 식민지에서의 정책은 식민지 원주민들(조선인들)을 위한 것이 아닌 제국에서 건너온 식민자들(일본인들)을 위한 것입니다. 일제 36년간 조선의 영화산업은 주체적인 성장의 기회를 박탈당했습니다. 이는 전적으로 우리가 식민지 상황이었기에 그렇습니다. 이러한 불합리하고 억압적인 구조에서 조선영화를 만들기 위해 분투했던 조선영화인들의 노고에 대해 우리 후손들이 주목해 주었으면 합니다.

Q 요즘 어떤 분야의 연구를 하고 계신지, 앞으로 집필 계획이 궁금합니다.

저는 지금껏 한반도에 짙은 영향을 끼치고 있는 '식민과 분단' 문제를 중심에 두고 연구를 진행해 오고 있습니다. 현재는 분단으로 인해 오랫동안 알 수 없었던 북한영화에 대해 관심을 갖고 있습니다. 특히 김일성주체사상이 체제를 압도하기 이전, 풍부하고 다양한 영화들이 존재하던 1950~60년대 북한영화에 주목하고 있습니다.

이 시기는 많은 수의 월북영화인들이 활동하고 있었기에 일제강점기의 연장선에서 해방 이후 북한에서는 어떠한 변화가 있었는지를 알아볼 수도 있으며 다른 사회주의 형제국들과의 교류 속에서 북한영화가 어떠한 성장을 보였는지 살펴볼 수 있는 흥미로운 시기입니다. 이 연구 결과는『천리마 시대 북한영화』라는 제목으로 출간할 계획입니다.

『조선영화의 탄생』은 극장의 탄생에서 영화제작의 시작까지를 다루며 영화사 연구에 있어 짚고 넘어가야 할 사실들을 세밀히 살피고 있다.

Q 박이정과 함께 작업하시면서 어떤 느낌을 받으셨나요?

국문학 전공 출판으로 일가를 이룬 출판사이다 보니 우리말을 다루는 데 있어서 섬세하다는 느낌을 받게 됩니다. 박찬익 대표님을 비롯해 권이준 상무님 등 직원 선생님들 모두 친절하게 응대해 주셔서 그런지 부드럽다는 느낌은 덤으로 가지고 있습니다.

Q 30돌을 맞은 박이정출판사의 나아갈 방향에 대해 한 말씀 부탁드립니다.

영화 분야의 전문서적을 더욱 많이 발간하여 우리나라를 대표하는 영화전문 출판사로 이름이 났으면 하는 바람입니다. 창사 30년을 진심으로 축하드립니다.

30년 동안 한글사랑의 한길···'해외한국학연구총서' 외국학자 책 출간

박이정의 '한글사랑'은 30년 동안 하나의 트레이드마크처럼 계속 이어져 왔다. 출판사를 설립하면서 한글로 책을 내고 한글 책을 영어, 일어, 중국어 등으로 번역해 세계에 널리 알리겠다는 진심으로 한 권 한 권 정성을 들였다. 무엇보다 30년 동안 수천 권의 책을 내면서 제목에 한자를 쓰지 않고 한글로 쓰는 원칙을 지켰다. 한자가 꼭 필요한 경우에는 책 뒤표지에 병기하는 방식을 사용했다. 물론 영어, 중국어 번역서나 한국어교육 교재 등 일부 예외적인 경우도 있었지만, 특별한 경우를 제외하고는 한글표기를 준수했다.

한글을 창제한 세종대왕의 뜻을 받들기 위해 한글을 연구한 사람들의 책은 잘 나가지 않더라도 망설임 없이 출간했다. 안확, 박승빈, 허웅 등 국어학자 시리즈를 계속 내는 것도 이런 이유다. 또 대학교수나 저명한 학자가 아닌 한국어와 국문학 연구에 헌신한 재야학자들의 책도 많이 내고 있다. 10여 년에 걸쳐 최초의 형태소 사전을 펴낸 백문식 교장 등 많은 재야학자들이 박이정출판사에서 책을 냈다.

해외에서 한국어를 사랑하고 연구하는 외국 학자들의 책을 한글로 번역해서 출간하는 일도 박이정의 주요 사업인데, '해외한국학연구총서' 시리즈는 외국학자 책을 기획 출간해 한국학의 지평을 넓히고 해외에 소개하는 역할을 하고 있다.

> "해외 대학교수들에게 좋은 책이 있으면 일 년에 두 권 정도는 제작비를 받지 않고 추천받아
> 무상으로 책을 내주고 있어요. 한국에서 책을 내기 쉽지 않은 중국학자들이 대부분인데, 책을
> 낸 후 정식교수가 돼서 우리 책을 교재로 써주거나 도서관에 추천도 해주는 등 도움을 주고 있
> 어요."

박찬익 대표의 설명이다. 박이정출판사는『한국어 높임법의 역사적 변화』,『한국어 준구어 형태론적 연구』,『문화간 커뮤니케이션 시각으로 본 열하일기』,『중·한 사동문 대조 연구』,『한중 여성영웅소설의 비교 연구』등 60권이 넘는 해외 한국학 연구자들의 연구 업적을 총서로 묶어 출판하고 있다. 앞으로 엄격한 심사를 통해 권위 있는 연구총서로 발전시킬 계획이다.

📖 한국어 준구어 형태론적 연구(노성화 저, 2014)

준구어(準口語)의 형태론적 특징을 밝히고자 10편의 한국 영화와 4편의 한국 드라마에서 추출한 104,451어절의 준구어 음성 전사 말뭉치와 준구어 형태 분석 주석 말뭉치를 드라마와 영화, 남자와 여자로 나누어 각각 통계학적 분석을 진행해 그 결과를 다시 990,662어절에서 추출한 한국 연세대학교의 '연세국어 말뭉치_빈도표'와 비교 분석을 진행해 그 차이점을 살펴보았다. 또 한국에서 출판된 9권의 한국어 교재 내 제시대화문으로 구성된 31,025어절을 비교분석해 향후 한국어 듣기와 말하기 교재 내 제시대화문의 개선 방안을 제시했다. 이 책

에 실린 연구는 준구어의 형태론적 특징을 밝힌 첫 연구로서 준구어 전반에 대한 연구뿐 아니라 한국어 구어 본체론적 연구에 기여한 바가 크다.

📖 문화간 커뮤니케이션 시각으로 본 열하일기(김동국 저, 2015)

『열하일기』는 연암 박지원이 다양한 문학체재와 표현수법을 사용해 중국 18세기 청조의 정치, 경제, 문화 등 당시 사회 전반에 대해 상세하게 기록한 백과전서이다. 외국인으로서의 박지원이 객관적 시각으로 본 당시 중국사회를 생생하게 반영하고 있기에 한국학자뿐 아니라 중국학자들도 관심을 가지고 많은 연구를 하고 있다. 이 책은 『열하일기』를 기존의 역사나 문학적 관점이 아닌, 문화 커뮤니케이션의 관점으로 그 구조와 내용 그리고 효과 등을 고찰했다. 중국어를 모르는 박지원이 중국 사람들과 문화 커뮤니케이션을 이룰 수 있었던 원인을 밝히고, 이를 바탕으로 18세기 조선과 청조의 문화교류를 쌍방향적으로 연구해 오늘날 한중 문화교류를 위해 방안을 제시하는 데 그 목적을 두고 있다.

📖 한중 여성영웅소설의 비교 연구(김홍영, 저 2018)

한중 여성영웅소설의 형성 시기는 대체로 같으며 모두 18세기 전후에 출현했다. 이것은 우연이라기보다 필연적 사회발전의 결과다. 18세기 전후의 한국과 중국은 각각 조선 중기에서 조선 후기로 넘어오는 과도기와 명·청 교체로 인한 혼란과 변동, 발전의 단계에 처해 있었다. 또한 소설의 흥행으로 여성영웅소설이 양국의 무대에 등장할 수 있었다. 이 책은 여성영웅소설을 한국의 것과 중국의 것을 비교 고찰함으로써 장르의 성격과 의미를 보다 명확하게 파악하는 데 도움을 준다.

『훈민정음 해례본 입체강독본』 출간…국내외 넘나들며 한글 전파

2017년을 장식한 최고의 소식이라면 『훈민정음 해례본 입체강독본』 출간을 빼놓을 수 없다. 국보 70호인 '훈민정음 해례본'은 놀라운 학문과 사상을 바탕으로 한 훈민정음 문자 해설서이지만 해독하기 어렵다는 한계가 있었는데, 저자인 김슬옹 교수의 오랜 노고 덕분에 초등학생부터 대학원생까지 두루 읽고 배우고 연구할 수 있는 입체강독 책이 나온 것이다.

이 책은 훈민정음 서문이나 해례본을 일반인들한테 알리는 매우 중요한 역할을 했으며, 2018년 베이징 국제도서전에서 '한국의 맛'에 선정되기도 했다. 12월 28일에는 세종대왕 즉위 600돌 및 훈민정음 창제 575돌을 맞아 훈민정음 해례본 28개국 누리집 개통을 선포하며, 『훈민정음 해례본 입체강독본』 2018 베이징 국제도서전 '한국의 맛' 선정을 기념하는 행사를 개최했다.

2018년 박이정출판사는 유독 훈민정음과 세종대왕에 관련된 일이 많았고 관련 책들도 많이 냈다. 『훈민정음 제작원리와 역리의 상관성』을 출판했고, 독일 본대학에서 한국어교육을 20년 이상 연구했던 알베르트 후베 교수의 책도 출간 준비를 하고 있다.

후베 교수는 훈민정음과 한글 자판에 관한 연구를 많이 한 인물로 "현재 한국에서 사용하고 있는 한글 컴퓨터 자판이 훈민정음 창제 당시 순서와 달라서 외우기가 힘든데, 창제 당시 원리 그대로 하면 손가락 다섯 개와 음양오행이 맞아 연습을 안 해도 금방 익숙하게 칠 수 있다"는 주장을 펼치고 있다. 이 책은 한국어로 번역해 2019년 출간될 예정이다. 이외에 캐나다의 앨버타대학 등 몇 곳과 한국어 코스북 계약을 완료했으며, 미국이나 남미 쪽에서 한국어 교재를 개발하는 일도 적극 추진 중이다.

📖 훈민정음 해례본 입체강독본(김슬옹 저, 2017)

누구나 쉽게 훈민정음 해례본을 배우고 연구할 수 있도록 여러 방식의 교육용 자료를 구성해 다양하게 활용할 수 있다. '훈민정음 해례본'은 인류 최고의 문자 해설서답게 당대 최고의 철학, 수준 높은 언어학, 문자학을 아우르고 있다. 더욱이 신분에 관계없이 누구나 쉽게 지식과 정보를 나누라는 뜻을 담고 있다. 해례본은 모두 66쪽으로, 이 가운데 8쪽(마지막 쪽은 빈 면)은 세종대왕이 직접 저술한 '정음편'이다. 정음편의 세종 서문에 '유통(流通)'이란 말이 나온다. 15세기 말(우리말)과 글(한문)이 유통이 안 되니 한문을 아는 이와 모르는 이가 유통(소통)하지 못하고 그래서 모두가 유통할 수 있는 훈민정음을 만들었다는 것이다.

2015년 훈민정음 해례본 간송본 복간본 학술책임자로 있었던 저자는 원본을 직접 보고 해제를 하며 기본 연구를 마무리할 수 있었다. 결국 10여 년간의 연구 끝에 13개의 강독 방식을 개발하고 이를 입체화시켜 '입체강독본'이란 용어를 사용한 책을 펴내게 되었다.

국어교육·국어학·구비문학 등 학회지 지속 출간

박이정출판사는 국어교육, 국어학, 구비문학, 지역문화 등과 관련한 주요 학회와 오랫동안 인연을 맺고 학회지를 지속적으로 발간하고 있다.

서울대학교 국어교육연구소 이응백 교수가 국어교육학회 회장 재임 시 발간한 〈국어교육〉은 1년에 2회 이상, 매회 1,000부 이상을 발행해 학회에 납품했다. 이때만 해도 인터넷이 상용화되지 않았고, 학회도 전문 학회지로 세분화되지 않아 〈국어교육〉은 대표적인 학회지로 자리매김했다. 한국초등국어학회에서 발간하는 〈한국초등국어교육〉은 2018년 12월 기준 제65집까지 출간했다.

국어학에 관한 학회지는 〈한국어교육〉, 〈텍스트언어학〉, 〈한말연구〉, 〈우리말 연구〉, 〈배달말 연구〉 등이다.

고려대학교 한국어교육학회의 〈한국어교육〉은 우수논문이 많이 수록되어 짧은 시간에 등재지가 되는 등 화제를 모았다. 한국텍스트언어학회의 〈텍스트언어학〉은 2018년 12월 기준 제45집을 출간했으며 초기 텍스트 이론을 한국에 소개한 학회지다. 한말연구학회의 〈한말연구〉는 1995년 6월 30일 제1호를 발간한 후 2019

박이정이 출간한 학회지들

년 3월까지 51권을 펴냈다. 이외에 우리말연구학회의 〈우리말 연구〉, 배달말연구학회의 〈배달말 연구〉를 지속적으로 출간하고 있다.

구비문학 관련 학회지도 여럿있다. 한국구비문학학회의 〈구비문학 연구〉, 판소리학회의 〈판소리 연구〉를 계속 출간하고 있다. 한국전통공연예술학회의 〈한국전통공연예술학〉은 처음에는 〈한국고전희곡〉 학회지로 시작했으나 이름을 바꾸어 1호부터 3호까지 펴냈다.

이외에 〈한국특수학회〉, 〈지역문화연구〉, 〈국학연구론총〉, 〈통일인문학〉, 〈한국언어문화학〉 등의 학회지를 펴냈다.

박이정에서 출간한 학회지는 총 25종으로, 목록을 정리하면 다음과 같다.

학회지명	학회명	학회지명	학회명
겨레어문학	겨레어문학회	텍스트언어학	텍스트언어학회
계량언어학	서울대학교 연구처 집담회	통일인문학	건국대학교 인문학연구원
공연문화연구	한국공연문화학회	판소리연구	판소리학회
구비문학연구	한국구비문학회	한국고전희곡연구	한국공연문화학회 (구 한국고전희곡학회)
국어교육	국어교육학회	한국어학	한국어학회
독서연구	한국독서학회	한국언어문화학	국제한국언어문화학회
배달말	배달말학회	한국전통공연예술학	한국전통공연예술학회
우리말연구	우리말학회	한국초등국어교육	한국초등국어교육학회
인문논총	서울여자대학교인문과학연구소	한국출판학연구	한국출판학회
일본어학(구 일본어학연구)	한국일본어학회	한국특수체육학회지	한국특수체육학회
지역문화연구	세명대학교 지역문화연구소	한말연구	한말연구학회
지역문화연구	세명대학교 지역문화연구소	형태론	형태론학회
택민연구론총	택민국학연구원		

제2부

박이정의 **사람** 이야기

즐겁고 아름답게 만나
세상의
중심에 서다

박이정의 **사람** 이야기

즐겁고 아름답게 만나
세상의 중심에 서다

나는 왜 책을 만들고 싶었을까. 30년 동안 책을 만들어야 했던 이유는 무엇이었을까. 과연 책은 나에게 어떤 존재였을까.

박이정출판사 30년사를 책으로 엮으리라 마음먹은 순간부터 나는 스스로에게 묻고 또 물었다. 하지만 오랫동안 한 마디의 답도 시원하게 나오지 않았다. 대신 머릿속에 선한 인연들과 함께 나누었던 수많은 이야기가 밤하늘의 별처럼 빛나고 있었다.
나는 깨달았다. 책을 만드는 일은 다양한 인연을 짓는 과정의 연속이었으며, '사람'이라는 책에서 깊은 감동을 받아 여기까지 걸어왔음을. 그리고 선한 인연들의 손길, 마음길이 함께하지 않았다면 책한 권도 온전히 만들지 못했을 것임을.

그런 이유로 박이정 30년사의 2부 주제는 '박이정의 사람 이야기'로 정했다. 30년 동안 책을 만들면서 만난 국내외 저자들, 제작 관련 사람들, 국내외 총판 영업자, 출판협회 관계자 등의 이야기를 담았다. 세월이 흘러 기억이 다소 정확하지 못한 부분과 지면관계상 고마운 이름들을 다 거론하지 못한 부분에 대해 양해를 부탁드린다.

또 감사하게도 몇 분의 필자들은 박이정에 대한 기억들을 아름다운 글에 담아 보내주셨다. '저자에게 온 편지'가 바로 그것인데, 그분들이 직접 쓴 이야기 한 편 한 편을 읽으며 나는 행복한 눈물을 흘리지 않을 수 없었다.

1982 ~ 1991

험난한 미로 속을 헤매다

졸업을 앞두고 여러 회사에서 면접을 보았지만 모두 퇴짜를 맞았고, 작은 출판사에 취직했지만 6개월 만에 해고 통보를 받았다. 벼랑 끝에 선 스물여덟 살 청년은 1989년 7월 20일 우여곡절 끝에 출판계에 입문했다. 전국 대학을 돌아다니며 책을 팔던 영업사원에게 훗날 창업하면 도와주겠다고 했던 교수들은 첫 책이 나왔을 때 자신의 일처럼 기뻐하며 약속을 지켰다. 길을 잃고 방황하던 청년은 그들의 따뜻한 응원을 나침반 삼아 험난한 미로 속을 천천히 헤쳐 나갔다.

민주화 운동 열기에 문학청년의 고뇌는 깊어가고

1980년대는 한국 현대사에서 참으로 역동적인 시기였다. 1979년 10·26 사태로 오랜 군부 독재가 막을 내렸지만, 얼마 지나지 않아 신군부 쿠데타가 발발해 민주화를 향해가던 역사의 시계를 되돌려 놓았다. 학생들의 분노는 하늘을 찔렀고, 전국 곳곳에서 민주화를 요구하는 목소리가 높아져 갔다. 신군부도 물러서지 않았다. 비상계엄을 선포하고 민주화 운동을 무자비하게 탄압했으며, 대학교에는 휴교령을 내려 학생들의 출입을 막았다. 서슬 퍼런 시대에 갓 입학한 새내기에겐 몹시 혼란스러운 상황이었다.

건국대학교 국어국문학과 82학번 박찬익. 나는 경북 예천에서 올라온 시골내기였고, 시와 책을 좋아했던 문학 소년이었다. 국문학도를 꿈꾸며 재수까지 하면서 서울로 올라온 터였다. 하지만 문학보다 이념이 앞서는 시대였다. '얼'이라는 운동권 동아리에 가입해 사회와 국가를 비판하는 이념서적을 탐독했고, 일본과 러시아의 사회주의를 배웠다. 칼 마르크스 이론을 배우기 위해 일본어 공부도 했다.

그렇다고 국문학도의 꿈을 놓진 않았다. 훗날 국문학을 제대로 배우기 위한 기초공부로 틈틈이 『세계사상전집』 등 역사와 철학 관련 책을 정독했다. 이념과 문학, 민주화 운동과 국문학 사이의 힘겨운 줄다리기에 지쳐갈 때 쯤, 입대를 결정했다. 1984년 3월 29일 포천에 있는 포병대대에서 군대생활을 하면서 스스로를 돌아보았고, 사회생활과 현실을 온몸으로 배웠다.

1986년 제대해 복학 준비를 시작했다. 사회는 여전히 혼란스러웠다. 호헌철폐 등 민주화 바람이 계속 불고 있던 시대라 연일 데모가 이어졌고, 건대항쟁이 일어나면서 학교는 그야말로 전쟁터였다. 복학을 앞두고 도서관에서 전공 공부를 열심히 해보려 마음먹었지만, 그럴 분위기가 아니었다. 흔들리는 마음을 부여잡기 위해, 나는 온종일 소설과 시에 파묻혀 살았다. 이름순으로 김 씨 성을 가진 작가부터 하 씨까지 닥치는 대로 읽었고 이문열, 이청준, 박경리, 한수산, 한용운 등의 작품을 정독했다.

복학을 하면서 나름 진로에 대해 많은 고민을 했다. 공부를 계속 할 것인가, 취업준비에 전념할까. 고등학교 때만 해도 국어에 자신이 있었고, 서울에 가서 국문학을 연구해 교수가 되거나 외국에서 한국어를 가르치는 일을 하겠다는 꿈이 있었다. 하지만 대학생이 되어 보니 과연 국문학에 뛰어난 재능과 적성이 있는지조차 확신할 수 없었다. 또 현실적인 문제도 있었다. 좋은 환경에서 대학원을 졸업하고 박사 학위를 받은 선배들조차 대학에 정체되어 있었고, 교수로 나가지 못하는 시대였다. 교사 자격증을 취득해 중고등학교 교사가 되는 길은 다소 수월했으나 내키지 않아 교직을 그만두었다.

그렇다면 유일한 대안은 취업이었다. 처음에는 남들처럼 공기업체나 잡지, 신문, 방송사 등 언론사에 입사하려고 했다. 그러나 영어나 법률, 경제를 잘 모르는 상황에서는 경쟁력이 없다고 생각해 당시 선경그룹 이사로 재직 중이던 집안어른을 찾아가 자문을 구했다. 미국에서 선경의 미래 사업에 관해 10년간 연구하다 귀국한 지 얼마 되지 않은 때였다.

집안어른은 정중하지만 단호하게 말했다. "선경에 취업을 시켜주기도 힘들고 백화점 유통분야나 영업 쪽은 어떻게 알아볼 수 있겠지만 결국 적성에 맞지 않을 거다. 그렇다고 회사 사무실이나 홍보 쪽은 현 근무자가 있는데 강제로 내보낼 수도 없다"고. 그러면서 10년 후 각광받을 만한 분야에 취업해 꾸준히 그 길을 가는 것이 좋겠다고 조언해 주었다. 대략 컴퓨터, 금융, 고급 레저, 부동산 등이었다. 돌아와 그 분야에 대해 조사하고 고민해 보았지만, 내가 잘할 수 있는 곳은 없었다. 그러다 생각을 굳힌 곳이 부동산이나 부동산 인테리어와 관련된 잡지사였다. 『월간주택정보』, 『현대주택』이 눈에 띄었다. 도서관에서 매일 그 잡지들을 정독하면서 꿈을 키웠고 『여원』, 『국민의료보험공단』 등 몇 군데에서 면접도 보았다. 하지만 좋은 소식은 오랫동안 들려오지 않았다.

취업을 준비하면서 졸업 준비도 차근차근 해 나갔다. 고생 끝에 잡지에 관한 소논문을 썼고 「연암 소설의 풍자성 연구」라는 학부 논문을 마무리했다. 제법 논문 형식을 갖춘 덕에 대학원 입학 권유도 받았지만, 능력이나 집안사정으로 비춰 볼 때 어렵다고 판단해 공부는 학부에서 끝내기로 했다. 졸업은 성큼성큼 다가오는데 계속 염치없이 큰형수에게 밥을 얻어먹을 수도 없고, 그렇다고 고향에 내려가 농사를 지을 수도 없었다. 졸업을 앞두고 여러 가지 고민과 불안으로 머릿속이 복잡했다.

학부 논문 「연암 소설의 풍자성 연구」

취업 현장에서 수없이 넘어지고 상처받다

다른 동기들이 공기업이나 대기업 취업을 준비하고
있을 때, 나는 소논문 「잡지발달사로 본 전문잡지의
전망」을 믿고 잡지사에 계속 전화를 걸었다. 하지만
현실은 냉정했다. "건국대학교 국문과 89년 졸업예정
자이며……" 말을 시작하기가 무섭게 전화는 뚝 끊겼
다. 타고난 근성으로 버티며 계속 전화를 걸었다. 위의
논문으로 『월간주택정보』에서 면접을 볼 기회가 생겼
는데, 논문을 다 읽지 않을까 염려스러워 10매 내외로
요약해서 가져갔다.

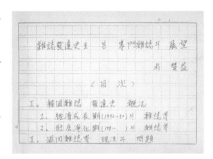

「잡지발달사로 본 전문잡지의 전망」

사십 대쯤 돼 보이는 편집주간은 회사 잡지에 대해
설명해주며 학생이 원하면 출근을 하라고 했다. 그러
면서 20년 이상 이 일을 해왔는데 회사에서 자료를 주
면 외주업체에 편집을 맡겨 한 달에 한 번씩 사보를
출간하는 일만 반복하고 있다면서 잘 생각해서 결정
하라고 했다. 한편으론 기쁘면서 한편으론 걱정이 앞섰다. 집에서도 고민은 계속되었다. 결
국 다른 곳을 알아보기로 마음먹고 몇 주 동안 열심히 논문을 수정해 『월간현대주택』에 면접
을 보러 갔다.

당산역 근처 지하 다방에서 기다리고 있는데, 40대 후반의 여성이 내려왔다. 그는 "학생이
계속 전화한 건국대생이야? 우리 회사는 문과 계통은 안 뽑고 디자인학과나 건축학과만 채용
하니까 그만 가봐"라며 일언지하에 거절했다. 밤새 면접을 준비했지만, 한 마디도 못한 채 면
접은 끝났다. 일어날 힘조차 없었던 나는 한참동안 멍하니 천장만 바라보았다.

며칠 후 지푸라기라도 잡는 심정으로 『월간주택정보』 편집주간을 다시 찾아갔다. 그는 학
생 정도면 1년 취업 재수를 하더라도 신문사나 방송국에 입사하는 게 좋겠다며 완곡하게 권
유했다. 이번에도 돌아설 수밖에 없었다. 세상 어디에도 나를 받아줄 곳은 없었다. 왜 그렇게
도 취업 운이 없었는지 그때를 생각하면 지금도 쓴웃음이 난다.

나는 대학원을 가서 공부를 더 하는 수밖에 없다고 생각해 주간에 일을 하고 야간에 대학
원을 다닐 수 있는 직장을 찾아보았다. 그러던 어느 날 후배가 을지로에 있는 작은 출판사에
서 영업을 하고 있다면서 같이 다니자고 제의했다. 하지만 '서울 4년제 대학 졸업예정자'라는
학력이 부담스러웠던 출판사는 불합격 통보를 내렸다. 그 후 후배가 다른 출판사를 소개해
준 덕분에 영업직으로 출근하게 되었다. 당시 야간대학이 있던 성균관대학교와 가까웠기 때
문에 나름 만족스러웠다.

그 출판사는 한국 문예잡지 〈문장〉, 〈인문평론〉 등 문학지와 역사에 관한 잡지를 주로 영

인해 판매했는데 고서를 짜깁기하거나 중국 책, 일본 책을 복제해 판매하기도 했다. 일흔 가까이 돼 보이는 사장은 매우 독선적이고 독불장군 스타일이어서 곤혹스러울 때가 많았지만, 대학원 진학을 계획했던 나에게 6시 퇴근은 좋은 조건이어서 군소리 없이 견뎠다.

졸업을 앞둔 스물일곱 살의 나는 '박 과장'이라는 직책으로 외부 영업활동을 시작했다. 그리고 지금은 상상조차 되지 않는 온갖 무시와 부당한 대우를 받으며 매일매일 벼랑 끝에 서야 했다.

입사 6개월 만에 갑작스런 해고통보

솔직히 영업에 소질은 없었다. 하지만 누구보다 열심히 뛰어다녔다. 영업 실적을 위해 대학원을 다니던 친구 명의로 책 구입카드를 작성한 다음, 몇 개월 동안 내 월급을 떼어내 책값을 할부로 갚아갔다. 깨진 독에 물 붓듯 적은 월급은 흔적도 없이 사라졌다. 그래도 살아남기 위해 몸부림쳤다. 영업 이외에 편집, 대지작업, 제작업무, 관리 등 출판 전반업무를 틈틈이 배우고 익혔다.

그러던 어느 날이었다. 지방에서 학회를 마치고 책을 정리하는데, 사장이 돈 얼마를 주면서 내일부터 나오지 말라고 했다. 청천벽력도 유분수지, 참으로 황당하고 어처구니없는 일이었다. 나는 어떤 해고사유도 듣지 못한 채 쫓겨나다시피 출판사를 떠났다.

가슴에서 피눈물이 흘렀지만 꾹 참았다. 냉정해져야 했다. 현실의 아픔보다 미래에 대한 계획이 먼저였다. 며칠 밤을 하얗게 지새우며 치열하게 고민하기 시작했다. 한 달에 고작 30만원씩 받아 한 푼도 쓰지 않고 6개월을 모아봐야 200만 원도 되지 않는데, 그 돈으로 대학원 등록은 불가능했다. 그렇다고 비슷한 출판사에 다시 입사한들 무슨 희망이 있겠는가. 한숨과 고민이 깊어갈 무렵, 후배가 출판사를 직접 해보자고 제의했다. 내가 자금을 마련해 출판사를 시작하면 후배는 영업을 책임지겠다고 했다.

벼랑 끝에 서서 지난 시간을 돌아보니, 대학교를 돌아다니며 영업을 할 때 훗날 창업을 하면 도와주겠다던 교수님들의 얼굴이 떠올랐다. 특히 한국외국어대학교 남성우 교수님은 나를 박 선생이라 불렀고, 일본을 통해 중국 조선족이 집필한 책 30권 정도를 확보하고 있으니 이것으로 출판사를 해보면 어떻겠냐고 물어본 적이 있었다.

'좋아, 한번 시작해보는 거야!'

곧바로 남 교수님을 찾아가 진지하게 자문을 구했다. 그는 중국 조선족 책을 보여주면서 아무 조건 없이 자료를 가져가라고 했다. 몇 번이고 고맙다는 인사를 하고 집으로 돌아와 본격적인 출판 준비에 돌입했다. 어떤 사업이든 처음 시작하려면 몇 가지 요건이 갖춰져야 했다.

'사업을 하려면 자금, 아이템, 사람, 시의성, 그 분야 전문성 및 경력 등이 필요해. 우선 내게는 시의성에 맞는 아이템과 영업을 책임질 사람이 있어. 경험은 좀 부족하지만 출판 전반을 대략 경험했고 영업을 통해 제작 거래처, 원고 받을 교수, 판매할 수 있는 교수, 대학원생

도서출판 박이정 30년사

등의 인맥도 갖추고 있지. 하지만 가장 중요한 사업자금이 없어.'

단식농성 끝에 얻어낸 사업자금 5백만 원

나는 고민 끝에 큰형을 찾아가 회사를 그만 두고 출판사를 시작하려고 하니, 부모님께 말 씀드려 창업자금 5백만 원만 빌려 달라고 부탁했다. 하지만 삼남매의 가장으로 성실하게 직장생활을 해 온 큰형에겐 도무지 이해할 수 없는 일이었다. 나는 하는 수 없이 학교 다닐 때 배운 농성에 돌입했다. 방에 틀어박혀 식음을 전폐하고 사업 계획만 세웠다.

하루가 가고 이틀이 지났다. 집안 분위기는 점점 삭막해져 갔다. 큰형 밑에서 4년 동안 대학을 다닌 것도 염치없는 일인데, 졸업 후에도 이런 꼴로 나타났으니 형도 형이지만 형수에게 면목이 없었다. 내 자신이 한심했고 가족들에게 미안했다. 하지만 물러날 수도 없었다.

박이정출판사의 전신인 서광문화사가 둥지를 틀었던 서울시 숭인동에 위치한 한승빌딩

그렇게 일주일쯤 지났을 때 큰형이 이야기나 들어보자며 불렀다. 나는 온 힘을 다해 창업의 타당성과 세부계획 등을 논리정연하게 이야기했다. 큰형은 마지못해 아버지에게 전화를 걸어 상황을 대략 설명했다. 대답은 예상대로였다. 고작 6개월 직장생활을 하고 겁 없이 창업을 한다는데 누가 흔쾌히 자금을 대줄까.

나는 답답한 마음을 애써 누르며 셋째형을 찾아갔다. 당시 사업을 하고 있던 작은형은 하남시에 공장과 집을 가지고 있었다. 작은형은 아버지에게 전화를 걸어 "내가 보증을 설 테니 사업자금을 대주자"고 설득했지만 역시 허사였다. 아버지는 큰형에게 허락을 받아오라는 말만 하고는 전화를 끊었다. 할 수 없이 다시 작은형을 찾아가 애원했다. 큰형도 이제 더는 밀어낼 수가 없었는지 한숨을 내쉬며 전화 수화기를 들었다.

> "아버지, 막내 돈 해줍시다. 안 그러면 몇몇 회사 다녀서 돈 조금 모은 후에 다시 사업을 한다고 설칠 텐데, 그러면 젊을 때 모은 돈 다 날리고 얼마나 손해겠습니까."

결국 아버지는 동의하고, 사업자금 5백만 원을 어렵게 내놓았다. 다음날 상업은행에서 5백만 원이 입금되었다고 전화가 왔다. 은행 담당자가 돈을 내어주며 대출이 가능한 카드를 발급해 주겠다고 제안했지만, 나는 단호히 거절했다. 부모님께 3년 안에 원금과 이자를 모두 갚는다는 조건으로 사업자금을 빌렸으며, 이를 이행하지 못할 경우에는 결혼할 때 방 얻어주는 돈으로 대신하기로 했던 터라 은행 돈까지 끌어다 쓰고 싶지 않았다. 열심히 사업을 해서 번 돈을 한 푼도 허투루 쓰지 않고 모으리라 다짐했다.

사업자금이 생기자 창업은 빠른 속도로 진행되었다. 우선 동대문구 용두동에 있는 한승빌딩 4층에 사무실을 얻었다. 보증금 60만 원에 월세 15만 원이었다. 또 25만 원을 들여 전화를 신청했다. 사업자 등록을 내기 위해 서류를 갖추고 나니 상호가 고민이었다. 마침 당시 덕성여자대학교 정광 교수님이 글 書 빛 光이 좋겠다고 해서 '서광문화사'로 사업자 등록을 마쳤다. 그때가 1989년 7월 20일이었다.

선한 인연들이 따뜻한 손길로 이끌어주다

서광문화사의 시작은 남성우 교수님에게 전해 받은 중국 조선족 책이었다. 남 교수님은 1989년 연변에서 이 책들을 발견하고 우리 국어학 연구에 꼭 필요한 자료라고 생각해 구입했다고 한다. 나와 후배는 연변대학 원로교수이자 중국 조선어학계의 거두로 명망 높은 리득춘 선생의 『조선어 어휘사』와 『조선의 토대비문법』(차광일 저), 『조선어동의어』(허동진 저)를 각 100부씩 영인해 학회를 찾아다니며 판매했다. 중국 조선족의 국어연구 책이 귀할 때여서 순식간에 팔려 나갔다. 시기도 아이템도 좋았지만, 무엇보다 평소 안면이 있던 교수님들이 처음 찍은 책이라며 선뜻 사준 덕분에 큰 힘이 되었다.

남성우 교수는 출판사를 차리기로 마음먹고 찾아간 청년 박찬익에게 중국 조선족 책을 보여주면서 아무 조건 없이 가져가라고 했다. 1989년 국어학 연구에 꼭 필요하겠다 싶어 연변대학에서 구입한 책들이었다. 그로 말미암아 박이정의 역사가 시작되었다.

도서출판 박이정 30년사

리득춘 교수님을 처음 알게 된 것은 『조선어 어휘사』라는 책을 남성우 교수님으로부터 전해 받고부터였으니 30년 가까이 된 셈이다. 교수님은 1991년 한글학회 창립기념 학술대회에 참석하기 위해 한국에 처음 오셨다. 나는 당시 허락 없이 『조선어 어휘사』를 복제해 판매했던 일 때문에 늘 찜찜했는데, 이번 기회에 직접 만나 사죄드리고 정식으로 출판계약을 하고자 한글학회에 갔다.

교수님의 첫인상은 강직하면서도 온화해 보였으며 함경도 사투리를 쓰셨다. 나는 정중히 상황을 설명하며 고개를 숙였다. 당연히 불호령이 떨어질 줄 알고 가슴을 졸이고 있는데, 교수님은 "일없소(주: 중국어의 영향을 받아 조선족은 '괜찮다'라는 뜻으로 사용함). 박 사장 덕에 내가 한국에 알려져 이렇게 초청받지 않았소"라며 오히려 내게 고맙다고 하셨다.

리득춘 교수는 비슷한 연배의 박찬구, 최귀묵, 연변대학교 조문계 교수, 연변인민출판 등을 일일이 소개해 주신 덕분에 큰 도움을 받았다.

나는 준비한 계약서를 보여드리고 서명을 했다. 지금 기억으로 『한조언어문자 관계사』와 『조선의 어휘사』 2권에 대해 각각 20만 원씩 인세를 드리고 한국에서 독점적으로 제작 배포할 권리를 갖게 되었다.

며칠 후 대학로 어느 식당에서 돼지갈비를 대접해 드렸다. 식탁에 부추가 올랐는데 교수님께서 "박 사장 이거 정구지 아인매"라고 하셨다. '정구지'는 우리 고향에서도 쓰는 말이라고 했더니 무척 좋아하셨다. 식사를 마친 교수님은 어렵게 말문을 열어 담배 한 갑 사줄 수 있는지 물어보셨다. 내가 흔쾌히 담배 두 갑을 사드렸더니 몇 번이나 고맙다고 인사하며 지금의 방송통신대 안에 있는 숙소로 들어가셨다.

나중에 안 사실이지만, 교수님은 학술대회와 관련해 체류하는 동안 일체 비용을 한국에서 제공하는 줄 알았는데 행사 당일 정도만 숙식해결을 해주니 여윳돈이 없어 내심 걱정을 많이 하셨다고 한다. 다행히 내가 인세로 드린 40만 원이 큰 도움이 되었다며 만날 때마다 고맙다는 인사를 꼭 하시곤 했다.

그 후 1993년 중국 연변을 방문해 교수님을 다시 만났다. 사모님을 비롯한 식구들을 소개하며 후하게 대접해 주셨다. 또한 비슷한 연배의 박찬구 선생과 연변대학교 조문계 교수, 연변인민출판 등을 일일이 소개해 주신 덕분에 지금까지도 인연을 이어가고 있다.

2013년 중국 연변을 방문했을 때 교수님이 몇 개월 전에 돌아가셨다는 소식을 듣고 미리 찾아뵙지 못한 죄송함에 눈물을 떨구었다. 생전에 "박 사장, 나는 대한민국 교민 서자요. 서자는 조국에 도움을 줄 능력은 재미교포만 못하지만 나라를 생각하는 마음은 더 크오"라고 하신 말씀이 지금도 귓가에 맴돈다.

항상 진심을 이야기했던 영원한 스승

출판사 초기, 이제 걸음마를 막 떼던 나에게 스승의 마음으로 손을 잡아준 분이 있다. 모교 김현룡 선생님이다.

나는 대학시절 선생님께 고전소설 춘향전을 배웠다. 그때 교재는 『열녀춘양슈절가』로 아세아문화사에서 출판한 강독용 책이었다. 선생님의 수업시간이면 우린 모두 고전의 세계로 푹 빠져들었다. 춘향전에 나오는 그 많은 고전 배경설화, 사자성어, 인물 한 줄에도 주석이 빼곡하게 달렸으며 1시간에 몇 줄을 강독하면 수업이 끝났다. 선생님의 학문적 열정은 단 한 번도 흐트러진 적이 없었다.

졸업 후 내가 출판사를 시작한다고 말씀드렸을 때 선생님은 진심을 담아 걱정스러운 마음을 전하셨다. 예상은 했지만, 가슴이 철렁했다. 출판사를 시작하면서 가졌던 부푼 꿈들이 바람 빠진 풍선처럼 쪼그라들었다. 하지만 선생님은 걱정에서 끝내지 않으셨다. 이내 요즘 출판계 시류가 이러하니, 영인 출판을 해 보는 게 좋지 않겠느냐며, 마침 중국에서 구입해온 자료가 있다고 구체적인 방법까지 일러주셨다. 스승의 마음이 이런 것이구나 싶어 나는 가슴이 아팠다. 그렇게 해서 『중국문헌자료집(中國文獻資料集)』 제1집을 발간하게 되었다.

선생님 덕분에 영인출판으로 작은 성공을 거두었고, 나는 결혼을 하게 되었다. 나는 기쁜 소식을 선생님께 전해 드리며 주례사를 정중히 부탁드렸다. 그때 선생님의 환한 웃음은 지금도 생생하게 떠오른다. 자식을 장가보내는 마음이셨던 걸까. 대견한 듯 바라보며 흔쾌히 승낙하셨다. 그 후 결혼을 하고 아이들이 태어나 선생님 댁에 들르면, 우리 아이들을 친손녀처럼 귀여워해 주었다. 얼마나 반짝반짝 빛나고 행복했던 순간이었던가!

선생님은 부총장직을 맡으며 학교에 봉사하셨고, 방대한 문헌설화를 정년 전에 정리하여 학교출판부에서 펴내셨다. 정년 후에도 한시도 쉬지 않으셨고, 제자들과 스터디나 공동작업을 해서 여러 권의 책을 출간하셨다. 또 후배들에게 관심과 애정이 많아 동문회 때면 꼭 참석해 자리를 빛내시고 후배들에게 바른 말씀을 전하여 영원한 선배이자 스승으로 항상 존경받고 계신다.

 저자에게 온 편지 | 김현룡 건국대 명예교수

기쁨과 두려움 사이에서

먼저 도서출판 박이정(博而精) 창립 30주년 기념에 온 마음으로 축하를 드립니다. 돌이켜 생각해보면 얼마간의 세월이 흐른 것 같이 느껴지지만, 그날들이 어느덧 강산이 세 번이나 바뀌었다니, 진정 나 혼자 늙어가는 줄만 알았는데 우주만상이 함께 나이를 먹어왔다는 사실에 깜짝 놀랍니다. 기실(其實) 박이정출판사의 발전을 상고해 보면서 매우 길고도 의미 있는, 구슬꿰미 같은 날들의 연속이었음에 새삼스레 큰 감탄을 금치 못합니다.

도서출판 박이정을 창사한 박찬익 사장과 나의 관계는 매우 깊은 사연이 있습니다. 박이정출판사가 창립된 당시인 1989년을 회상해 보면, 주지하는 바와 같이 우리나라의 정세가 매우 불안하였고, 특히 대학 사회는 최루탄 연기로 안정을 찾기가 어려웠습니다. 당시 나 개인으로 보면 전임교수로 임용된 지 10여 년 지나 바야흐로 대학사회의 분위기에 제법 적응되어 의욕이 충만한 때였지만, 이른바 학생지도라는 학문외적 업무에 고심하며 나름대로의 확고한 대학교수상을 모색해 보려고 무척 노력한 시기였습니다.

제자 박찬익 사장에게 고전작품의 영인출판 권유

그 무렵, 나와 함께 국어국문학과에서 4년을 지낸 박찬익 사장이 방문하여 출판사를 열어보겠다는 의욕을 피력하면서, 처음 출판하여 판매할 서적에 대한 의논을 하는 것이었습니다.

이에 박 사장을 가르친 교수로서 큰 사명감을 느끼고 고심한 끝에, 당시 군소 출판사들이 고전작품의 영인출판에 힘을 쏟고 있던 시류에 맞춰, 중국에서 구입해온 자료를 뽑아 영인출판을 하도록 권하면서, 혼란한 시기의 창업에 대해 큰 걱정을 하며 성공을 빌었습니다.

『중국문헌자료집(中國文獻資料集)』

1973년 무렵 내가 대학원 박사과정을 마치고 연구차 중국(中國, 당시는 臺灣)으로 유학을 갔을 때, 제일 먼저 줄지어 있는 책방거리를 방문하여 국문학 연구에 방계자료가 되는 중국 고전 영인 자료를 눈에 띄는 대로 구입했습니다. 대학원에서 우리 고전 공부를 하면서, 국문학사(國文學史) 등 여러 저술에 언급되고 있는 중국 고전 서적들을 훑어보았으면 하는 생각이 늘 마음속에 자리 잡고 있었기 때문이었습니다. 예를 들면 '공무도하가(公無渡河歌)' 설명에, 최표(崔豹)의 『고금주(古今注)』에 실려 있다고 나타내 놓았는데, 그 책에 정말 그대로 실려 있으며, 또 다른 어떤 내용이 있는지를 알아보고 싶은 욕망이 컸었습니다.

그래서 이때 구입해 온 자료 중에 비교적으로 책의 내용이 영인 출판하기에 알맞고 또 우리 국문학 연구에 도움이 된다고 생각되는 자료를 골라 제공하여, 국문학을 위한 『중국문헌자료집(中國文獻資料集)』 제1집으로, 박이정의 전신인 '서광출판사(書光出版社)'에서 출간했으니 실로 감개가 무량한 일이 아닐 수 없습니다. 이때의 생각은 제1집에 이어 계속 쉽게 보기 힘든 중국 자료들을 영인 출판할 계획이었습니다만, 박 사장의 의욕 넘친 경영 노력으로 다른 여러 서적들을 출판하기에 바빠 후속 출간이 되지 않았습니다. 이 『중국문헌자료집(中國文獻資料集)』 제1집에 수록된 자료는 『고금주(古今注)』, 『박물지(博物志)』, 『조비연외전(趙飛燕外傳)』, 『한무제내전(漢武帝內傳)』, 『열녀전(列女傳)』, 『고려도경(高麗圖經)』, 『수신기(搜神記)』, 『전등신화(剪燈新話)』, 『전등여화(剪燈餘話)』 등이었습니다.

출판인으로 자리매김한 이후 결혼주례까지 맡아

또 박 사장과 나와의 인연은 출판 사업이 웬만큼 발전된 뒤, 하루는 찾아와 결혼을 하게 되었으니 주례를 요청하는 부탁이었습니다. 그동안 계속 주시하여 박 사장의 사업을 지켜보면서, 정말 대단한 의욕과 노력을 경주하는 제자임을 자부하고 있었는데, 이제 결혼을 하겠다는 말에 너무나 감격적이었습니다. 저 남쪽 지역 시골에서 서울로 올라와 대학 졸업을 마치는 것도 쉬운 일이 아닌 세상이었는데, 이제 출판인으로 자리매김하고 결혼을 하여 확실한 서울 사람이 되었다는 안도감에, 내 정성을 다하여 결혼 주례를 맡았고 가정의 행운과 사업의 번창을 빌었습니다. 오늘 지금 사업의 결실에 해당하는 30주년 기념행사를 크게 가짐에 즈음하여 진정으로 너무 기뻐 웃음 띤 눈물을 흘려 봅니다.

그동안 옆에서 살펴온 박이정출판사의 경영 전략을 보면 좀 특이합니다. 대체로 우리나라 출판사들의 출판 기류는 어느 한 특정 분야 저술들을 중점적으로 출간하는 경향입니다만, 박이정출판사의 근래 도서목록을 들추어 보면, 종전에 주로 국학 분야 서적들 위주였던 출판 경향이 매우 다양한 방향으로 발전하고 있습니다. 이러한 출판 전략은 다방면 독자층을 상대로 하겠다는 의욕이 내포된 것이어서, 출판사의 위상을 한층 도약시키는 결과를 가져올 수가 있어 크게 찬사를 보냅니다. 아울러 한편으로 쌓여가는 출판물 재고에 별다른 노력을 기울여야 한다는 점도 강조해 두는 바입니다.

현재 모습에 안주하지 말아달라 간곡하게 부탁

과거 활판 출판시대부터 내 자신이 여러 출판사에 드나들면서 보아온 경험으로 볼 때, 우리나라는 출판 산업이 너무 많이, 그리고 너무 빨리 변화를 가져온다는 우려 심정을 갖고 있습니다. 지난날 출판계에 몸을 붙인 사람들의 한결같은 푸념을 들어 왔는데, 그 푸념의 골자는 변화하는 문명 풍파에 휘말리는 출판 변화를 자신이 익혀 배워온 지식으로 재빠르게 적응하기가 쉽지 않다는 한탄의 소리였습니다. 쉽게 말하면 이른바 구세대의 도태를 너무 빨리 독촉한다는 것이었습니다. 옛날에 예사로 들렸던 그 말들이 나 자신 현재 팔십 중반을 넘어서려는 찰나에 서고 보니, 실감 있게 앞에 와 닿음을 느낍니다.

끝까지 손으로 원고 작성을 고집하여 퇴짜를 맞는 불이익을 겪으면서도, 나 당대에는 컴퓨터로 원고를 작성하는 일이 없을 것이라던 장담이 참패를 당했습니다. 지금도 덮개 있는 핸드폰으로 전화만 하는 것을 고집하고 있지만, 스마트폰에 대고 이야기를 하면 글자가 그대로 나타나 올려지는 모습을 보면서, 내가 이길 가능성은 일백 분의 일도 못됨을 깨닫습니다. 언제까지 종이로 된 출판물이 남아 있을지 가늠이 되지 않아 걱정입니다. 그리고 들리는 바에 의하면 대학에서의 교실 강의에 교수의 판서가 거의 필요치 않다는 이야기도 듣고 있습니다. 그렇다면 강의시간의 학생들 교재나 필기도구가 사라질 날이 멀지 않다는 얘기가 아닌지요?

내가 영인 자료를 제공하여 시작한 서광문화사, 곧 박이정출판사의 크고 우렁차게 발전한 모습에 찬사와 함께 기쁨을 감추지 못하면서, 왜 이상과 같은 두려움을 표시하느냐 하고 반문할지 모릅니다만, 이 의문에 대하여 솔직한 심정을 피력하고자 합니다. 곧 현재의 모습에 결코 안

불철주야 쉬지 않고 오직 일념으로 책을 만들어 팔겠다고 노력하던 그 초심의 마음을 다시 불태우고 지금을 기반으로 여기에 금자탑을 쌓겠다는 각오를 굳게 다져, 또다시 30년 후에는 지금까지의 몇 십 배 되는 거룩한 출판사를 만들어 주시기 염원합니다.

179

김현룡 건국대학교 명예교수는 한국의 고설화, 고소설 분야에서 일가를 이룬 고전서사의 대학자이다. 『한중소설설화 비교연구』, 『한국문헌설화』(전7권)로 대표되는 김 교수의 학문적 성과는 고전서사의 계보, 계통 연구에서 독보적이다. 국내 고전문학 전공의 선후학 어느 학자도 따를 수 없는 방대한 업적을 내놓아 국문학계에 공헌한 바가 매우 크다.

주하지 말아달라는 간곡한 부탁의 뜻이 내포되어 있습니다. 하루가 다르게 변천하는 기계문명에 재빠르게 대처할 수 있는 역량을 쉼 없이 길러 대비해주실 것을 간절히 당부 드리는 바입니다.

옆에서 지켜본 박찬익 사장은 타고난 건강에 선천적으로 부여받은 성품인 부지런함을 지니고 있습니다. 그리고 겸손의 미덕과 인내심도 갖추고 있음을 봅니다. 결코 후천적으로 습득하기 어려운 이런 요소들을 지금까지 최대한 발휘하여 창설 30년 만에 오늘날과 같은 도서출판 박이정의 발전을 이루게 되었습니다. 조물주가 사람을 만들어낼 때에 짓궂게도 변화무쌍한 성품을 약간 깔아 만들어내 놓았습니다. 그래서 조금만 방심하면 나태해지기 쉽고, 무언가에 만족을 느끼는 순간 초심(初心)이 흔들리는 경우가 허다합니다. 우리 박 사장은 만에 하나 초심이 흔들리는 일이 있을 수 없겠지만, 그래도 내 나이 탓인 노파심에서 당부를 드립니다. 오늘 이후로, 그 불확실성의 어둠 속에서 불철주야 쉬지 않고 오직 일념으로 책을 만들어 팔겠다고 노력하던 그 초심의 마음을 다시 불태워, 지금을 기반으로 여기에 금자탑을 쌓겠다는 각오를 굳게 다져, 또다시 30년 후에는 지금까지의 몇 십 배 되는 거룩한 출판사를 만들어 주시기 염원합니다.

박이정출판사와 박찬익 사장의 가정에 무궁한 행운을 두 손 모아 빕니다.

사람과 문화 이어주는 가교 역할에서 큰 보람 느껴

『현대문학자료집』

그 후 1991년 서광학술자료사로 이름을 바꾸어 본격적으로 학술자료 출간에 힘을 쏟았다. 그중 카프 쪽에 가담한 이기영, 한설야, 임화, 안함광 등의 작품과 평론 등이 실린 『현대문학자료집』 1차 · 2차가 잘 팔려 신설동 전화국 뒤 제법 큰 사무실로 옮기고 경리 업무를 맡을 여직원도 한 명 구했다. 가난한 신생 출판사를 밥 먹게 해준 고마운 베스트셀러였다.

이 책의 편자인 김외곤 선생은 당시 서울대학교 김윤식 교수님 조교로 있었는데, 현대소설을 연구해 박사학위 논문을 쓰고 있었다. 해방 전후 문학과 카프문학 연구 붐이 일면서 그는 잡지에 실린 자료를 발췌하고 서문을 써서 『현대문학자료집』을 출간했는데, 유행과 딱 맞아떨어지면서 소위 '대박'을 친 것이었다. 옆에서 지켜본 그는 자료 발굴과 정리에 매우 뛰어난 능력자였다.

훗날 경희대 모 선생을 만났는데 김남천에 대한 박사학위 논문을 쓰던 중 김남천의 주요 작품을 구하지 못해 애를 먹고 있었다. 나는 마침 김외곤 선생 연구실에서 그 작품의 복사본을 본 것이 생각나 다음날 서울대로 찾아가 부탁을 드렸다. 김 선생은 "박 사장님, 이 작품은 김윤식 교수님이 한 부만 복사해 두라고 한 것인데, 나중에 아시면 제가 곤란합니다"라며 정중히 사양했다. 나는 전후 사정을 설명하고 다른 곳에는 절대 사용하지 않을 거라며 간곡히 부탁해 힘들게 복사물을 가져올 수 있었다.

출판은 문화를 이어주는 가교라 했던가. 지나고 보니 박사논문을 쓰는 예비 독자들을 위해 정보 전달자 역할을 자청해서 많이 했다. 출판사 사장이 그런 일까지 할 필요가 있느냐는 얘기도 들었지만, 필요한 곳을 이어주는 다리 역할이 적성에 잘 맞았다. 덕분에 좋은 서사들과 인연을 맺었고, 예비 독자들이 훌륭한 교수로 자리 잡는 과정도 흐뭇하게 지켜보았으며, 밥도 여러 번 얻어먹었다. 지금도 그때 고마웠다며 인사하는 분들을 종종 만나는데, 나는 기억을 못할 때

김외곤 교수

가 많다. 어릴 적 꿈이었던 국문과 교수가 되진 못했지만, 책을 통해 국문학자를 키우는 역할을 할 수 있어 더없이 기쁘다. 이것이 내 길이어서 참 좋다.

김외곤 선생의 책 덕분에 부모님께 빌린 사업자금을 모두 갚았다. 3년 안에 원금과 이자를 모두 갚는다는 약속을 지킨 셈이다. 하지만 무리해서 빚을 갚고 나니 한동안 자금 사정이 어려워 꽤 고생을 했다. 한편으로는 그때 부모님께 갚은 돈으로 다른 책에 투자했더라면 더 빨리 출판사를 키울 수 있었을 텐데 하는 아쉬움도 들었다. 하지만 이내 마음을 돌렸다. 무리하게 투자했다가 부모님께 빌린 돈마저 몽땅 잃는 낭패를 겪었을 지도 모르는 일이니까.

숨은 일등공신들과 함께한 30년

출판은 참으로 많은 손길을 필요로 하는 매우 섬세하고 복잡한 작업이다. 저자가 콘텐츠를 제공하면 디자이너와 편집자가 내용에 맞게 작업하고, 인쇄와 제본 등 제작과정을 거친 다음 유통사의 손을 빌려 독자들에게 전해진다. 모든 과정이 유기적으로 연결되어 있어 한순간만 방심해도 대형사고가 발생할 수 있다.

사실 책이 좋아서 시작했을 뿐, 출판에 대해서는 아무것도 몰랐다. 특히 출력, 인쇄, 제본 등의 제작과정은 정말 막막했다. 인쇄출판학과를 나온 것도, 선배들에게 제대로 배울 수 있는 여건도 아니었다. 그렇다고 이 분야를 책으로 독학하거나 학원을 다녀 배울 수도 없었다. 어깨 너머로 현장에서 보고 배우는 게 유일한 방법이었다.

그런 나에게 제대로 제작과정을 가르쳐준 사람은 제삼인쇄 박창서 사장님이었다. 출판을 시작하고부터 만났으니 우리 인연은 어느새 30년이 된 셈이다. 제삼인쇄는 을지로 6가 전화

제삼인쇄 박창서 사장과 인쇄 제본 실무

국 뒤에 공장이 있었는데, 임대료가 비싼 다락방에 인쇄소 사무실이 있었다. 여름이면 너무 더워서 힘들었고, 마스터 인쇄기 돌아가는 소리에 정신이 없었다. 사장님과 나는 고래고래 소리를 질러야 겨우 상대방의 말을 알아들을 수 있었다.

책 제작 공정은 여러 단계를 거치는데 필름 출력 방법, 종이 계산 후 적당량을 구매하는 방법, 인쇄 종류, 인쇄 도수, 제본 종류, 제본비 산출법, 후가공 종류와 후가 등등 배우고 익힐 것이 너무나 많아 그날그날 메모해 집에 와서 복습하고, 그 다음날 인쇄소나 제본소를 찾아가 실습을 하곤 했다. 사장님은 그때마다 친절하게 하나하나 세심하게 가르쳐 주었고, 명색이 사장이라고 어린 나를 깍듯하게 대해주었다.

박찬익 대표는 제삼인쇄 박창서 사장에게 출력, 인쇄, 제본 등의 모든 제작과정을 배웠다. 박창서 사장은 나이도 어리고 출판 경험도 부족한 청년 박찬익에게 친절하게 하나하나 세심하게 가르쳐 주었다.

그 후 제삼인쇄는 크게 발전해 성수동으로 공장을 옮겼고, 지금은 구리시에서 인쇄소와 제본소를 크게 운영하고 있다. 박 사장님은 우리 직원들을 위해 제작 관련 특강을 여러 차례 강사료도 받지 않고 성심껏 진행해 주었고, 출판 관련 학과 실습생 교육을 위해 현장실습을 갈 때마다 아무리 바빠도 친절하게 가르쳐 주었다. 그리고 항상 신기술과 경영합리화에 대해 연구했으며 틈틈이 우리와 의논했다. 강산이 세 번 바뀔 동안 변함없이 그 자리에서, 출판인들에게 제작 노하우를 전하고 있는 그분을 보면 존경의 마음이 절로 우러나온다.

제작 관련 일이라면 안문화사 안정의 사장님도 빼놓을 수 없는 분이다. 안문화사 역시 출판 시작부터 지금까지 거래를 하고 있는 협력업체인데, 나와 연배가 비슷한 안 사장님은 나보다 먼저 이 분야에 입문해 자리를 잡은 전문가다. 덕분에 신입직원이 제작을 진행해도 문제없이 척

안문화사는 출판 시작부터 지금까지 거래를 하고 있는 제작 협력업체다. 위 사진은 안정의 사장. 아래 사진은 안문화사 전재은 부장(오른쪽)과 박이정 권이준 상무

척 해주었고, 일정이 급한 상황이 생기면 종이 구입부터 인쇄, 제본 후 가공까지 도맡아 기일 내에 납품해 주었다. 출간 일정을 다투는 출판사 입장에서는 이보다 고마운 일이 없다.

안문화사는 그 후 큰 발전을 했고 지금은 아들이 일을 배워 사업을 이어가고 있다. 요즘 출판과 출판 제작업체가 무척 어려운 상황을 맞고 있는데, 우리 모두 힘내서 함께 갑시다!

표지작업 중에 현대차 영업소를 찾아간 까닭

책을 만들다 보면 참 다양한 저자들을 만난다. 평생 학자로 살아온 분들이라 대부분 완벽주의자라는 공통점이 있고, 또 많은 분들이 디자인에도 남다른 감각을 가지고 있어서 편집자들에게 이런저런 조언을 해 주시곤 한다.

그중 부산외국어대 김응모 교수님과의 일화가 유독 기억에 남는다. 교수님은 당시 낱말밭에 대한 본격적인 시리즈를 출판하기 시작해 우리 출판사와 『국어 이동자동사 낱말밭 1(평행이론)』, 『국어 이동자동사 낱말밭 2(수직이론)』를 계약해 출간을 준비하고 있었다.

하루는 교수님이 당시 신차인 엘란트라를 타고 우리 사무실에 오셨는데, 나를 부르더니 "박 사장님, 내 책 표지는 이 차와 똑같은 색으로 해주세요"라고 말하는 게 아닌가. 무슨 소리인가 싶어 가까이 다가가 차를 살펴보니 적색도 아니고 자주색도 아닌 정말 고급스런 색깔이었다.

어떻게 하면 그 색을 낼 수 있을까 고민하다가 나는 직접 현대자동차 영업소를 찾아가서 물었다. 영업소 직원은 "고객님, 이 색은 수입 색입니다. 우리나라에는 이런 색이 없습니다"라고 대답했다. 이후 교수님을 뵈었을 때 그 말을 그대로 전하며, 그러나 최대한 가까운 색으로 만들어 드리겠다고 말씀드렸다. 약속대로, 교수님의 책 표지는 엘란트라를 닮은 적자주색으로 나왔다. 지금도 그 책을 볼 때마다 고급스럽게 반짝이던 교수님의 엘란트라 자동차가 떠올라 슬며시 웃음이 난다.

교수님은 『고려가요의 낱말밭 연구』 등 18권을 본사에서 펴냈고, 고려대학교에서 만든 한국어학회 회장을 맡으면서 우리 출판사는 〈한국어학〉이라는 학회지를 1호부터 출판하게 되었다. 그때 학회 차원에서 기획한 『한국어의 탐구와 이해』라는 국어학 개론과 『국어사 자료선집』을 본사에서 출판하는 데 많은 도움을 주셨다.

『국어 이동자동사 낱말밭 1, 2』

2003년 퇴임 후 회고록 『하늘이 맡겨준 지게꾼의 사명』을 펴내셨는데, 가난한 농부의 아들로 태어나 산에서 땔나무를 하는 지게꾼을 거쳐 교수로 된 과정이 흥미롭다. 주어진 고난을 극복하며 국어학 연구에 평생을 바친 교수님의 삶이 많은 이들에게 위로와 용기를 준다. 나 역시 그 책을 볼 때마다 하늘이 나에게 맡겨준 사명에 대해 성찰하는 시간을 갖곤 한다.

 저자에게 온 편지 | 김응모 부산외국어대 명예교수

하느님의 귀한 축복

　박이정출판사는 국어국문학 발전에 크게 공헌함은 학계에서 모두 공인하는 바요, 특히 한국어학 서적 출판에 30여 년간 지대한 공헌을 한 출판사이다. 또한 '한국어학회' 발전에 일등공신인 박이정 박찬익 사장님과 임직원님들에게 진심으로 감사드린다. '한국어학회'는 고려대학교 국어학 전공자들이 '국어학연구회'를 조직하여 연구 발표를 하고 있었다. 그러나 학회지를 발간하지 못하여 고 박병채 스승님과 고 김민수 스승님, 그리고 회원 모두가 학회지 발간을 염원하고 있었다. 1992년 필자는 국어학연구회의 회장으로 추대되어 학회를 '한국어학회'로 개명하고 문호를 개방하여 전국적인 학회로 발전시킬 것을 선포하였다. 그리고 박찬익 사장님을 뵙고 학회지 발간을 말씀드리니 흔쾌히 수락하셔서 첫 인연을 맺게 되었다.

한국어학회 발전의 이면에 박찬익 사장 도움 커

　필자는 학회의 기금을 마련하기 위하여 국어사 전공 회원 일곱 분에게 『국어사자료선집』 출판을 부탁드리고, 필자들에게 초판만 인세를 주기로 하고 재판부터는 인세를 학회 기금이 되도록 양해를 얻고, 젊은 회원들에게 『국어학개론』의 출판을 부탁이 아닌 명령을 하여 발행하게 한 바 13명의 필진이 구성되어 16회의 편집회의를 거쳐 『한국어의 탐구와 이해』를 2000년에 발행하였다. 당시 국어학개론은 국어국문학과의 전공 필수과목이었다. 이 책을 보신 전국

국어학개론 강의 교수님들이 경탄하여 "한국어학회에 누가 주도하여 학회를 이끌며 이런 훌륭한 서적을 발간하느냐?"는 질문에 박 사장은 "부산외국어대학교의 김응모 교수"라고 하였단다. 이는 전적으로 회원들의 공로인데 나의 공이라니 부끄럽다. 학회 발전에 애써준 회원님들과 박이정출판사에 그 고마움은 백골난망(白骨難忘)이다.

그 후 〈한국어학〉의 학회지는 교육부의 우수한 학술지로 판정받아 연 4회에 걸쳐 발행하고 있는데, 원고가 차고 넘쳐 철저한 심사를 거쳐야 등재할 수 있다.

뿐만 아니라 세계적인 학회로 성장하여 박영순 학회장은 2002년 '한국어학회 국제 학술대회'를 호암관에서 개최하였다. '한국어학의 오늘과 내일'의 주제 아래 세계의 언어학 석학들을 초청하여 발표하게 하였으며, 국내외 언어학 전공자들이 모여 국제학술 발표회를 개최하였다. 논문 발표 요지 책자가 4·6배판 828쪽에 달하며 연 3일간 개최하여 명실공이 세계학회가 되었다. 국내에서도 국어학, 영어학, 독어학, 불어학 등 전공자들이 대거 참석하여 발표하고 토론하여 어학 발전에 크게 공헌하였다.

한국어학회가 이렇게 발전할 수 있었음은 모두가 박찬익 사장님 도움의 덕택이라 재삼 고마움을 드린다. 2019년 현재 〈한국어학〉의 학회지가 통권 82호가 발간되었으니 그 발전은 놀라운 성과이다.

회갑기념논문집 발간까지 박이정에서 맡아

필자는 만학도로 교수가 되었다. 길러놓은 제자도 없고 또 학계에 입문한지도 일천하여 회갑기념논문집의 발행은 아예 꿈도 꾸지 못하였다. 그런데 부산외국어대학교에 재직 중인 후배 김상돈 교수와 송향근 교수 그리고 제자인 부경대 박영준 교수와 신라대 이관규 교수님이 모여 상의를 하고 나를 만나서는 "선생님의 회갑기념논문집을 발간하려 하는데 선생님의 뜻은 어떠합니까?" 한다. 참으로 천만뜻밖의 제안에 어안이 벙벙하였다. 첫째 게재할 논문 수합이 문제요, 둘째 그 경비는 어떻게 충당할 것인가. 그런데 박이정 박찬익 사장님께서 출판을 해주기로 약속하였다니 이렇게 고마울 수가 있는가! 기업은 이익을 추구하는데 수익성이 적은 회갑기념논문집을 발간해 주겠다니 상상할 수도 없는 일이었다. 편집위원들은 잘하면 600쪽 정도야 가능하지 않겠느냐 기에 희망이 아니라 망상을 하고 있다고 생각하였다. 그런데 일면식도 없었던 국

이해타산을 넘어 학문 발전에 기여한, 이런 훌륭한 친구의 만남은 하느님의 귀한 축복이다. 은혜 중 은혜요 축복 중 축복이다. 이런 사건을 창출하신 분이 바로 박이정출판사 박찬익 사장이다.

어학, 영어학, 독어학 교수님들의 원고가 속속 도착하여 나는 물론 편집위원들도 놀랄 수밖에 없었다. 논문집이 무려 950쪽에 달하여 나와 편집위원들은 뜻밖의 성과에 감격할 뿐이었다.

회갑기념논문 봉정식은 예술의전당 컨벤션센터에서 개최하니 전국에서 많은 학자님들이 오셨다. 봉정식장에서 회갑기념논문집 편집위원장은 박찬익 사장님께 감사패를 봉정하여 적으나마 고마움을 표시하였다.

그런데 부산외국어대 제자들과 국문과 교수님들이 『우암어문론집』을 김응모 교수 회갑기념 특집으로 하겠다기에 이미 회갑기념논문 봉정식은 하였으니 사양하겠다고 하니 "부산의 제자는 제자가 아닙니까?" 하여 말문이 막혔다. 무슨 복이 많아 회갑기념논문 봉정식을 두 번씩이나 한단 말인가. 하느님께 감사할 뿐이다.

칠십이 훌쩍 넘어 온 가족이 원하는 대로 천주교에 입교하였다. 그리스도교를 알려면 성경의 내용을 알아야 하겠기에 열심히 성경을 읽어보니 번역된 성경의 내용이 한국 문화와 문법에 어색함이 발견되어 「성경 번역의 몇 가지 문제에 대하여」의 논문을 〈한국어문의 내면〉의 논문집에 발표하고 천주교주교회의 성경분과위원에 별쇄본을 송부하였다.

그리고 성경에 특히 많이 쓰인 숫자에는 하느님의 상징적 의미가 있다고 확신하고 연구에 착수하기 전에 가톨릭의 저명한 학자 신부님들 10여 분께 이 연구가 타당성이 있는지, 선행 연구의 여부, 천주교에 미칠 영향 등을 서면으로 질문하였다. 수원가톨릭대학 총장님께는 등기 우편으로, 사목연구소에는 팩스로 질문하였으나 한 분도 가타부타 답이 없어 매우 의아하게 생각하였다.

낱말밭 이론 권위자이신 허발 교수님은 부산에 전화를 주시고 상경하거든 한번 만나자기에 처음으로 뵙게 되었다. 다방에서 그리고 점심을 사주시며 낱말밭 이론에 대하여 장장 4시간을 설명해 주시고, 연구의 의의와 방향에 대하여 일러 주셨다. 현재까지도 귀한 가르침을 받고 있다. 그런데 종교계는 일반 학계와 달라 이해가 되지 않았다.

김응모 부산외국어대학교 국어국문학과 명예교수는 고려대학교 국어국문학과를 나와 동 대학원에서 석사 및 박사학위를 받았다. 한국어내용학회 부회장, 한국어학회 회장을 역임했으며, 국어학 관련 27권의 저서와 13편의 논저가 있다.

훌륭한 친구와의 만남은 곧 하느님의 귀한 축복

필자는 노구의 건강은 아랑곳없이 불철주야 7년간 연구를 하였다. 성경 숫자에 대한 연구 저서와 논문은 구하기 매우 어려워 국립도서관, 고려대 도서관, 신학대학 도서관을 누비고 다녔다. 이 연구는 박사학위 논문을 쓸 때보다 더 많은 시간과 노력을 쏟아 부었다. 아뿔싸! 탈고를 하고나서 본당 신부님의 추천서를 받으려 하니 수원교구청에서 인준을 해 주지 않는다고 한다. 난감하기 그지없다. 사실 나는 교구청의 인준을 받는다는 것조차 까맣게 몰랐다.

인준 불허의 이유를 보좌신부님께 들어보니 이해가 안 된다. ①성경 인용에 주교회의 허락이 없다. – 예수님은 제자들에게 땅 끝까지 복음을 전하라 하였고, 기독교 신자라면 복음 선포는 현재진행형이다. ②성경 숫자의 연구는 잘못 되면 사이비 종교에 빠진다. – 이 책에서 신흥종교의 성경의 숫자 이용의 오류를 지적하였다. ③강의용 교재나 방송의 교재로 사용하지 마라. – 천주교에 입교한 9년차 새내기 신자요, 신학 공부를 체계적으로 한 것도 아니며 80이 넘은 나를 누가 초청강사를 불러 줄 것인가. ④참고문헌의 문제제기 – 천주교에서 성경의 숫자에 대한 연구는 한 권도 발견하지 못하였으니 없는 것이 당연하다. ⑤출판하되 지인들에게나 줄려면 주라. – 대한민국 헌법에 언론출판의 자유가 있는데 출판 여부를 논한다 해도 너무한다 싶었다. ⑥우리 성당 주보에 출판한 책 소개도 안 해 주겠단다. 그것도 주임신부가 아니라 보좌신부의 전언이다. 천주교 문화에 문외한인 나 자신을 자책하였다.

교구청의 인준이 없어서인지 가톨릭계 출판사마다 출판을 사양하고, 개신교 출판사들은 천주교의 성경 연구는 출판하지 않는다고 하고, 제자 중 굴지의 출판사의 편집이사는 종교계통의 책 출판은 어렵다고 한다.

벽에 부닥쳐 앞이 캄캄하다. "하느님! 하느님! 하느님! 당신의 뜻은 무엇이십니까?" 간절히 기도했다. 하느님의 뜻은 출판에 긍정적인 것으로 느껴졌다. 그리고 가족과 제자, 지인(知人)들의 출판 권유에 힘입어 박이정에 원고를 보내고 박찬익 사장님을 뵙고 출판의 애로사항을 말씀드리니 "제가 출판하겠습니다"라고 하여 2017년에『성경 속 숫자이야기 – 성경에 쓰인 숫자의 상징적 의미 연구』가 빛을 보게 되었다. 이해타산을 넘어 학문 발전에 기여한, 이런 훌륭한 친구의 만남은 하느님의 귀한 축복이다.

천주교 신자들 중에서 성경에 박식한 분이 이 책을 읽고 "천주교에서 코페르니쿠스적 위대한 발견"이라고 찬사를 주서서 오히려 쑥스러웠다. 은혜 중 은혜요 축복 중 축복이다. 이런 사건을 창출하신 분이 바로 박이정출판사 박찬익 사장이다. "고객을 만족시키는 기업은 날로 번창한다"는 명언의 산증인이 박이정출판사이다.

1992 ~ 1999

우직하게 길을 걷다

민주화와 경제성장이 맞물리면서 출판계는 호황을 맞았다. 신생 출판사도 베스트셀러 '한 방'으로 수억 원을 벌어 사옥을 올리던 시대였다. 귀가 솔깃할 때도 있었지만, 국어국문학 발전에 조금이나마 기여하고자 했던 초심을 잃지 않으려 노력했다. 첫 기획도서가 세상에 나온 날, 하늘을 날 듯 기뻤던 순간을 지금도 기억한다. 여관에서 밤을 꼬박 새우며 교정을 봤던 교수님, 여든이 넘은 연세에도 집필을 멈추지 않는 열정의 노학자, 지방 출장을 가면 늘 밥과 책을 사주었던 인정 많은 교수님 등등 책이 한 권 한 권 쌓여갈수록 잊지 못할 소중한 이름들도 차곡차곡 쌓여갔다.

'우리만의 책'으로 세상과 소통하다

1987년 6월 민주항쟁은 국민들이 오랫동안 간절히 원했던 민주주의가 뿌리내릴 수 있는 계기가 되었고, 1988년 개최된 서울올림픽은 급격한 경제성장을 이끌었다. 민주화와 경제호황이 맞물리면서 우리 사회는 그동안 억눌렸던 다양한 지적 욕구를 쏟아내기 시작했다. 출판계 역시 호황을 맞았다. 바야흐로 좋은 시대였다.

어느 정도 출판에 자신감이 생기자 '우리 출판사만의 책'을 만들고 싶어졌다. 첫 기획도서는 출판사의 정체성과 앞으로 나아갈 방향을 제시하는 중요한 역할을 하기 때문에 오랫동안 고심했고, 드디어 우리 출판사의 첫 기획도서이자, '우리말 밝히기' 총서의 첫 책인『국어토씨연구』가 탄생했다.

이 책의 저자인 김승곤 교수님은 나의 은사이다. 건국대 국문과 1회 졸업생으로, 선생이기 이전에 선배로서 애정이 각별했던 분이다. 강의시간 틈틈이 모교를 사랑하고 긍지를 가지라고 진심 다해 강조했고, 그분 역시 평생 솔선수범하는 학자로 살아오셨다.

첫 책을 낸 이후에도 교수님의 책을 계속 출판했으며, 박사학위를 받은 제자들을 추천해 주셔서 모교 선후배들의 책도 많이 펴냈다. 그들이 대학교수나 연구원으로 자리 잡는 데 다소나마 도움이 될 수 있어 뿌듯하다.

김 교수님은 정년퇴직 후 한글학회 회장을 맡아『한글학회 100년사』를 출간했으며 여든이 넘은 연세에도 "박 사장, 한글학회 회장이 국어에 대한 연구를 게을리 하고 책을 내지 않으면 창피한 일이니 이번 책도 꼭 내주게"라고 말씀하시곤 했다. 나는 노학자의 열정에 매번 감동하면서 여러 권의 책을 출판했다.

지난해 11월 지금까지 펴낸 책들을 총 정리한『한길 김승곤 전집』을 출판했기에 이제 학문에서 손을 놓으신 것으로 생각했다. 그런데 얼마 전 박이정 30년사 기념책자를 만들기 위해 간단한 질의서와 원고 청탁서를 보냈더니 답신이 왔다. "박 사장, 글 써서 보냈다. 원고가 하나 준비되어 가는데 다음에 한번 만나자." 물론 나의 대답은 예전과 똑같다.

"예, 선생님, 알겠습니다!"

교원대 구내서점에서 박이정이 매출 1위를 한 까닭

1993년에 들어서면서 여러 가지 새로운 도전이 시작됐다. 출판사 초기에는 모교 교수님들의 도움을 많이 받았는데, 전국 각지의 대학교를 찾아다니며 영업을 하는 동안 타 대학교 교수님들과의 교류가 활발해졌고 덕분에 새로운 집필진을 모시게 되었다. 특히 한국교원대학교 신헌재 교수님은 박이정이 국어학 전문 출판사에서 국어교육 분야로 나아가도록 이끌어준 은인이다.

『독서교육의 이론과 방법』의 공저자였던 교수님은 손수 원고를 들고 출판사를 방문하셨다. 인자하고 자상한 첫인상에 마음이 끌려 나는 출판을 흔쾌히 수락했다. 초판 500부가 금방 동이 나는 바람에 곧 재판을 찍었고, 이후에도 여러 차례 찍을 정도로 꾸준히 판매되었다.

신헌재 한국교원대학교 교수는 박이정이 국어교육 분야로 나아가도록 이끌어준 은인이다. 그가 제자들과 함께 만든 초등국어교육연구소에서 나온 연구 결과물들을 출간하면서 경제적으로 큰 도움을 받았고, 교원대 구내서점 매출 1위를 차지하는 행운도 얻었다.

교수님은 교원대에 초등국어교육연구소를 만들어 제자들과 본격적으로 국어교육을 연구하셨다. 우리 출판사는 훌륭한 연구 결과물들을 책으로 만드는 역할을 맡았고, 그 책들은 박이정이 국어교육 책을 내는 시발점이 되었다. 또한 이재승 박사, 이경화 박사를 비롯한 제자들이 대학 전임교수가 되면서 저서와 번역서를 펴내 우리 출판사에 큰 도움을 주었다. 한때 한국교원대학 구내서점에서만 상당한 수금을 했으며, 우리 출판사가 서점 매출 1위를 한동안 유지했다.

교수님은 제자들에 대한 사랑과 노모에 대한 효심이 각별한 분이었다. 한 번은 모친께서 성경을 필사한 책과 평생 쓴 일기장을 자비로 출판해 친지들에게 전했는데, 형제들과 모은 돈이 출판비로 쓰고도 남았다며 기어이 출판사에 남은 돈을 건네고 직원들의 식사까지 후하게 대접하셨다.

교수님 제자들과도 인연이 많다. 이경화 선생이 『읽기교육의 원리와 방법』이라는 책을 처음 출판했을 때, 나는 책을 전해주기 위해 오금동 경찰병원 근처에 있던 자취방으로 찾아갔다. 방에 들어가는 것을 머뭇거리고 있는데, 반갑게 맞아주며 손수 커피를 타주었다. 방 윗목에는 간단한 취사 그릇이 있었고, 비키니 옷장과 그 옆에 큰 가방 몇 개와 책이 쌓여 있었다. 당시 초등학교 교사였던 그는 "사장님, 나 교수되기 전에는 보따리를 풀고 편히 지내지 않을 겁니다"라고 말했다. 결연하고 간절한 모습을 본 이후부터 나는 그가 이미 교수가 된 사람이라 믿었고, 예상대로 곧 교원대 교수로 발령이 났다. 그는 이후 국어교육연구소에서 오랫동안 일하며 나의 선의를 늘 고맙게 생각해 주었다.

나는 30년간 책을 만들면서 필자를 가리지 않았다. 적어도 세상의 잣대로 만들어진 직함에 연연하지는 않았다. 교수가 아니어도 간절한 마음으로 연구하는 훌륭한 학자들의 책은 망설이지 않고 출간했다. 회사가 경제적으로 어려울 때도 고민하지 않았다. 특별한 이유는 없다. 그저 하늘은 스스로 돕는 자를 돕는다는 진부한 진리에 따랐을 뿐이다. 간절한 사람을 보면 진심으로 다해 돕고 싶어진다. 나의 작은 도움으로 그가 성공하고, 그가 성공한 후에 나의 진심을 알아주는 선순환이 박이정출판사 30년을 이끈 가장 큰 원동력이라 믿는다.

벽시계는 20년 세월을 넘어 오늘도 째깍째깍

그동안 중국 조선족 학자들의 책을 영인해 출간했다면, 1993년부터는 조선족 학자들의 원고를 직접 받아 출간했다.

당시 연변대학 조선어문계 강은국 교수님은 『조선의 접미사의 통시적 연구』, 『조선어 문형 연구』 출판을 위해 본사에 왔는데, 중국 조선족 교수의 박사학위 논문을 책으로 만들어 정식 출판한 것은 처음이었다.

그분은 학문적 열정이 대단한 학자였다. 한국에 머무는 동안 아침 일찍 출판사에 와서 저녁 늦게까지 본인의 논문을 다듬고 또 다듬었다. 귀국일이 다가오자 저녁 늦게까지 교정을 보앉는데, 당시 사무실이 오후 8시면 문을 닫는 월세라서 우리는 할 수 없이 여관으로 자리를 옮겨 밤을 새워 교정을 보곤 했다. 편집 자도 함께 밤샘작업을 하느라 고단했을 법도 한데, 누구 하나 얼굴 찌푸리지 않고 꼼꼼하게 마무리했다.

이후 2008년에는 『남북한의 문법연구』를 출판해 우수학술도서로 선정되는 영광스런 일도 있었다. 서로 흐뭇했던 기억이 지금도 또렷하다. 강 교수님은 중국학자를 많이 소개해 주었고, 그의 주선으로 중국 대학에 책도 기증하면서 중국의 여러 대학과 인연을 맺게 되었다. 여러 모로 참 고마운 인연이다.

『남북한의 문법연구』

중국 하면 여러 사람이 떠오르지만, 그중 박영섭 교수님을 빼놓을 수 없다. 중국이 개방되기 전, 생활가전이 많이 보급되지 않았던 시기에 중국을 함께 갔었는데, 지인들 챙기느라 전기밥통, 헤어드라이기, 각종 조미료, 월남치마 등을 바리바리 사 가지고 가셨다. 덕분에 정 많고 소탈한 이미지에 잘 어울리는 '밥통 교수'라는 애칭을 얻기도 했다.

『개화기 국어 어휘자료집』의 저자인 교수님은 고향이 경북 문경군이고, 성씨도 같은 박 씨여서 사석에서는 서로 형님동생 하며 친하게 지냈다. 이런 인연 덕분에 본사에서 정년하실 때까지 무려 14권을 출간했으니 '박이정의 전속작가' 명함을 찍어드려야 마땅한 분이다.

전공이 어휘연구여서 다양한 문헌에서 어휘를 추출해 책으로 출판했는데, 대부분 논문보다는 자료 성격의 책이 많아 "나는 남 좋은 일을 많이 하는 학자야. 내가 정리한 자료로 논문이 많이 나왔거든"이라는 말을 종종 하셨다. 책이 출판될 때마다 직원들에게 저녁을 대접했으며, 우리 출판사가 제법 큰 사무실로 이사를 갔을 때는 둥근 벽시계를 사와 자신의 일처럼 기뻐하며 축하해 주셨다.

20년 세월을 훌쩍 넘긴 벽시계는 오늘도 째깍째깍 소리를 내면서 계속 돌아가고 있다. 마치 변치 않는 우리의 인연처럼.

항상 묻고 경청하는 사람

박찬익 사장과의 인연은 1980년 후반쯤으로 기억한다. 당시 서광학술자료사라는 작은 출판사를 경영하면서 직접 영업까지 하던 성실한 청년이 어느덧 예순을 바라보는 나이가 되었으니 새삼 세월의 빠름을 느낀다.

오늘날의 박이정출판사를 만들고 동아제약이 있던 제기동 근방으로 사무실을 넓혀 이사를 갔는데, 당시 출판사 이름을 박이부정(博而不精)에서 不 자를 빼고 '박이정'으로 하는 것이 어떤지 진지하게 자문했던 기억이 난다. 돌아보면 그는 항상 묻고 경청하는 사람이었다.

또 출판사 창립일이면 직원들 친목도모를 위해 야외 나들이를 했다. 직원뿐 아니라 저자, 인쇄소, 출력소 등 박이정과 연관된 모든 이들을 초대해 즐거운 한때를 보내곤 했다. 박 사장과 오랜 세월 동고동락하면서 항상 직원들을 가족처럼 생각하고, 근무환경에 대해 늘 신경 쓰는 모습을 많이 보았다. 많은 책들이 꾸준히 판매되어 오늘날에 이른 것도 이런 노력의 결과가 아니었을까 생각한다.

연변에서의 인연, 북한이나 연변 자료 소개하는 계기

1993년 중국 연변대학교에서 열린 국제민속학술대회에 함께 참석했던 일이 생각난다. 학술대회가 끝난 후 계획에 따라 민족의 영산인 백두산과 연변 조선족 민속박물관을 관광하게 되었다. 연변에서 일행은 소형 버스를 이용해서 백두산까지 갔다. 가는 도중 이도백하에 도착해 잠시 휴식시간을 가졌고, 백두산 입구에 있는 숙소에 여장을 풀고 하룻밤을 묵었다. 천지 등정을 앞두고 일행은 장백폭포를 구경했다. 여기저기 분출하는 온천수에 계란을 삶아 먹는 경험도 직접 해 보았다.

8월 15일 새벽 드디어 지프차를 타고 백두산 천지연 바로 밑까지 간 후 10여 분을 걸어 천지에 당도했다. 천지의 날씨는 구름이 1분 간격으로 눈앞을 가릴 정도로 변덕스러웠다. 3대가 공덕을 쌓아야 백두산을 볼 수 있다는 속설이 있을 정도라고 했다. 운 좋게 구름이 걷히고 광활한 천지가 눈앞에 드러난 순간, 그 황홀한 풍광을 사진기에 담고자 연신 셔터를 눌렀다. 하지만 8월 15일이라는 날짜가 무색할 정도로 혹독한 추위 탓에 그만 사진기 셔터가 얼어버렸고, 품속에 사진기를 녹였다가 다시 꺼내 찍는 번거로움을 감수해야 했다.

천지 관광을 마치고 연변 시내에 있는 조선족 민속박물관을 관광했다. 볼일이 급해 화장실을 갔는데, 깜짝 놀랐다. 화장실에 문이 없었던 것이다. 기이한 화장실에 문화충격을 받아 박 사장과 함께 낯설어 했던

박찬익 사장은 훗날 귀중한 북한 언어 자료를 국내 학자들에게 소개하는 중요한 역할을 맡게 되었다. 또 동시에 박이정출판사의 책들을 중국에 수출하는 길을 열었으니, 멀리 내다보는 남다른 안목을 가졌다고 할 수 있다.

박영섭 전 강남대학교 교수는 경북 문경 출생으로 성균관대 대학원에서 문학박사 학위를 받았다. 강남대학교 국어국문학과에서 교수로 재직한 이후 정년퇴임했다. 『은어 · 비속어 · 직업어』, 『개화기 국어 어휘자료집 1~5』 『국어 한자 어휘론』 등 국어학과 관련된 다수의 저서와 논문이 있다.

기억이 지금도 추억 속에 남아있다.

이때만 해도 중국과 외교관계가 원활하지 못한 관계로 국어학을 연구하는 학자들이나 대학원생들에게는 북한이나 중국 연변 언어에 대한 자료가 없는 상태였다. 박 사장은 이러한 시대에 연변대학에 있는 여러 교수들과 오랫동안 친분을 쌓았고, 훗날 귀중한 북한 언어 자료를 국내 학자들에게 소개하는 중요한 역할을 맡게 되었다. 또 동시에 박이정출판사의 책들을 중국에 수출하는 길을 열었으니, 멀리 내다보는 남다른 안목을 가졌다고 할 수 있다.

세상사에 있어 홀로 살아갈 수 없다는 것은 누구나 알고 있지만 실천한다는 것은 어렵다. 30년 동안 그래왔던 것처럼, 앞으로도 직원과 출판사가 하나라는 마음으로 합심하길 바란다. 둘이 떨어져 존재한다는 생각을 하면 그 순간부터 발전은 없다. 아무쪼록 창립 30주년을 진심으로 축하드리며 직원 선생님들의 노고에도 감사의 뜻을 전한다.

'박이정'이라는 이름 속에 담긴 운명 같은 사명감

매순간이 소중했지만, 1995년은 정말 잊을 수 없는 해였다. 서광문화사, 서광학술자료사를 거쳐 지금의 박이정출판사가 탄생했기 때문이다. '넓이와 깊이가 있는 책을 만든다'는 의미를 담은 '박이정'은 내 인생에서 가장 가슴 뛰는 이름이자, 어떤 운명 같은 사명감을 느끼게 해주는 단어였다.

이름을 바꾸면서 책을 만드는 마음가짐도 바뀌었다. 이때부터는 영인본이나 자료집보다는 정식 조판한 책을 펴내는 일에 몰두했다. 특히 『성산 장덕순 선생 저작집』 10권은 '좋은 책을 만드는 출판사'라는 이미지를 알리는 데 큰 역할을 했다. 초기 자본이 없는 작은 출판사에서 감당하기엔 너무도 방대한 책이었고, 비용도 어마어마했다. 어쩌면 빚더미에 앉을 수 있는 큰 모험이었다. 그럼에도 나는 망설임 없이 전진했다.

전집 발간 이후 장덕순 선생님은 한국고전문학 분야를 연구하는 학자들을 격려하고자 1995년 8월 사재를 출연해 '성산학술상'을 제정하는 뜻깊은 일을 하셨다. 1996년 9월 제1회 시상식에서 조규익 교수님이 첫 수상자가 되었는데, 답사를 하던 그 모습이 지금도 눈에 선하다. 짧게 자른 머리에 강렬한 눈빛, 자신감 넘치는 언변은 좌중을 압도하고도 남았다. 나는 넋 놓고 바라보며 나중에 꼭 한번 그분의 책을 출판하고 싶다고 간절히 바랐다.

꿈은 이루어졌다. 몇 년 후 『만횡청류』, 『죽천행록』, 『무오연행록』 등을 펴낼 수 있었다. 교수님은 항상 나를 깍듯이 대했고 진심에서 우러나온 충고도 아끼지 않으셨다. 나는 고민이 있을 때면 연구실에 들러 상담을 받았고, 교수님은 인생선배로서 나름의 해법을 제시해 주셨다. 점심을 함께 먹고 교수님께서 손수 달인 차 한 잔을 마시고 연구실을 나올 때면 뭔가 고민이 해결된 것 같아 마음이 편해지곤 했다.

교수님은 본사 편집자문위원을 맡으면서 박이정이 좋은 책을 좋게 만들 것을 항상 주문하고 도와주셨고, 당신이 할 수 있는 일과 못하는 일에 대해 늘 확실한 답변을 주셨다. 덕분에 복잡했던 상황이 순조롭게 정리될 때가 많았고, 출판인으로 살아가는 법을 많이 배우고 깨달았다.

✉ 저자에게 온 편지 | 조규익 숭실대 교수

'책 허기'를 채워준 은인

학문적 도정을 마무리하고 있는 요즈음. 보잘 것 없는 나를 이룬 모든 것들을 가끔씩 떠올려 본다. 오늘의 나를 만든 9할은 선조들이 남겨주신 작품들과 선학들의 연구들, 그리고 그것들을 모으고 가공하여 눈앞에 디밀어 준 학술출판 사업자들의 덕이다. 그 중심에 박이정과 박찬익 사장이 있다!

음식과 책에 굶주리며 자랐다는 내 말을 요즘 젊은 세대들은 믿지 않는다. 나를 포함한 이 땅의 베이비부머 세대는 어린 시절부터 음식과 책에 대한 굶주림의 트라우마를 공유한다. 사실 친구들 가운데 나는 유독 더했다. 너덜너덜한 교과서를 제외하면, 글자들이 인쇄된 비료 부대나 아버지가 장마당에서 간간이 들고 오시던 '농민의 벗'이 유일한 '읽을거리'였다. 책에 관한 한 끔찍스런 암흑의 세월이었다.

간신히 사범대학 국어교육과를 졸업하고, 고교 국어교사를 거쳐 대학원에 진학해서도 '책 빈곤'으로부터 벗어나긴 어려웠다. 근근이 아르바이트로 번 돈에서 하숙비를 제하고 남는 돈은 전공 자료집의 할부대금으로 깨끗이 소진되곤 했다.

먹고, 입고, 잠자는 것을 수도승처럼 하면서도 틈틈이 책을 사 모으며 '골병 깊어지는' 청춘을 보냈다. 그런 가난 속에서 숭실대학교에 부임한 2년쯤 뒤부터 서광문화사의 박찬익 사장을 만나기 시작했고, 비로소 팔자라고 생각되던 '책 허기'로부터 얼마간 벗어날 수 있었다.

선학들의 옛 자료, 박이정 통해 배우고 익혀

박 사장은 새로운 영인 자료집들이 나올 때마다 그것들의 묶음을 두 손에 무겁게 든 채로 내 방을 찾아왔다. 그는 내 표정에서 책 욕심, 자료 욕심을 어떻게 읽어냈을까. 만날 때마다 그는 내 마음을 정확하게 파악하고 있었다. 그래서 우리의 대화는 늘 갓 우려낸 녹차처럼 따뜻하고 담담했다. 서울 유수의 대학에서 국문학을 전공한 박 사장은 유명한 은사 관련 일화들과 자신의 대학시절을 들려주곤 했다. 나처럼 시골에서 간신히 학업을 마친 '촌놈'으로서는 그의 말을 열심히 경청하는 게 고작이었다. 서울에서 대학을 다닌 베이비부머 세대들이 대부분 갖고 있던 '캠퍼스의 멋진 추억들'을 나는 갖고 있지 못했기 때문이다.

'설득의 달인'으로 생각되던 그로부터 배우는 게 많았다. 박 사장의 방문 횟수가 늘어날수록 내 빈 연구실은 자료집으로 차곡차곡 채워지기 시작했다. 내 호주머니가 빈 듯싶으면, '사정 되는 대로 주시면 된다'고 안심시키는 그의 따뜻한 말들이 나를 편안하게 만들었다. 단색 하드커버의 영인본들은 대부분 선학들의 논문 속에서나 구경하던 자료들이었다.

그런 자료들을 갖고 논문을 쓰면서 비로소 내 콤플렉스는 한 낱씩 사라지기 시작했다.

사실 선학들이 옛 자료들을 현대 활자로 옮겨놓거나 해석한 책들을 대할 때면 나는 늘 '암죽'을 떠올리곤 했다. 곡식의 가루를 밥물로 끓여, 갓 젖 뗀 아가에게 먹이던 죽이 암죽이다. 어릴 적 시골에서는 모유가 나오지 않거나 갓 젖 뗀 아가에게 엄마가 밥을 우물우물 씹어 죽처럼 만들어 먹여 주는 것이 흔한 광경이었다. 빨리 그 단계를 뛰어 건너 딱딱하고 거친 곡물 그 자체를 내 '이빨'로 씹어야 한다는 욕망이 강해지기 시작했다. 선학들이 읽기 좋게 현대 활자로 가

조규익 숭실대학교 국어국문학과 교수는 '한·중·일 악장의 비교연구'에 현역 막바지의 정열을 불태우는 중이다. 논문과 저서들을 비롯한 그동안의 연구 업적들은 홈페이지 '백규서옥'에서 확인할 수 있다.

공해 놓은 자료들 대신 영인본으로나마 거칠거칠한 원 자료들을 분석대상으로 삼고 싶었던 것이다. 어쩌면 박 사장을 의지하게 된 것도 당시 내가 '학문적 이유기(離乳期)'에 막 접어들고 있었기 때문이리라. 이제야 고백하건대, 박 사장이 놓고 간 자료들을 어루만지며 한 나절을 상념에 빠진 적도 있었다!

도전적 학문세계 보여주는 나의 분신, 두 권의 책

교수 생활 몇 십 년 해오면서 만용이라도 생겼던 것일까. 겁 없이 여러 권의 책들을 냈는데, 그 가운데 박이정이 만들어 주신 두 책은 잊을 수 없다. 『만횡청류의 미학』(1996년 초판/2009년 제2차 수정증보판)과 『17세기 국문 사행록 죽천행록』(2002년)은 나름의 도전적 학문세계를 보여주는, 내 분신들이다. 고전시가를 공부하면서 갖게 된 의문과 돌파구를 함께 제시한 것이 전자이고, 사행록(使行錄)에 관심을 갖게 된 후 발굴한 새 자료를 분석하여 학계에 보고한 것이 후자이다.

이른바 '시조'와 악장을 통해 학계에 진출한 입장이지만, 국문학계의 의식과 담론들에서 명목과 실질이 잘 들어맞지 않음을 느꼈었고, 그 점은 지금도 마찬가지다. 초창기 어른들이 잘못 끼우신 '첫 단추'의 관성 때문일 것이다. 학계에서는 굳건하게 '사설시조'로 호칭하지만, 『진본 청구영언』 편찬자 김천택의 원래 의도가 '사설시조' 아닌 '만횡청류'에 담겨 있다는 점을 필두로 그에 관한 모든 것을 그 한 권의 책에서 다루고자 했다. 정체된 학계의 분위기 속에 '사설시조' 아닌 '만횡청류'의 문예미학을 제시하여 고전시가의 이름을 바로잡겠노라는 나의 패기를 알아준 곳은 박이정뿐이었다.

전국을 누비며 고서(古書)를 찾아다니는 습관도 책에 대한 굶주림의 트라우마로부터 생겨났음은 물론이다. 탐서(探書)의 여정에서 최고의 고서 전문가 이현조 박사를 만났고, 그의 도움으로 『죽천행록』을 입수하게 되었다. 비록 '건/곤' 두 편 중 '곤 편'만 손에 넣었으나, 자료를 어루만지며 며칠간 잠을 못 이룰 정도로 생애 최고의 흥분을 경험하기도 했다. 그 덕이었을까. 국어국문학회에서의 논문 발표와 기고, 책 출간까지 나로서는 최단시간에 모든 것을 해치울 수 있었다. 그 과정에서 박이정의 호응과 도움이 결정적이었다. 최근 국립해양박물관이 소장하고 있는 '건 편'을 김윤아 박사의 해제로 내가 이끌고 있는 한국문학과예술연구소의 학술지(〈한국문학과 예술〉 28집)에 실을 수 있었던 것도 그 소중한 인연 덕분이리라.

학문적 도정을 마무리하고 있는 요즈음. 보잘 것 없는 나를 이룬 모든 것들을 가끔씩 떠올려 본다. 오늘의 나를 만든 9할은 선조들이 남겨주신 작품들과 선학들의 연구들, 그리고 그것들을 모으고 가공하여 눈앞에 디밀어 준 학술출판 사업자들의 덕이다. 그 중심에 박이정과 박찬익 사장이 있다!

비슷한 시기에 태어나, 이날까지 나는 학자로 그는 출판문화 사업자로 동행해 왔음을 오늘 비로소 깨닫는다. 그 세월이 30년이다! 앞으로 30년도 우리는 변함없이 그 길을 함께 갈 것이다.

최남희 동의대학교 교수는 연구자가 적은 고대국어 연구에 평생을 바친 학자다. 그는 잘 팔리지 않는 책을 흔쾌히 출판해준 박이정에 늘 고마워했고, 진심 다해 도와주려 애썼다.

부산 출장에서 받은 아주 특별한 봉투

나는 일 년에 두 번 정도 전국 대학을 다 돌아다니며 회사를 홍보하고 본사 책을 소개하고 저자를 물색해 섭외하는 영업통 출판경영인이다. 사실 국어국문학 시장은 넓다면 넓고 좁다면 좁다. 이런 시장은 상품의 특징이 뚜렷해야 판매가 확실해진다. 즉, 전문서는 전문적이어야 좁은 독자층이지만 확실히 판매가 된다고 나는 믿어왔다.

최남희 교수님은 연구자가 적은 고대국어 연구에 평생을 바치셨는데『고대국어 형태론』, 『고구려어 연구』, 『고대국어표기 한자음연구』 등도 이러한 생각에서 출판하게 되었다. 예상대로 초판은 대부분 재고 없이 모두 팔렸다. 교수님은 잘 팔리지

최남희 교수의 저서

않는 책을 두말없이 출판해 준 우리 출판사를 늘 고맙게 생각했으며 도와주려고 애를 많이 쓰셨다. 출판사 초기에 부산 출장을 가면 교수님은 늘 우리 책을 모두 사주셨고, 멀리서 와서 고생한다며 항상 점심이나 저녁 식사를 대접해 주셨다.

한번은 출판사에 다니는 대학친구와 같이 부산 출장을 갔다가 동의대에 들러 교수님을 찾아뵈었다. 당시에 교무처장을 맡고 계셔서 무척 바쁘셨다. 업무에 방해될까봐 서둘러 나오려

는데, 교수님이 내 친구에게 봉투를 하나 건네셨다. "멀리까지 오셨는데 식사 대접도 못해서 미안하군요. 얼마 안 되지만 저녁식사라도 하세요." 교수님은 미안한 표정을 지으며 이야기 하셨다. 친구는 당황해서 얼떨결에 봉투를 들고 나왔다. 저녁에 숙소로 돌아와 봉투를 열어 보니 10만 원이 들어 있었다. 당시에는 무척 큰돈이었다.

그 친구는 아무리 생각해도 이해가 가지 않는다면서 "출판사에서 교수님을 접대하는 것이 일반적인데 어떻게 같이 온 나에게 이렇게 많은 돈을 줄 수 있지? 무엇이 잘못된 것 아니냐?" 라고 몇 번이나 물었다. 나는 교수님 덕분에 으쓱해졌으며, 다음날도 일이 잘 풀려 책도 많이 팔고, 좋은 원고도 받아 기분 좋게 서울로 올라왔다.

교수님은 정년하신 후 시력이 점점 나빠진 데다 평생 사모님과 같이 여행 한 번 편히 다녀오 지 못했다며 "박 사장, 난 이제부터 공부는 놓고 차를 바꿔 전국을 여행하겠네. 이제 나를 찾 지 말게나"라고 하셨다. 그러고는 한동안 연락이 닿지 않았다.

늘 그리운 마음이 가득했는데, 2018년 김승곤 교수님 전집 출판회에서 최 교수님을 오랜만 에 만났다. 밝은 표정에 건강해 보여서 어찌나 기뻤는지 모른다. 반갑게 다가가 "교수님 이 제 유람을 마쳤습니까? 그러면 전화번호를 적어주세요" 했더니 "그래, 박 사장 이제는 적어 주겠네" 하고 내 수첩에 전화번호를 써 주었다. 유람에서 돌아온 교수님과 천년만년 인연을 이어가고 싶은 마음 간절하다.

영업직원 역할에 저자 소개까지 척척! 총판의 막강파워

우리 출판사는 영인본을 판매할 때부터 지방에 총판을 두었다. 대구에 교서관, 마산에 민 족문화추진회, 부산에 동국문화, 광주에 우리문화다. 이들 총판에서는 본사 책뿐 아니라 우 리와 비슷한 여러 출판사 책들을 지역 대학교 교수님이나 도서관에 직접 납품하는 역할을 했 다. 그들의 노고 덕분에 우리 출판사는 전국적으로 알려지게 되었고, 영업직원이 없던 시절에 는 직접 본사 책을 도매로 가져가 지방 영업까지 해주었다.

나는 일 년에 서너 번 총판을 방문해 사장님들과 저녁을 함께 하면서 지역 소식을 듣곤 했다. 우리문화사 최주호 대표님은 유 독 반갑게 맞아주었고, 대학교수 를 만날 때 동행하고 숙소까지 예 약해 주었다.

최 대표님은 다른 총판 사장님 들에 비해 나이가 젊었고, 누구

광주지역 총판을 책임지는 우리문화사 최주호 대표는 책 판매뿐 아니라 출 판 계획이 있는 교수를 본사와 연결해주는 일도 마다하지 않았다.

보다 적극적으로 영업을 했다. 단순히 책을 판매하는 데 그치지 않고 그 지역 학교나 교수 정보를 일일이 파악해 출판 계획이 있는 교수를 본사와 연결해 주었다. 당시 지역 총판에서는 우리문화사가 항상 매출 1위였다. 상대적으로 대구, 부산, 경남보다는 호남의 대학 수가 적은데 그만큼 적극적으로 영업을 했다는 증거다.

시대가 바뀌어 지방도 단일 생활권이 되고, 인터넷 판매가 활성화되고, 도서관도 입찰 형식으로 책 구매 방법이 바뀌면서 이런 총판은 대부분 없어졌다. 우리문화사는 몇 년 전부터 호남대학교 구내서점을 운영하면서 총판 일도 겸하고 있다. 나는 요즘도 최 대표님에게 호남지역의 대학과 교수 정보에 대해 자문을 부탁한다. 그러면 예전처럼 진심을 다해, 적극적으로 알아보고 조언해 준다.

출판사 초기부터 해외진출에 관심이 많았던 박찬익 대표는 일본 출판유통 견학 길에서 고려서점 박광수 대표를 만나 여러 도움을 받았다.

국내에 최주호 대표님이 있다면, 해외는 고려서림 박광수 대표님이 든든하게 지켜주고 있다. 오래 전부터 해외진출에 관심이 많았던 나는 짬날 때마다 일본의 출판유통을 견학하러 떠났다. 동경대, 동경외국어대 구내서점을 방문했고 일본 신주쿠에 있는 고려서림을 통해 본사 책을 일본 학자와 도서관에 납품하기에 이르렀다.

특히 일본에 본사 책을 소개해 준 고려서림은 우리와 거래한 지 20년이 넘는다. 일본도 우리나라와 비슷하게 전문서적은 전공교수나 학교 도서관에서 주로 구입을 하는데, 박 대표님은 일본의 신주쿠에 사무실을 두고 오랫동안 한국학 책을 수입해 일본 대학에 판매하고 있다. 한때 한국에도 지사를 둘 정도로 호황이었으나, 지금은 주문이 많지 않아 가끔 서울에 오시면 출판사를 돌아보며 직접 책을 구매하기도 하고 한국의 신간 도서정보를 받아가 주문하는 방식으로 운영한다.

나는 고려서림을 방문해 본사 책을 더 적극적으로 수출할 수 있는 방안을 논의했다. 또 고려서림뿐 아니라 신주쿠의 큰 책방에 도서목록을 돌리기도 했고, 동경대학교나 주요 대학 구내서점을 방문해 판로를 모색하기도 했다.

사실 그때는 노력에 비해 성과가 없어 좌절할 때도 많았지만, 돌아보면 그때의 작은 땀방울들이 모여 2000년 이후 본격적으로 우리 책을 해외로 수출하는 계기가 되었다는 생각이 든다.

 저자에게 온 편지 | 최우석 안동대 교수

'책의 산'을 오르는 학자적 '근면함'

어느 날 오후 한 통의 전화가 걸려왔다. 반가운 분이었다. 박이정의 사장님이셨다. 올해가 창사 30주년이라는 말씀에 흠칫 놀라며 한편 너무 기쁜 마음이 들었다. 흔쾌히 한 편의 글을 보내드리겠노라고 했다. 박이정출판사와의 그간의 인연이 실로 가볍지 않았기 때문이었다. 잠시 지난 일을 생각해 보기 시작했다. 중국어 교학 관련의 책을 번역서로 출간하기 위해 출판사를 찾아가 사장님을 처음 뵈었던 기억이 지금도 선하다. 털털한 인상에 반갑게 맞이해 주던 모습은 그 후로도 늘 한결 같았다.

그렇게 인연을 맺어 이런저런 책들을 몇 권을 더 출판하기에 이르렀다. 다만 이 시점에서 생각해 보니, 박이정에서 흔쾌히 출판해 준 나의 책들이란 것들은 독자들이 쉽게 접하여 그야 말로 '대박'이 나는 그런 종류하고는 너무나 거리가 먼 것이었다. 그럼에도 불구하고 박이정에서는 선뜻 수락해 주고, 게다가 한 권 한 권 정성을 다해 그 헐벗은 내용에 따스한 옷을 입혀 주어 세상에 빛을 보게 해 주었다. 고맙고 감사한 마음은 이루 말할 수 없었다. 이는 아마도 박찬익 사장님의 사업 마인드와 아주 깊은 관계가 있음을 충분히 짐작할 수 있다.

잇속만 챙기는 단순한 책 장사꾼과는 전혀 다른 길을 걷고 계시다는 말이다. 사석에서 보리밥 한 끼 식사라도 할 것 같으면, 이 시대에 필요한 '생각'은 무엇이고, 이 시대의 리더에게 필요한 '영감'은 무엇인가를 진지하게 고민했던 것으로 기억한다. 만일 어떤 하나의 '생각'과 '영감'이 필요하다고 느낀다면 바로 책으로 출판하여 세상에 빛을 보게 하는 것을, 아마도 당신의 '문화적 사명'으로 삼는 것이 아닌가라는 생각이 든다.

박 사장님을 생각하다보니, 불현듯 작년 일이 생각난다. 당시 나는 대전의 모 사립대학에서 교수 생활을 하다 안동의 국립대로 막 이직을 한 상태였다. 사장님께서는 이 소식을 듣자마자 한걸음에 안동에 오셨다. 알고 보니 사장님께서는 안동에서 고등학교를 나온 인연이 있었던 것이다. 물 시원한 안동댐이 바라다 보이는 월영교 앞의 어느 식당에서 이런저런 이야기를 나누다 나는 두 가지를 느꼈다. 그 하나는 이쪽에서 하는 말로 '한국 정신문화의 수도' 안동의 유서 깊은 전통과 문화야말로 사장님의 마음 깊은 곳에 자리한 가장 큰 저력이 아닌가 하는 느낌이었다. 다시 말해 전통을 잇고 새로운 것을 추구하려는 '온고지신(溫故知新)'의 정신 자체가 온전히 박 사장님의 그 '문화적 사명감'의 근원이 아닌가 하는 생각이다.

또 다른 하나는, 사장님은 참 부지런한 분이라는 점을 재삼 느꼈다. 이제 막 안동으로 옮긴 나에게 한걸음에 달려오셔서 "이제 안동에 왔으니 안동의 전통과 지역의 이야기를 최 교수의 학문과 접목해 보시오"라는 권언을 해 주신 것이다. 이 점은 지금도 나의 숙제로 남아 있다.

중국당대(唐代)의 대문호 한유(韓愈)는 "책이란 산에는 길이 있으니 부지런함을 지름길로 삼고, 배움의 바다에는 그 끝이 없으니 괴로움을 배 삼아 저어가야 한다(書山有路勤爲徑, 學海無涯苦作舟)"라고 역설한 바 있다. 물론 이 말은 학문의 길에서 취할 태도를 역설한 것이다. 그러나 그 '책이라는 산'은 한편에서는 그것을 읽고 완성해 나아가야 하는 학자의 '산'도 있겠지만, 또 한편에서는 독자나 학자가 읽어야 할 책을 만들어야 하는 '산'도 있음을 잊어서는 안 될 것이다.

사실 박 사장님은 어쩌면 그러한 학자적 '근면함(勤)'을 몸소 실천하며 '책의 산'을 오르고 계시는 것인지 모르겠다. 적어도 나의 눈에는 그렇게 보인다. 책을 만드는 것과 그 책을 통해 학문을 하는 것은 손바닥의 앞, 뒷면과 같은 이치일 것이 분명하기 때문이다.

박이정이 이제 창사 30주년을 맞이했다는 것은 작은 시작에 불과할 것이다. 일세(一世)가 30년이라고 한다면 그야말로 앞으로 백세(百世) 그러니까 300년은 족히 발전할 것이라 믿는다. 좋은 생각으로 부지런하게 움직이고 또한 전통의 가치를 알고 이 사회에 무언가를 기여하려는 마음가짐이 계속 이어질 것으로 믿기 때문이다. 벚꽃 흐드러지게 피어나는 이 봄에, 다시 한 번 박이정의 창사 30주년을 경축하고 사장님 이하 모든 임직원 여러분의 건강과 행운을 기원한다.

박찬익 사장님과 사석에서 보리밥 한 끼 식사라도 할 것 같으면, 이 시대에 필요한 '생각'은 무엇이고, 이 시대의 리더에게 필요한 '영감'은 무엇인가를 진지하게 고민했던 것으로 기억한다. 만일 어떤 하나의 '생각'과 '영감'이 필요하다고 느낀다면 바로 책으로 출판하여 세상에 빛을 보게 하는 것을, 그는 '문화적 사명'으로 삼는 듯싶다.

2000 ~ 2010

더 넓고 더 깊게 길을 내다

쉼 없이 앞만 보고 달려왔다. 한 치 앞도 볼 수 없는 터널 속을 달렸고, 높고 험한 산길을 수도 없이 오르내렸다. 어느덧 서른 중반을 넘어섰고 청년은 장년으로, 부침 많았던 신생 출판사도 제법 자리를 잡아갔다. 그렇게 21세기의 막이 올랐다. 그동안 아웃사이더에 가까웠던 박이정출판사는 문화체육관광부 우수도서 선정 덕분에 일약 스타로 부상했고, '좋은 책을 만드는 출판사'라는 명예로운 꼬리표를 달게 되었다. '올해의 출판경영인상', '문화관광부장관상' 등 과분한 상도 받았다. 다시 신발 끈을 동여맸다. 더 좋은 책을 만들기 위해 매일매일 숨 가쁘게 달렸다. 돌아보면 가장 뜨겁고 행복한 시절이었다.

외환위기에 시작한 대학원 공부, 21세기 첫해에 마무리하다

2000년 여름은 내게 뜻깊은 선물을 안겨주었다. 늘 마음속에 담아두었던 꿈, 바로 대학원 졸업이었다. 사실 1998년 입학 당시에는 외환위기 직후라 사회경제적으로 힘든 상황이었다. 출판사가 어느 정도 자리를 잡았지만, 그렇다고 미래를 낙관할 수 있는 처지는 아니었다. 그래도 용기를 냈다. 더 늦기 전에 못 다한 꿈을 이루고 싶었고, 조금 멀리 바라보면 사업에도 충분히 도움이 되리라 믿었다. 걱정보다 희망을 앞세웠다.

대학원 진학을 결정하자, 어떤 과를 선택할지가 고민이었다. 무엇보다 지금 하고 있는 일과의 연관성이 중요했다. 결국 언론대학원 출판·잡지 전공을 택했고, 5학기 만인 2000년에 「베스트셀러의 형성요인에 관한 연구」로 정치학 석사 학위를 받았다. 당시 논문을 쓸 때가 IMF 직후여서 중간에 포기하는 이들이 많았다. 나는 학위를 꼭 받아야 한다는 생각에 주경야독하며 논문을 완성했다. 졸업식 단상에 올라가 부모님 앞에서 학장상을 받을 때는 뭔가 뭉클하고 뜨거운 감정이 올라왔다.

사실 대학원을 다니는 동안 부모님께는 함구했었다. 이래저래 걱정하실 것 같아 말을 꺼내지 못했다. 그러다 졸업식에 부모님을 초대했는데, 어머니가 참 많이 우셨다. 아무리 집안사정이 어려워도 학교 다니는 걸 알았으면 등록금이라도 한번 보태줬을 텐데 혼자 사업하랴 학교 다니랴 얼마나 고생이 많았겠냐며 오랫동안 옷소매를 훔치셨다.

예상대로 대학원에서 배운 지식은 훌륭한 자양분이 되었다. 좀 더 멀리 내다볼 수 있는 안목이 생겼고, 합리적인 경영시스템에 대한 고민도 성장했다.

2000년부터 회사를 규모 있게 관리하기 위해 연간 예산을 세웠다. 예산이라고 해봤자 1년에 어떤 책을 몇 권 낼 것인가, 비용을 얼마나 쓸 것인가, 이런 내용들이었지만 예산을 세우고 나니 회사의 전체 살림이 한눈에 들어왔고, 보다 투명하고 짜임새 있게 운영하는 데 도움이 되었다.

또 직원들 대상의 실적평가표를 도입했다. 지인의 도움을 받아 공기업의 실적평가서를 우리 실정에 맞게 변형해 업무의 양, 업무의 질, 창의성, 적극성, 준법성 등 점수를 매겨서 직원을 평가했다. 직원이 100점, 사장이 100점 기준으로 총점을 매겨 연봉이나 진급에 반영했다. 좋은 점과 나쁜 점이 두루 있었겠지만, 보다 합리적인 인사시스템을 만들었다는 점에서는 나름 의의가 있었다고 생각한다.

이렇게 작은 회사에서 학술상을 만들었다고요?

창립 11주년 되는 2000년에 '박이정 학술상'을 제정했다. 언론에 스포트라이트를 받을 만큼의 대규모 학술상은 아니었지만, 우리 출판사를 위해 여러모로 애쓰는 저자들께 조금이나마 감사의 마음을 전하고 싶었다.

박이정 학술상 수상자

공정한 심사를 위해 편집자문위원에서 1차 심의와 2차 심의를 거쳐 최종 수상자를 가려냈고, 수상자들에게는 상장과 상패, 상금이 주어졌다. 학술상은 그해 학술적으로 가장 가치 있는 책을 낸 저자에게, 공로상은 회사 발전에 공을 세운 저자에게 수여했다. 또 가장 많이 판매된 책의 저자에게 감사패를 전달했다.

제1회 박이정학술상은 『옛말자료총서』를 쓰신 연세대학교 서상규 교수님이 학술상을 받았으며, 『독서교육의 이론과 방법』의 한국교원대학교 신헌재 교수님이 공로상을 수상했다. 감사패는 고려대학교 정광 교수님께 드렸다.

이듬해인 2001년 개최된 제2회 시상식에서는 『졸수재집』의 저자인 한양대학교 이승수 교수님이 학술상을, 김포대학교 육재용 교수님이 공로상을, 경희대학교 김진영 교수님이 감사패를 받았다. 『졸수재집』은 개인적으로나 사회적으로 지극히 불우했던 지식인 졸수재의 작품집으로, 시와 편지 체재별로 100수의 작품을 실어 한국 고전문학에 의미 있는 발자취를 남겼다.

2002년에 개최된 제3회 박이정학술상은 『생성어휘론』이 최종 선정되었다. "원저자가 학계에서 유명하고 번역도 빼어나며 글쓴이가 학계에서 유망한 사람으로서 역자의 노고에 손색없는 글이다"는 평과 함께 편집자문위원 전원이 손을 들어주었다.

이에 따라 『생성어휘론』의 저자인 경희대학교 김종복 교수님과 경북대학교 이예식 교수님이 학술상을 받았고, 공로상은 서울대학교 김광해 교수님께 돌아갔다. 국어학에서 높은 학문적 연구 성과를 거두었고, 본사에서도 여러 권의 책을 쓰셨으며, 인문과학 서적을 출판하는 데 자문해주신 공로에 대한 보답이었다. 감사패는 한국어교육연구학회(현 한국어교육학회)인 박기석 교수님께 드렸다. 우수직원상도 선정했는데 아동도서 권동환 팀장이 주인공이었다.

이렇게 박이정학술상은 총 3회에서 막을 내렸다. 더 오랫동안 이어가지 못한 아쉬움이 크지만, 시상식을 하며 서로의 손을 맞잡고 어깨를 토닥이며 함께 웃었던 소중한 추억들은 아직도 현재진행형이다.

'새파랗게 젊은 출판인'에게 주어진 너무 큰 상

박찬익 대표는 2001년 제15회 책의 날 기념일에 '문화관광부장관상'을 받았다.

2001년 '책의 해'를 맞아 문화체육관광부에서 우수도서를 선정했는데, 그동안 아웃사이더에 가까웠던 우리 출판사가 일약 스타로 부상했다. 당시 출판사별 다섯 종까지 선정할 수 있다는 제한 규정이 있었는데, 우리 출판사가 계속 상한선까지 우수도서를 내는 기록을 세운 것이다.

덕분에 '좋은 책을 만드는 출판사'라는 명예로운 꼬리표를 달게 되었고, 과분한 상을 받는 영광도 누렸다. 출판협동조합에서 주는 '올해의 출판경영인'으로 뽑혔고, 같은 해 제15회 책의 날 기념일에 '문화관광부장관상'도 받았다. 당시 내 나이가 서른일곱이었으니까 당시 정서로는 '새파랗게 젊은 출판인'이 큰 상을 받은 셈이다. 게다가 전문서적을 펴내는 출판사들은 외부에 많이 알려져 있지 않기 때문에 그동안 상을 받은 전례가 거의 없었던 터라 여러모로 화제가 되었다.

박이정이 대외적으로 인정받으면서 기쁨은 더 말할 나위가 없었지만, 한편으론 어깨가 무거웠다. 과분한 상에 부끄럽지 않으려면 앞으로 더 좋은 책을 만들어야 했다.

그러한 고민 속에서 나온 것이 바로 편집자문위원회 구성이었다. 2001년 김광해, 권재일, 조규익, 임지룡, 장수익, 이관규, 김종철, 신범순, 김외곤 등 국어국문학 분야에서 뛰어난 업적을 남긴 소장파 학자들을 초빙해 정기적으로 편집자문회의를 진행했다. 주요 역할은 원고에 대한 엄격한 심사였는데, 본사에 들어온 원고를 심도 있게 검증해 적합과 부적합, 가필 등급을 매겼고 편집자문위원회에서 통과한 원고만 출판했다. 전문가가 인정한 수준 높은 책을 만들기 위해 치열하게 토론했고 검증에 검

박이정은 2001년 편집자문위원회를 구성해 본사에 들어온 원고들을 엄격하게 검증했다. 덕분에 우수학술도서가 많이 선정되었다. 김광해 서울대 교수(가운데)가 초대 위원장을 맡아 큰 역할을 해주었다.

증을 거쳤다. 깐깐한 콘텐츠 선별 시스템은 성공적으로 운영되어 이후 우수학술도서가 많이 선정되었다.

서울대학교 국어교육과 김광해 교수님은 이때 초대 편집자문위원장을 맡아 박이정이 한 단계 올라서는 데 높고 튼튼한 사다리 역할을 해 주셨다. 1999년에는 박이정의 최고 베스트셀러로 꼽히는 『국어지식탐구』를 펴내 10년 넘도록 꾸준히 판매되는 기록을 세웠고, 2003년에 나온 『등급별 국어교육용 어휘』는 중국어판으로도 나와 해외수출의 좋은 선례를 남겼다.

교수님은 서울에 유학 온 중국 학생들을 유독 살뜰하게 보살피셨다. 어느 날 덕수궁 근처 식당에 중국인 유학생 모임이 있으니 시간 되면 참석하라고 하셨다. 도착해보니 20여 명의 유학생이 있었고 모두 학문에 대한 열의가 대단했다.

교수님은 이들에게 우리 출판사를 소개해 주었고, 나는 그 자리에서 "중국 유학생 여러분, 박이정에서 나온 책은 언제든 빌려 드리겠습니다. 사무실에 오셔서 빌려 가시고 열심히 공부해 교수가 되면 본사를 도와주세요"라며 기분 좋게 제안했다. 그 후 학생들은 수시로 우리 책을 빌려가 공부했고, 나중에 중국에서 훌륭한 학자가 되어 우리 책을 구매하거나 국제교류재단에 신청함으로써 간접적으로 우리 책을 중국에 수출하는 데 도움을 주었다. 그들 중에는 중국 저자로 활동하며 지금도 우리와 교류하는 이들이 많다.

애통하게도 교수님은 2005년 외국 출장을 다녀온 후 지병으로 세상을 떠나셨다. 그 후 민현식 교수님이 학과장을 맡아 제자들과 함께 김광해 교수님의 유고집을 준비해 2008년 추모연구서 시리즈 『문법현상과 교육』, 『어휘현상과 교육』, 『바다햇살 이야기』 3권이 세상에 나왔다. 지금도 그 책들을 보면 인자하셨던 생전 모습이 떠올라 가슴이 먹먹해진다.

학문의 길을 지켜준 귀한 책들

올해가 박이정출판사 창립 30주년이라고 하니 감개무량합니다. 제가 박이정출판사와 인연을 맺게 된 것은 지도교수님이신 고 김광해 선생님께서 저서 『국어지식 탐구』라는 책의 출간을 앞둔 1999년이었습니다. 선생님께서 원고 교정차 박이정출판사를 방문하시면서 저를 출판사로 부르신 것이 박찬익 사장님과의 인연이 되어 어언 20년간 박이정출판사와 한국어교육이라는 카테고리를 통해 연결되어 있었네요.

돌이켜 보면 저 자신이 한국어교육자의 일원으로 20여 년을 지나온 것이 결코 우연은 아니었던 것 같습니다. 한중 수교가 이루어지고 그 다음해인 1993년에 중국 대외경제무역대학에서 한국어 교수직을 권유받아 한국어를 가르치기 시작하였습니다. 대학에서 조선언어문학을 전공한 것이 밑천이 되어 한국어교육에 발을 들여놓긴 했지만 학문으로 가르치기에는 배운 지식이 현저히 부족하였습니다. 2년간 한국어를 가르치다가 1995년에 한국으로 나와 어렵사리 국어국문학 석사 과정을 마치긴 했지만, 국어학은 여전히 생소하고 두렵게만 느껴지던 늦깎이 유학생이었습니다.

1998년 9월에 박사과정에 진학하여 한국어교육 방향을 전공하게 되었는데, 그 무렵 박이정출판사를 방문하게 되었습니다. 지금도 기억이 생생합니다만, 박찬익 사장님께서 저를 책 창고로 안내하시고 사다리를 놓아야 뽑을 수 있는 유난히 높은 책꽂이에서 국어학 관련 책들을 이것저것 뽑아주셨죠. 지금도 서재에는 그때 받은 귀한 책들이 책꽂이에 꽂혀 있습니다. 『의미론 연구의 새 방향』(이승명 엮음), 『국어 반의어의 의미 구조』(전수태 저), 『국어 부사 연구』(손남익 저), 『개화기 어휘 자료집 5』(박영섭 저), 『국어 복합어의 의미 연구』(정동환 저), 『국어 동사의 의미 분석과 연결이론』(양정석 저) 등 도서출판 박이정 또는 서광학술자료사라는 이름으로 출간된 책들이었습니다. 그리고 보니 이 책들이 제가 박사과정을 공부하는 동안, 베이징으로 돌아와 대학에서 교수활동을 하는 지금까지 저에게 학문의 길을 걸을 수 있는 환경을 만들어 주었고, 묵묵히 저를 지켜보고 있었다는 생각이 새삼 듭니다.

더 나은 삶을 사는 비법은 매일 쓰는 좋은 물건에 있다고 말한 어느 일본 작가의 말에 공감하곤 하는데, 그중에서 좋은 책이야말로 결국 우리의 삶을 아름답게 채워주는 1등 공신이라고 생각합니다. 30년간 한국 사회의 발전 역사와 맥을 이어온 박이정출판사의 책 이야기는 국어국문학의 발전 역사를 고스란히 담았을 뿐만 아니라 책으로 이어지는 사람들의 학문 연구와 삶에 활력과 중요한 의미를 불어넣었을 것입니다. 어지럽고 잡다한 원고가 출판사 식구들의 섬세하고 정밀한 편집과정을 거쳐 깔끔하고 예쁜 책으로 손에 쥐게 되는 감동과 기쁨을 저자라면 누구나 잘 아실 겁니다.

2007년에 『한국어 교육문법과 의존구성 연구』라는 제목으로 한국어교육에서 문법 형태로 나타나는 관용 표현을 연구 대상으로 썼던 박사 학위 논문을 부분적으로 수정 보완하여 책으로 출판하였습니다. 누군가에게 쓸모없는 책이 되지나 않을까 하는 걱정과 함께 박이정출판사의 배려로 저의 첫 번째 졸저가 겁도 없이 세상에 나오게 되었습니다.

그리고 6년이 지나 2013년에 두 번째 저서 『코퍼스 활용과 한국어교육』이 출판되었습니다. 그 당시 이미 한국어 기본어휘 선정이나 학습사전 개발을 위한 표제어 선정이 말뭉치를 기반으로 이루어지고 있으며, 말뭉치를 활용한 어휘, 문법, 담화 측면의 연구가 이루어지고 있었습니다만, 한국어교육에서 누구나 친숙하게 활용하는 대상이 되지는 않았습니다. 이 책은 저와 같은 교수자를 포함하여 한국교어 전공자나 신진 연구자가 좀 더 쉽게 말뭉치에 접근하여 한국어교육 연구나 실제 교수-학습에서 말뭉치를 활용할 수 있는 기법을 모색하기 위한 의도로 집필되었습니다. 집필 의도는 좋았지만, 독자층이 제한된 학술 저서를 출판한다는 것이 출판사의 입장에서는 이익이 남지 않을 것이라는 것을 잘 알고 있었습니다만, 두 번째 책 원고를 또다시 박이정출판사로 보냈고 수개월 후 예쁜 책이 출판되었습니다.

코퍼스 자료는 언어적인 직관을 가지지 못한 외국인 연구자가 코퍼스 자료를 통계 분석하여 객관적인 언어 연구를 진행할 수 있는 가능성을 열어 주었습니다.

박찬익 사장님께서 저를 책 창고로 안내하시고 사다리를 놓아야 뽑을 수 있는 유난히 높은 책꽂이에서 국어학 관련 책들을 이것저것 뽑아주셨어요. 지금도 서재에는 그때 받은 귀한 책들이 꽂혀 있습니다.

박문자 교수 저서

　이어서 2015년에 베이징대학의 왕단(王丹) 선생님, 대련외국어 대학의 이민(李民) 선생님, 베이징 문화대학의 정일(丁一) 선생님과 한국 서울대학교 국어교육연구소 김가람 연구원과의 공동작업으로 이루어진 『한중 언어사전(中韩搭配词典)』도 박이정출판사를 통해 출판되었습니다. 이 사전은 2012~2013년도 서울대학교 국어교육연구소 공모사업으로 진행된 '한국어 어휘 결합 사전(韩国语搭配词典) 개발' 연구를 바탕으로 2년 동안 집중적으로 집필되었습니다만, 선뜻 사전을 출판하겠다는 출판사를 찾기는 쉽지 않았습니다. 집필 작업이 끝나고 몇 개월을 막연히 방치해두고 있다가 조심스럽게 박찬익 사장님께 말씀을 드렸더니 흔쾌히 출판을 승낙하셨습니다.

　중국에서의 한국어교육 연구와 학습자에게 쉽게 사용될 수 있도록 계획된 사전이기에 2,550개의 명사 표제어뿐만 아니라 표제어의 연어 형태까지 중국어로 뜻풀이하여 원고 분량이 적잖았는데, 6개월 만에 사전 편집과 3차까지의 교정작업이 일사천리로 진행되었습니다. 다섯 명의 저자가 공동으로 작업한데다 기술 언어가 한-중 두 개의 언어로 이루어져 자칫 혼선이 빚어질 수도 있었는데 권이준 편집장님이 잘 이끌어주시고 표지 디자인까지 모두 만족스러운 사전이 순조롭게 출판되었습니다.

　중국에서의 한국어교육은 한중수교 이후 본격적으로 시작되어 27년의 시간이 지난 지금 성숙기에 들어섰다고 볼 수 있습니다. 그동안 한국어교육에 필요한 교재, 사전, 학습 자료, 연구 저서들이 다양하게 출간되어 한국어교육의 밑거름이 되고 한국어교육의 성장을 뒷받침해 주었습니다. 이 중 박이정출판사에서 출간한 한국어교육 관련 도서만 130여 권에 달하며 한국어능력검정시험, 문법, 음운, 어휘, 문화 등 한국어교육의 내용 전반이 다루어지고 있습니다.

　올해 창립 30주년이 된 박이정출판사가 순탄치만은 않은 유년기, 소년기를 거쳐 활발하고 단단한 청년기에 접어든 것을 진심으로 축하하면서, 앞으로 한국어교육 발전에 더 큰 공헌을 하는 출판사로 번성하기를 기원합니다.

40년 지기 소중한 벗이자 영원한 자문위원

김진기 교수는 내 대학동기이며 우리 출판사의 중요한 저자다. 한국일보 기자로 재직하다가 국문학 박사과정을 마치고 모교 교수로 돌아온 멋진 이력의 소유자이기도 하다. 동기인 그는 내가 복학하던 3학년 때 부터 만나게 되었다. 그렇지만 졸업은 같이 한 사이다. 그러다 졸업 후에 그가 신문사에 다닌다는 소식을 들었는데, 불쑥 나타나 박사학위를 받고 대학교수 임용을 준비하고 있다고 나를 찾아왔다.

그는 나를 찾아와 임용 계획을 말하고 연구 성과물을 책으로 출판하기를 원했다. 첫 책은 『손창섭의 무의미 미학』이었다. 나는 친구를 도울 수 있는 위치에 있다는 사실을 기뻐하며 기꺼이 승낙했다. 당시 그는 강원도 모 대학에 지원할까, 본교에 지원할까 많이 망설이고 있었다. 나는 본교 지원에 승산이 있다고 생각해 용기를 주었다.

결과는 예상대로였다. 본교 교수가 되었다는 소식을 전하며 그는 거듭 고맙다고 말했다. 나는 "김 교수, 축하해. 선배이자 교수가 되었으니 누구보다 후배를 잘 지도하고 열심히 연구하는 모습을 보이게. 최소한 3년은 연구실에 불을 끄면 안 되네. 내가 가끔 돌아볼 거야"라며 친구로서 잔소리를 해댔다.

그 후 김 교수는 자랑할 만큼 높은 연구 실적을 쌓았고 보직도 맡아 학교에 봉사했다. 특히 동문회 활동에 누구보다 적극적으로 참여해 제자 사랑과 동문 사랑을 몸소 실천했다. 국문과 창과 50주년에는 동문회 사무국장을 맡은 그는 적극적으로 행사를 도와 50돌 행사를 그 어느 대학 어느 학과보다 성대하게 치렀다. 10년 후인 2016년 창과 60주년 행사 때도 내가 동문회장을 맡아 어렵게 행사를 주관했는데 물심양면으로 도와주어 큰 힘이 되었다.

김 교수가 쓴 『한국문학의 이념적 역동성 연구』가 2008년 대한민국학술원 우수도서로 선정되던 날, 우리는 함께 기뻐하며 서로에게 고마움을 전했다.

그는 대학 졸업 후 자주 모임을 갖는 친구 중 한 명이고, 본사의 영원한 자문위원이다. 어느덧 우리의 인연이 40년을 바라보고 있다. 그사이 예순이 지적인 중년이 되었고, 요즘 만나면 대화의 소재가 많이 달라졌다. 앞으로 보람 있게 여생을 살아가는 법에 대해 진지하게 이야기를 나눈다. 최근 우리 둘 다 아버지를 여의고 은사님을 많이 떠나보냈다. 그래서인지 일생을 같이할 친구의 존재가 더더욱 소중하게 느껴진다.

 저자에게 온 편지 | 김진기 건국대 교수

내 기억 속 까까머리 중학생

  박이정출판사가 30돌을 맞아 '박이정출판사 30년사'를 준비한다기에 열심히 박수를 쳐 줘야겠다고 생각했다. 박이정의 박찬익 사장이 워낙 열심히 출판사를 위해 뛰었거니와 그 성과도 만만치 않아서 이거야말로 축하해 주지 않으면 안 되겠다 생각했기 때문이다. 그런데 막상 글로 표현해 달라고 하니 막연하기 이를 데 없었다. 왜냐하면 출판의 중심인이 아닌 주변인으로서 박 사장으로부터 본인의 회사 얘기를 자세히 들은 바도 없었거니와 출판된 책에 대해서도 그 모든 것을 다 잘 알고 있지는 않기 때문이다. 박 사장이 본인의 회사에 대해 자랑을 떠벌리거나 과장해서 부풀려 말하는 사람도 아님을 아는 사람은 다 안다. 그래서 출판사 사정에 대해서는 사실 나는 잘 알지 못하는 터다. 그렇지만 나는 주변인으로부터 박이정출판사가 상당히 주목받는 출판사라거나 상술보다는 학문적 성과에 대해서 상당히 고민을 하는 출판 방침을 가지고 있다거나, 또 그 결과 아주 우수한 도서를 많이 출간하여 우수도서상을 받은 책들을 엄청나게 많이 보유하고 있다는 정도는 귀가 따가울(?) 정도로 듣기는 했다. 그런고로 출판사 얘기보다는 박 사장과의 인연 정도로 제한해서 박이정출판사 30주년을 축하하기로 하겠다.

박 사장과의 인연은 무려 35년여를 거슬러 올라갈 정도니 참 오래 만난 친구다. 누구나 그렇겠지만 그러한 오랜 인연을 맺은 친구들이 모두 다 내 곁에 남아 있는 것은 아니다. 어떤 친구는 참 떼려야 뗄 수 없을 정도로 허구한 날 붙어 다녔지만 세월에 장사 없다고 그만 뿔뿔이 흩어져 거의 못 만나는 친구가 부지기수다. 돌아보면 인생이란 아이러니의 연속이어서 그렇게 죽자살자 붙어 다녔으나 그 무슨 운명의 장난인지 다시는 볼 수 없게 된 친구가 한둘이 아니었던 것이다. 반면에 별로 크게 마음을 쓰지 않았지만 오히려 평생을 같이 가는 친구들도 있다. 세상사 요지경이란 말은 이럴 때 쓸 수 있으리라 생각된다. 그러면 박 사장과의 인연은 이 두 경우 중 어느 쪽이냐 하면 아마도 후자에 가까우리라 생각된다.

나는 그동안 박 사장이 무작정 좋거나 늘 만나고 싶어 하지는 않았던 것 같다. 그것은 박 사장도 마찬가지였으리라. 그래서 우리는 자주 만나지는 못했다. 일 년에 서너 번 골프를 같이 치거나 서너 번 술을 마신 정도고 가끔씩 점심을 같이 하거나 그가 학교에 들르면 보는 관계다. 이렇게 말하고 보니 그래도 그와 나는 꽤 자주 만난 것 같기도 하다. 친구로서 이만큼 만나면 아주 많이 만난 것이기도 하니까. 그런데 만나면 늘 마음이 편안했던 것도 사실이다. 그가 무슨 말을 해도 나는 좋았고 내가 무슨 말을 해도 그는 늘 편하게 대해 주었다. 물에 술탄 듯 혹은 술에 물탄 듯한 관계가 거의 30년 이상을 이어져 온 것이다. 이것은 박 사장의 진솔한 성격을 말해 주는 게 아닌가 생각된다. 그는 가식적

무려 35년여를 거슬러 올라갈 정도의 인연이니 참 오래 만난 친구다. 가까이에서 지켜본 그는 가식적이거나 위선적인 말을 결코 하지 않는다. 늘 진실했고, 내가 무슨 말을 해도 늘 편하게 대해주었다.

이고 위선적인 말을 결코 하지 않는다. 늘 진실했고 그에 따라 나도 그에게는 가능한 한 진실했던 것 같다. 지금도 박 사장이 산행을 가자거나 술을 마시자거나 하면 나는 마다하지 않는다. 시간이 여의치 못해서 성사가 안 될 뿐이지 결코 마다하지는 않는다는 말이다. 그와의 자리는 그만큼 편안하다.

"풍파에 놀란 사공 배 팔아 말을 사니,/ 구절양장이 물 도곤 어려 왜라!/ 이 후엘랑 배도 말도 말고 밭갈이나 하리라"라는 장만의 옛 시조가 있다. 이 시조는 임진왜란 이후의 충신 장만이 쓴 것으로 알려져 있어서 충신의 심경을 나타내고 있다고 하지만 그렇다고 밭갈이가 바다나 산악지대에서의 삶보다 고통이 크게 덜한 것도 아니다. 오히려 더 고통스러울 수도 있다. 그렇게 보면 무언가에 놀라 기왕에 해왔던 일을 포기하고 새로운 일을 한다는 것은 생각보다 성공할 확률이 그리 많지 않을 수도 있다. 그러니 한 우물을 파는 것이 얼마나 중요한 일이겠는가! 그런 면에서 보면 박이정출판사가 맞이한 30년 역사는 우리 사회의 큰 귀감이 될 수도 있겠다는 생각이 든다.

돌아보면 35년여 전 학생회관 2층 도서관 밖 흐릿한 불빛 아래에서, 그가 나에게, 아마 잡지사 여원이라고 생각되는데, 같이 원서 내러 가자고 한 적이 있다. 전철을 타고 잡지사에 들러 같이 원서를 내고 이후 연락이 없자 500만 원인가 하는 그 당시에 생각해도 그리 크지 않은 자본금으로 출판사를 하겠다고 동분서주하던 생각이 난다. 그때 그의 모습이 나에게는 왜 까까머리 중학생으로 기억되는지 모르겠다. 까까머리 중학생과 출판사 사장은 잘 연결이 되지 않아서 나는 곧 잊어 버렸다. 그리고 나도 당시 한국일보 기자 시험에 응시하여 기자생활을 하면서 대학원 생활을 병행해야 했기에 정신이 없어 그가 어떻게 지내는지 잘 몰랐다. 그러다 그 까까머리라고 생각되던 친구가 점점 사회의 중진 이미지로 바뀌면서 출판사의 중심 인물로 눈부시게 성장한 것을 나는 나중에야 알게 되었다. 그만큼 그는 저력이 있다. 그동안 숱한 좌절과 난관이 있었지만 그는 언제나 다시 일어섰고, 그것도 우뚝 일어섰다. 그래서 30주년을 맞는 지금 참으로 열렬히, 또 기꺼이 기립하여, 박수쳐 주고 싶다.

오늘날 4차 산업이 도래한다고 매스컴에서 난리들을 치고 있지만 4차 산업의 세계가 반드시 인류에 행복을 가져오는 것은 아니다. 그렇다고 오는 문명의 세계를 막을 도리는 없다. 그렇기 때문에 이 새로운 문명의 도래가 사회에 끼칠 모순과 해악에 대해 인문학적 성찰을 게을리 해서는 안 된다고 생각된다. 그 성찰의 주체는 TV도 하고 라디오도 하겠지만 결국은 인문학자들이라고 생각된다. 인문학자와 인문학적 출판사의 존재이유가 여기에 있다. 인문학적 성찰의 한가운데에 우뚝 선 박이정출판사는 지금까지 그래 왔던 것처럼 앞으로도 여전히 건재해야 하고 나아가 크게 번창해야 한다고 생각한다. 그래서 우리 시대의 과제에 대해 스스로의 역할을 충실히 해내야 하리라고 생각한다. 내 친구 박찬익 사장은 그 일을 잘 해낼 것이고, 안 그래도 그는 이 새로운 변화에 적응할 수 있는 더 큰 도전을 이미 준비하고 있으리라 생각한다. 그가 가는 길에 늘 영광이 따르기를 빈다.

출판사 울타리를 뛰어넘어 출판협회에 가입

박찬익 대표는 2003년 대한출판문화협회 조사담당 상무 등을 역임하며 출판 관련 협회 활동을 열정적으로 이어갔다. 사진은 대한출판문화협회 전경

'올해의 출판경영인', '문화관광부장관상' 등 대외적 수상이 계기가 되어 책을 만드는 일뿐 아니라 출판 관련 협회 활동도 본격적으로 시작했다.

2003년에는 대한출판문화협회 조사담당 상무이사로 일했다. 보통 연세가 지긋한 출판인이 맡았던 역할인데, 서른아홉 살의 젊은 패기로 겁 없이 도전했다. 이때 인연을 맺은 분이 일진사 이정일 회장님이다. 일진사는 과학기술책을 주로 출판하는 곳이어서 출판 초기에는 인연이 없었는데, 이 회장님이 제44대 대한출판문화협회 회장으로 선출되면서 함께 일하게 되었다.

사실 출판협회가 이렇게 일이 많은지 몰랐다. 매주 회의를 하고 문체부에서 요구하는 자료를 보내고 상근은 아니었지만 무척 바빴다. 게다가 수시로 출판사 회원들의 불만을 해결해야 했고, 언론에서 안 좋은 기사가 보도되면 수없이 걸려오는 항의전화에 해명하느라 진땀을 뺐으며, 서둘러 상무회의를 소집해 출판계 공식입장을 발표해야 하는 긴박함에 놓여야 했다.

물론 노력한 만큼 성과도 많았는데, '출판의 올림픽'으로 불리는 IPA총회를 유치했으며 프랑크푸르트 도서전 주빈국 행사도 치렀다. 이때 같이 일한 조은상, 최태경, 고영수, 노영혜, 황의민, 이강석, 진성민 등은 나의 출판 멘토이자 동반자다.

개인적으로도 새로운 일들을 많이 밀어붙였고, 몇 가지는 작은 성공을 거두었다.

첫 번째는 매년 대한출판문화협회에서 출판연감이 계속 나오는데, 한 권은 통계자료고 또 한 권은 종합도서목록이었다. 아무리 봐도 그 방대한 내용을 두꺼운 종이책으로 만들 필요가 없다고 생각해 종합도서목록은 책 대신 과감하게 CD로 대체했다. 원래 계획은 도서목록의 제작비용을 절약해서 영문판 연감을 만들어 세계에 우리 책을 널리 알리고자 했는데, 원대한 꿈은 이루지 못했다.

두 번째는 출판협회 소식지를 만들었고, 세 번째는 각 나라의 저작권법이나 출판계약서, 양

식서 등 필요한 자료들을 홈페이지에 올려 회원사로 등록된 출판사에서 서비스를 받을 수 있도록 했다. 또 출판 관련 소프트웨어를 관리하면서 열정 다해 일했다. 때론 의욕이 지나쳐 의견대립을 할 때도 있었지만, 그때는 참 순수했고 대담했다.

그 후 이정일 회장님 주선으로 산악회에서 백두대간 팀을 구성해 12년 동안 1대간 9정맥을 함께 등반했다. 나는 오늘도 한국출판인산악회 회장으로 이 회장님이 기획한 '평화누리길 코스'를 함께 걸으며 평화로운 인생이 여생까지 이어지길 바라본다.

제44대 대한출판문화협회 회장을 맡아 굵직한 성과들을 낸 일진사 이정일 대표는 등산 마니아이며 매주 출판인들과 산을 오르며 놀랍게도 백두대간 종주를 두 번이나 했다.

근본부터 원칙적으로! 인생 한수를 배우다

2008년 제46대 대한출판문화협회 회장에 공옥출판사 백석기 대표님이 출마하면서 선거캠프로부터 함께 도와달라는 제안을 받았다. 백 회장님은 출판계가 뜻이 모이지 않을 때마다 외부에서 여러 활동을 해 오신 분이라 평소에도 많이 신뢰하고 있었다.

예상대로 백 회장님은 당선되었고, 거의 매일 출근해 협회 일을 철저

백석기 공옥출판사 대표

하게 관리하셨다. 김병준, 임요병, 강기준, 이병덕, 김영성 등이 함께 임원으로 활동했다. 나는 홍보담당 상무를 맡아 언론사 기자들에게 협회 홍보와 보도자료를 제공하는 등 많은 교류를 했다. 도서전에 기자들을 초청하고 대동해 취재를 도왔으며, 연말이나 출판경영자세미나에도 초청해 협회를 알리는 역할에 최선을 다했다. 백 회장님은 늘 나를 신임하고 격려해 주셨다.

〈출판저널〉을 협회에서 유지하기 힘들어 수차례 방안을 모색한 결과, 다른 곳으로 이관하여 계속 출간하기로 결정했다. 하지만 이로 인해 갈등과 오해가 발생했고, 출판문화대상 담당상무로서 시상도서 접수부터 발표까지 어려움이 많았다. 이때 백 회장님은 "박 상무, 소신껏 판단해 일하세요. 나는 상무를 믿습니다"라며 힘을 실어주셨다. 어떤 일이든지 근본부터 원칙적으로 처리하라고 말씀하신 백 회장님과 함께 일하면서 인생의 중요한 한수를 배우는 행운을 누렸다.

출판 관련 협회 활동을 하면서 만난 숱한 인연 가운데, 부길만 교수님을 빼놓을 수 없다. 교수님은 한길사 편집장을 거쳐 한양대학교에서 언론학 박사 학위를 받고 늦깎이 교수로 활동하셨는데, 동원대학교 출판미디어학과 교수로 재직하실 때부터 나는 출판에 대해 수시로 자문을 구했다. 또 교수님이 한국출판학회 회장으로 활동하실 때는 내가 이사직을 맡아 학계와 출판업계의 유대 강화, 한중출판학회 후원 등을 함께하며 손발을 맞추었다.

나는 10여 년간 한국출판학회에서 출판학과 출판 업무를 하나씩 배워갔다. 한중출판학회에 참석하기 위해 여러 번 중국을 방문했으며, 한국에서 학회를 할 때는 중국 출판인들을 위한 저녁만찬을 준비했다. 또 출판정책토론, 각종 출판 관련 심사, 출판학과 학생을 위한 특강, 국가정책 과제인 NCS 출판유통편 공동 집필도 도맡아 했다. 무엇보다 한국출판학회의 연구분과인 다문화 출판 연구회장을 맡아 세미나를 개최했으며, 덕분에 다문화 출판을 우리 출판사에 적용할 수 있는 좋은 기회를 얻기도 했다.

부길만 교수님은 항상 소탈하고 상대방을 먼저 배려하는 삶이 몸에 배어 있는 분이다. 교수님과 나는 한국출판인산악회 회원으로 한 달에도 몇 번씩 등산을 같이하고 정맥등산도 하는 사이다. 1박 2일 동안 함께 숙식을 하다보면 큰소리도 나게 마련인데 교수님의 온화한 성품은 단 한 번도 흐트러진 적

부길만 교수

이 없었다. 또 힘든 등산을 마치고 돌아온 저녁에도 항상 책이나 신문을 펼쳐보셔서 다들 "부길만 교수님은 천생 교수야. 교수를 하지 않으면 뭘 했을까?"라고 농담을 주고받곤 했다. 그러면 교수님은 "나는 산에만 오면 아이디어가 막 떠오릅니다. 이것을 기록해두었다가 여러 곳에 제공하지요" 하며 소탈하게 웃으셨다. 교수님은 실제로 '아이디어 뱅크'인데, 우리 출판사가 '패러다임'이라는 사회과학 책을 출판하는 계기를 만들어주셨고 지금도 이 분야 기획편집전문위원으로 도움을 주신다.

이번에 박이정출판사 30년을 기록하는 일에도 편찬위원으로 많은 애를 쓰셨으며, 책의 체계를 잡는 데 아이디어를 많이 내셨다. 교수님이 안 계셨더라면 박이정 30년사는 꿈도 꾸지 못했을 것이다. 지면을 빌어 늘 감사한 마음을 전한다.

가장 감동적인 책은 바로 '사람'

책을 만드는 일은 다양한 인연을 짓는 과정의 연속이다. 책에서 주는 감동도 크지만, 사람이라는 책 자체에서 더 많은 감동을 받곤 한다.

박영순 교수

고려대학교 국어교육과에 재직하셨던 박영순 교수님은 2001년 『한국어 문장의미론』을 비롯해 국어교육과 한국어교육 관련 저서를 많이 펴낸 대학자로 손꼽히는 분이다. 나중에 알았지만, 교수님은 나와 같은 경북 예천 출신이며, 예천여자중학교를 나오셨다.

보통은 고향 사람이라며 친근하게 대하기 마련인데, 교수님은 공적으로는 고향 사람이라는 티를 내지 않으려 애쓰셨고, 나 또한 조심스럽게 교수님을 대하려 노력했다.

밖으로 드러내진 않으셨지만 교수님은 항상 먼발치에서 우리 출판사가 잘 되길 바라셨고, 책 표지 디자인에도 식견이 높아 더 나은 책, 더 인정받는 출판사가 되는 데 많은 도움을 주셨다. 때로는 인관관계에 대해 조언을 해주신 덕분에 예의와 품격의 관계가 무엇인지 몸으로 배울 수 있었다.

2000년대 들어서면서 박이정이 안정적인 수익기반을 갖추고 대외적으로도 좋은 책을 만드는 출판사로 인정받았는데, 교수님의 책이 핵심적인 역할을 했다. 교수님은 고려대뿐 아니라 국외 학술활동과 국내 학회 창립, 국어정책 등 상당한 분야에서 전문가로 활동하면서 항상 모범이 되는 삶을 살아오셨고, 그런 분과 인연이 있다는 이유만으로도 든든하고 큰 위로가 되었다.

부산대학교 이헌홍 교수님은 우리 출판사를 늘 걱정하고 챙겨주시는 어머니 같은 존재다. 2005년『동북아시아 한민족서사문학 연구』를 비롯해 여러 저서를 펴내셨고, 고전문학 개론서인『한국 고전문학강의』등은 교재로 꾸준히 판매되고 있다.

교수님은 책을 선물하기 위해 출판사를 통해 직접 구입한 적도 여러 번이었는데, 출판사 사정을 생각해 항상 입금을 서두르셨다. 부산에 들러 교수님을 찾아뵈면 우리 출판사를 위해 무엇을 도울 수 있을지 항상 고민하고 걱정해 주셨다. 또 어느 학자분이 열심히 연구하고 책을 낼 계획이 있으니 연락을 해봐라, 어느 학교에서 교재 채택이 가능하니 견본을 보내고 상의해라 등등 여러모로 챙겨주셨다.

이헌홍 교수

고맙고 그리운 마음에 가끔 전화를 드리면 "박 사장, 나 요즘 골프 치러 다녀서 바쁘다네. 전화 늦게 받아 미안해"라며 밝은 목소리가 전화기 너머로 들려온다. 그 목소리에 나도 모르게 힘이 나고 무엇이든 할 수 있을 것 같은 용기가 샘솟는다.

안기부와 서울시경에서 연락이 왔다!

2000년대 들어서면서 뜻하지 않은 좋은 소식들로 가슴 벅찬 순간들이 많았지만, 한쪽에선 생사를 오가는 악몽 같은 시련을 겪기도 했다.

2000년 어느 날, 북한에서 조선어를 연구해 65책으로 집대성한 것이 있는데 한국이나 일본에서 펴냈으면 좋겠다는 제안이 들어왔다. 북한에서 다 기획해 놨다고 해서 흔쾌히 승낙했다. 1차적으로 원고 다섯 권 정도를 상명대학교 최기호 교수님이 받아왔는데, 다시 타이핑을 하고 북한말이기 때문에 교정보기도 매우 힘들었다. 그래도 김대중 정권의 햇볕정책이 시행되던 시기여서, 속으론 좋은 일 했다고 정부에서 남북교류협력기금 같은 것을 주지 않을까 내심 기대도 했다.

하지만 꿈은 이내 무참히 깨졌다. 당시엔 북한 책을 내려면 정부 당국에 신고를 해야 했는데, 우선 대한출판문화협회에 신고를 해달라고 한 후 자료를 전달했다. 한 달이 지난 후에야 돌려주기에 아무런 문제가 없거나 대한출판문화협회에서도 해결하기 힘든 문제라고 생각해 책을 냈다. 당연히 사상 책이 아닌 국어 책이었기에 아무런 문제가 없다고 판단했던 것이다. 그런데 홍보를 하던 중 갑자기 안기부와 서울시경에서 연락이 왔다.

청와대 옆 효자동에 지금도 우리은행이 있는데, 그곳이 옛날에는 상업은행이었다. 그쪽으로 나오라 해서 갔더니 검은 선글라스 쓰고 키 큰 사람이 까만 차를 세워놓고 신분만 확인하고는 차에다 밀어 넣어 안대를 씌우고 어디론가 끌고 갔다. 지금도 뚜렷하게 기억하는데 건물 양옆 기둥에 '부국상사'라고 쓰여 있었다. 그곳에 들어가니 두꺼운 철문이 두 개 정도 있었고,

쇠로 된 의자와 쇠고랑도 보였다. 그곳에서 꼬박 10시간가량 조사를 받았다.

그들은 나에게 국가보안법이나 남북교류협력법을 위반했다며 혐의와 증거 수사를 이어갔고, 결국 남북교류협력법 중 북한물품반입죄로 재판받아 벌금형을 선고받았다. 재판에 불려 다니다 보니 꼬박 3년이 걸렸다. 육체적으로 정신적으로 견디기 힘든 시기였다. 하지만 무엇보다 사업이 중단되는 바람에 책(『조선어학전서』)을 완간하지 못한 것이 지금까지도 아쉬움으로 남아있다.

나는 이후에도 미행이나 전화 등으로 감시를 받았고, 불면증에 시달리기도 했다. 원고를 가져온 최기호 교수님도 함께 고초를 많이 겪었다.

하지만 끝이 아니었다. 『조선어학전서』의 계약조건이 '책 한 권당 원고료 100만 원을 준다'였는데, 당시엔 적은 금액이 아니었다. 나는 직접 북한으로 돈을 보낼 수 없어 연변에 있는 담당자를 통해 전달했다. 하지만 몇 년 후 예상치 못한 일이 일어났다.

『남북한 통일어사전』을 만든다고 한국 학자들이 북한을 왔다 갔다 할 때였는데, 북한에 갔던 모 학자가 '박이정에서 북한 원고를 가져가서 책까지 내놓고는 저작료도 안 줬다'는 얘기를 들었다고 하는 게 아닌가. 900만 원을 다 보냈는데 청천벽력 같은 소리였다. 다행히 그 담당자 통장으로 원고료를 보낸 내역이 남아있어서 누명을 벗었다. 중간에서 전달이 잘못 된 것 같다. 좋은 일 하려다 안기부에 끌려가고 한국에 있는 국어학자들에게 오해까지 받았으니 출판사 하면서 가장 억울한 일이 아니었을까 싶다.

그 후 십 년이 훌쩍 지났지만, 지금도 그때를 생각하면 아찔하다. 다시 그 시간으로 돌아가면 『조선어학전서』를 다시 낼까? 내 자신에게 물어볼 때마다 항상 답은 같다. 위험을 감수하고라도 꼭 출간할 것이다. 물론 그땐 좀 더 철저히 준비해서 『조선어학전서』 65책 전부를 내고 싶다.

반생을 돌아보며 인연을 생각하다

요즘 한-일 관계는 아주 좋지 않습니다만 일본에서 한국어를 배우는 사람들은 계속 늘고 있습니다. 국가 간의 관계는 좋지 않아도 사람 사이의 관계는 잘 유지하는 것이 좋습니다. 박찬익 사장님을 비롯한 많은 한국 분들이 저에게는 소중한 인연입니다. 이러한 좋은 관계가 계속 유지되고 또 점점 더 늘었으면 좋겠습니다.

『박이정출판사 30년사』에 글을 보내신 다른 분들에 비하면 제가 박이정출판사와 깊은 인연을 맺고 있다고 하기 어렵습니다. 그러나 한국인이 아닌 외국인 중에서, 그것도 외국 교육기관에 근무하는 사람 중에서는, 그나마 적지 않은 인연이 있는 편입니다. 이번 기회에 저의 반생을 되돌아보면서 박이정출판사와의 인연을 생각해 보겠습니다.

저는 1982년부터 1986년까지 일본의 지방 국립대학에서 경제학을 전공했는데, 경제학보다도 다른 방면에 관심이 많았습니다. 예를 들어 일본 고대사, 철학, 중국 사상, 인도 사상, 동양 무술 등에 관심을 가지고 대학 4년 동안에 천 권 이상의 책들을 사서 읽었습니다.

명확한 계획도 없이 1988년 10월에 처음 한국에 놀러왔습니다. 그때는 한글을 한 글자도 모르고 한국어를 한마디도 모르는 상태였고, 한국으로 이동하는 비행기 안에서 한글과 한국어를 조금 공부했습니다. 그전에 접해 보지도 못했던 글자와 언어가 너무나 신비롭고, 정말 이런 글자와 언어를 사용하는 사람들이 존재하고 있을까 하는 의심까지 해 보았습니다. 한국에 도착한 뒤 책에서 배운 몇 마디 말을 해 보니까 상대방이 알아듣는 것이 신기했습니다.

일본에 귀국한 뒤에도 그 경험을 잊을 수 없어서, 1989년 4월부터 고려대학교 민족문화연구소 한국어문화연수부(현재의 한국어센터)에서 어학연수를 받았습니다. 다만 그 시절에는 대학생들의 시위가 심해서 대학 안에 못 들어가고 부속 중학교에서 수업을 받은 기억이 납니다. 그 즈음 박이정출판사의 전신인 서광문화사가 창립되었는데 저는 아직 인연이 없었습니다.

그다음 1991년 말부터 1992년 말까지 광주에 있던 외국어 학원에서 일본어를 가르쳤습니다. 그러면서 한국어를 더 전문적으로 배우고 싶다는 생각이 간절해졌습니다. 그리고 1993

년 3월 부산대학교 대학원 국어국문학과에 입학하여 국어학을 전공하게 됐습니다. 대학원에서 공부하는 과정에서 당연히 서광학술자료사 책으로 배울 기회도 자주 있었습니다. 약간의 인연이 생기기 시작한 것입니다.

1995년 3월부터는 마산시(현재의 창원시)에 있는 창신전문대학(현재의 창신대학교)에서 일본어를 가르쳤습니다. 그 즈음 서광학술자료사에서 박이정으로 상호를 바꾼 것 같습니다.

1999년 2월에 부산대학교 대학원 박사 과정을 수료하고, 1999년 3월부터 서울에 있는 동국대학교에서 일본어를 가르치게 되었습니다. 그 당시에는 박찬익 사장님께서 직접 영업을 하시는 경우가 있었으며, 제 연구실을 찾아오셔서 새로 나온 책들을 소개해 주셨습니다. 사장님은 인상이 좋으셨고 저와 동갑이라 금방 친해졌습니다. 그 시기에 경제 사정이 넉넉하지 않았는데 그러한 상황에서도 전공 관련 서적은 거의 다 구입해서 모았습니다.

2008년 4월부터 도카이대학에서 한국어를 가르치게 되어 일본에 귀국하였습니다. 귀국하기 전에 임지룡 선생님으로부터 『언어의 인지과학 사전』 번역을 제안받아 작업을 계속했었습니다. 일본에 귀국하고 나서도 임지룡 선생님과 박이정출판사와 연락을 주고받고 그해 7월에 출판을 할 수 있었습니다. 사실 그때를 생각하면 상당히 미안한 마음이 생깁니다. 번역자 3명이 서로의 번역을 여러 번 검토하고 원고를 넘겼는데도 교정을 볼 때마다 원래의 흔적이 없을 정도로 고치고 또 고쳐서 편집자 분께 폐를 끼쳤습니다. 편집자 분께서 힘들어하셨다는 이야기를 나중에 전해 들었지만 욕을 들어먹어도 변명할 수 없을 정도였습니다. 출판을 해 봐야 타산이 맞지도 않는 그런 전공 사전을 끝까지 성심성의껏 편집해 주시고 예쁘게 꾸며 주셔서 아무리 감사해도 모자랍니다. 그 사전을 번역·출판하면서 저 자신도 인지언어학 전반에 대해서 많이 배웠고 논문을 쓸 때 지금도 참고하고 있습니다.

이렇게 반생을 돌이켜보면 인생은 우연적 요소에 크게 좌우된다는 것을 실감합니다. 대학생 때만 해도 한국이나 한국어에 전혀 관심도 없었던 사람이 한국어를 전공하고 한국어를 가르치면서 살고 있다는 사실이 참으로 묘합니다. 또 처음에는 이런 글자와 언어를 사용하는 사람들이 실제로 존재하고 있을까 하는 의심을 품었던 사람이 어느새 그 글자와 언어를 사용하고 이렇게 글을 쓰고 있다는 사실이 믿어지지 않습니다. 가끔 왜 한국어를 전공했느냐는 질문을 받곤 합니다. 그런데 저 자신도 제대로 설명할 수가 없습니다. 그러나 한국어를 전공한 것에 대한 후회는 추호도 없습니다.

요즘 한-일 관계는 아주 좋지 않습니다. 그래도 일본에서 한국어를 배우는 사람들은 계속 늘고 있습니다. 국가 간의 관계는 좋지 않아도 사람 사이의 관계는 잘 유지하는 것이 좋습니다. 박찬익 사장님을 비롯한 많은 한국 분들이 저에게는 소중한 인연입니다. 이러한 좋은 관계가 계속 유지되고 또 점점 더 늘었으면 좋겠습니다. 제가 쓴 책이 아니지만 『역대한국문법대계』와 『조선어학전서』 등은 어학 전공자들이 반드시 소장하고 참조해야 할 귀중한 자료입니다. 박이정출판사가 앞으로도 학술적으로 의의 있는 책을 발간해 주길 바라고 더 크게 번창하기를 바랍니다.

K팝 다음 주인공은 누구? 'K북' 나야 나!

2000년대 전 세계적으로 '한류' 붐이 일면서 각 대학에 한국어 언어교육원이 개설되고 한국어 교원양성소가 생기는 등 한국어교육이 큰 반향을 일으켰다. 이런 흐름에 발 빠르게 움직여 한국어교육 분야를 새롭게 개척한 일은 두고두고 잘한 일이라 생각된다. 2005년 허용 교수님과 한국어교육 유학파 1세대들이 모여 만든 『외국어로서의 한국어교육학 개론』이 히트를 치면서 우리 출판사의 해외 활동이 본격화되었다.

나는 우리 책을 해외에 소개하기 위해 틈틈이 해외 출장을 떠나 각 나라의 출판문화와 특성을 온몸으로 체험하며 공부했고 특히 영미권이나 동남아시아, 유럽에 집중해 우리 책을 소개하는 데 전력을 다했다. 책 뒤표지에 영어로 제목을 표시하고, 디자인도 각 나라의 취향에 맞게 바꾸었으며, 영문 홈페이지를 만들어 홍보 활동도 열심히 했다.

대한출판문화협회 독서담당상무를 하면서 해외에 우리나라 책을 보내는 활동도 했다. 문화관광체육부에서 위임받아 1년에 한 번씩 정부예산으로 책을 구입해 한국 책을 필요로 하는 나라에 보내는 행사를 맡았다. 문체부, MBC 등이 공동 주최했으며, 예산은 3억 원 내외였다.

이 행사는 한국출판협회에서 모든 것을 준비하고 진행했으며, 독서담당상무가 책보내기 단장 격을 맡았다. 나는 한국 책을 요청한 나라와 기관을 방문해 어떤 책이 필요한지, 보낸 책은 잘 정리되고 활용되고 있는

박찬익 대표는 대한출판문화협회 독서담당상무를 하면서 해외에 우리나라 책을 보내는 활동에 열정을 쏟았다. 사진은 2009년 프랑스 까를대학 도서 전달식

지 현지 실사를 나갔으며 베트남, 필리핀, 체코, 프랑스 등을 방문해 영사나 한인학교 교장 등 다양한 관계자들을 만났다.

대련민족대에서 받은 도서기증 감사패

당시 해외를 나가보면 대부분 한국 책이 없거나 오래된 백과사전, 어린이 책만 비치돼 있는 경우가 많아 무척 안타까웠다. 그래서 한국출판협회 상무를 그만둔 후에도 전자출판조합을 통해 캐나다 한국인 도서관에 책 2,000권을 모아 보내면서 우리 출판사 책도 200여 권 보냈고, 매년 두 군데 정도 추천을 받아 출판사 자체적으로 책을 전달하고 있다. 한국어를 연구하는 기관이나 학자들이 주 대상이다.

또 우리나라 대학과 자매결연을 한 해외 대학이나 우리 저자가 교환교수로 활동하면서 책 기증을 요청한 경우 책을 후원했다. 중국의 곡부사범대학교는 평택대학교와 제휴를 해서 500권 이상을 보냈다. 중국에서 열린 학회를 통해서도 책보내기 활동을 이어갔다. 대련민족대학교, 복단대, 태국 탐마삿대, 베트남 하노이대 등에 책을 기증했다.

국내에서도 책보내기 활동을 지속적으로 실시했다. 용문초등학교 제49회 동창회장을 맡았을 때 모교에 1,000여 권의 도서를 기증했다. 초등학교이기 때문에 어린이 도서를 출판하는 출판사를 찾아가 책을 후원받기도 하고 도매가로 구매하기도 했다. 또 강남구청에서 책을 모아 산간벽촌이나 외국에 책 보내는 일을 하는데, 우리 출판사는 연간 200부 내외를 5년 이상 후원했다.

나는 항상 우리나라가 '문화민족'이라는 데 큰 자부심을 가지고 있다. 특히 책은 정신문화의 가장 기본이 되는 매체이기 때문에, 우리 책들이 방탄소년단이 이끄는 'K팝' 열풍처럼 전 세계인들에게 큰 영감과 감동을 줄 수 있는 날이 오길 간절히 바라며, 반드시 'K북'의 시대가 올 거라 믿는다. 그날을 기다리며 나는 오늘도 해외 곳곳에 한국 책을 부지런히 기증 후원하고 있다. 매우 설레고 행복한 마음으로.

 저자에게 온 편지 | 김동국 중국 곡부사범대학 교수

도서관에 기증한 천 권의 책들

박이정출판사와는 참 인연이 깊은 것 같습니다. 특히 박 사장님은 상해외국어대학교 20주년 때도 만났고, 그때 같이 커피도 한 잔 마시면서 한중 관계, 특히 중국에서의 한국어교육이나 교재 출판, 학술지 출판 등 문화교류에 대해 많은 의견을 나누었습니다. 무엇보다 한국어교육에 대한 열정이 참 대단했던 분으로 기억합니다.

먼저 저를 간단하게 소개하면, 중국 곡부사범대학교 통번역대학 한국어과의 학과장 김동국입니다. 우리는 2005년도에 한국어학과를 만들었고, 2012년도에 대학원을, 2015년도에는 번역 전공의 석사과정을 개설했습니다. 또 최근 실시한 한국어학과 평가에서 우리 대학이 산둥성에서 3위를 차지했습니다.

사실 이러한 성과에는 박이정출판사의 도움이 컸습니다. 박이정에서는 2005년 평택대학교 조일규 교수님을 통해 우리 대학에 800권의 책을 기증했습니다. 우리 도서관에는 한국 책이 3,000여 권이 있는데 그중 박이정 책들이 1,000여 권 되고, 국제교류재단에서 보내준 책이 2,000권 정도입니다.

그리고 또 하나 감사드릴 부분은 저의 박사학위 논문을 박이정에서 출판해 주신 것입니다. 저는 문화커뮤니케이션의 이름으로 박지원의 열하일기에 대해 연구를 해 봤습니다. 그중에서 중국문화가 한국을 비롯한 동남아시아에 큰 영향을 끼쳤다는 것은 누구나 다 아는 사실인 우리 학생들이나 많은 교직원들이 한국어과 발전을 위해 열정적으로 헌신하는 박찬익 사장님의 모습에 늘 감사하고 있습니다. 박이정출판사 30주년을 축하드리며, 앞으로도 계속 중국의 한국어교육을 위해 많은 책들을 출판해 주시길 바랍니다.

데, 반대로 우리 한국문화가 중국에 어떤 영향을 끼쳤는지, 특히 연암록을 보면 조선시대 많은 사람, 혹은 많은 학자들이 당시 중국을 방문했어요. 연행사 때는 보통 200명 내지 400명씩 중국에 왔고, 그때는 한 번 오면 서너 달씩 체류했습니다. 그렇게 일 년에 네 번 오면 일 년 내내 중국의 베이징 등에서 조선인 학자들이 머물게 되는 거지요. 그러면 우리 문화가 그때 중국에 영향을 끼쳤을 텐데, 아직까지 연구가 부족합니다. 저는 아주 미흡하지만 9개 부문에서 박지원의 열하일기를 중심으로 우리 조선 문화가 어떻게 중국에 영향을 줬고 지금까지 어떤 문화들이 남아있는지에 대해 글을 썼습니다.

감사하게도 박이정출판사에서 『문화간 커뮤니케이션 시각으로 본 열하일기』라는 제목으로 출판해 주셨고, 이후 대학에서 승진할 때 많은 도움이 되었습니다. 항상 감사한 마음을 가지고 있습니다.

또 우리 학과가 2005년에 설립되어 2015년 10주년이 되었을 때 박 사장님께 초청장을 보냈습니다. 그때 100만 원을 선뜻 내놓으셔서 우리 모두 큰 감동을 받았어요. 그래서 우리 학교 당서기님이 직접 명예증서를 드렸지요. 우리 학생들이나 많은 교직원들이 한국어과 발전을 위해 열정적으로 헌신하는 박 사장님의 모습에 늘 감사해하고 있습니다.

마지막으로 박이정출판사 30주년을 축하드리며, 앞으로도 계속 중국의 한국어교육을 위해 많은 책들을 출판해 주시길 바랍니다. 그리고 한마디 덧붙이고 싶은 것은, 한국이 잘돼야 중국의 한국어교육도 잘되고 중국에서 우리 동포들도 허리를 펴고 잘 나갈 수 있습니다. 한국에 계시는 분들은 잊지 마시고, 한국이 잘되게끔 건설해 주기를 바랍니다. 감사합니다.

곡부사범대학 도서기증

통일시대 출판 준비해왔는데… 분단조국의 비애를 느끼다

출판사 초기부터 중국 연변에 있는 조선족 학자들과 인연을 맺어온 덕분에 연변에 있는 인민출판사와는 매우 가까운 사이다. 협회 활동이나 학술대회, 출판과 관련해 자주 이곳을 방문해 학술교류를 하고 친목도 다져 왔다.

2011년 인민출판사에서 일주일간 학술부 간부교육을 한다며 나를 초청했다. 흔쾌히 수락하고 짐을 꾸려 비행기에 몸을 실었다. 나는 공항에 내려 깜짝 놀랐다. 출판사 사장을 비롯해 부사장, 교육실장 등의 차가 여섯 대나 나왔다. 또 근사한 호텔에 방을 잡고 기사, 통역사, 비서를 붙여줬

연변인민출판사 양문화 대표와 협약 체결

연변인민출판사 이성근 대표와 공동기획서 서명

다. 중국인들이 접대에 철저하다는 소문은 들었지만, 이 정도일 줄은 상상도 못했다.

연변인민출판사 직원은 150여 명이 되는데, 간부만 해도 사오십 명이 족히 되었다. 아침 9시부터 오후 5시까지 편집, 디자인 등에 대해 교육을 진행했다. 그들은 테이블 양쪽으로 노트북을 쫙 놓고 내가 말 한 마디 할 때마다 부지런히 받아 적었고, 자료화면을 요청하면 북경까지 연락해 자료를 받아서 주었다. 배우고자 하는 그들의 열정이 참 부러웠다.

또 연변인민출판사는 자체적으로 운영하는 자료실이 있는데, 출판사에서 펴낸 책 이외에 1910년대, 1920년대, 6·25 때 등 귀중본들이 엄청나게 많았다. 같은 출판인으로서 또다시 부러운 마음이 들었다. 보통 이곳은 외부인에게 개방을 안 하는데, 책 표지와 두 페이지 이상 사진을 찍지 않는다는 조건으로 특별히 관람할 수 있었다.

과분한 대접을 받으며 하루 일정을 끝낸 나는 호텔에서 편히 쉬고 있었다. 그런데 연변인민출판사 이성권 사장님이 비서를 데리고 와서는 내일 우리 출판사 60주년 행사인데 북한에서 대표자가 축사를 한다며 나더러 남한 대표로 축사를 해달라는 거였다. 나는 남한 대표로 여기에 온 것이 아니기 때문에 격에 맞지 않다고 여러 차례 거절했으나, 간곡한 부탁에 못 이겨 그날 밤 원고를 보냈다.

박찬익 대표가 연변인
민출판사 성립 60주년
행사에 참석해 남한 대
표로 축사를 했다. 연
변인민출판사와는 조
선족 학자들의 책을 내
면서 인연을 맺은 후
지속적으로 학술교류
를 해왔다.

다음날 행사에 참석해 귀빈석에 앉았다. 북한 대표가 먼저 나와 축사
를 했다. '위대한 김정일'으로 시작하는 축사였다. 나는 북한이니까 상
투적으로 그런 말을 하나 보다 하며 흘려들었다. 그런데 갑자기 '남조선
괴뢰도당이 미제국의 앞잡이가 돼서 우리말을 다 말살시켰는데 그나마
연변인민출판사가 있어서 이렇게라도 유지를 하고 다리 역할을 한다'고
말하는 게 아닌가. 순간 화가 머리끝까지 치솟고 얼굴이 붉으락푸르락
해졌다. 그 이후 이야기는 귀에 들어오지도 않았다.

곧이어 내 차례가 되었다. 북한의 망언을 듣고도 가만히 있으려니 자
존심이 상해 견딜 수가 없었고, 또 국제적인 자리에서 한민족끼리 싸우
는 추태를 보이는 것도 못난 일인 것 같아 찰나의 시간 동안 갈등을 반
복했다. 결국 협력사 창립행사에서 소란을 피우는 건 예의가 아닌 것 같
아 마음을 다스리는 쪽으로 결정했다. 나는 연단에 올라가 애써 웃으면
서 축사를 하고 내려왔다.

내 순서가 끝나자 참았던 분노가 다시 솟아올랐다. 이런 마음을 다들
알아챘는지, 북한과 달리 품위 있게 잘 참았다고, 아무 생각도 하지 말
고 분단된 조국의 비애라고 생각하라며 나를 위로해 주었다. 다행히 창
립행사는 평화롭게 마무리되었다.

출판사 초기부터 북한 자료를 책으로 만들고, 연변조선학자들과 친밀
하게 교류해 온 나 역시도 이렇게 힘이 드는데, 분단의 벽은 대체 얼마
나 단단하고 높은 것일까. 통일시대 출판을 준비하는 내게 그때의 기억
은 여전히 아프다.

2011 ~ 2018

새로운 길 위에 서다

스마트폰이 모든 정보를 블랙홀처럼 빨아들였다. 종이책도 스마트폰 시대에 걸맞게 다양한 변화를 시도했다. 하지만 출판계의 암흑기는 오랫동안 지속되었다. 대부분의 출판사가 그러했듯, 박이정도 2010년대에 들어서면서 주력 분야의 매출이 하락해 위기를 맞았고, 새로운 도전은 기대만큼 성과를 내지 못해 마음이 조급해졌다. 출판의 미래가 보이지 않아 암담할 때도 많았다. 그럼에도 불구하고 학술도서 전자출판, 해외사업 확대, 새 브랜드 출범 등에 희망을 걸고 다시 새로운 길 위에 섰다.

축 처진 어깨를 토닥이고 힘없는 손을 잡아주고

출판을 하다보면 눈앞이 캄캄할 때가 종종 있다. 정성 들여 출간한 책이 독자들에게 선택받지 못해 재고로 쌓일 때, 그런 상황이 여러 차례 반복될 때 솔직히 힘이 든다. 그 순간에 축 처진 내 어깨를 토닥이고, 힘없는 손을 잡아주는 분들이 있다. 그러면 나는 절망을 훌훌 털고 일어나 다시 씩씩하게 걸음을 내딛는다.

김균태 교수님은 내게 그런 분이다. 그림자처럼 소리 없이, 티내지 않으려 애쓰며 많이 도와주셨다. 교수님은 책을 보는 안목이 탁월하고 방대한 자료를 섭렵하고 있어서 어떤 책이 학계에 도움이 되는지를 꿰뚫고 계셨다. 덕분에 가볍게 해주시는 이런저런 말씀 속에도 깊이와 의미가 담겨 있어 큰 도움이 되었다. 또 멀리서 출장 왔다고 책 몇 권이라도 꼭 사주시고 도서관에 추천해 주는 일도 도맡아하셨다.

2012년 『한국 고전소설의 이해』의 책임 저자를 맡으셨을 때 겉으로는 항상 허허 웃고 계셨지만, 보이지 않는 곳에서는 희생을 마다않고 얼마나 철저하게 작업하셨는지 모른다. 교재를 공동으로 개발하는 일은 누구 한 사람 총대를 메지 않으면 성사되기 힘든 작업인데, 교수님은 일정을 한 번도 어긴 적이 없으셨다.

우리가 원고 걱정에 확인 전화라도 드리면 "어이, 박 사장, 걱정 마. 다 돼 가. 내가 모두 잘 마무리할게" 하셨다. 그러곤 정말 일정에 딱 맞춰 원고를 주셨다. 아무리 힘들어도 한 번도

231

짜증을 내거나 불평한 적이 없는 군자 같은 분이었다.

그 후 한남대 국문과 학생들을 대상으로 취업특강을 한 적이 있었다. 특강이 끝난 후 교수님은 몇몇 학생들을 데리고 저녁자리를 마련하셨다. 특강을 할 때 유독 눈을 반짝였던 한 학생이 여러 질문을 해서 아는 만큼 성실히 답변해 주었는데, 몇 년 후 유학생활을 하고 있다며 감사의 메일을 보내왔다. 잠시 만난 인연을 잊지 않고 감사함을 표현하는 게 어디 쉬운 일인가. 반가운 마음에 안부전화를 하고, 희망과 용기를 북돋아주고 싶어 장문의 메일을 쓰면서 문득 김균태 교수님의 온화한 미소가 떠올랐다. 그 스승의 그 제자라는 말이 머릿속에 오랫동안 머물렀다.

폴란드에서 날아온 특별한 메일 한 통

2014년 4월 아주 특별한 메일 한 통이 본사에 도착했다. 폴란드에 사는 Karolina Lemiesz라는 분이었다. 그는 3년간 한국어를 스스로 공부해 왔지만 아쉽게도 한국어 수준은 여전히 초급이라며, 폴란드 내에서 점차 한국에 대한 인지도가 높아지고 한국어를 배우고자 하는 이들이 늘어가는 반면 한국어를 공부할 수 있는 자료는 턱없이 부족해 어려움을 겪고 있다는 내용이었다. 그래서 인터넷으로 관련 자료를 찾다가 박이정출판사에서 출간된 『폴란드인을 위한 한국어 1-3』을 발견해 연락을 하게 되었다고 했다. 메일은 모두 한국어였는데, 실력이 뛰어나 우리 모두 깜짝 놀랐다.

우리는 기쁜 마음에 책 세 권을 폴란드로 보냈고, Lemiesz 씨는 감사의 메시지와 함께 이 책의 리뷰를 보내왔다. 간략하게 소개하자면 다음과 같다.

> 책은 굉장히 잘 구성되어 있습니다. 특히 한국어를 배우고자 하는 다른 국가의 사람들이 보기에 좋습니다. 한글의 기본부터 시작해서 어려운 문법구조와 단어를 가르쳐 줍니다. 책을 단계별로 한국어 수준에 따라 높여가며 한국어를 차근차근 배울 수 있어서 한국어 학습이 수월합니다. 제가 이 책을 맘에 들어 하지 않을 만한 어떠한 이유도 발견하지 못했습니다. 저는 『폴란드인을 위한 한국어』 책이 한국어를 배우려고 하는 폴란드인에게 최고라고 생각합니다. 이 책 덕분에 한국어뿐만이 아니라, 한국의 문화와 현실까지 다양하게 배울 수 있었습니다. 이 책을 폴란드에서 직접 구매할 수 있는 날이 오기를 바랍니다. 이 책으로 공부하는 것이 즐거웠고 많이 배웠습니다.

이 책의 저자는 서울대학교 장소원 교수님이다. 방송통신대에 계시다 서울대학교 국어국문과로 옮겨 재직 중이다.

교수님을 처음 뵙게 된 건 '한글반포 550돌 기념 세계로 한글로'라는 한글 홍보 기록영화였다. 화면 속에서는 교수님의 지성과 미모, 우아한 목소리가 눈부시게 빛나고 있었다. 이 기록영화는 한글날 기념식에 세종문화회관에서 상영되었는데, 이후 나라 안팎으로 5,000개 이상

장소원 교수

배포되었고 영문판으로도 제작되어 세계에 한글과 한국 문화를 알리는 데 크게 이바지했다.

그 후 방송대학교 연구실에서 몇 번 뵙고 우리 책을 소개하는 등 국문학에 대해 자문을 구할 기회가 있었다. 여러 일과로 바쁘신 와중에도 나 같은 영업자에게 항상 겸손하고 친절하게 대해주어 더없이 감사했다.

우리 출판사가 출판을 맡아 하고 있는 한국텍스트언어학회 학회지, 〈형태론〉의 편집위원이 되면서 교수님과 필자로 인연을 맺게 되었다. 2012년 교수님은 한국학중앙연구원 프로젝트로『폴란드인을 위한 한국어』라는 다소 생소한 책을 출판할 것을 제의하셨다. 나는 의미 있는 일이라 생각해 흔쾌히 수락했다. 집필 기간이 3년 이상 걸려 세 권의 책이 완성되었는데, 실제 폴란드인이 쉽게 한글을 배우고 그 안에 스며들어 있는 한국문화까지 접할 수 있도록 구성했다.

이 책은 한국어판『폴란드인을 위한 한국문화 30강』,『외국인을 위한 한국문화 30강』으로도 출판되어 교재로 보급되고 있으며, 이후 교수님이 기획 출간한『YTN 뉴스로 배우는 시사 한국어』는 외국인을 위한 듣기 고급교재로 많이 판매되고 있다.

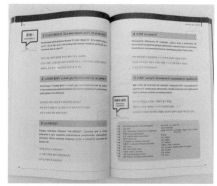

장소원 교수 교재

'통 큰' 결단과 응원에 감사하며

가치를 공유하고 이해해 줄 수 있는 출판사가 있어서 저로서는 감사할 따름입니다. 전자책 시장의 확대와 디지털 출판 등 종이서적과 출판사가 위협받는 현 상황을 지금까지 도서출판 박이정이 그래왔던 것처럼, 현명하게 대처하면서 새로운 변화와 도약의 발판으로 삼으시길 당부드립니다.

저는 2003년 겨울부터 화곡동 이주노동자 자원봉사센터의 외국인 노동자를 위한 한국어 교실에서 봉사를 시작하면서 한국어교육에 입문하게 되었습니다. 당시 저와 자원봉사센터의 한국어 교사들은 교사로서 부족한 부분을 채우기 위해 다양한 공부 모임을 진행해 왔고, 외국어교육 관련 서적을 통해 한국어교육에 대한 이해를 넓히려고 노력했습니다.

당시는 한국어교육이 급속한 성장기에 접어들었으나, 개론서나 한국어교육 관련 학술서가 많지 않아 예비 한국어 교사들이 한국어교육능력검정시험을 대비해 공부할 자료나 서적이 대단히 부족했었습니다. 저는 여러 예비 교사들로부터 한국어교육능력검정시험과 관련된 서적이나 자료가 있었으면 좋겠다는 말씀을 많이 들어왔고 관련 자료를 모아 정식 서적은 아니더라도 대비 자료집쯤 되는 것을 집필할 결심을 했습니다. 2007년 봄쯤 자료를 엮어, 대비 자료집을 완성하게 되었습니다.

관련 소식 전해주고 흥미로운 집필 아이디어 공유

출판과 인연이 있었는지, 한글파크(최초의 한국어 전문 서점) 정기선 이사님의 소개로 도서출판 박이정의 박찬익 대표님과 인연을 맺게 되었습니다. 소탈하고 유쾌하신 첫 모습에 좋은 인상을 받았습니다. 제 기억으로는 대표님께서 출판 과정을 세심히 살펴 주셨습니다. 또한 국어학이나 한국어교육계의 소식을 전해 주시거나 흥미로운 집필 아이디어도 공유해 주셨던 것으로 기억합니다.

저는 도서출판 박이정에서 2007년에 『한국어교육능력검정시험(제1회)』을 출간하게 되었고 그것이 인연이 되어 『한국어교육능력검정시험(제8회)』을 마지막으로 2014년까지 8년간 한국어교육능력검정시험이라는 이름으로 기출문제집을 출간하게 되었습니다. 그리고 한국어교육능력검정시험과 관련하여 『한국어교육능력검정시험 모의고사』(2008), 『한국어교육능력검정시험 1240제』(2013년) 등을 연이어 출간하게 되었습니다.

2009년은 박이정과 저에게 아주 의미 있는 한 해였습니다. 방대한 양의 삽화와 문형카드, 지침서로 구성된, 당시로서는 획기적인 『(신나는 한국어 수업을 위한) 쏙쏙 한국어 카드』가 세상에 나오게 되었던 것입니다. 이 한국어 교구는 이후 해외 한국어 교사들과 국내 이주민센터의 한국어 교사들로부터 큰 호응을 얻었고, 효과적인 전달과 실제적인 과제 활동에 이용되면서 꾸준히 인기를 끌었습니다. 이 교구가 국내의 대학 부설기관이 아닌 곳에서 학습하는 한국어 학습자들의 수업 질을 향상시키는 데에 긍정적인 영향을 미쳤다고 생각합니다.

학술적 성취와 학계에 미치는 영향 고려, 다양한 출판 응원

『쏙쏙 한국어 카드』의 출판을 위해 여러 출판사의 문을 두드렸지만 제작비가 상당해 선뜻 출판해 주려는 출판사가 없었던 것으로 기억합니다. 박찬익 대표님을 만나 실물 교구에 대한 현장의 요구와 효용성을 설명하자 흔쾌히 출판을 허락해 주셨습니다. 대표님의 큰 결단과 투자가 없었다면 『쏙쏙 한국어 카드』는 세상에 나오지 못했을 것입니다.

이후에도 도서출판 박이정은 상업적 이익보다는 저자의 학술적 성취와 학계에 미치는 영향을 고려하여 다양한 출판을 응원해 주었습니다. 저는 『200제 국어 문법』(서경숙·윤혜미 공저, 2009), 『예비 한국어 교사를 위한 한국어 용어집』(김정자·서경숙 공저, 2015), 번역서인 『법과 언어: 법언어학으로의 초대(法と言語 法言語學へのいざない)』(2016년)도 출간하게 되었습니다.

이러한 서적들은 상업적 성공과는 거리가 멀었지만, 예비 한국어 교사들의 한국어학과 한국어교육학 분야의 이해를 넓히는 역할을 해 왔고, 응용언어학으로서의 법언어학을 국내에 최초로 소개하는 학술적 의의를 갖는 책입니다. 이러한 가치를 공유하고 이해해 줄 수 있는 출판사가 있어서 저로서는 감사할 따름입니다.

전자책 시장의 확대와 디지털 출판 등 종이서적과 출판사가 위협받는 현 상황을 지금까지 도서출판 박이정이 그래왔던 것처럼, 현명하게 대처하면서 새로운 변화와 도약의 발판으로 삼으시길 당부 드립니다. 마지막으로 이전 30년이 그러했듯이, 이후 30년, 이후 300년을 우리와 함께할 든든한 출판사로 성장할 것으로 기대합니다.

정희모 교수는 연세대에서 20년간 글쓰기 강좌를 진행해온 전문가로, 박이정출판사에 여러 차례 귀한 조언과 자문을 해주었다.

타 출판사에서 부러워한
글쓰기 기획총서를 펴내기까지

학술서적은 단행본으로 나왔을 때와 총서로 나왔을 때, 존재감 자체가 매우 다르다. 단행본으로 나오면 아무래도 다른 책들에 묻혀 눈에 잘 띄지 않기 때문이다. 상황이 그렇다 보니 총서 계약에 더 욕심을 낼 수밖에 없는데, 현실적으로 경쟁이 치열해 실패할 때가 많다.

하루는 연세대학교 교양 글쓰기가 개편된다는 소식을 듣고 정희모 교수님을 찾아뵈었다. 교수님은 연세대에서 20년간 글쓰기 강좌를 맡아온 글쓰기 교육의 최고 전문가로, 우리 출판사에도 여러 차례 자문을 해 주었다. 또 대학작문학회 회장을 맡아 이 분야의 연구업적이 상당한 분으로, 평소 박이정에서 글쓰기에 대한 책을 많이 펴냈지만 총서화되지 않아 묻혀버린 것에 대해 늘 아쉬워하셨다.

어렵게 말문을 열어 도움을 부탁드리자, 교수님은 개인 저서가 아니라 어렵다며 정중하게 거절하셨다. 나 또한 이렇게 큰일이 쉽게 계약되리라고는 기대하지 않았기에 원칙대로 최선을 다해 제안서를 만들고 공동 필진의 결정을 기다렸다. 이번 기회에 연세대 교양 글쓰기를 우리 출판사에서 펴내면 인지도 상승뿐 아니라 매출에도 큰 도움이 된다고 판단해 그 어느 때보다 적극적으로 노력했다.

이 총서는 '과학 글쓰기', '인문 글쓰기', '사회 글쓰기'의 콘셉트로 기획되었고 필진만 수십 명에 달했으며, 담당 팀장들이 외국어 최신 글쓰기 이론서를 두루 섭렵한 다음 집필에 들어가야 했기 때문에 준비단계만 2년 이상 소요되는 대규모 프로젝트였다.

운 좋게도 우리 출판사에서 계약을 따냈다. 교수님은 박이정의 역사는 알지만 디자인이 좀 약하다고 염려하셨다. 그래서 최고의 디자인팀을 구성해서 진행할 테니 걱정하지 말라고 안심시켜 드렸다. 하지만 처음 나온 디자인은 연세대나 우리가 기대한 수준에 미치지 못했다. 죄송한 마음에 고개를 들 수가 없었는데, 교수님은 묵묵히 기다려 주셨고 마침내 2년 후 『현대사회와 비판적 글쓰기』, 『비판적 읽기와 소통의 글쓰기』, 『과학기술의 상상력과 소통의 글쓰기』 세 권으로 출판되었다. 타 출판사들은 모두 부러운 눈으로 바라보았다. 우리는 박이정의 장점인 교재 채택과 홍보에 최선을 다했다. 덕분에 『과학기술의 상상력과 소통의 글쓰기』는 포항공대에도 교재로 채택되어 많은 부수가 판매되었다.

최근 대학작문학회는 한국리터러시학회로 이름을 바꿔 새로운 도전을 시작했다. 우리는 이 학회의 기획총서를 다시 계약해 추진 중이다. 교수님과의 인연 덕분에 이어진 행운에 감사한 마음뿐이다.

연세대 설성경 교수님도 절대 빼놓을 수 없는 귀한 인연이다. 춘향전 등 판소리문학과 고전문학을 연구하셨는데 연구실에 들르면 항상 구수한 차를 대접해주시고 국문학 출판에 관해 상당 시간 이야기를 나누었다. 교수님의 연구실은 유난히 많은 책들로 꽉 차 있어서 그윽한 종이 향으로 가득했다.

일 년에 한 번씩 지방에서 열리는 판소리학회에 가면 교수님 설성경 교수
의 발표가 항상 뉴스거리가 되었는데, 나와 같은 비전공자에게도 얼마나 매력적이고 흥미로웠는지 모른다. 교수님이 본사에서 출간한 『춘향전의 통시적 연구』는 책 이름 그대로 춘향전을 연대별로 한눈에 볼 수 있도록 집필했을 뿐 아니라, 최근 외설 패러디 춘향전까지 다루어 화제가 되기도 했다. 이 책은 일어판으로도 출판되었다.

학술전자출판협동조합 '아카디피아' 미국 땅을 밟다

나는 오랫동안 전자책과 해외진출에 많은 관심을 기울여 왔다. 누군가 이유를 묻는다면, 21세기 디지털 시대로 급변하는 상황 속에서 종이책과 국내시장에 머물러서는 안 되겠다는 위기의식이 있었고, 출판사 설립 때부터 훌륭한 우리 책을 해외로 널리 알리겠다는 사명감 또한 있었기에 가능했다. 그리고 이 두 가지 이유를 가장 잘 조합할 수 있는 최고의 방법은 바로 전자책을 해외로 수출하는 일이었다.

2013년 8월, 드디어 꿈꾸었던 멋진 일이 이루어졌다. 39개 출판사가 학술도서를 전자책으로 만들어 보급하기 위해 학술전자출판협동조합을 설립한 것이다. 브랜드 이름은 '아카디피아(ACADEPIA)'로 정했다. 초창기에는 전자책을 만들어 대학 도서관 등에 판매하는 B2B 영업을 주로 하다가 이후 출판 콘텐츠, 학술 콘텐츠를 전자책으로 만들었다. 현재 1,200여 종의 도서를 전자책으로 만들어 국내는 물론 미주지역 주요 대학교의 한국학 도서관에 공급하고 있다. 나는 초대 이사장이 되어 4년 동안 활동했다.

2014년 3월 25일부터 4월 2일까지 미국 필라델피아에서 개최된 CEAL(Council on East

Asian Libraries)과 AAS-(The Association for Asian Studies)에 참가했다. 학술전자출판협동조합 이사인 김흥국(보고사), 김영진(진인진), 홍정표(글로벌콘텐츠), 한정희(경인문화사), 임삼규(지문당) 대표가 동행했다.

필라델피아 행사에는 세계 각국의 유명 출판사와 대학 출판사들이 전시부스를 마

학술전자출판협동조합 '아카디피아' 김명진 상무와 함께

련해 자국의 출판물을 홍보했다. 박이정 역시 한국학 도서관 사서와 한국학 관련 연구자들을 만나 본사 책과 아카디피아 학술전자책 서비스를 홍보했다.

학술전자출판협동조합에서도 하버드대학교 도서관 강미경 사서, 듀크대 구미리 사서 등 30여 명의 한국학 사서들과 미팅을 가졌다. 이들은 한목소리로 한국 도서가 중국이나 일본에 비해 잘 홍보되지 못하고 있으며, 도서관에 소장된 책도 적다고 지적했다. 더구나 학술적인 가치가 있는 디지털 자료나 전자책이 아직 보급되지 않은 상태라며 우리 조합의 전자책 목록에 큰 관심을 나타냈다.

이후 뉴욕으로 출발해 콜롬비아대학교 도서관도 방문했는데, 눈에 익은 한국 학술지와 학술서적이 서가에 진열되어 있어 무척 뿌듯했다. 프린스턴대학에서는 동양학 도서관을 중점적으로 견학했다. 한국관에는 박이정출판사를 비롯해 인문학 도서를 출판하는 여러 출판사의 책들이 소장되어 있었다. 멀리 미국의 명문대에 우리 책이 진열되어 있는 것을 보니 출판인으로서의 긍지와 더불어 무거운 책임감이 느껴졌다.

우리 일행은 마지막 일정으로 미 의회도서관으로 향했다. 이영기 사서는 초기 한국학 사서를 맡아 일할 때 한국 출판사들이 도서를 기증해 주어 도움을 많이 받았다며, 근사한 식사와 편안한 잠자리로 환대해 주었다.

미 의회도서관에는 입국심사에 버금가는 철저한 검문 후에야 들어갈 수 있었고, 잠시 후 아시아도서 수석책임자인 Angela J. Kinney 팀장이 1시간 정도 도서관에 대해 소개했다. 미 의회도서관은 그야말로 광대했다. 도서관의 규모가 국력을 말하듯 토머스 제퍼슨관, 제임스 메디슨관, 존 애덤스관과 연간 수집하는 도서량, 도서관 직원과 조직도, 해외파견 자료조사단 등 가히 '전 세계 지식정보의 메카'라 칭할 만했다.

우리는 도서관 출입증을 교부받아 미리 요청했던 Veterans History Project를 담당하는 부서에 들렀다. 담당자로부터 자세한 전쟁 관련 기록물과 한국전 당시 사진과 편지 등의 자료

를 열람했다. 이어서 지도 관련 도서관 견학이 이루어졌다. 옛날 세계 여러 나라 고지도를 비롯해 최근의 미 CIA 정보 지도까지 잘 정리되어 있었다. 다음은 한국학 자료열람실 책임자인 민성의 사서를 만나 30분 정도 한국 책 현황에 대해 설명을 듣고, 우리는 준비한 도서목록을 전달한 뒤 각 출판사를 소개했다.

민성의 사서는 미 의회도서관에 한국 고서들이 많은데 본인이 그 방대한 도서를 다 정리하기는 현실적으로 어려움을 겪고 있다면서, 한국의 전문 학자들이 의회도서관에 와서 서지작업 및 자료 분류에 도움을 주길 바란다고 말했다. 또 일본이나 중국에서는 이러한 작업이 진작 이루어지고 있는데 한국은 그렇지 않다며 아쉬움을 토로했다. 우리는 그의 말을 경청하며 지극히 공감했다.

출판 세계화를 위해 한 발 한 발 나아갈 때

이듬해인 2015년에는 미국 시카고 동양학사서대회(AAS Confernce&CEAL)에 다녀왔다. 시카고대학교 도서관은 1980년대부터 동양학 책을 구입했는데, 지금 약 80만 권이 있으며 이 중 한국 책은 약 8만 권이라고 했다. 동양학 서가에는 박이정 책을 비롯해 한국 출판사 책들이 다수 비치되어 있었다.

도서관 견학 후에는 각 출판사를 소개하는 시간을 가졌다. 아카디피아, 서울셀렉션, 판문, 글로벌콘텐츠, 을유문화사, 한국학술정보 등이

2015년 미국 시카고 동양학사서대회에 참석해 사서들과 외국인들에게 대한민국의 우수한 책들을 소개했다.

서로의 장점을 피력했고 질문에 답했다. 아카디피아는 지문당 임삼규 대표가 조합이사 자격으로 발표했는데, 한국에서 학술전자책 2000여 종을 만들고 직접 유통하는 업체는 아카디피아가 유일하다는 점과 인쇄 기능, 단일뷰어를 통해 간단하게 접근해 전자책을 볼 수 있다는 점을 강조했다. 또 연내 5000종의 전자책을 제작 보급하고 회원사를 80개로 늘리며 대학출판부나 공공기관 출판사를 회원사로 영입하겠다는 계획을 밝혔다. 그 어느 업체보다 아카디피아에 대한 질문이 많이 나왔으며 발표자들은 이에 답을 하느라 진땀을 뺐다.

다음날에는 아침 9시부터 부스를 열어 사서들과 외국인들에게 우리 책을 소개했다. 짬짬이 중국과 일본의 부스를 돌아보았는데 중국 부스가 월등히 많았으며 자국을 소개하는 다량의 책자들과 시진핑 주석 자서전 등을 무료로 배포하면서 열띤 홍보를 하고 있었다. 상대적으로 한국 부스가 왜소해 보여 마음이 착잡했다.

지금 국내 출판은 여러모로 어려움에 직면해 있다. 출판이 어렵다고 하소연을 한 지 벌써 몇십 년이 지났다. 그동안 여러 단체에서 출판 활성화를 위해 자구책을 마련했으며 정부도 출판계의 현안을 풀고자 지원을 했다. 그러나 우리 출판은 시대적인 흐름도 있지만 좀처럼 회생의 기미가 보이지 않는다.

이번 시카고 행사를 통해 다시 한 번 학술전자책의 해외진출 가능성을 보았고, 우리 책을 해외 도서관에 판매하거나 에이전시를 통해 고급 한국문화를 담은 책의 판권을 수출할 수 있다는 희망을 보았다. 이제는 문제제기만 할 때가 아니라 구체적인 계획과 실행으로 한국출판의 활성화와 세계화를 위해 한 발 한 발 나아갈 때다.

계란으로 바위 치는 심정으로 해외시장 문을 두드리다

바야흐로 디지털 매체에 의해 책 읽는 사람은 점점 줄어들고 취업이나 생계문제로 하루하루를 바쁘게 살다보니 여유 있게 독서를 즐기기 어려운 시대가 되었다. 게다가 대학생 수의 급

2014년 4월 15일 중국 광저우에서 열린 '제7회 장강삼각주지역 한국어교육 국제학술대회'

격한 감소, 교수법 및 학생들의 의식 변화 등으로 교재 판매율이 급격하게 떨어지면서 우리와 같은 학술서적 출판사들도 상당한 어려움에 직면해 있다.

과연 어떻게 해야 살아남을까. 수많은 밤을 지새우며 오랜 고민 끝에 내린 결론은, 해외 출판사와 제휴해 다국적 책을 만들고 공동으로 판매하는 것이었다. 하지만 개인회사에서 외국과 제휴해 책이나 판권을 파는 것은 결코 쉬운 일이 아니었다. 더구나 외국생활을 해 본 적도 없고 외국어도 초보 수준인 나로서는 더욱 막막한 일이었다. 그럼에도 계란으로 바위를 치는 심정으로 계속 두드리고 또 두드렸다.

먼저 해외에서 열리는 학술대회에 참가해 우리 출판사의 책을 기증하고 홍보하는 데 주력했다. 한국어에 대한 관심이나 열의에 비해 책이 현저히 부족한 상황이라, 이러한 홍보 활동은 현지에서 호응이 좋았다.

2014년 4월 15일 중국 광저우에서 열린 '제7회 장강삼각주지역 한국어교육 국제학술대회'에 하우출판사 대표, 한재영 교수(한신대), 윤여탁 교수(서울대)와 함께 참가했다. 2013년 상해에서 만났던 강은국(전 복단대), 강보유(복단대), 김충실(상해외대), 유은종(절강월수대), 문영자(절강외국어대) 등 중국 측 학자들도 많이 참석했다. 우리는 오랜만에 만나 식사를 같이하고 중국 맥주, 고량주를 서로 권하며 반가운 마음을 나누었다.

다음날에는 절강외국어대학교로 출발, 회의장 입구에서 중국 및 한국에서 출판한 책을 전시하고 학자들에게 소개했다. 나는 중국 흑룡강출판사, 외연사 등에서 출판한 한국어교육에 관한 책을 유심히 살펴보았다. 한국과 계약해 출판한 책도 다수 있었고 자체적으로 만든 사전류 및 교재도 눈에 띄었다.

학술발표에 앞서 중국 대학 1학년 학생들의 한국어 수업을 참관했는데, 모두 열심이었고 단 1학기를 배웠는데도 한국어 실력이 대단했다. 교수방법도 멀티미디어를 활용해 무척 다양했다. 다시 한 번 한국어교육의 열의를 체험하는 좋은 기회였다.

2015년 11월 13일부터 15일까지는 중국 곡부사범대학교 조선(한국)어계 성립 10주년 기념회에 참석했고, '외연사배 제6회 곡부사범대학교 한국어말하기대회'에 심사위원으로 참석해 시상하는 영광도 누렸다. 모두들 짧은 시간에 한국어를 배웠는데 놀랄 만큼 잘했다.

10주년 행사 후 학술발표와 도서관 관계자들의 미팅이 주선되었다. 도서관장이 도서관을 소개하고 박이정출판사, 북경민족출판사, 외연사 순으로 출판사를 소개한 후 질문과 응답이 오가는 미팅을 약 2시간 진행했다. 그다음 도서관을 견학했는데 한국 책은 예상대로 많지 않고, 6~7년 전에 본사에서 기증한 책이 대부분이었다. 한국어를 공부하는 학생들의 열의에 비해 책이 턱없이 부족한 상황이라 안타까웠다.

곡부사범대 도서관 미팅을 마치고 오후에는 산동외국어대학 도서관 관계자들과 1시간가량 간담회를 했다. 한국어를 배우는 학생 수가 300명가량 되는데, 한국 책이 턱없이 부족했다. 나는 통관과 송료 문제만 해결해 주면 박이정 책을 기증하겠다고 약속했다.

2017년 태국 탐마삿대에서 열린 국제한국언어문화학회(INK)

2017년 6월 22부터 26일까지 태국의 탐마삿대학에서 열린 잉크 (INK)학회에도 참가해 본사 책을 홍보하고 태국에서의 한국어교육을 살펴보았다. ㈜하우출판사와 ㈜박이정출판사의 책 300여 권을 탐마삿대에 기증했으며, '한·태 한국언어문화교육의 내용과 방법 – 국제통용 한국어표준교육과정을 중심으로'라는 주제로 학회가 진행되었다. 한국과 태국에서의 한국어교육 실태에 대한 자세한 자료와 문제점, 해결방안을 제시하는 논문과 토론이 이어져, 태국 진출을 위한 중요한 정보를 얻었다.

2018년 5월 18일부터 21일까지는 베트남 하노이대학에서 열린 국제한국언어문화학회에 참가했다. 베트남 현지 교수들과 학생들의 많은 관심 속에 이루어졌으며, 학과장과 교수를 만나 미리 준비한 선물과 베트남어로 번역한 책을 전달하고 소개했다. 흐엉 교수는 어린이 책에 많은 관심을 표했다. 하노이 현지에 있는 관련 사업가를 만나 한국어교육과 경제 전망에 대해 듣는 유익한 시간도 가졌다.

이러한 해외 활동들이 작은 씨앗이 되고 뿌리를 내려 2014년 중국 연변인민출판사와 정식 업무계약을 체결했고, 2015년 산동 곡부사범대 일조캠퍼스와의 업무제휴를 결정했으며, 2016년 대만의 대표 출판사인 LiveABC사와 MOU를 체결해 구체적인 사업을 같이하기로 합의하는 성과를 냈다.

아울러 2012년부터 우리 책을 번역해서 해외에 수출하는 일들도 많아졌다. 『표준국어문법』을 영어판으로 번역해 아마존을 통해 해외에 소개했고, 『형용사 사전』도 영어판으로 만들었다. 2016년부터 캐나다 워털루대학의 교재를 우리가 직접 영어로 만들어 학교에 납품하고 있고, 대만이나 중국에서도 우리 책을 교재로 쓰고 있다.

지난 경험을 교훈 삼아, 계란으로 바위 치기가 성공할 때까지 수백 번 수천 번 포기하지 않고 도전하리라 다짐해본다.

캐나다에서 인기 높은 한국어 교과서

외국어 학습에 있어서 입문 기초 과정은 학습자로 하여금 그 언어를 계속해서 학습하게 하느냐, 중단 하느냐를 가름하는 관문이 된다. 박이정에서 출판 한 『Dr. Kim's Korean for complete beginners』 교과서가 그러한 중요한 역할을 하는 데 긍정적인 역할을 하는 교과서가 되기를 바 랄 뿐이다.

박이정출판사 30돌을 맞아 박이정과 인연을 맺은 저자들의 이야기를 지면에 담는다는 원고 청탁을 받고 차일피일하 다 보니, 어느새 원고 마감 일자가 며칠 남지 않았다. 원고를 쓰려고 컴퓨터를 켜자 급한 마 음과는 달리 나의 기억은 먼 옛날로 돌아간다.

외국에서 한국어를 가르친 지 어언 40년, 움켜잡은 손가락 사이로 빠져나가는 물처럼 그 긴 시간이 속절없이 사라져버린 듯하다. 캐나다에서는 교수들의 정년이 정해져 있지 않아 나는 일흔이 넘은 지금도 여전히 대학에서 한국어를 가르치는 일을 계속하고 있다.

한국에서 국어국문학을 전공하고 교편생활을 몇 년 한 후, 어쩌다 캐나다로 이주하여 언어 교육학을 전공하고 '국어'가 아닌 '외국어로서의 한국어'를 가르치게 되었다. 외국대학에서 한 국학을 하는 사람으로서, 대학에서 한국에 관계된 과목을 신설할 필요가 있다고 하면, 자신 의 능력을 살펴볼 여유도 없이 '한국문화사', '한국역사', '한국문학' 등을 마다않고 가르쳤다.

그때 가졌던 나의 만용에 대해 굳이 변명을 찾자면, 이 나라 교사들이 하는 말, 즉, '그것에 대하여 알고 싶으면 그것을 가르쳐 보라!(If you want to know about it, teach it!)'는 경구 다. 밤낮 참고서적들을 쌓아놓고 강의록을 구상하고, 쓰고, 계속 수정하던 그때의 열정이 지 금 생각하면 놀라울 뿐이다. 그런 과정 속에서 지금까지 내가 전념을 쏟아왔던 것은 당연히 전공분야인 한국어교육이었다.

제2의 언어로서 한국어를 가르친다는 것은 학습자에게 단순한 언어지식만 가르치는 것이 아니고, 그 언어 속에 내재한 사고방식과 문화를 이해하게 하는 통합적인 과제이다. 한국어 교육이란 한국말을 전혀 모르는 외국학생들에게 기본적인 발음 연습과 문자의 사용법, 그리 고 문법 규칙을 가르치고 실제적인 사용능력을 함양시키는 명확하게 제시된 과정이지만, 언 어 학습이 확대되는 멀고 먼 지평을 생각하고 가르치는 교사라면 항상 효과적이고 창의적인

캐나다의 M.I.T.로 불
리는 워털루대학교(사
진)에서 한국어 과목
을 수강하는 학생들이
400여 명에 이른다.

교수 방법을 연구하게 된다.

40여 년 캐나다에서 한국말을 가르치는 동안 여러 가지 교재를 사용하면서 수업에 사용하던 교재들을 모아 언젠가는 한 권의 책으로 엮어봐야겠다는 생각을 갖고 있었다. 수년 전 세계한국어학당 모임이 있어 서울에 갔다가 한국어 교재를 전시하는 행사에서 우연히 박이정출판사 대표를 만나게 되어 서로 인사를 나누고 명함을 받았다.

이것이 인연이 되어 박이정에서 워털루대학교 2016년 한국어 교재 초판본을 출판하게 되었다. 한국에서 책이 출판되는 과정을 잘 모르는 나로서는 편집부터 출판까지 박이정출판사 스태프들이 보여준 섬세하고 신속한 일련의 과정은 참으로 인상적이었다.

워털루대학교는 캐나다의 M.I.T.라고 부른다. 엔지니어 분야, 특히 컴퓨터 과학 분야에서는 세계적으로 알려진 대학이다. 대학에서 공부하는 학기와 캠퍼스 밖 산업 현장에서 일하는 학기가 연계되는 특이한 시스템으로 인해 캐나다 학생은 물론, 세계 각국의 유학생들이 몰려와 공부하고 있다. 워털루대학에서는 문과뿐만이 아니라 엔지니어를 전공하는 학생들에게도 학위 과정에서 제2언어 학점 이수를 요구하고 있는데, 한국어 프로그램은 워털루대학에서 제공하는 다양한 외국어 선택 과목 중 하나다.

20년 전, 내가 토론토대학교 동아시아학과에 몸을 담고 있을 때 일주일에 한 번 워털루대학교에 특강 형식으로 한국어 과목을 처음 개설하였을 때는 수강생이 다섯 손가락에 꼽을 정도였는데, 지금은 일 년 동안 한국어 과목을 수강하는 학생들이 400여 명에 이르러 캐나다에서 가장 큰 한국어 프로그램으로 성장하였다.

이 많은 학생들이 사용하는 한국어 교과서가 박이정에서 출판한 『Dr. Kim's Korean for complete beginners』이다. 이 교과서는 제목이 제시하는 것처럼, 한국어를 전혀 모르는 학생들을 위해 영어를 사용하여 문법을 설명하고 대화 자료를 통해 한국어를 기초부터 배우도록 구성되어 있다. 즉, 한국어의 자모 발음, 한글의 구조와 사용법, 기본적인 한국어 문장, 기초 문법 소개 등으로 이어지는 한국어 입문서인 것이다.

박이정에서 책을 만들면서 보여준 전체적으로 짜임새 있는 구성, 본문의 대화 상황을 효과적으로 표현한 삽화, 깔끔한 장정 등은 배우는 학생들은 물론이고, 가르치는 교사들로부터 대체로 만족스럽다는 평을 듣고 있다. 외국어 언어 학습에는 획일적인 교과서가 두루 사용될 수 없고, 학생들의 다른 언어 및 문화적 배경, 학습 목적, 교육 환경에 따라 다양한 교과서가 개발되어야 한다. 기회가 되면 다음 단계, 혹은 다른 환경, 다른 목적의 학습 교재도 출판할 수 있었으면 하지만, 그런 여력이 있을지 모르겠다.

외국어 학습에 있어서 입문 기초 과정은 학습자로 하여금 그 언어를 계속해서 학습하게 하느냐, 중단하느냐를 가름하는 관문이 된다. 박이정에서 출판한 『Dr. Kim's Korean for complete beginners』 교과서가 그러한 중요한 역할을 하는 데 긍정적인 역할을 하는 교과서가 되기를 바랄 뿐이다.

오늘도 나는 세계 각국에서 모여든 학생들에게 한국어를 가르치면서 이렇게 아담한 교과서를 만들어준 박이정출판사의 창립 30주년을 진심으로 축하하며 계속적인 발전을 기원한다.

©『기초한국어 대화』 번역가 강숙원

✉ 저자에게 온 편지 | 조영미 대만 문조외국어대학 교수

대만에 부는 한국어 열풍

안녕하십니까? 저는 원자오외국어대학교(文藻外語大學)에서 근무하고 있는 조영미(趙英美)입니다. 올해로 한국어를 가르친 지 20년이 넘었고, 한국을 비롯해 미국, 캐나다, 대만에서 한국어를 가르쳤습니다.

2014년 가톨릭대학교 한국어교육센터에서 코디네이터로 일할 때였습니다. 한국어를 독학하는 학습자들과 단기 한국어 교육과정을 수강하려는 학습자들도 눈에 띄게 늘어나던 시기이기도 했습니다. 당시 함께 근무하던 선생님들과 함께 학습자들이 보다 간단하게 한국어를 배울 수 있는 교재를 집필하고자 의기투합하게 되었고, 오랜 고민과 작업 끝에 『심플한국어(Simple Korean)』를 작업하게 되었습니다. 허나, 시중에는 이미 한국어 초급자를 대상으로 한 교재가 넘쳐나고 있던 터라 저희가 작업한 교재를 내줄 출판사를 물색하는 일이 쉽지 않았습니다. 그렇지만 저희는 이 교재가 다른 초급 교재와는 분명 다른 이점이 있다는 사실에 확신이 있었고, 꾸준히 출판사를 찾던 중 어느 출판 관계자 분의 소개로 박이정출판사를 알게 되었습니다. 박이정은 저희의 집필 의도에 귀 기울여 주고, 책을 무사히 출판할 수 있도록 물심양면으로 도와주었습니다. 우여곡절 끝에 우리 책이 드디어 세상에 나왔습니다. 2015년 가을 학기부터 저는 대만에서 근무를 시작했고, 초급 과정에 해당되며 부전공 과정의 필수과목인 '한국어 발음 및 듣기 수업'에서 본 교재를 사용하기 시작했습니다.

제가 현재 근무 중인 남부의 원자오대학교는 대만 유일의 외국어대학교로, 2005년부터 일본어과 소속으로 한국어 과정이 개설되었습니다. 2012년부터는 학정 과정(韓國語言文化與産業學分學程, 부전공 과정)이 개설되었는데, 그 목적은 한국과의 활발한 무역 및 경제교역을 기대하기 위함이라고 학교 측이 밝혔습니다. 2015년 기준으로 재학생의 10% 이상이 한국어 과정을 수강했으며, 그 수는 점점 늘어나는 추세입니다.

현재 대만에서는 국립정치대학교 한국어문학과, 중국문화대학교 한국어문학과, 국립 가오슝대학교 동아시아어문학과 한국어 조(組), 그 이외의 대학은 교양과정으로 한국어 과정이 개설되어 있습니다. 총 57개 대학교에서 교양과목이나 제2외국어로 한국어가 개설되어 있는데, 이는 전국 159개 대학교의 3분의 1이 넘는 수준입니다. 이에 남부에서도 한국어를 교양과목으로 가르치는 대학이 늘어나고 있으며, 현재 『심플한 국어』는 남부의 수덕대학교에서도 사용되고 있습니다.

게다가 대만에서는 온라인교육이 활성화되어 원격강의용 교재 수요가 늘어나고 있습니다. 이에 저는 2019년 2월 학기부터 박이정에서 출판한 두 번째 교재 『기초 한국어 회화』를 '한국어2' 수업에서 사용하고 있습니다. 북부 타이베이와 남부 가오슝에서는 세종학당과 한국학교에서 한국어교육이 활발히 진행 중이기도 한데, 저는 현재 가오슝 세종학당의 운영위원을 맡고 있으며, 해당 교육기관 교사들에게 제가 박이정에서 출판한 교재를 참고자료로 기증하기도 했습니다.

대만의 한국어능력시험(TOPIK)은 2005년 첫 시험이 실시된 후 응시자들이 2009년 27.4%, 2010년 30.9%로 계속 늘어나자 타이베이(臺北)시에서만 치러온 시험을 2011년부터는 대만 남부의 최대도시 가오슝(高雄)시에서도 시작해 2015년에 6,184명 응시, 2016년 10월 시행 경우 7,210명 응시로 이는 인구 대비 세계 최고 수준입니다. 토픽 관련 교재 수요 또한 요구되는 상황이라 저는 박이정에서 세 번째 책 『실용 TOPIK 어휘 - 중고급 편』을 집필하게 되었으며 이는 다음 달에 출판될 예정입니다.

대만의 한국어교육 수요에 부응하며 박이정과 함께 저 또한 다양한 교재를 출판하며, 교사로서 성장할 수 있는 기회를 갖게 돼 기쁩니다.

박이정의 30주년을 축하하며, 앞으로 좋은 인연이 계속되기를 바랍니다.

대만에서는 온라인교육이 활성화되어 원격강의용 교재 수요가 늘어나고 있습니다. 이에 저는 2019년 2월 학기부터 박이정에서 출판한 두 번째 교재 『기초 한국어 회화』를 '한국어2' 수업에서 사용하고 있습니다. 대만의 한국어교육 수요에 부응하며 박이정과 함께 저 또한 다양한 교재를 출판하며, 교수로서 성장할 수 있는 기회를 갖게 돼 기쁩니다.

신뢰로 만든 책 한 권

학술적으로 중요한 책을 잘 만드는
박이정출판사와 협조하게 되어서
무한한 기쁨이며 큰 영광으로 생각
합니다. 본인의 훈민정음과 정보기
술에 대한 연구가 많은 어려움 끝에
훌륭한 디자인으로 편집되고, 좋
은 종이에 인쇄되며, 튼튼한 커버
로 제본될 뿐 아니라 국내외 독자들
에게 소개까지 된다니 더없이 감격
스럽습니다.

『날개를 편 한글』 편집회의

　중요한 편지를 쓸 때 본인은 자주 이런 생각이 듭니다. 편지의 내용을 나 쓰고 종이를 접
고 봉투에 넣고 그 위에 주소를 적고 우표도 붙입니다. 우체국에 맡기면서 멀리 있는 사람의
손까지 잘 가겠다는 것을 믿습니다. 우체국과 우체국 고객 사이의 신뢰가 있기 때문입니다.
　책을 출판하는 것도 마찬가지입니다. 모든 노력으로 쓴 책을 출판사에 맡기는 것은 신뢰의 일입
니다. 출판사와 저자 사이의 신뢰로만 책이 세상에 나오게 되며 저자가 세상을 떠났어도 책이
남아 후세들이 이용할 수 있습니다. 이 신뢰는 보이지 않지만 신뢰 없이 아무것도 안 됩니다.
　본인은 박이정출판사에서 예전에 나온『역대한국문법대계』를 고마운 마음과 동시에 놀라운
마음으로 연구에 사용했습니다. 고마운 마음은 연구에 많은 도움을 주었기 때문이고, 놀라운
마음은 이토록 많은, 찾기조차 어려운 작품들을 다시 한 곳에 모아서 누구나 쉽게 이용할 수
있도록 만들었다는 사실 때문이었습니다.
　이제 본인도 학술적으로 중요한 책을 잘 만드는 박이정출판사와 협조하게 되어서 무한한 기
쁨이며 큰 영광으로 생각합니다. 본인의 훈민정음과 정보기술에 대한 연구가 많은 어려움 끝
에 훌륭한 디자인으로 편집되고, 좋은 종이에 인쇄되며, 튼튼한 커버로 제본될 뿐 아니라 국
내외 독자들에게 소개까지 된다니 더없이 감격스럽습니다. 또 그 책이 in the best hands인
줄 알고 있으니 안심이 됩니다.
　많은 도움을 주신 박찬익 사장님, 권이준 상무님께 깊은 감사를 드립니다. 신뢰로 운영되는
박이정출판사가 앞으로도 오랜 성공과 전통을 이어가리라 확신합니다.

새로운 길에서 만난 별 같은 인연들

지난 30년을 돌아보면 헤아릴 수 없이 많은 이름들이 스쳐 간다. 국어국문학 관련 저자들이 많은 비중을 차지하지만, 그 누구보다 열정적이고 따뜻했던 다른 전공 학자들도 많았다. 특히 2010년대부터 새로운 분야에 도전장을 내면서 중문과, 영문과, 역사학 등 다양한 저자들과 함께 책을 만드는 행운을 얻었다.

『사유급취장』

양효성 선생님은 말 한 마디 한 마디에 깊은 철학적 사유가 묻어나는 분이었다. 인하대학교 사범대학 부속 고등학교 역사교사로 학생들을 가르치다 문자·문헌학에 끌려 조기퇴직하고 중국의 유명 서적거리(街)를 일일이 답사하면서 열정적으로 연구하셨다. 그렇게 해서 나온 결과물이 『사유 급취장』인데, 천자문의 아버지 격으로 인정받는 이 책을 번역해 본사에서 출판했다.

책을 제작하면서 선생님과 여러 번 조우했다. 농담도 잘하시고 말씀마다 지혜가 묻어나 많이 깨닫고 배웠다. 하루는 진지한 얼굴로 "박 사장, 출판인의 혼을 담아 내 책을 만들어주세요. 원고에 대해서는 저자로 내 모든 것을 바쳐 번역하고 쓰겠습니다. 출판에 드는 경제적 비용은 나도 분담하겠습니다"라고 하셨다. 그 의지가 너무도 결연해 나는 절로 숙연해졌다.

그 후 선생님은 귀인답게 강화문 동십자각에서 대마도까지 걸으면서 『나의 옛길탐사일기 1,2』를 출판하셨다. 이 책은 하루하루 걸어 다닌 곳을 일지를 쓰다시피 상세하게 기록하고 서술했는데, 선생님은 대장정을 시작하면서 거의 매일 문자를 보내셨다. "박 사장, 나 이제 죽령을 넘고 있소. 이곳을 넘으면 박 사장 고향인 경상북도로 접어들게 됩니다. 오늘은 0월 ○○일 ○○시요"라고 현지 소식을 생생하게 들려주셨다. 덕분에 『나의 옛길탐사일기』를 읽노라면 마치 내가 그 길을 걷고 있는 듯한 착각에 빠진다. 페이지마다 어느 누구도 걷지 않은 옛길을 홀로 걸으며 세상을 노래하는 선비의 꼿꼿한 지조와 기개가 느껴진다.

수원대학교 영문과 김종도 교수님은 『인지문법의 토대 1,2』로 인연을 맺은 후 대부분의 책을 본사에서 출간하셨다. 나는 평소에 국어를 제대로 연구하려면 언어학적 기초가 중요하다고 생각했기에 언어이론에 대한 책을 꾸준히 번역해 국내에 소개했다. 덕분에 『문법의 인지적 기초』, 『언어의 본질』, 『삶으로서 은유』, 『인지문법론』 등 해외 저명한 인지언어학자들의 책을 출간할 수 있었다.

김종도 교수님은 2002년 『인지문법의 디딤돌』을 출간한 후 정년퇴임하셨고, 10년 동안 중국어를 배워 노사의 장편소설 『사세동당 상·중·하』를 직접 번역하셨다. 이 책은 일본 제국주의의 군화에 짓밟힌 중국 북경의 한 마을을 배경으로 인간군상의 다양한 모습을 보여주며,

그들이 어떻게 그 험난한 시대를 살아갔는지에 대해 담담하게 이야기를 풀어나간다.

교수님은 우리나라 젊은이들에게 역사의식과 애국심을 심어주기 위해 직접 비용을 부담해 『사세동당』을 제작 배포하셨다. 엄청나게 방대한 내용을 직접 원고지에 써 오셨던 터라 아내와 6개월가량 타이핑해서 책을 냈던 기억이 난다. 10년 동안 중국어를 배우고, 방대한 장편소설을 번역하고, 원고지 수천 장에 기록하고, 젊은이들을 위해 자비로 출판하신 모든 과정들에서 대학자의 품격을 느낄 수 있었다.

교수님은 2018년 11월 정인출판사에서 자서전 『서툰 삶 즐거운 인생』을 펴내셨는데, 진실하고 끈기 있게 살아온 인생이 녹아있어 책장을 펼칠 때마다 존경의 마음이 우러나온다.

✉ 저자에게 온 편지 | 김종도 전 수원대 교수

상생의 기념탑

출판이란 글쟁이와 독자를 이어주는 가교다. 이 가교는 글쟁이의 배고픔과 독자의 마음의 고픔을 쓰다듬어준다. 출판이 없다면 두 고픔이 해결될 수 없을 것이다. 그래서 출판이란 양쪽의 삶을 북돋우어주는 상생을 꾀하게 된다. 그리고 출판은 누구에게도 상처를 주지 않는 점에서 봄비와 닮아 있다. 봄비가 있기에 싹은 돋아난다. 출판이 있기에 글쟁이는 글을 쓸 힘이 솟고 독자는 침을 흘리며 기다린다.

박이정 박찬익 사장은 이 상생의 원리를 누구보다 먼저 깨닫고 실천해 온 이다. 그것도 넓게 그리고 깊게 하겠다는 각오를 다져서 출판사 이름을 박이정(博而精)이라 했을 것이다. 그러기에 박찬익 사장은 이런 정신을 더 신장시키고자 불철주야 애쓰시는 분이다.

필자와 박찬익 사장과의 만남 자체가 이 정신 실현의 실례라 할 수 있다. 20여 년 전 400자 원고지 4,000여 매를 책상 위에 쌓아두고 갈 길이 막막하던 나에게 박 사장이 한 말은 "한 번 해보시죠"였다. 조금도 망설임이 없었다. 상생 정신이 없었다면 불가능했을 것이다. 이 정신으로 인하여『인지문법의 토대』라는 거질(巨帙)이 세상에 태어날 수 있었고 잇따라『인지문법의 디딤돌』이 탄생했다.

다행히 인지문법은 생소한 문법 모형이고 이 모형을 펼쳐 보이는 원서(The Foundation of Cognitive Grammar)의 난해성을 잘 아는 독자들의 환영을 받을 수 있어서 번역이라는 장애와 거질(巨帙)이 주는 마음의 빚을 넘어 독자의 호응을 얻을 수 있어서 조금이나마 역자의 마음을 가볍게 했다.

필자는 박이정의 상생정신이 더 발전하고 공고해졌으며『인지문법의 토대』출판이라는 일회성으로 끝나지 않았음을 20년이 지나서 새삼 깨닫게 되었다. 아둔한 필자는 다시 한 번 400자 원고지 3,700여 매를 앞에 두고 한숨만 쉬게 되었다. 이때 필자는 정년퇴직한지 10여 년이 지나고 있어서 출판사가 매력을 느끼지 않는 글쟁이가 되어 있었다. 게다가 이미 몇몇 출판사에 거절을 당하고는 거의 절벽에 얼굴을 처박고 우울증에 걸려 있었다고 해도 과언이 아니었던 때이다. 그 순간 우연히 박이정이란 이름이 떠올랐다.『인지문법의 토대』로 사장님을 괴롭힌 것이 죄송스러워 전화하기가 망설여졌다. 덧붙여서 내 앞의 원고 뭉치는 중국의 현대 소설가로는 우리에게 비교적 알려지지 않은 노사(老舍)의 작품이었기 때문이다. 뿐만 아니라『사세동당(四世同堂)』은 소설이었기 때문이기도 했다. 박이정은 국어학 나아가서 언어학 전문 출판사이다. 필자의 생각에 이 책은 소설일 뿐만 아니라 우리에게 낯설고 원문으로 천 페이지가 넘는 거질(巨帙)이기 때문에 박 사장이 용기를 낼 리 없다고 지레짐작하고 있었다.

하지만 필자가 번역한 원고를 보여주었을 때 박찬익 사장은 원고를 보고 직감한 듯했다. 우리가 반공 이데올로기에 너무 경도되어 중국 근현대문학을 등한시한 점을 이 노사의 대표작으로 한 방에 날려 버릴

박찬익 사장은 상생 가답다. 글쟁이를 구슬리거나 심지어 협박까지 해서 글을 쓰도록 했다. 그가 사용하는 방법은 독자를 등에 업고 그들의 바람을 글쟁이에게 전함으로써 글쟁이를 자극하는 것이다. 결과는 항상 독자와 글쟁이 모두를 승리자로 만들었다.

수 있다는 것을 한눈에 알아보았
다. 그리고 그는 주저 없이 결단
을 내려주었다. 『사세동당』 번역
본이 세상에 나오던 날, 필자는
박찬익 사장에게 감사를 표하고
이 책을 '상생 기념탑'이라 치하
했다.

　박찬익 사장은 상생가답다. 글
쟁이를 구슬리거나 심지어 협박
까지 해서 글을 쓰도록 했다. 그가 사용하는 방법은 독자를 등에 업고 그들의 바람을 글쟁이
에게 전함으로써 글쟁이를 자극하는 것이다. 결과는 항상 독자와 글쟁이 모두를 승리자로 만
들었다.

　이러한 박 사장의 상생정신을 필자는 『서툰 삶 즐거운 인생』의 출판 때 또 한 번 경험할 수
있었다. 이 책은 팔십을 바라보는 필자의 '백조의 노래'라 할 수 있다. 필자는 스스로 내 자신
의 인생 이야기에 대해 남들이 관심을 가지지 않으리라 생각했다. 그래서 신변 얘기를 쓸 엄
두를 내지 못하던 나에게 박찬익 사장이 은근히 부추기며 용기를 내게 했다. 그의 부추김에
힘을 얻어 2년이란 세월을 투자하여 쓰고 다듬어 이 책이 출판되었다. 그래서 이 책은 박 사
장의 또 하나의 상생 기념탑으로 내 마음속에 자리매김하고 있다.

　아무쪼록 박이정이 일취월장하여 우리 출판계에 우뚝 서는 회사가 되기를 빌어마지 않는다.

모두의 회사를 위한 첫걸음, 주식회사 전환

2015년 6월 우리는 새로운 변신을 시도했다. 개인회사인 '도서출판 박이정'과 자회사 '정인 출판사'로 구성되었던 박이정이 법인 형태인 ㈜박이정출판사로 다시 태어난 것이다. 또 기존 에 다루지 않았던 사회과학 분야로 발을 넓혀 사회과학 및 언론 관련 서적과 교재를 출간하 는 자회사 '패러다임북'을 새롭게 출범하면서 ㈜박이정출판사는 총 3개의 브랜드를 가진 종 합 출판사의 모습을 갖추었다.

이로 인해 주식회사 요건에 맞게 정관을 고치고, 직원들도 주식회사로 옮겼다. 주식회사 전환으로 인해 대학 제휴 사업이나 정부 프로젝트에 참여할 때 대외적으로 공신력에 도움 이 된다.

물론 이러한 현실적 이익도 주식회사 전환에 중요한 이유였지만, 무엇보다 장기적으로 우리 출판사가 지속가능한 발전을 이루기 위해서는 전문경영인을 키워 회사 역량을 높이고, 직원 들 모두가 주인이 되는 시스템이 필요하다고 생각했다. 이런 생각을 구체화하기 위해 2018년 편집장을 상무로 승진시켜 전문경영인 중심의 책임경영을 시도했다.

대한민국 최고의 전문가를 키워내기 위해

30여 년 전 출판사 일을 처음 시작했을 때, 나는 관련 업무를 제대로 배울 수 있는 곳이 없 어 인쇄소나 출력소 등 현장에서 어깨 너머로 배우곤 했다. 그러다 보니 낯선 용어들이 무슨 뜻인지 몰라 오랫동안 헷갈렸고, 궁금해도 당장 물어볼 상황이 안 돼서 답답할 때도 많았다. 그때마다 출판을 체계적으로 가르쳐줄 수 있는 곳이 절실했다.

출판사가 조금 자리를 잡았을 때, 나는 오랜 꿈 하나를 꺼냈다. 출판을 위해 꼭 필요한 사전

교육을 내 힘으로 시작해 보기로 마음먹었다.

사실 우리나라에서 출판교육의 인프라는 미미하다. 일부 전문대학에 출판교육 과정이 있지만, 전문학사 과정을 모두 이수해야 하기 때문에 출판의 전문적 실무를 배우는 시간은 많지 않다. 그나마 최근에는 출판학과마저 거의 없어졌다. 정부기관이나 민간기관에서 출판교육 과정을 개설하고 있으나 장소, 시간, 교과목, 강사 등의 문제로 취업 전에 교육을 받고 출판사에 취직하기는 쉽지 않다.

게다가 출판사 내부의 업무도 기획, 편집, 디자인, 제작, 마케팅, 홍보, 관리 등 다양해 관련 전문지식을 통합적으로 배워 취업하기란 요원한 일이다. 최근에는 NCS 기반의 교육을 통해 출판사에서 어떤 일을 하는지는 대충 공부하고 취업하지만, 그야말로 수박 겉핥기 수준에 머물러 있다.

나는 이러한 상황에서 신입직원 교육과 내부 특강, 외부 특강 등을 통해 전문 출판인을 키워내는 일에 애정을 쏟고 있다.

우선 신입사원이 들어오면 내가 직접 한 달가량 신입직원연수를 진행한다. 본사 소개, 출판업무 분야별 강의, 출판산업의 현황 등을 매주 2회씩 100분 정도 교육한다. 그다음에는 부서의 일을 도우면서 부서장에게 실무교육을 받고 제작업체나 영업처, 서점 등을 방문해 현장수업을 실시한다.

2000년부터는 회사 창립일이나 결산 때 외부 전문가를 초빙해 내부 직원들을 위한 수준 높은 특강을 진행해 왔다. 제작, 전자책, 출판경영, 책의 역사, 교정교열, 수출전략, 토픽교육,

박이정출판사 27주년을 맞아 부길만 동원대 교수를 초청해 '책의 역사와 한민족의 위대성'이라는 주제로 직원 특강을 진행했다. 양평 박이정 세미나실에서

미래사회와 출판 등 폭넓은 분야를 다루었다. 또 SBI, 출판문화산업진흥원, 대한출판협회, 한국출판협동조합, 학술출판협회 등 정부나 출판 단체에서 시행하는 특강이나 학회 세미나 등에 직원을 파견해 교육을 받도록 하고 있다.

물론 매일 격무에 시달리는 직원들 입장에서는 그런 교육들이 버거울 것이다. 그럼에도 견디고 이겨내 국내 최고의 전문 출판인으로 성장하길 바란다. 아니, 방탄소년단처럼 유능한 아티스트가 문화강국의 힘을 전 세계에 보여주었듯, 유능한 출판 전문가들이 세계시장을 개척해 주길 바라고 또 바란다.

미래 출판 꿈나무를 위한 소박한 재능기부

나는 내부 직원뿐 아니라 외부인을 위한 위탁교육과 외부 취업특강도 진행하고 있다.

본사에서는 10년 전부터 대학교와 산학협력을 맺어 출판학과, 문예창작학과 등 출판 관련 학과 학생들을 대상으로 출판교육을 실시하고 있다. 여름방학과 겨울방학 동안 1개월 정도 진행하며, 내용은 직업으로서의 출판, 출판 전반, 현장교육 등이다.

나는 외부 취업특강도 많이 다녔다. 강원대, 안동대, 신구대, 서일대, 동원대, 대우직업전문대, 숙명여대, 한남대 등에서 특강을 했다. 인문학과 출판, 한국출판 현황, 직업으로서의 출판업 등 다양한 주제로 강의를 진행하는데 인문학적 문화콘텐츠를 이야기할 때면 더욱 가슴이 뛴다.

미래 출판인 양성을 위해 노력해온 박찬익 대표는 강원대, 안동대, 숙명여대 등 대학 출판 관련 학과 학생들을 대상으로 외부 특강을 진행해 왔다. 사진은 동원대 광고편집학과 특강

박이정은 10년 전부터 대학교와 산학협력을 맺어 출판 관련 학생들을 대상으로 현장교육을 실시하고 있다.

2000년대에 한창 인문학 열풍이 불다가 최근 몇 년 사이에 4차 산업혁명이 화두가 되면서, 인문학의 존재감이 사라지고 있어 책을 만드는 사람으로서 무척 안타깝다. 인문학이 인간이 살아가는 지혜와 가치관을 길러주는 정신적인 학문이라는 원론적 의의를 차치하더라도 21세기 한류를 이끄는 문화산업, 지식산업이 인문학적 콘텐츠를 기반으로 성장한다는 사실을 결코 간과해서는 안 된다. 연극, 영화, 드라마, 출판, 애니메이션 등 문화상품들이 수십조 원의 매출을 올리는데 이 모든 것의 원료는 인문학 콘텐츠다.

인간의 문화는 문자라는 기호에 의해 역사적으로 축적되어 왔다. 인간과 인간이 동시대에 의사소통을 하고, 축적된 경험과 지식으로 기술을 개발해 후대에 전하는 방법도 문자의 결합체로 이루어진 책이 있었기에 가능했다. 책은 인류의 지식과 기술 문화를 후대에 전하는 가장 기초적이고 보편적인 매체였다.

물론 디지털 시대의 인문학은 새로운 기술과 미디어가 결합해 문자만이 아닌 새로운 형태로 진화하겠지만, 그 원류가 인문학 콘텐츠라는 사실에는 변함이 없다. 그런 점에서 출판은 어느 시대에나 중요한 정신적 자산이며, 유능한 젊은 세대들이 많이 유입되어 새로운 트렌드를 만들어 갔으면 하는 바람이다. 그런 이유로 나는 출판인을 꿈꾸는 대학생들에게 특별한 애정과 관심을 가지고 있고, 부족하나마 30년간 쌓아온 출판 관련 지적자산을 아낌없이 나누려 한다.

 저자에게 온 편지 | 최용기 몽골민족대학 부총장

언어 진리를 찾아가는 순수한 끈기

　인간이 다른 동물과 구별되는 가장 중요한 특징은 바로 언어를 사용한다는 것이다. 언어는 인간이 인간답게 살아가는 바탕을 제공하기 때문이다. 현재 지구상에는 7,000여 개의 언어가 존재한다고 한다. 한 언어가 여러 나라에서 쓰이기도 하고 한 나라에 여러 언어가 존재하기도 한다. 언어는 시간이 흐르면서 서로 다른 언어로 갈라지기도 하고 서로 다른 언어가 상호 영향을 미쳐 비슷한 특성을 갖게 되기도 한다. 대개 언어의 역사는 민족의 역사와 함께한다. 따라서 한 민족이 소멸하거나 쇠퇴하면 그 언어가 사라지기도 한다.

　우리 한민족은 한국어라는 언어를 사용하면서 이를 한글이라는 고유 문자로 기록하고 있다. 물론 한글이라는 고유 문자가 없던 시기에는 한자를 빌려 기록하기도 하였지만 지금은 오직 한글로 모든 것을 기록하여 보존하고 있으며, 이것을 책으로 출판하여 여러 사람과 의사소통을 하고 있는 것이다. 이렇게 생각해 보면 책의 출판이라고 하는 것은 인간 언어를 가장 잘 기록하는 수단이며, 이를 사람들 간에 서로 소통하게 하는 중요한 매체가 되는 것이다.

　내가 박이정출판사와 첫 번째 인연을 맺게 된 것이 20여 년이 훨씬 넘었으니 짧은 세월이 아니다. 건국대학교 대학원 재학 시절 국어국문학과 중심의 한말연구모임(뒤에 한말연구학회로 바뀜)의 〈한말 연구〉 학술지를 학술대회 장소에서 받아보았던 즐거움은 대단하였다. 회원들에게 책값도 받지 않고 무료로 배포해 준 박이정출판사에게 한없이 고맙고 학술대회에서 발표한 논문이 활자화되어 책으로 출판된다는 것은 정말 큰 기쁨이었다. 지금 잘 생각해 보면 학술대회에 자주 참석한 것도 〈한말 연구〉 학술지를 받아보고 싶은 욕심이 더 컸던 것 같았다. 논문 집필자에게는 몇 권씩 더 주고 별쇄본 논문도 따로 잘 챙겨 주었던 기억이 생생하다. 지금도 집필자에게 그렇게 하고 있으리라고 생각하니 참 고마운 일이다.

최용기 교수는 현재 몽골민족대학교 아카데미 교육원장 겸 부총장으로 재직하고 있다. 몽골 현지의 한국어 교육 개시 이후, 우리 국립국어원 출신의 한국어 전문가가 현지 대학 교수로 임용된 것은 최 교수가 처음이다.

두 번째 인연은 2001년에 내가 박사학위 최종 논문 발표를 중국 북경의 남북 국제학술대회 장소에서 하였는데 이를 지켜본 박이정출판사의 박찬익 대표이사는 이 논문을 책으로 출판하고 싶다고 정중하게 요청하였다. 박사학위 논문이 「남북한 국어 정책 변천사 연구」였고 이 무렵 남북한 교류는 매우 활발하여 각 대학이 남북 관련 학과를 신설하거나 교과목 강의를 개설하는 경우가 빈번하였다. 나는 박사 논문을 제출하기도 전에 이런 강의를 대학과 대학원에서 시작하였고 박사학위를 취득하면 나를 초빙하겠다고 하는 대학도 여럿 있었다. 보통 이런 학위 논문은 500권 출판하여 한정 판매한다고 하는데 박 대표께서는 800권을 출판하겠다고 하여 이를 승낙하였다. 이 판매 전략은 적중하였고 1년 안에 모두 소진되었다.

세 번째 인연은 국립국어원의 교육진흥부장(학예직, 고위공무원)으로 재직할 때 수많은 연구사업을 진행하였는데 이를 연구 보고서로만 남기는 것이 너무나 아쉬웠다. 그래서 책으로 출판하여 연구자와 일반인에게 제공도 하고 누구나 사서 볼 수 있도록 하는 것이 좋을 것 같았다. 이를 면밀하게 검토한 결과 충분히 가능하다고 판단하여 출판공모사업으로 전환하고 공모자를 모집하였다. 반갑게도 박이정출판사도 여기에 응모하였고 『새터민을 위한 한국어 어휘 교육』과 『차곡차곡 익히는 우리말 우리글 1, 2』의 연구 보고서가 박이정출판사로 출판권이 넘어갔다. 물론 출판된 책의 일부를 국립국어원이 매입하여 각 도서관에 보급해야 한다는 조건도 있었다.

네 번째 인연은 한국어 국외 보급사업 때문이다. 한국어 연구와 교육 사업을 하면서 이제 한국어는 한국인만의 언어가 아니고 전 세계에 보급되어야 한다는 생각을 하였고, 이것을 실천에 옮기고자 한 사업이 세계 여러 나라에 '세종학당'을 개원하고 한국어 교원에게 자격증을 발급하여 파견하는 일이었다. 다행히 반응이 좋았고 범정부 차원의 적극적인 지원도 뒷받침되었다. 따라서 각 대학의 연구자와 교수들도 이에 호응하였고 각 출판사들도 발 빠르게 한국어교육 사업으로 전환하였다. 박이정출판사도 국어국문학 전공 서적 출판 사업뿐만 아니라 한국어교육 사업을 추가하게 되었다.

이 무렵에 나는 정년이 다가왔고 마침 몽골민족대학교 한국어학과에서 나를 초빙하겠다고 연락이 왔다. 평소 외국생활을 하면서 한국어 보급을 실천하겠다는 의지가 있었는데 나에게는 정말 좋은 기회가 찾아온 것이다. 한국어학과 교수로 잠시 머무를 계획을 하고 몽골민족대학에 왔는데 아카데미교육원장 보직을 맡기고, 최근에는 부총장급으로 이를 격상시켰다. 겨울 방학이 되어 잠시 귀국을 하였는데 마침 박이정출판사의 박 대표께서 나를 만나 몽골 대학생을 위한 한국어 교재 개발을 제안하였다. 나는 이를 흔쾌히 승낙하였고 박이정출판사를 방문하였는데 박 대표는 나에게 출판사의 한국어 교재도 몽골민족대학교에 무료로 지원하겠다고 하니 얼마나 고마운 일인지 모르겠다. 나와 박 대표는 업무 협정도 체결하였다.

그동안 박이정출판사 박찬익 대표와의 인연은 헤아릴 수 없이 많아 일일이 다 열거할 수 없지만 분명한 사실은 박 대표께서는 책의 출판 사업을 통해 사적 이익을 추구하기보다는 책 속에서 순수한 언어 진리와 의미를 찾아가고 있다는 것이다. 그뿐만 아니라 수익금의 상당 부분을 사회에 환원하고자 하는 아름다운 기업가 정신도 갖고 있는 듯해서 박이정출판사를 바라보는 나도 한없이 기쁘다.

사실 누구나 한 우물을 파고 한길만을 끝까지 걸어간다는 일은 쉬운 일이 아니다. 더구나 30년을 오직 한 직종만을 고집한다는 것은 대단한 끈기와 용기가 필요한 일이다. 이제 박이정출판사의 설립 30돌을 맞이하여 '넓이와 깊이'를 자랑하는 대한민국 대표 출판사로 영원히 뻗어나가기를 간절히 바란다. 또한 믿음직한 후배 박찬익 대표께도 뜨겁고 힘찬 박수를 보낸다.

사실 누구나 한 우물을 파고 한길만을 끝까지 걸어간다는 일은 쉬운 일이 아니다. 더구나 30년을 오직 한 직종만을 고집한다는 것은 대단한 끈기와 용기가 필요한 일이다. 박이정출판사는 수익금의 상당 부분을 사회에 환원하고자 하는 아름다운 기업가 정신도 갖고 있는 듯해서 바라보는 나도 한없이 기쁘다.

문학과 문화 그리고 출판

출판은 그 자체로 문화 행위임은 물론, 나아가 문학과 문화 연구의 결과를 담는 활동으로 더한층 빛을 발하기도 한다. 이런 관점에서 볼 때 문학작품, 문학연구, 출판은 불가분리의 관계라 아니 할 수 없을 것이다. '도서출판 박이정'의 30주년이 큰 모습으로 다가오는 까닭은 바로 이 역할을 폭넓고 깊이 있게 수행해 왔기 때문이다. 특히 한국어문학계에 남긴 각종 자료와 연구업적의 발간은 괄목할 만하다.

90년대 말의 어느 봄날, 금정산 기슭의 내 연구실에 "○○출판사에서 왔습니다"며 중년의 신사 한 분이 문을 두드렸다. 얼핏 보아 나와 비슷한 체구에다 차분함을 풍기는 인상이었는데, 명함을 받고 보니 도서출판 박이정의 박찬익 사장이다. 출판사 이름에서부터 '폭과 깊이를 아우르고자 하는' 뚜렷한 지향의식을 엿볼 수 있었고, 게다가 대학 시절의 전공 또한 국어국문학이라기에 한층 가까운 느낌을 받았다. 몇 마디 의례적인 대화를 나눈 후에 "저희 박이정은 한국어문학 관련 도서를 주로 간행하고 있는데, 선생님의 연구 성과를 책으로 묶고 싶어서 원고를 청탁하고자 합니다"는 말씀으로 다가왔다. 예상 못한 제안인지라 "아, 예 영광입니다만 천천히 생각해보기로 하지요"라는 답으로 얼버무리며 잠시 동안 대화를 나눈 기억이 떠오른다. 그로부터 5년이 지나서야 박찬익 사장을 만나 특정 주제로 묶을 수 있는 원고의 분량과 내용을 간단히 설명하고 출판을 의뢰한 바 있다.

그 결과물이 2005년에 출간된『동북아시아 한민족 서사문학 연구』라는 책이다. 동북아시아는 우리 민족의 역사적 활동 무대이다. 고구려 · 백제 · 신라시대의 사정은 말할 것도 없거니와, 간도와 연해주 일대는 불과 100년 전만 하더라도 우리 동포들이 무시로 나들면서 농사짓고 무리를 이루며 살던 곳이다. 이와 더불어 일본에 살고 있는 이른바 재일동포 또한 문화적 자기정체성을 지닌 한민족 집단이다. 가야 문화, 삼국시대 문화의 잔영으로부터 일제강점기를 거쳐 오늘에 이르기까지 그곳에는 한민족 문화가 곳곳에 배어있다. 이들을 동북아시아 한민족문화라는 개념으로 가늠하면서 그 서사문학적 면모의 일단을 더듬어 보고자 한 것이 책을 묶은 의도이다.

이 책은 총 12편의 기존 논문을 크게 3부로 나누어 체제에 맞게 수정하면서 엮은 것이다.

제1부는 본토의 우리문학을 '민족문화로서의 한국문학 연구'라는 관점으로 바라보면서 관련 논문을 수록하였으며, 제2부는 중국 조선족의 설화문학 관련 논문 5편을 책의 의도에 맞게 재구성한 것이다. 그리고 제3부는 일본으로 흘러 들어간 우리 고대설화의 잔영 및 재일동포의 문학에 관한 연구 논문들을 안배하여 수록하였다. 저자의 이러한 의도가 어느 정도 설득력을 얻었음일까? 이 책은 2007년도 '대한민국학술원 기초학문육성 우수학술도서'로 선정된 바 있다. 이로써 박이정에 조금이나마 도움이 되었다면 박찬익 사장과의 인연 또한 뜻있는 일로 기억될 만하다.

이와 같은 앞서의 인연을 바탕으로 필자가 박이정에서 출간한 두 번째 책은『중국조선족 이야기꾼 김태락의 구연설화』이다. 이 책은 중국 대륙에 거주하고 있는 우리 동포 즉 조선족 이야기꾼의 구연설화를 녹음하고 이를 문자로 옮기면서 주석과 해제를 곁들이고, 관련 연구논문 2편을 추가하여 간행한 것이다. 필자가 중국 조선족 설화에 관심을 가지고 연구를 시작한 것은 1995년부터이다.

이를 위해 연변을 비롯한 동북(東北) 삼성(三省)을 서너 차례 방문하면서 기존의 설화 관련 출판 사료는 물론, 구연 자료의 수집 또한 병행하였다. 이 중에서 구연 자료의 수집은 현지에 머무르면서 녹음을 해야 하는 등의 어려움 때문에 몇몇 지인의 도움을 받아 수행하였다. 이를 위해 녹음 관련 기구와 채록 비용을 제공하고 제보자 물색, 면접 및 채록, 제보자 카드 작성 요령 등을 숙지시킨 후에 구연설화를 녹음하도록 주선한 바 있다.

이렇게 하여 1999~2000년 사이에 채록한 중국 조선족 구연설화 140여 편을 확보하였는데, 이 중에서 우선 50편을 묶어 한 권의 책으로 간행하게 되었다. 이 50편의 설화는 이야기꾼 김태락(金泰樂) 옹(翁)이 단독으로 구연한 것인데, 그 분량도 400쪽 가까이에 이른다. 이로 미루어 볼 때 김태락 옹은 고사능수(故事能手) 즉 이야기꾼으로서의 탁월한 자질을 지닌 분임을 알 수 있다. 구연 능력뿐만 아니라 그 구연설화의 자료적 가치 또한 매우 소중하다. 이를 밝히기 위해 이 책의 제1부에서 필자는 김태락 설화의 작품별 내용과 성격, 그 어법적 특징, 그리고 구술자 개입양상과 의미 등을 살핀 바 있다.

중국 조선족 설화를 담고 있는 기존의 기록(출간) 설화 자료는 그 수량이 3,000여 편을 상회하는 것으로 추정된다. 이들 자료는 중국 조선족 자치주의 민간문예 연구자들이 수집 간행한 것이다. 그런데 지금까지의 조선족 설화집 모두가 구술 자료 그대로를 기록한 것이 아니라 '정리'라는 이름으로 상당 부분 손질이 가해진 상태로 간행된 것이다. 그 까닭은 민간문예 연구자들이 설화의 채집 정리와 구술 대회 등을 통해 민족의식을 함양하고 공산주의 이데올로기를 선양함은 물론, 그들 나름의 변개를 가함으로써 독자의 이해를 돕거나 예술성을 더할 수 있다는 등의 생각을 가지고 의도적으로 손질을 하였기 때문이다.

이 책은 기존의 '중국 조선족 설화집'들이 지닌 이러한 문제점을 파악하고, 구연 당시 설화의 본래 모습에 충실한 연구 및 자료집으로서의 사명을 담당하고자 하였다. 이렇듯 원형에 충실한 자료집으로서의 성격에다 구연자에 대한 조사, 구연설화의 어법과 특징 등을 더함으로써 중국 조선족 설화의 또 다른 모습을 보여줌은 물론, 보다 심화된 연구를 기다리는 안내자의 역할을 다하고자 하였다. 이 분야 이런 방식의 설화집 출간은 처음인 듯한데, 실제로 책의 내용이 이러한 목표에 얼마만큼 부합될 것인지의 여부는 전적으로 독자들이 판단할 일이라고 언급한 바 있다.

이런 의욕이 독자들에게 제대로 전달되었음인지 이 책은 2013년도 문화체육관광부 우수학술도서로 선정된 바 있다. 이 소식을 제일 기뻐해야 할 사람은 구연자 김태락 옹인데, 김 옹께서는 2001년 5월에 78세를 일기로 영면하셨으니 안타까울 따름이다.

박이정에서 출간한 앞서의 두 책은 필자 개인의 연구서이다. 그런데 필자와 인연을 맺은 세 번째 책은 여러 사람이 힘을 합쳐서 2012년에 지은 『한국 고전문학 강의』라는 교재용 도서이다. 이 책은 한국고전문학의 학습과 연구의 길잡이를 위해 마련한 것이다. 학습의 일차적 목표는 기존 지식의 습득에 있으며, 연구의 목적은 새로운 지식의 창조에 있다. 창조를 위해서는 기존 지식에 대한 비판적 검토의 과정이 필요한데, 이는 우리 고전문학의 경우도 마찬가지이다. 그리하여 이 책은 한국고전문학에 대한 학습을 교양적 차원에서 심화학습의 단계로까지 끌어올리고자 하는 사람들을 위한 안내자로서의 역할을 감당하고자 기획한 것이다.

대학에서 한국어문학 전공 관련 교과목을 수강하는 학생들이 바로 이 심화학습의 일차적 당사자들이다. 대학생을 위한 강의용 교재는 기존 지식의 습득과 새로운 지식의 창조 과정을 아울러 보여줄 수 있어야 한다. 이 양자를 두루 충족시킬 수 있는 교재의 개발은 그리 만만한 일이 아니다. 더욱이 우리 고전문학은 그 영역과 시대적 폭이 매우 넓

이헌홍 교수는 부산대학교 국어국문학과를 나와 동 대학원에서 문학박사 학위를 받았다. 부산대 국어국문학과 교수로 재직했으며, 정년퇴임 후 현재 명예교수로 있다. 『동북아시아 한민족 서사문학 연구』, 『고전소설 연구입문』, 『한국 고전문학 강의』 등 다수의 저서가 있다.

다. 그런 까닭에 각 분야 전문가의 협업으로 이를 극복하려는 시도는 가끔 볼 수 있는 일이다. 협업의 관건은 구성원의 역할을 효과적으로 아우름에 있다. 우리 집필진도 이런 생각을 공유하면서 만나게 되었다.

비교적 가까이에서 한국고전문학 관련 강좌의 강의와 연구에 매진하고 있는 집필자들 몇몇이 1년 전부터 모여 각자의 전공에 따라 집필 항목과 지침을 정하고, 분담 원고를 윤독하는 등의 논의를 거듭하면서 그 결과를 수렴하여 한 권의 책으로 묶어 낼 수 있게 되었다. 이 모든 일을 기획하고 추진하는 과정에 필자는 책임집필위원이라는 이름으로 그 역할을 수행한 바 있다.

이 책은 다섯 장으로 나누어 엮었다. 큰 갈래 넷에다 도입부로서의 총설을 머리에 얹은 모습이다. 먼저, 총설에서는 한국고전문학의 개념과 영역, 갈래, 동아시아문학과의 관계 등 거시적 안목에서의 접근을 시도하였으며, 한국고전문학의 출발선과 하한선을 창세서사시에서 근대계몽기 문학으로 설정하여 논의를 전개하였다. 그다음 항목들은 큰 갈래의 틀을 염두에 두고 마련한 것이다. 큰 갈래의 설정 기준은 다양한 방식으로 설명되곤 한다. 우리는 문학이 소통 현장의 언어적 산물임을 주목한다. 소통 현장의 원초적 모습이 제의나 유희로 설명되기도 함은 다 아는 일이다.

이런 관점에서 보면 우리의 고전문학은 일차적으로 노래판, 이야기판, 놀이판을 소통 현장으로 하여 생성된 산물이라 할 수 있을 것이며, 비평과 수필은 담론의 생성이라는 점에서 그 소통의 현장성이 이차적이다. 이 네 개의 틀이 통상적으로 일컫는 우리 고전문학의 큰 갈래에 다름 아니라 생각한다.

여기에다 작은 갈래들을 귀속 안배하고 각각의 개념, 형성, 구조와 주제, 전개와 변모, 연구의 전망과 과제 등을 공통 항목으로 서술하되, 노래판·이야기판·놀이판 각각의 기저를 민요·설화·굿으로 상정하고 그 상관성을 도입부 형식으로 제시하였다. 그리고 한국고전문학과 동아시아문학이라는 항목의 설정은 그것이 중세 한문문명권의 공동문어문학이라는 점에서, 한국문학 연구의 확장과 심화에 기여할 수 있는 안목의 육성은 물론, 날로 그 중요성이 증대되는 동아시아의 이해에도 보탬이 될 수 있지 않을까 하는 의도의 발현임을 언급해 두고자 한다.

인간의 삶은 다양한 방식으로 이루어지면서 때로는 여러 모습의 흔적을 남기기도 한다. 이 흔적이 생성과 소멸을 반복하며 의미 있는 모습으로 다가오는 경우에, 이를 문화라는 관점으로 풀어내기도 한다. 이 문화적 흔적이 언어라는 무늬를 띠고 인식과 형상이 복합된 유기체로 기능할 때 우리는 이를 문학으로 바라보게 된다. 문학 작품과 문학에 대한 연구는 문화 그 자체임과 동시에 문화 연구가 되기도 한다. 출판은 그 자체로 문화 행위임은 물론, 나아가 문학과 문화 연구의 결과를 담는 활동으로 더한층 빛을 발하기도 한다. 이런 관점에서 볼 때 문학작품, 문학연구, 출판은 불가분의 관계라 아니 할 수 없을 것이다.

'도서출판 박이정'의 30주년이 큰 모습으로 다가오는 까닭은 바로 이 역할을 폭넓고 깊이 있게 수행해 왔기 때문이다. 특히 한국어문학계에 남긴 각종 자료와 연구업적의 발간은 괄목할 만하다. 그러기에 필자는 박이정의 30주년을 진심으로 축하하면서 앞으로 더욱 크고 장한 모습으로 우뚝 서기를 바라는 마음 간절하다.

제 3 부

박이정과 **국어국문학** 이야기

지식의 지평에서
지키고 싶은
우리말과 글

조오현 교수

이복규 교수

이재승 교수

나삼일 교수

박이정과 **국어국문학** 이야기

지식의 지평에서 지키고 싶은 우리말과 글

박이정은 국어국문학과 특별한 관계가 있는 출판사이다. 모든 회사는 선택과 집중을 할 수밖에 없는 바, 박이정은 회사가 지닌 에너지를 국어국문학 분야에 집중해 쏟아 부었다고 할 수 있다. 인문학 일반, 문화 등 다른 분야의 책들도 출판했고 그 비중을 높여가고 있지만, 주력 분야는 역시 국어국문학이다.

주지하다시피 국어국문학은 국어국문학회가 결성된 1952년부터만 따지더라도 70년 역사를 자랑하고 있다. 1920년대 일제강점기 1세대의 연구로까지 거슬러 올라가면 100년의 역사를 지니고 있는 학문이다. 그 시간을 경과해 오면서 분화와 발전을 거듭해, 네 가지 영역으로 세분되어 있다. 국어학, 국문학, 국어교육, 한국어교육 등이 그것이다.

박이정이 출범해 활동한 지난 30년(1989~2019)의 세월은 국어국문학과 함께해 온 시간이기도 하다. 어느 분야보다 국어국문학 관련 책들을 출판하는 데 공력을 들인 출판사이기 때문이다. 그러므로 박이정 30년사를 서술하는 데 있어서 '국어국문학과 박이정', '박이정과 국어국문학'의 관계를 거론하지 않을 수 없다. 도대체 국어국문학 30년 역사에서 박이정은 어떤 역할을 한 것일까, 자못 궁금하다. 30년의 성과를 성찰함으로써 미래를 대비하고 열어가는 지혜도 얻어지리라는 기대도 있다.

제3부 '박이정과 국어국문학 이야기'는 바로 이런 필요에서 집필되었다. 네 가지 영역과 박이정의 관계를 각 영역의 전공자로 하여금 조망하게 하였다. 전공별로 특성이 다르고 서술자의 사관도 달라, 서술방식은 각기 다르지만 목적은 같다. 국어국문학 네 가지 영역의 연구사의 시각에서 볼 때, 박이정이 그간 출판한 책들이 어떤 위상과 의의를 지니는지 짚어주는 것이다. 말하자면 좌표를 그려주는 작업이다. 이 글들을 통해 성과와 함께 한계도 자연스럽게 드러나리라 생각한다. 관례대로 국어학, 국문학, 국어교육, 한국어교육, 이런 순서로 배열하기로 한다.

시기별로 살핀 박이정의 국어학

소장학자 연구물 책으로 출간
우리나라 국어학계 인재 키워

이 글은 박이정출판사 창립 30주년 기념집인 『넓고 깊게 지식을 나누다』의 한 부분인 제1부 '박이정의 책 이야기' 가운데 박이정출판사에서 출판한 국어학과 언어학 분야에 해당하는 책을 대상으로 국어학(언어학 포함) 연구 분야의 관심의 흐름을 살피는 것을 목적으로 한다. 따라서 이 글에서 다루는 내용은 모두 박이정출판사에서 간행한 책을 대상으로 한 것이다. 그렇기 때문에 우리나라 국어학 관련 전체의 출판 경향과는 약간 차이가 있을 수 있다. 비록 약간의 시차는 있을 수 있으나 박이정출판사가 우리나라 국어학 분야의 연구서를 많이 출판한 회사이기 때문에 우리나라 국어학의 연구 경향의 흐름을 살피는 데에 크게 부족하지 않을 것이라 생각한다. 시기는 박이정출판사의 발전 역사에 맞춰 태동기, 정착기, 성장기, 확장 1기, 확장 2기, 전환기로 나누어서 살피도록 한다.

이 글을 쓰는 목적은 국어학의 연구사를 밝히는 데에 있는 것이 아니고 또 특정인의 연구 성과를 조명하는 것도 아니다. 다만 박이정출판사에서 30년 동안 출판한 책의 제목을 통해서 30년 동안 국어학의 연구 경향이 어떻게 변천했는가, 그리고 국어학자들의 연구 관심 분야가 어떻게 변화했는가를 살피는 것이 목적이다.

국어학 연구 경향을 정확히 알기 위해서는 국어학 연구서를 출판한 모든 출판사를 대상으로 살펴야 하겠으나 이 책의 간행 목적이 박이정출판사 창립 30주년을 기념하기 위한 것이고 또 박이정출판사의 역사를 살피는 데에 있는 것이기 때문에 박이정출판사로 한정한다. 박이정출판사는 한때 우리나라 국어학 출판에서 절대적으로 큰 비중을 차지하고 있었기 때문

글 | **조오현**(건국대 국어국문학과 명예교수)

건국대학교 국어국문학과를 나와 동 대학원에서 문학박사 학위를 받은 후 건국대 국어국문학과 교수로 재직했다. 한말연구학회 회장, 한글학회 감사를 역임했으며, 현재 세종대왕기념사업회 이사로 활동하며 정년퇴임 후 보학과 역사인물을 연구하고 있다. 저서로 『국어의 이유구문연구』, 『자료로 찾아가는 국어사』, 『조선의 영의정』 등 다수가 있다.

에 약간의 시차는 있을 수 있으나 연구 흐름의 본류는 충분히 알 수 있을 것이라 생각한다.

연구의 흐름을 찾는 방법은 책의 제목에서 키워드를 분석하는 방법을 따른다. 따라서 이 글은 국어학 연구사를 밝히는 다른 연구서와 달리 책의 내용에 대해서는 깊이 있게 논의하지 않았다는 것을 밝힌다.

1. 태동기의 국어학(1989~1992.2)

박이정출판사가 서광문화사로 출발한 것은 1989년 7월 20일이다. 이 시기는 제2차 세계대전과 한국동란 이후에 형성되었던 냉전과 대립의 국제질서가 상당히 해소되고 개방과 교류의 시대로 급격히 변화하는 시기이다. 개방 시대의 시작은 이보다 더 거슬러 올라가 핑퐁외교로 불리는 미국과 중국의 수교에서 비롯되었지만 일반 사람들이 이를 피부로 느끼기 시작한 것은 이보다 훨씬 뒤인 1980년대 후반부터 1990년대 초반이다.

이렇게 세계 질서가 급변하던 시기에 우리나라에서는 88서울올림픽이 열리게 되었고, 서울올림픽을 성공적으로 치르기 위해서 우리나라의 외교정책에도 상당한 변화가 필요했다. 국제 질서가 개편되는 시기에 치러진 88서울올림픽을 통해 우리나라는 국제 질서의 변화바람을 타고 더 빠르게 개방과 교류의 길로 나갔다.

올림픽을 앞둔 1988년 7월 19일 이른바 7.19조치에 따라 월북 작가의 작품이 해금되어 국내에 출판·보급될 수 있었다. 이 해금 조치에 따라 이제까지 실명을 쓰지 못하고 '이○로'로만 알려졌던 이름이 비로소 실명인 '이극로'로 출판될 수 있었고 '홍○문'으로 표기되던 이름도 '홍기문'으로 출판되었으며 그들의 연구서도 제한 없이 읽을 수 있었다. 올림픽 직전에 있었던 1차 해금에 이어 올림픽이 끝난 10월 27일에는 월북 작가 63명의 음악과 41명의 미술 작품을 해제했다. 비록 이들 작가에 대한 복권은 아니라는 조건이 붙긴 했지만, 대한민국에서 월북 학자나 월북 작가의 책과 작품을 읽고 연구하는 데는 아무런 문제가 되지 않았다.

이해를 돕기 위해 1980년대 후반에서 1990년대 초반에 이루어진 세계 질서의 재편과 한국의 외교 변화 과정을 간략히 소개한다. 1989년 11월 9일 베를린 장벽이 허물어지고 1990년 12월 2일 통일독일 선거가 실시되면서 냉전의 상징이었던 독일이 통일을 이루었다. 1986년 주 서울 소련상공회의소가 개설되고 주 모스크바 한국무역관이 설치되어 소련과 경제 교류를 시작하였으며 1990년 6월 4일 한·소 샌프란시스코 정상회담이 이루어지고 뒤이어 9월 4일 한국과 소련 사이에 대사급 외교관계가 수립되었다. 1991년 12월 25일 소비에트연방공화국의 고르바초프 대통령이 사임하면서 냉전의 핵심이던 소련이 해체된다. 또한 그동안 죽의 장막으로 가려져 있던 중국과의 관계도 중국의 서울올림픽 참가와 등소평의 개방정책이 맞물리면서 1991년 서울과 북경에 각각 대표부가 개설되었고 1992년 8월 24일 한·중 국교 수립이 이루어진다.

본래 가려진 것이 더 보고 싶은 것은 어쩔 수 없는 사람의 심리이다. 1차, 2차에 의한 해금 조치로 그동안 가려져 있던 북한과 중국의 모든 분야에 대해 폭발적인 관심을 갖기 시작한다. 국어학자들도 북한의 언어, 언어정책, 언어 연구에 대해 호기심을 가지고 바라보기 시작한다.

대부분의 학자들이 관심을 집중하던 시기에 우리나라 출판계에 서광문화사라는 이름으로 등장한 박이정출판사는 시대에 맞게 중국에 거주하는 조선족 동포들이 연구한 국어학 서적과 북한에서 북한의 학자들에 의해 연구된 국어학 서적을 영인하여 보급함으로써 학자들의 목마름을 일부 해소시킨다.

박이정출판사가 출판사로 등록하기 전에도 몇 년 사이에 북한의 자료들은 일부 사람들에 의해 저작권에 대한 협의 없이 해적판으로 복사하여 보급되었다. 영인한 곳이나 복사한 곳도 없이 북한 자료나 중국 자료를 표지부터 똑같이 복사하여 판매했다. 이러한 시기에 박이정출판사가 정식으로 등록을 거쳐 서광문화사란 이름으로 영인하여 보급하였기 때문에 박이정출판사는 북한 자료를 음지에서 양지로 이끌어냈다고 할 수 있다.

이때 서광문화사에서 영인하여 국내에 보급한 국어학 관련 책은 중국에 살고 있는 조선족 교포 학자들의 연구서와 북한 학자들에 의해 연구된 연구서와 사회과학원에서 발행한 책들로 나뉘는데 중국에 살고 있는 동포들의 연구서는 조선족이 많이 거주하는 중국의 연변과 흑룡 강성에서 출판한 책이 대부분이었다.

중국에 거주하는 조선족 학자들의 연구서는『조선말 구두어 문법』(최명식),『조선어 어휘사』(리득춘),『조선어문법』(동북3성 편찬소조),『조선어 토대비문법』(차광일),『조선어 실용문법』(서영섭),『조선어문법』(최윤갑),『조선말 동의어』(류은종),『한조언어문자 관계사』(리득춘) 등이고 북한에서 출판된 책은『조선 언어학 연구 총서1 −주체적 언어리론 연구−』(최정후·박재수),『조선 언어학 연구 총서2 −조선 언어학에 대한 연구−』(박재수),『조선 언어학 연구 총서3 −본문언어학−』(전병선),『조선 언어학 연구 총서4 −언어환경 연구−』(전병선),『조선 언어학 연구 총서5 −주체의 조선어 연구 50년사−』(김영황·권승모) 등이다.

이들 자료의 보급은 우리나라 국어학계에서 북한의 국어학 연구를 촉진시키는 계기가 되는데, 처음에는 북한의 언어학을 소개하면서 남북한 언어와 언어학의 차이점을 비교하는 데에 초점이 맞춰졌다. 그러다 이 비교 연구는 남북언어의 이질성 극복을 위한 연구로 발전하였으며 이제는 남북한 언어학자들이 함께 모여 남북한 언어 통일 방안에 대한 연구, 남북한 맞춤법 통일에 대한 연구의 단계를 벗어나 남북한 공동사전 편찬에까지 이르고 있다. 필자 또

한 이를 바탕으로『남북한 언어의 이해』,『북한 언어문화의 이해』라는 공저를 발행했고『한반도 통일론』에「민족 동질성 회복을 위한 언어통일 방안」이라는 논문을 발표한 바가 있다. 이는 당시 우리나라 국어학자들이 북한의 언어와 언어학에 얼마나 관심이 많았었는지를 방증하는 자료이기도 하다.

「민족 동질성 회복을 위한 언어통일 방안」을 참고하여 1970년대에서 1990년대에 걸쳐 이루어진 북한 언어의 연구 현황을 보면, 1970년부터 1997년까지 59편의 연구물이 발표되었으나 1988년부터 1993년까지 무려 205편의 연구물이 발표되었다. 1970년대의 연구물은 민간인으로서는 거의 없고 국토통일원과 극동문제연구소를 통한 연구가 대부분이었다. 그러나 1988년 이후의 연구는 대부분 민간 학자들에 의해 이루어졌다. 참고로 1988년부터 1993년까지 발표된 북한의 언어연구 결과를 표로 정리하면 아래와 같다.

〈표〉 1988년부터 1993년까지 분야별 연구 편수

연도	편/권수	국어교육	국어학	남북언어비교	남북국어학서평	소개	정책	한문
1988	12편	1편	3편	3편	0편	13편	3편	1편
1989	84편	2편	5편	23편	5편	37편	2편	6편
1990	31편	1편	2편	7편	0편	14편	4편	1편
1991	20편	0편	4편	5편	0편	9편	0편	1편
1992	19편	1편	1편	3편	0편	6편	2편	0편
1993	31편	1편	3편	2편	0편	20편	2편	0편

2. 정착기의 국어학(1992.3~1995.8)

1992년 3월은 박이정출판사가 큰 변혁을 이룬 시기이다. 이제까지 해외 및 북한 자료를 영인해서 보급하는 출판사에서 벗어나 조판을 통해 출판하는 본격적인 출판사로 자리매김했다. 또 출판사의 이름도 기존의 서광문화사에서 박이정출판사로 바뀌었다. 이 시기에 박이정출판사에서 출판한 책은 대부분 국어학 관련 책이다. 그래서 이 시기를 국어학 전문출판사의 시기라 이름하였다. 이 시기에 박이정출판사에서 출판한 책 가운데 중요한 것은 다음과 같다.

■ '우리말 밝히기' 시리즈를 발행함으로써 국내 학계에 국어학 전문 출판사임을 알리다

박이정출판사로 출발하면서 처음으로 기획한 것은 우리말 밝히기 시리즈이다. 이 기획에 따라 처음으로 출판한 책은『국어구조의미론』(양태식)이다.『국어구조의미론』은 "말의 요소를 개별적으로 관찰하지 않고 가로세로의 관계에서 생겨나는 구조로 파헤치려고 하고 있다."(허웅의 머리말에서) 이 책은 이러한 학술적인 가치 이외에 도서출판 박이정에서 첫 번째로 출간한 책이라는 역사적 의미도 지닌다. 두 번째로 출판한 책인『국어토씨연구』는 토씨 연구의 대

가인 김승곤 교수가 토씨의 말밑, 의미, 용법, 통어기능, 분류 체계 방법 등을 기술한 책이다. 이때까지 토씨에 대한 연구는 일부 토씨를 가지고 연구한 것이 대부분이었고 전체를 연구한 것도 토씨의 체계를 분류한 정도였는데, 이 책은 분류 체계 연구에 한정되었던 기존의 연구에서 벗어나 토씨 전체를 대상으로 종합적으로 연구했다는 가치를 지닌다.

세 번째로 출판된『19세기 성서의 우리말 연구』(정길남)는 일반인이 잘 접근하지 않는 성서를 바탕으로 연구했다는 특징을 지닌다. 네 번째로 출판된 책은『한국어 문법의 연구』인데 권재일 교수의 논문을 모아 저술한 이 책은 문법을 기술하는 방법과 한국어 문법 연구의 역사를 기술하고 있다.

■ 북한 및 조선족 학자들의 연구서도 조판을 통해 보급하다

이 시기에도 북한의 연구서나 중국의 연구서를 소개했는데, 태동기에 영인하여 보급하던 것과 달리 조판을 통한 출판으로 보급했다. 이 시기에 간행된 북한 및 중국 조선족 학자들의 연구서는『조선말 대사전(상·하)』(사회과학출판사),『조선어 문형 연구』(강은국),『조선어 접미사의 통시적 연구』(강은국),『한조 언어문자 관계사』(리득춘) 등이다.

■ 낱말밭 자료집과 어휘 자료집을 출판하다

이 시기에 박이정출판사에서 출판한 책 가운데 눈에 띄는 것은『김응모 낱말밭 자료집(국어 이동자동사 낱말밭)』,『김응모 낱말밭 자료집(한국어 종교 관혼상제 자동사 낱말밭)』과『개화기 국어 어휘 자료집1─독립신문편』(박영섭),『개화기 국어 어휘 자료집2─신소설편』(박영섭) 등인데 이 책들은 연구의 결과물을 중심으로 출판하던 시기에 연구의 결과물이 아닌 연구를 위한 자료집을 출판해서 후속 연구를 하게 했다는 의미가 있다. 낱말

김응모 낱말밭 자료집

밭 자료집은 이 시기에 시작해서 성장기 이후에도 더 많이 출판되었다.

■ 학회지를 출판하여 보급함으로써 학회의 성장을 돕고 출판사의 이름을 알리다

이 시기에 박이정출판사는 학회지를 출판하여 보급했다. 당시 학회지는 대체로 자체 출판하여 회원들에게 보급하고 나머지는 책방을 통해 판매하던 시기였다. 그런데 박이정출판사에서는 학회지의 출판과 공급을 모두 맡았는데 이는 그 당시로서는 매우 특이한 방식이었다.

이때 박이정출판사에서 출판하여 보급한 학회지는 〈한말연구〉와 〈한국어학〉이다. 이들 학

회는 당시에는 처음 생겨난 학회로 학계에 잘 알려지지 않았을 뿐 아니라 재정이 열악하여 자체 출판이 힘들던 시기인데 박이정출판사가 출판과 보급을 맡았기 때문에 어려움을 덜었다. 〈한말연구〉는 이때 처음으로 창간호가 발행되었는데 창간호 발행의 책임을 맡았던 조오현이 건국대학교 문과대학 국어국문학과 졸업생인 박찬익 사장에게 요구하여 출판이 이루어졌다. 선배의 요구에 따라 인세까지 주면서 출판을 맡아줌으로 한말연구학회는 오늘날 우리나라 굴지의 학회로 성장하게 되었다.

학회지의 발행은 학회에만 일방적으로 도움을 준 것이 아니고 우리말 밝히기 시리즈와 함께 박이정출판사라는 이름을 국어학계에 알리는 요인이 되지 않았나 하는 생각이 든다. 다시 말해 〈한말연구〉와 〈한국어학〉의 발행은 학계에 이름이 잘 알려지지 않았던 박이정출판사를 알리는 계기가 되었을 것이라 생각한다. 출판사와 학계가 공생하는 방법의 한 예로 생각했으면 한다.

여기서 일화 하나를 소개하면 내가 미국 캘리포니아주에 있는 USC(남가주대학)에서 방문교수로 있을 때 남가주대학의 도서관에 〈한말연구〉가 창간호부터 모두 진열되어 있는 것을 보고 상당한 자부심을 느꼈던 기억이 있다.

■ 소장학자들의 연구서를 출판하여 그들이 오늘날 국어학계의 중추적 인물이 되고 또 그들이 출판사의 중요 고객이 되게 하다

이 시기에 박이정출판사에서 출판한 책의 저자를 보면, 김승곤, 정길남, 권재일, 남기심, 김응모 등 국어학계의 원로 및 중추적인 학자들의 저서는 물론 비교적 소장파에 속했던 이관규, 김용경, 김기혁 등의 저서가 출판되었다. 이때는 책의 내용보다 지은이의 지명도를 더 중하게 여겨서 학계에 영향력이 있는 원로학자나 중진학자 중심의 책을 출판했고 소장학자들의 연구서는 잘 출판하지 않으려는 경향이 있었다. 그런데도 박이정출판사에서는 비록 학계에 이름이 덜 알려진 소장학자가 지은 책이라도 내용이 좋으면 출판했다. 이때 박이정출판사의 출판을 통해 국어학계에 등장한 소장학자들이 현재 우리나라 국어학의 중견학자들로 성장했다. 이름이 알려진 원로학자들의 저술을 고집하던 당시의 출판 환경에서 이익을 쫓지 않고 학계에 잘 알려지지 않은 소장학자의 책도 과감하게 출판한 박찬익 사장의 혜안이 미래 세대의 국어학자를 양성하고 그 학자들이 박이정출판사의 중요 고객이 되었다고 생각한다.

3. 성장기의 국어학(1995.9~2000.12)

성장기는 도서출판 박이정이 국어학 전문출판사에서 벗어나 국문학에 대한 출판으로 영역을 넓혀간 시기이다. 따라서 이 시기를 국어국문학 전문출판사로 정의한다. 이 시기에 박이

정출판사에서 출판한 국어학 관련 서적은 아래와 같다.

■ 우리나라 최초로 국어학자의 개인 전집인『건재 정인승 전집』전7권을 출판하다

『건재 정인승 전집』

이때 박이정출판사는『건재 정인승 전집』전7권을 출판했는데 이는 우리나라 국어학계에 최초의 개인학술전집 출판이라는 역사적 의미를 지닌다. 이전까지 개인의 전집은『춘원 이광수 전집』이라든가『김동인 전집』등과 같이 소설집이나 시집 등 문예작품을 중심으로 한 상업적 출판이었다. 그러나 상업성이 없는 순수한 국어학 학술서적을 개인 전집으로 출판한다는 것은 상상도 하기 힘들었던 시기이다. 20여 년이 흘러간 지금도 국어학 개인 전집은『한길 김승곤 전집』등 일부만 나왔는데 이것도 후손들이 모든 비용을 들여 출판한 책이며 제자들에 의해 출판된 예는 없다. 당시 출판기념회에서 허웅 한글학회 회장이 한 축사가 지금도 음성과 함께 생생한데 여러 말씀 가운데 하나는 "사람들이 스승이 힘이 있을 때는 자주 찾아보고 잘 모시다가도 힘이 빠지면 마음이 변하는 법인데 이미 돌아가신지 10년이 지난 스승을 위해 전집을 낸 것은 매우 뜻있는 일이다"이다.

『건재 정인승 전집』전7권을 출판한 배경은 건재 정인승 선생이 1996년 문화관광부에서 주관하는 10월의 문화인물로 선정되었고, 또 1997년이 건재 선생 탄신 100돌이 되는 해이기 때문에 건재 선생의 제자였던 조오현 교수가 주축이 되어 문화관광부로부터 일부 지원을 받아 출판하였다. 건재 선생은 주시경 선생 이후의 학자로 외솔 최현배 선생, 이희승 선생, 이숭녕 선생 등과 같은 시기에 활동하면서 국어 연구에 힘쓴 대학자이다. 주요 학설로는 '-이다'는 토씨라는 설을 주장하여 학교문법에 반영했고 'ㅣ'치닮기의 원인을 밝히고 현상을 분류하여 그 제약 조건을 설명하는 등 많은 연구 성과를 올려 국어학에 큰 업적을 남긴 학자이다.

건재 선생은 조선어학회(현 한글학회)에서『큰사전』편찬의 일을 맡아 하시다가 일본의 경찰에 체포되어 함흥감옥소에서 온갖 고문을 받고 영어의 몸이 되었으며 조국이 광복되자 출소하신 뒤로 다시 사전 편찬의 일을 하여 완성시켰고 교사 양성에도 힘쓰신 애국자이며 독립운동가다. 그러나 시대의 흐름과 함께 그 이름이나 공적도 잊혀갈 무렵에『건재 정인승 전집』전7권을 출판함으로써 선생의 문법관과 학문적 업적, 일제 치하에서의 국어운동사, 그리고 한글학회의 역사를 다시 조명하게 되었다.

『건재 정인승 전집』전7권이 출판된 몇 년 뒤의 일이지만 정인승 선생의 외증손녀는 미국 부시대통령이 취임하는 자리에서 나라를 빼앗겨 자기 나라의 말도, 글도, 이름도, 성도 쓸 수

없었던 민족의 애환과 나라의 말·글·얼을 지키기 위해 고난의 길을 걸으신 건재 정인승 선생을 주제로 5분간 영어로 강연함으로 세계 모든 사람들에게 나라의 말과 나라의 글과 나라의 정신의 소중함을 알리고 일제의 만행을 알렸으며 일제 치하에서 나라의 말과 글과 얼을 지키기 위해 핍박받은 선현들의 삶을 세계에 알리기도 했다.

■ 우리말 연구 총서를 발행하다

한말연구학회에서 기획한 우리말 연구 총서 5권의 출판도 국어학계로는 역사적 의미가 있는 일이었다. 『우리말 음운 연구』, 『우리말 통어 연구』, 『우리말 형태 연구』, 『우리말 의미 연구』, 『우리말 역사 연구』 등 5종으로 이루어진 우리말 연구 총서는 한말연구학회의 기금을 조성하기 위해 한말연구학회 회원들이 원고를 내어 출판한 책이다. 학회 회원들의 자발적인 참여로 이때 받은 인세는 한말연구학회의 종자돈이 되어 오늘날 한말연구학회가 전국적인 유명학회로 발돋움하는 데에 크게 기여했다.

■ 낱말밭 자료집과 어휘 자료집의 출판을 통해 후속 연구 터전을 마련하다

낱말밭 자료집이나 어휘 자료집은 이전 시기부터 출판되기 시작하여 이 시기에 편수를 더해 간다. 낱말밭 자료집이나 어휘 자료집과 같은 자료집의 출판은 기존의 연구 방법으로는 더 이상 새로운 연구 결과가 나오기 어렵다는 현실론도 있지만 한편으로는 국어학 연구의 범위를 넓힌다는 의미가 크며, 확장기 이후에 나타나는 여러 분야의 연구를 촉진시키는 기제로 작용한다. 정보통신의 발달로 인해 국어학 연구도 전통적인 방법에만 머물 수 없고 음성인식, 자동번역과 같은 언어공학적인 방법으로 연구해야 하는데 그렇게 하기 위해서는 구어와 문어의 자료를 구축해야 한다. 그 구축을 위한 초기 자료구축이 어휘 자료와 낱말밭 자료들이다. 또 낱말밭이 의미론이나 통어론, 형태론을 정밀화하기 위해 많은 정보를 제공한다는 점에서 이들 자료는 매우 소중한 자료이며 뒤에 나타나는 말뭉치 구축과 함께 언어정보화를 위한 필수 도구가 된다.

■ 노걸대류의 어휘색인 자료를 출판하여 우리말 변천사 연구에 도움을 주다

정착기에서 출발한 낱말밭 자료집과 어휘 자료집은 이 시기에 접어들면서 중세국어로 확대되었다. 서상규가 지은 『옛말 자료 연구 총서』 평양 감영 중간노걸대언해 어휘색인·중간노걸대언해 어휘색인·청어노걸대 어휘색인·번역노

걸대 어휘색인 · 노걸대언해 어휘색인 · 몽어노걸대 어휘색인 등이 그것인데, 『옛말 자료 연구 총서』류 6종은 노걸대류의 책에서 어휘를 추출하고 색인함으로써 중세 국어사전의 자료를 제공했고 우리말의 음운, 형태, 통어 구조가 변화하는 모습을 통시적으로 살필 수 있는 자료를 제공하였다.

■ 고대어에 대한 종합적인 연구서가 출판되다

성장기에 간행된 책으로 눈에 띄는 것은 『고대국어 형태론』(최남희)으로, 국어학계에 처음으로 출판된 고대국어 형태론에 관한 종합적 연구서이다. 고대국어의 차자표기에 대한 연구는 일본인 학자 오구라 신페이(小創進平)의 『郷歌及吏讀研究』(1929)에서 시작되어 양주동의 『조선고가연구』(1942)와 『여요전주』(1947)가 발행되면서 해독이 거의 완성되었으며 그 결과 『삼국유사』에 자료만 있고 실체를 알 수 없었던 고대국어의 대강의 모습이 세상에 드러나게 되었다. 그 뒤 김완진의 『향가 해독법 연구』가 나왔지만 이는 『고가연구』를 바탕으로 다시 해독하거나 보완하는 데에 머물렀다. 『고대국어 형태론』은 해독의 범위를 넘어 이를 바탕으로 고대국어의 문법 체계를 확립시키기 위해 노력했고 또 이를 중세국어의 문법 체계와 관련시켜 우리말의 역사를 밝히려 했다는 점에서 그 가치를 찾을 수 있다.

■ 땅이름에 대한 연구서의 출판

김윤학의 『땅이름 연구』, 김계곤의 『경기도 사투리 연구』, 강병윤의 『고유 지명 연구』가 같은 시기에 나온 것도 주목할 만한 일이다. 『땅이름 연구』는 김윤학 교수가 답사하면서 조사한 여러 논문을 모은 책이다. 김윤학 교수는 권재일 교수와 함께 건국대학교 국어국문학과의 교수로 재직하면서 국어학 『땅이름 연구』전공 대학생과 국어학에 관심이 있는 학부생을 모아 한말연구모임을 만들고 세미나를 열어 국어학을 연구하게 하고 아울러 한글사랑 정신을 실천하게 했다.

김윤학 교수가 돌아가신 뒤에 한말연구모임을 모태로 하여 결성된 한말연구학회에서 김윤학 교수의 국어사랑 정신을 기리기 위해 방송원고 등을 모아 3권의 전집을 냈는데 이 전집 가운데 하나가 『땅이름 연구』이다. 학문적 성과도 높지만 이미 유명을 달리한 학자의 정신을 기리기 위해 학회 차원에서 전집을 냈다는 점에서 가치를 더할 수 있다.

4. 확장 1기의 국어학(2001~2004)

이 시기부터 국어학 연구는 구조를 분석하고 의미를 밝히려는 전통적인 연구 방법에서 벗어나 발화와 이해에 관심을 가지려는 새롭고 다양한 연구 방법론이 실험적으로 등장한다. 이는 1990년대 서구의 이론을 받아들인 결과인데 확장 1기에 박이정출판사에서 출판한 책 가운데 새롭게 보이는 것은 텍스트언어학과 인지문법이다. 또 북한 언어 자료인『주체의 조선어연구 50년사』와『조선어학전서』10권도 이 시기에 출판한 책이다.

■ **텍스트언어학에 대한 연구서가 출판되다**

『텍스트언어학의 이론과 실제』(이석규 외),『텍스트 언어학의 이해』(텍스트언어학회)가 이 시기에 출판된다. 텍스트언어학은 텍스트를 의사소통, 시스템으로 다루는 언어학의 한 분야로 말할이의 의사를 텍스트가 존재하게 된 상호작용적 의사소통의 맥락에서 살피려는 시도이다. 기존의 연구가 문장 이하의 단위에만 집중되어 언어의 근본 목적인 의사소통과 그에 따른 정신활동의 활성화의 문제에는 관심을 갖지 못했다(이석규의『텍스트 분석의 실제』)고 보고, 언어 자체의 특성과 생성요인보다는 언어 작용과 운용, 그리고 그것을 보다 효과적으로 사용하는 모든 분야에 대한 연구로 이어진다. 따라서 텍스트언어학은 언어학은 물론 심리적, 사회적, 정보적, 인지과학적 요인들을 모두 관찰의 대상으로 삼는다.(이석규 외의『텍스트 분석의 실제』)

■ **인지문법론에 대한 소개서가 출판되다**

『인지문법의 디딤돌』(김종도)과『문법의 인지적 기초』(구현정 외역),『한국어와 인지』(이수련) 등 인지문법론의 소개서가 이 시기에 출판되었다. 인지언어학은 '인간 마음의 본질, 더 나아가 인간의 본질을 규명하기 위한 학제적 연구의 일환으로 언어, 몸과 마음, 문화의 상관성을 밝히려는 언어 이론으로 언어를 아는 것이 무엇을 뜻하며 언어가 어떻게 습득되며 어떻게 사용되는가를 인지적으로 타당성 있게 설명하는 데에 그 목적이 있다.'(위키백과사전) 기존의 언어학이 추구하던 '형식적 접근법의 한계를 극복하기 위하여 심리학이나 생물학과의 교류를 통한 학제적 접근법을 시도한 데서'(다음백과사전) 비롯되었다. 인지언어학은 게슈탈트 심리학을 근본으로 하여 출발했는데 1989년 국제인지언어학회가 창설된 이후 1990년에 학회지가 출간되면서 하나의 학문 영역으로 자리를 잡았다. 그 이후에 의미론, 통사론, 형태론, 담화분석, 언어유형론, 음운론 등에 적용되기 시작했다.

이 시기에 등장한 인지문법론은 확장 2기에 더 많이 출판되는데 확장 2기에 출판된 인지문법론에 관한 소개 및 연구서는 『언어와 인지의 분석』(김기혁), 『개념·영상·상징 – 문법의 인지적 토대』(나익주 역), 『언어의 인지과학 사전』(임지룡 외 역), 『인지문법론』(임지룡·윤희수 역), 『인지언어학』(김두식·나익주 역) 등이다.

■ 북한 자료의 출판

북한 자료인 『주체의 조선어 연구 50년사』와 『조선어학전서』 전10권을 출판하여 북한에서의 언어 연구를 국내에 알렸다.

『주체의 조선어 연구 50년사』는 북한에서 출판한 책을 영인하여 보급한 책이고, 조선민주주의인민공화국 사회과학원 언어연구소가 기획한 『조선어학전서』 전10권은 새로 조판하여 출판했는데 『조선어 어휘편람』(서학순 외), 『조선어 어휘편람(상)』(김인호), 『조선어 어휘편람(하)』(김인호), 『조선어 어휘 통계학』(문영호), 『조선어 어휘정리론』(박상훈), 『조선어 문법편람』(정순기·리금일), 『조선어 표기편람』(안순남·박동혁), 『조선 지명편람(평양시)』(조창선 외), 『조선 실용문법』(김동찬), 『향가연구』(류렬)로 구성되어 있다.

[출판 동의서]

[출판 합의서]

[출판 계약서]

[북한저작물 출판 승인 요청서]

『조선어학전서』 북한 문영호 소장과 연변 전병선 소장
동의서 및 계약 체결

5. 확장 2기의 국어학(2005~2010)

확장 2기에 박이정출판사에서 출판된 책의 제목을 키워드로 분석하면 인지, 화용, 화법, 정보, 한자대역어 등이 비교적 자주 등장한다. 이 가운데 인지는 확장 1기에 등장한 말이고 나머지는 확장 2기에 새롭게 등장한 말이다.

■ 화용론에 대한 연구서 출판

확장 2기에는 화용론에 대한 서적이 4종 출판되었다. 『어원론에서 화용론까지』(나익주 외 역), 『한국어 화용론』(박영순), 『한국어 연결어미의 형태 – 화용론 이론을 향하여 –』(전종훈), 『화용과 텍스트』(강우원) 등이다. 화용론은 의사소통할 때 화자와 청자의 관계에 따라 화자의 말이 청자에게 어떻게 이해되는지 등을 연구하는 학문이다. 다시 말해 '인간의 언어 사용과

행위가 인간관계에 미치는 영향을 연구하는 학문으로 주어진 언어 자체만을 대상으로 하는 것이 아니라 실제로 언어를 있게 하는 언어의 사용 맥락과 사회심리적 요인을 설명하는 데에 주력'하는 학문이다.

■ 화법 관련 서적이 출판되다

『의사소통의 기법』(구현정), 『화법의 이론과 실제』(구현정·전정미), 『언어표현의 전략』(나은미) 등은 화법 관련 연구서이다. 화법은 말하는 사람이 들을이에게 자신의 의견이나 주장을 가장 정확하고 효과적으로 전달하려는 일종의 대화 방법론인데, 이러한 대화 방법론이 이 시기에 나타난 것은 국어학이 분석을 통해 언어의 구조를 밝히는 이론 중심의 학문보다 언어의 본질인 의사소통과 관련된 내용의 실용언어학에 더 많은 관심을 가졌다는 의미이기도 하다.

■ 언어의 정보화에 대한 책이 출판되다

『한국어와 정보』(황화상), 『국어 대우법 체계의 정보화 연구』(최석재)가 이 시기에 출판된 정보 관련 책인데 『한국어와 정보』는 한국어의 정보처리와 자연언어의 처리의 이해를 살펴본 책으로 정보사회에서의 언어의 역할과 언어 연구에서 컴퓨터 활용의 의의 등을 살폈다.

■ 한자 대역어에 대한 연구서가 출판되다

『태산집영언해 한자 대역어 연구』(박영섭), 『두창경험방 납양증치방언해 한자 대역어 연구』(박영섭)가 이 시기에 출판되었는데 『두창경험방 납양증치방언해 한자 대역어 연구』는 『두창경험방언해』와 『납약증치방언해』에 있는 한자대역어를 『두시언해』, 『석보상절언해』, 『능엄경언해』, 『남명천계송언해』, 『훈몽자회』, 『유합』, 『천자문』 등에 나타난 어형들과 비교하여 분석하였다.

■ 국어를 한국어로 표기하려는 경향이 뚜렷해진다

이 시기는 아이돌 가수를 중심으로 한 케이팝과 한국의 방송 드라마 등 한류가 세계인의 관심을 집중적으로 받는 시기이다. 한류의 확산과 함께 한국의 경제도 성장하여 한국의 기업이 해외로 확장되어 가고 한국의 대학에는 유학생이 밀려들어오고, 국제결혼이 급격히 늘어났으며 외국인 근로자가 유입되는 시기이기도 하다. 이로 인해 외국인을 위한 한국어 교재가 그 수를 헤아릴 수 없을 정도로 출판되는 시기이기도 하다. 이러한 영향에서 기존의 국어라

국어학사 박이정 30년사

280

는 이름이 한국어라는 이름으로 바뀌어 책 제목에 '국어' 대신 '한국어'라는 표현이 많이 등장한다. 『한국어와 정보』(황화상), 『한국어 소유표현 연구』(이수련), 『한국어 동사·형용사 활용 마법사』(남지순), 『조선시대 한국어 용언의 음변화 연구』(이상억), 『외국인을 위한 표준 한국어 문법』(김종록), 『한국어 통사론 입문』(최규수), 『한국어의 비교구문 연구』(오경숙) 등이다.

『태산집영언해 한자 대역어 연구』

■ 『한국역대문법대계』를 간행하다

『한국역대문법대계Ⅰ』과 『한국역대문법대계Ⅱ-1차 배본』

『한국역대문법대계Ⅰ』 전102권, 『한국역대문법대계Ⅱ-1차 배본』 전25권을 간행하였다. 『한국역대문법대계Ⅰ』 전102권은 1860년대부터 1960년대까지 한국문법서를 모두 수록한 자료 총서로 문법서 300종을 102권으로 간행한 책이다. 이 자료집으로 인해 우리나라 문법연구사를 한눈에 살필 수 있게 되었다. 기존에도 『역대문법대계』를 탑출판사에서 영인하여 공급한 바 있지만 박이정출판사에서 간행된 책은 외국에서 발행된 연구서, 맞춤법과 외래어에 대한 자료집, 북한 자료는 물론 중고등학교 문법 교과서와 교사용 지도서까지 총 망라한 자료집으로, 해외에서의 문법 연구와 문법 교육사까지 아우르는 자료집이라는 가치를 가진다.

■ 『우리말 부사 사전』을 출판하다

이 시기에 출판된 저서 가운데 또 하나의 의미를 찾는다면, 『우리말 부사 사전』(백문식)을 들 수 있다. 이 사전은 우리나라에서 처음으로 나온 부사 사전이라는 가치가 있다.

■ 최초의 고구려어 종합연구서 『고구려어 연구』가 출판되다

최남희의 『고구려어 연구』는 연구 대상을 고구려 방언으로 정했다는 데에 큰 의미를 지닌다. 신라 지역어나 백제 지역어의 자료에 비해 고구려 지역어는 현존하는 자료가 거의 없어 연구자들에 어려움을 주었었다. 그런데 이 책에서는 『삼국사기』 권 37에 기록된 복수표기 지명 자료 97개를 가지고 고구려어 음운체계를 밝히고 어휘를 정리하여 고대국어에서부터 중세국어와 현대국어의 관련성을 찾으려 노력했다. 기존의 연구가 일부 어휘를 가지고 부분적으로 연구되었고 그 숫자도 매우 적었던데 비해 최초로 이루어진 고구려어 종합 연구서라는 데서 그 의미를 찾을 수 있다.

6. 전환기(2011~현재)

■ 언어학과 인문학의 결합에 대한 연구가 이루어지다

『인문언어학의 전망과 과제』(김하수 외)와 더불어 연세대학교 언어정보원의 『인문정신의 탐색과 인문언어학』, 『언어정보와 인문언어학』, 『언어학에서 인문언어학으로』는 이 시기에 출판된 책 가운데 상당히 주목 받을 만한 책이다. 사람을 이루는 구성 요소는 물질(몸)과 정신인데 사람의 정신을 표출하는 것은 말과 행동이다. 따라서 말과 정신은 하나이며 이 정신이 지배하는 모든 행동양식을 연구하는 학문을 인문학이라 부른다. 따라서 말은 단순히 말로 볼 것이 아니고 행동양식과 행동양식이 있게 한 사회적·문화적 요인을 함께 보아야 한다.

이런 점에서 언어(말)는 인문학을 이루는 가장 중요한 기제인데 지금까지 언어에 대한 연구는 언어 자체의 구조를 연구하는 데에 머물렀다. 이 연구는 언어 구조만을 연구하던 방식에서 벗어나 '인문사회과학의 여러 분야들과 제휴와 협업을 통해 새로운 학문적 의제, 방법론, 연구 분야를 개척'하는 교량의 역할로서 앞으로의 언어 연구가 인문사회의 관계를 뛰어넘어 IT, 의학 등 "현대사회의 첨단지식과 일상생활의 다면성을 반영한 자료를 연구 기반으로 삼음으로써"(『인문언어학의 전망과 과제』) 복합지식의 연구로 나갈 수 있는 방향을 제시하고 이를 통해 언어 연구의 범위를 확대했다는 의미가 있다.

■ 분야별 사전 출판이 많아지다

이 시기에 박이정출판사에서 출판한 책의 또 하나의 특징은 사전류의 편찬이 많았다는 점이다. 이 시기에 출판된 사전류는 『한국어 유의어 사전』(연세대학교 언어정보연구원), 『우리말 형태소 사전』(백문식), 『15세기 국어 활용형 사전』(이진호 외) 등인데 이는 낱말밭 자료집, 어휘 자료집, 말뭉치 구축의 영향을 받은 것이 아닌가 한다.

국어학의 중심에 서 있는 박이정

책은 그 시대를 반영하는 기준표이다. 한 시대에 출판된 책을 보면 그 시대의 사회, 문화, 경제, 역사 등 인간 생활과 관련된 사회현상과 시대정신을 알 수 있다. 또 책 가운데 학술서적은 그 시대 학자들의 학문의 관심사가 어디에 있는지를 알려주는 거울이다.

이 글은 박이정출판사에서 간행된 책을 통해 국어학 관련 분야의 연구의 흐름을 읽고 아울러 박이정출판사가 우리나라 국어학 분야에 어떤 영향을 끼쳤는지를 밝히는 것을 목적으로 썼다. 분석의 방법은 책의 제목을 키워드로 분석하여 어느 시대에 어떤 분야의 연구가 나왔는지 흐름을 밝히는 방법으로 정리했다. 그 내용을 요약하여 정리하면 다음과 같다.

◆ 88서울올림픽을 전후하여 월북 학자와 작가, 예술가들의 저술에 대한 해금기에 서광문화사로 출발한 박이정출판사는 서광문화사 시절에는 중국에서의 국어학 연구 서적과 북한에서의 국어학 연구 서적을 영인하여 국내에 보급함으로써 남북한 언어의 차이와 이질화 극복을 위한 방안 연구, 통일 이후의 언어정책 방향을 연구하여 준비하는 데에 기여했다.

◆ 한신문화사와 탑출판사로 이원화되었던 국어학 출판 시장에 신생으로 등장하여 소장학자들의 책을 출판함으로써 소장학자들의 연구물이 책으로 출판되게 하였는데, 그때 박이정출판사를 통해 등장한 소장파 학자들이 현재 우리나라 국어학계의 허리 역할을 한다는 점에서 국어학 인재를 키우는 데에 역할을 했다.

◆ 박이정출판사가 처음으로 기획하여 출판한 '우리말 밝히기' 시리즈는 당시 중견의 명망 있는 학자들의 논문을 묶어서 출판한 책인데, 신생 출판사인 박이정출판사를 학계에 알리는 데에 큰 역할을 했다.

◆ 한말연구학회, 한국어학회 등 새로 출발하는 학회의 학술지를 간행하여 보급함으로써 이들 학회가 오늘날 우리나라 최고의 권위 있는 학회로 발돋움할 수 있는 터전을 마련해 주었고 이들 학회 회원들이 주요 고객으로 활동하는 장을 만들었다.

◆ 학문의 세계는 꾸준히 변하는데 박이정출판사는 당대의 학문 연구물만 출판하지 않고 낱말밭 자료집이라든가 어휘 자료집을 꾸준히 간행함으로써 차세대 학문의 디딤돌 역할을 했다.

◆『건재 정인승 전집』,『우리말 연구 총서』,『옛말 자료 연구 총서』,『한국 역대문법 대계』등 전집 및 총서들을 출판하였다.

◆ 『구어 말뭉치 실용 안내서』, 『구어 문어 통합문법 기술1 −어휘 분류−』, 『구어 문어 통합문법 기술2 −명사와 명사구1−』, 『구어 문어 통합문법 기술2 −명사와 명사구2−』, 『한국 준구어 형태론적 연구』 등 구어 연구 자료를 출판했다.

◆ 확장기 이후에 간행된 국어학 관련 책을 분석한 결과 언어의 구조와 이론을 밝히려는 기존의 연구 방법에서 텍스트언어학, 인지문법, 화용론, 화법, 언어정보 등 언어의 본질인 소통에 관련된 소개서 및 연구서들이 많이 출판되었으며 언어와 인문학의 접근으로 복합지식의 창출에 관한 연구서 등을 펴냈다.

박이정출판사가 조판을 통해 출판하기 시작한 1992년부터 2018년 사이에 박이정출판사에서 출판한 국어학 관련 서적의 저·역자를 분석하면 표지에 대표 저·역자로 등록된 사람은 157명이다. 이 숫자는 학회지를 제외하고 학회가 기획하여 출판한 것을 포함한 것이며 ○○○ 외로 표기된 것은 ○○○만 인원수에 포함시킨 것이다. 표지에 표기되지 않은 ○○○ 외의 공동 저자와 공동 번역자를 포함하면 그 인원수는 수백 명에 이를 것으로 추정된다.

이 가운데 김응모가 13종으로 가장 많이 출판했고 이어서 박영섭이 10종을 출판했다. 5종 이상을 출판한 저·역자로는 김승곤 7종, 권재일 7종, 서상규 7종, 권면주 6종, 고영근 5종, 백문식 5종, 한말연구학회 5종(『건재 정인승 전집』을 포함하면 12종), 연세대학교 언어정보원 5종이며 이들을 제외하고 2종 이상을 출판한 저·역자는 28명이다.

박이정출판사는 우리나라 국어학의 발전과 함께 성장해 왔다. 역사도 30년이란 세월이 흘렀고 이제는 국어학을 전공하는 사람이라면 저자든 독자든 박이정출판사와 직·간접적으로 관계를 맺어왔다. 국어학을 공부하는 사람으로서 박이정출판사와 관계를 맺지 않았다면 이는 가짜 국어학 전공자라 해도 될 만큼 박이정출판사는 이제 국어학의 중심에 서 있다고 생각한다. 그럼에도 학자, 저자, 독자들로부터 더 많은 사랑을 받으면서 발전하고 100년, 1,000년의 기업으로 성장하기 위해서는 학계, 문화계와 끊임없이 교류하고 협력해야 한다고 생각한다.

박이정출판사의 30주년을 축하하며 더 크고 영향력 있는 출판사로 성장하기를 기원한다.

국문학과 박이정 이야기

자료와 이론의 균형으로 국문학의 지속과 변화를 이끌다

출판사는 연구자들에게 고마운 존재이다. 작품·작가에 대한 연구 성과를 보다 널리 전달하게 해 주는 것은 물론, 그 독자들로 하여금 자극을 받아 새로운 연구 성과가 이루어지게끔 하는 매개자다. 만약, 옛날처럼 일일이 손으로 쓴 필사본만 유통된다면, 다산 정약용의 문서가 당시에는 극히 제한된 사람들만 읽어 사회변화에 별 영향력을 행사하지 못했던 것처럼, 오늘날 우리 연구자들의 지적인 성과도 그럴 수밖에 없을 것이다. 그런 면에서 박이정을 비롯한 모든 출판사는 문화의 지속과 발전을 위해 중요하다.

필자에게 박이정은 더욱 특별한 존재다. 필자의 책을 4종(제목을 바꿔낸 개정판까지 합하면 5종)이나 내 주었다. 가장 먼저 나온 게 『설공찬전 연구』이다. 출판해 달라고 필자가 들고 간 게 아니라, 박찬익 대표의 제안으로 이루어진 것이다. 이 작품을 발굴해 학회에서 소개할 때 참석했던 박 대표의 호의로 출판되었으니 더 없이 고마웠다. 30년사를 편찬한다며, 필자에게 '국문학과 박이정 이야기' 부분을 집필해 달라는 요청에, 모자란 능력이지만 흔쾌히 응했다. 마음의 빚을 조금이나마 갚겠다는 마음으로 그랬다.

필자에게 맡겨진 임무는, 국문학계의 지난 30년의 동향에 비추어 박이정출판사가 어떤 역할을 했는지 서술하는 것이다. 국문학은 고전문학과 현대문학을 포괄하는 상위개념이나, 여기에서는 필자의 전공인 고전문학을 중심으로 기술하고자 한다. 현대문학보다는 고전문학 관련 도서 출판에 박이정이 더 주력했던 게 사실이기도 하다. 현대문학 부분은 특별한 경우를 제외하고는, 제1부 '박이정의 책 이야기'로 미룬다.

글 | **이복규**(서경대 문화콘텐츠학부 국어국문학전공 교수)

국제대학교(현 서경대학교)와 경희대학교 대학원에서 국어국문학(고전문학)을 전공했으며, 만학으로 밥존스신학교에서 신학을 공부했다. 국사편찬위원회 연수과정에서 한문 초서를 익혔고, 한글로 읽힌 최초 소설 설공찬전 국문본을 발견하는 등 그간 『묵재일기 소재 국문본소설 연구』 등 40여 종의 단독 저서를 출간했다. 국제어문학회, 온지학회 회장을 역임했다.

지난 30년간 박이정출판사가 출판한 고전문학 관련 단행본 및 학회지는 대략 300여 책, 종수로는 200여 종 정도이다. 이들 하나하나가 다 가치가 있으나, 제한된 지면에서 모두 거론하는 것은 지나치게 번거로운 일이다. 필자의 제한된 역량 때문에도 가능하지 않은 작업이다. 부득이 국문학계의 동향과 관련하여, 특별히 의미가 있는 것으로만 한정해 그 연구사적인 의의에 대하여 음미하고자 한다.

이 작업을 위해, 우선 국문학계의 지난 30년간의 동향을 파악해야 하는데 만만치 않은 일이다. 정보화시대답게 엄청난 양의 단행본, 학위논문이 나와 있으며, 수많은 학회지에 실린 논문은 더 많아, 이를 다 읽어야만 제대로 발언할 수 있기 때문이다. 다행히 국어국문학연구 50년이 되던 2002년 무렵에 김흥규, 강진옥, 김종철, 천혜숙 교수 등이 작성한 총론, 각론 차원의 여러 연구사가 작성되어 책으로 출간되었거나 인터넷상에 공개되어 있어, 그것을 참고하고 필자의 경험도 보탰다. 연구자들이 나름의 기준으로 연구사를 서술하고 있지만, 공통적으로 강조하는 바가 무엇인지 주목해 서술하였다.

문학 연구의 일환인 고전문학 연구에서 지난 30년간 지속적으로 제기되어 왔던 화두는 무엇일까? 그리고 박이정은 그 화두에 어떻게 반응했을까? 구체적으로 어떤 책들이 그 화두들과 관련되며 어떤 연구사적인 의의는 무엇일까?

서술의 편의를 위해 3가지로 구분하고자 한다. (1) 국문학계의 지속적인 요구에 부응한 출판들, (2) 국문학계의 시기별 필요에 부응한 출판들, (3) 사회의 변화에 전향적으로 대응한 출판들. 거칠지만 이렇게 세 유형으로 나누어, 각각 거기 해당함직한 책들이 지닌 국문학적 가치와 영향력 등에 대해 기술하고자 한다.

1995년 이전까지의 박이정은 주로 국어학 관련 책들을 출판해오다가 1995년부터 국문학 자료들을 출판하기 시작한다. 명실공이 국어국문학 출판사의 하나로 변신한 셈이다. 고전문학의 태두인 성산 장덕순 선생의 저작 전체를 10책으로 묶어 출판함으로써, 국문학 중에서도 가장 중요한 원천을 이루는 고전문학에 방점을 찍어 출판하겠다는 의지를 보여주었다. 장덕순 선생은 구비문학이 기록문학과 함께 동등한 비중을 지니는 국문학 연구 대상의 하나로 편입되게 하는 데 직·간접적인 역할을 한 분인 바, 이 전집 이후에 박이정이 구비문학회의 학회지인 〈구비문학연구〉 및 판소리학회의 학회지인 〈판소리연구〉를 지금까지 꾸준히 출판하는 노력을 아끼지 않고 있어, 고전문학 또는 구비문학에 대한 애정의 표현이었음을 알 수 있다.

1. 국문학계의 지속적인 요구에 부응한 출판

■ '자료학'에 부응한 출판

주지하듯, 역사에는 두 가지 측면이 있다. 지속과 변화가 그것이다. 변화가 있기 때문에 시대 구분을 할 수가 있고, 역사의 흐름을 인식할 수도 있다. 하지만 변화만 있는 게 아니다. 시간이 흘러도 지속되는 것이 있다. 국문학 연구도 마찬가지다. 지난 30년간 나날이 변화했다고 보면 하루도 같은 날이 없다고 할 수 있을 정도로 변화무쌍한 시간이지만, 시간의 흐름에도 불구하고 여전히 계속되고 있으며 지속하고 있는 것도 있다. 그 지속적인 측면은 무엇일까? 자료학 또는 문헌학적 연구의 중요성이다.

문학 연구도 학문인 한, 어떤 새로운 이론의 수립을 목표로 삼는 것이지만, 자료가 없이는 이론 형성은 불가능하다. 자료를 떠난 해석이나 이론도 공허할 뿐이다. 새로운 자료가 등장하면, 과거의 자료를 기반으로 만들어진 이론도 재조정 또는 수정되어야 한다. 그래서 자료는 영원하고 이론은 한시적이라고들 말하는 것이다.

따라서 국문학 연구의 가장 기초적인 작업은 자료의 수집과 정리이다. 국문학 연구가 시작되면서 자료 작업부터 힘쓴 이유도 여기 있다 할 수 있겠으며, 여전히 필요한 일이다. 문헌에 제목만 보이고 사라진 자료들도 많아 국내외 도서관이나 개인에게서 발굴해 소개하는 일도 필요하거니와, 전승되고 있는 자료들도 갈래별, 작가별, 주제별 등으로 한데 모아놓거나, 현대인들이 이용할 수 있게 주석을 달거나 번역·윤문하는 작업이 절대적으로 미흡한 가운데 있다.

박이정의 지난 30년간 행보에서 가장 주목할 수 있는 것이 바로 이 자료 또는 자료학이라는 고전문학계의 지속적인 요구에 일찌감치 부응해 온 점이다. 고전문학 자료는 아니지만, 서광문화사 시절부터 자료의 중요성에 착안했다는 것을 알 수 있다. 1988년 월북·재북·납북 작가에 대한 해금 조치가 내려지자마자 조선족 학자들의 연구 성과들을 국내에 들여와 영인본으로 보급한 데 이어(『조선어 어휘사』, 『조선의 토대비문법』, 『조선어동의어』), 1991년부터는 아예 출판사 이름을 '서광학술자료사'라고 바꾼 점이 강력한 물증이다. 이렇게 된 데는 대표가 국문학과 출신이라는 것, 특히 자료학의 권위인 김일근, 김현룡 선생이 재직한 건국대에서 공부했다는 것이 중요한 동인으로 작용했으리라 여겨진다.

이렇게 해외 연구자료를 영인하는 것으로 출판계에 등장한 서광문화사는, 서광학술자료사로 회사명을 바꾼 후, 이번에는 국내 자료를 영인해 출판한다. 1991년의 『현대문학자료집』 1, 2차가 그것이다. 이는 김외곤 교수가 여러 잡지의 문예면에 실린 글 가운데에서 카프 계열 문인들의 작품(평론 포함)만을 추려내어 묶은 것을 영인해 출판한 것이다.

고전문학 부문에서의 자료학 관련 성과에는 어떤 것들이 있을까? 대표적인 것에 한정해, 출판 순서를 따라 제시해 보면 다음과 같다.

❶ 이복규, 새로 발굴한 초기 국문·국문본소설(1996) 및 묵재일기 소재 국문본소설 연구(2018)

이 책은 『묵재일기』에 적혀 있다가 1996년에 서경대 이복규에 의해 극적으로 발견된 5종의 국문 표기 소설들을 한데 엮은 것이다. 『묵재일기』 소재 초기 국문·국문본소설은 우리 고소설사, 특히 초기 국문소설사의 전개 양상을 이해하고 서술하는 데 결정적인 자료라 적극 평가된다. 이 책에는 『묵재일기』 소재 5종 국문본소설의 발견 경위, 각 작품의 내용과 원문 주석·현대역, 의의 및 필사 연대를 비롯하여 그간의 관련 연구 성과를 한데 묶었다. 특히 책의 뒤에는 두 가지 자료가 부록으로 실려 있다. 〈주생전(周生傳)〉 한문본의 번역과 원문, 『묵재일기』 소재 국문본소설의 사진을 차례대로 모두 실었다. 〈설공찬전〉 국문본의 경우, 1508~1510년에 창작되었으리라 추정되며, 1511년에 조정에서 논의될 정도로 초기 소설이라 소설사적으로 아주 중요하다. 따라서 우리 고소설사, 특히 초기 국문소설사의 전개 양상을 이해하는 데 긴요한 자료집이라 하겠다.

〈설공찬전〉 국문본이 적혀 있는 『묵재일기』 제3책의 표지

〈주생전〉 제1-2쪽

이 가운데에 한글로 읽힌 최초의 소설인 〈설공찬전〉 국문본에 대해서는 별도의 저술 부분에서 따로 언급할 것이고, 〈왕시봉전〉에 대해서만 간략히 서술하기로 한다. 이 책이 출판되어 학계에 소개되자, 중국문학 연구자인 선문대 박재연 교수의 눈에 띄어 〈왕시봉전〉은 정병욱 선생의 저서에서 언급했던 한문소설 〈왕십붕기우기(王十朋奇遇記)〉의 국

〈왕시봉전〉 제36쪽부터 보면 3책 264쪽의 첫 그림

『묵재일기』

문본이며, 그 모본은 중국의 희곡인 〈형차기(荊釵記)〉임이 밝혀지는 비교문학적 성과로 이어졌다. 거기서 그친 게 아니다. 인하대 정학성 교수는 더욱 치밀하게 3자간의 관계를 비교하여 그 결과를 보고하였고, 발견자인 이복규 역시 이 논의에 뛰어들어 나름의 주장을 펼쳤다.

요컨대 새로운 자료가 출판의 도움으로 세상에 알려짐으로써, 여러 학자에 의해 '초기 소설의 형성 과정 또는 경로'를 두고 다채로운 연구가 이루어졌던 것이다. 자료 소개가 없었다면, 〈왕십붕기우기〉와 〈형차기〉가 지닌 의의가 무엇인지 전혀 모를 수밖에 없었다는 점에서, 자료학의 중요성을 일깨운 사례라 하겠다. 〈설공찬전〉, 〈왕시봉전〉 외에 〈왕시전〉을 비롯해 다른 국문본 소설 작품에 대해서도 또 누군가에 의해 그 정체와 성격에 대해 밝혀질 날이 올 수 있으리라 기대하는 마음이다.

이 책은 초판이 소진되어, 『묵재일기 소재 국문본소설 연구』(2018)라는 수정·증보판으로 최근에 새로 출판되었다. 1998년에 출간된 『새로 발굴한 초기 국문·국문본소설』을 저본으로 하여 수정·보완하고, 저자가 새로 쓴 논문을 더 보태어 새롭게 출간된 것이다. 특히 원문 사진도 더 크고 선명하게 컬러로 모두 인쇄해 넣어줌으로써 두고두고 이용할 수 있게 했다. 초판본을 낼 때는 값싼 흑백 사진으로 출판했다가, 수정판에서 과감히 컬러로 바꾼 데에서, 자료를 귀하게 여기는 박이정의 애정과 의지와 함께 경제적인 여유와 자신감도 엿볼 수 있다.

❷ 김진영 외 편, 판소리문학전집(고전명작이본총서) 총 46권(이본 수 총 390종)(1997~2007)

판소리는 세계문화유산으로 지정될 만큼 우리 문화를 이해하는 데 소중한 구비문학이다. 모두 12편이었다고 하나 현재까지 가사와 창이 온전히 전하는 것은 5편, 여타 가사만 전하는 것(이른바 '실창 판소리')도 있다. 이 책은 그간 여기저기 흩어지고 정리되지 못했던 판소리 다섯 마당의 모든 이본을 집대성한 것이

다. 〈춘향전〉, 〈흥부전〉, 〈심청전〉, 〈토끼전〉, 〈적벽가〉 등 전승 5가 외에 최근의 발굴 성과를 반영해 실창 판소리 사설집 1권을 따로 추가하고 있어, 그야말로 현전하는 모든 이본을 망라한 전집으로서 손색이 없다.

주지하다시피 각 판소리 작품은 현대소설과는 달리 여러 이본이 존재한다. 그러므로 함부로 '〈춘향가〉의 주제가 무엇이다'라고 할 수 없다. 어느 이본을 두고 하는 말인지 밝혀야만 근거 있고 책임 있는 말이 된다. 〈춘향전〉만 하더라도 100여 종을 헤아리는 이본이 존재하며, 이들 이본이 여기저기 산재해 있으므로, 연구하는 이들에게 여간 불편했던 게 아니다. 이본들을 모아 그 계통도 비교하고, 그 차이를 면밀히 살펴야만 특정 작품의 총체적인 모습을 파악할 수 있으므로, 많은 시간과 경비를 들일 수밖에 없었던 게 사실이다.

그런 상황에서, 모두가 필요로 하면서도 하도 품이 많이 드는 작업이라 아무도 선뜻 이 프로젝트에 뛰어들지 못하였는데, 김진영 교수가 주도하는 경희대 인력들이 동원되어 대역사를 이루었다. 남한에 현전하는 판소리 작품의 모든 이본이 총 46책의 분량으로 박이정에서 활자화되어 나온 것이다. 이본 수로는 총 395종이 수합되었으니 대단한 일이다. 간단한 해제를 붙였고, 원문을 그대로 옮기되, 띄어쓰기만 현대에 맞게 수정해, 이용자로 하여금 최대한 원전의 맛을 느끼며 읽게 해 주었다.

〈춘향전 전집〉을 예로 들어 좀 더 자세히 살펴보자. 1997년에 나온 〈춘향전 전집 1권〉에 실린 〈장자백 창본 춘향가〉의 서두를 인용해 보이면 다음과 같다.

〈1-앞〉

슉죵디왕 직위호수 셩조승숀이 게게승승호여 금고옥쵹은 요순의 시졀리요 어양문무난 우탕의 버금이라 쟝우보필은 쥬셕지신이요 용양호의난 간셩지장이로다 죠졍의 흐른 덕은 향곡의 페이엿고 산호의 나문 기운 죤비가 업것구나 잇 씨의 셔울 삼쳔동 이셩원너라 호난 양반니

게시되 셰디 지명지족이요 국가튱신지후여라 일일은 젼ㅎ게옵셔 튱효록을 올니 보시고 디신
ㅎ교 니의 튱신지후여를 빅골남향 씨의실 졔 이셩원을 돌영참봉 츌육식여 과쳔현감의로 금산
군슈 아직ㅎ여 셔너 도목 지닌 후의 남원부ᄉ 졔슈ㅎ신이 도임한 삼스식의 거리거리 션졍비
요 골골리 층숑이라 잇 디의 ᄉᄶ ᄌ졔 한 분이 게시되 일홈은 몽용이요 연광은 십육셰라 의
긔통달ㅎ고 우인 풍도 죠달ㅎ여 풍유긔남ᄌ라 놀기를 죠화할 졔 ㅎ로난 방지 불러 뭇난 말삼
이 잇것다 이 이 방지야 예 니가 네 골 니려온 졔

〈1-뒤〉
삼사식이 도여씨되 놀만한 경쳐를 귀경틸 못ㅎ엿씬이 어디 어디 놀 찌 잇넌야 방지 엿조오
되 공부ㅎ신 도련님이 경쳐 ᄎ쳐 무엇ㅎ시리오 네가 모르난 말이로다 고금문장더리 강산을
귀경키난 쳔ㅎ을 다 보와니 긔운을 어든 후의 도라와 글얼 지여 문장이 되야긔로 쳔ㅎ 짖셰일
강산 ᄊ인 게 글귀라 니 일의쌔 드러보와라 (중중머리) 그산영슈별건곤 쇼부 허유 노라 잇고
(이하 생략)

위에서 보는 바와 같이, 춘향전의 이본 가운데 하나인 장자백 명창이 부른 창본의 필사본
(1865년 또는 1925년에 붓으로 쓴 것)을 오늘날의 우리가 알아볼 수 있도록 일일이 컴퓨터에
입력해 놓았다. 〈1-앞〉, 〈1-뒤〉란 표시는 원본 제1장의 앞면과 뒷면을 각각 나타낸다는 표
시이다. 함부로 재편집하지 않고, 최대한 원형을 유지하려는 원칙을 지키고 있다. 원본은 띄
어쓰기가 되어 있지 않아 오늘의 우리가 읽기에 불편하지만, 위와 같이 현재의 띄어쓰기 원칙
에 맞추어 적당히 띄어쓰기를 해 놓아, 한결 접근하기가 용이하게 되어 있다.

물론 일부 어휘가 어려워 정확한 의미를 판독하기는 곤란할 수 있다. 하지만 필사 원본과
비교하면 이 정도만 해 놓아도, 특히 전공자들에게는 아주 고마운 처리라 하겠다. 또한 사건
과 인물을 통해 전개되는 서사문학의 특성상, 글자 하나하나를 다 몰라도 문맥을 보면 대체
적인 뜻을 이해할 수 있으므로, 김진영 외 편, 판소리문학전집(고전명작이본총서)은 연구자
들에게 시간과 경비를 엄청나게 절약할 수 있게 해 준 업적이다.

이런 방식으로 나머지 작품들도 모두 모아 집대성해 놓았으니, 이후의 연구 활성화를 위한
초석을 마련한 총서라 하겠다. 자료학의 중요성이 바로 이런 것이다. 마련하기는 힘들지만,
만들어 놓으면 뒷사람들에게 두고두고 혜택을 끼치는 게 자료다. 이 자료집이 나오기 전까지
는 자료를 모으기 힘들어서 연구 성과를 낼 수 없다는 핑계를 댈 수도 있었으나 이 전집이 나
온 후인 지금은 그럴 수 없다. 게을러서 연구하지 못하거나, 텍스트를 분석할 안목이 부족해
서 연구하지 못할 뿐이다.

주지하듯, 판소리는 복합예술이다. 언어현상이기도 하고, 문학이기도 하며, 음악이며, 연극
이기도 하다. 따라서 전공자에 따라서, 언어학적인 접근은 물론이고 음악학적 · 연극학적 ·

사회학적 · 문화인류학적 · 문화론적인 시각에서 얼마든지 자양분을 뽑아낼 수 있다. 그렇게 하는 원자료로서 이 전집은 오래 이용될 수 있을 것이다.

❸ 김진영 외 역주, 판소리문학역주(고전명작원전강독총서, 1996~2000)

이 책은 판소리 다섯 마당의 최선본을 원문 주해와 현대역, 영인판을 병기해 만든 것이다. 앞의 '고전명작이본총서'가 모든 이본을 망라한 것이라면, 이 시리즈는 각 작품의 이본 가운데에서 가장 대표적이랄까, 우수한 이본을 하나 또는 몇 편을 선택해 원문 주해와 현대역, 영인판 원문을 병기했다. 그 체재로 짝수 면에 원문 해독, 홀수 면에 현대역, 하단에 주석을 달았다. 더욱이 그 이본이 전체 이본의 판도에서 어떤 위상과 특성을 지니고 있는지 해설한 논문을 붙여 놓고 원전을 영인해 첨부해 놓아, 명실공이 강독자료답게 처리한 책이다.

이와 같은 작업이 지니는 의의는 무엇일까? 이른바 역사주의적 연구 가운데 원전 확정과 관련되기 때문이다. 영문학자이면서도 서양의 문학연구방법들을 소화해 우리 국문학 연구에 도입하도록 매개자 역할을 톡톡히 한 연세대 이상섭 교수의 명저『문학연구의 방법』을 보면, 원전에 대한 오독으로 말미암아 허먼 멜빌의 소설『흰 고래(백경) Moby Dick』을 잘못 이해한 사례가 소개된 바 있다. "soiled fish of the sea(바다의 더럽혀진 물고기)"라는 대목을 대단히 중요하게 취급해 이를 멜빌 특유의 심상으로 보고 "이것은 지상의 바다는 물론, 보이지 않는 정신적인 심해의 공포를 의식하고 있던 심상의 산물"이라고 해석하였다는 것이다. 사실은 그게 아니었다. 이 문학 연구자가 사용한 텍스트에 결정적인 오류가 있어서 그렇게 된 것이었다. "soiled(더럽혀진)"가 아니라 "coiled(몸을 사린)", 즉 c가 s로 오타 났던 것인데 몰랐던 것이다.

우리도 마찬가지다. 독자나 연구자가 잘못된 텍스트를 선택할 경우, 원전과 거리가 있는 해석을 할 수밖에 없다. 진리, 진실을 추구해야 하는 학문의 세계에서는 물론, 고전 작품의 가치를 제대로 인식해 이를 문화콘텐츠화해 이 시대 수용자들에게 매개해야 할 작가들의 노력이 헛수고가 되거나, 자칫 원전의 취지를 그르칠 위험성까지 있다. 따라서 핵심 전공자들이 그간 온축된 지식을 결집해 작품 가운데 믿을 만한 이본을 정본으로 정해 주고, 그 어휘가 지닌 뜻이 무엇인지 이해할 수 있도록 풀어주어야만 한다. 그 점에서 우리 국문학계는 아직 취약한 편이다. 이른바 주요 작품들의 정전(正典) 확정 작업이 이루어진 바 없다. 최소한 중고등학교 국어와 문학 교재에 수록된 작품들만이라도 정전 확정이 필요한데 그러지 못한 상태이다. 그러다 보니 일부 전래동화 작가들의 경우, 원전에 대한 깊은 이해 없이 신뢰성이 떨어지는 텍스트를 대본 삼아 다듬기 작업을 함으로써, 경우에 따라서는 허먼 멜빌의 작품을 오독하는 것과 같은 현상을 더러 노출하고 있다고 여겨진다. 작가들을 나무라기 전에, 고전문학계에서 전면적인 정전 확정 작업을 해 주지 않아 그렇다는 점에서 반성할 일이다.

이런 점에서 박이정에서 나온 이 책, 판소리문학역주(고전명작원전강독총서, 1996~2000)는 판소리문학으로 제한되어 있지만 이런 작업의 필요성을 학계를 향해 촉구하는 시도로서 의미가 크다. 주지하다시피, 판소리는 민중문학이라고들 하지만 양반층도 향유한 문화라, 거기 구사된 어휘 수준이 결코 낮지 않다. 고사성어를 비롯해 한자어가 아주 많이 나타나고 있어, 전문가의 도움이 없이는 온전한 이해가 어렵다. 당시에야 어느 정도 이해할 수 있었다고 보이지만, 한자 교육이 경시되고 있는 현 상황에서 더욱 더 부담되는 대목이 많다. 바로 이 아쉬움을 메꾸어 주는 것이 이 책이다. 어려운 대목마다 친절하게 주석(한자 입력 포함)이 달려 있으며, 현대역을 함께 제시하고 있다.

그 첫머리를 들어 확인해 보자. 편의상 주석본과 현대역을 한데 통합해서 보이면 다음과 같다. 각주도 괄호 안에 옮겨 놓기로 한다. 번거로움을 피하기 위해 필요한 부분만 따오기로 한다.

숙종대왕(肅宗大王 : 조선조 제19대 왕. 1675년 즉위하여 재위는 46년간) 즉위(卽位)하사 성자성손(聖子聖孫 : 왕가의 성스러운 자손들)이 계계승승(繼繼承承 : 왕가가 끊임없이 이어진다는 뜻으로, 복록을 송축하는 말)하여 금고옥촉(金膏玉燭 : 금고는 제왕의 보물. 옥고와 같음. 옥촉은 사시 기운의 조화)은 요순의 시절(요순시절 : 거룩한 요와 순의 두 임금이 다스리던 시절. 나라가 태평한 시절을 일컫는 말)이요 의관문물(衣冠文物)은 우탕(禹湯 : 하왕조를 창업한 우왕과 은왕조의 시조인 탕왕)의 버금(다음되는 차례)이라. 좌우보필(左右輔弼 : 임금님 가까이에서 정사를 돌보는 재상을 일컬음)은 주석지신(柱石之臣 : 나라의 중임을 진 대신)이요, 용양호위(龍驤虎衛)는 간성지장(干城之將 : 간성은 방패와 성이란 뜻으로, 나라를 지키는 미더운 장군이나 인물)이로다 조정(朝廷)에 흐른 덕(德)은 향곡(鄕曲 : 시골 구석)에 펴져 있고(널리 알리거나 베풀어져 펴져 있고) 산하(山河)에 남은 기운(氣運) 존비(尊卑)가 없것구나.

〈춘향가〉는 명창 장자백 창본, 〈흥보전〉은 오영순 소장 〈장흥보전〉과 임형택 소장 〈박흥보전〉, 〈심청전〉은 박순호 소장 〈효녀실기심청〉, 〈토끼전〉은 권영철 소장 〈톡기전〉, 〈적벽가〉는 박순호 소장 〈화룡도〉를 각각 선본으로 삼아, 이용할 때 근거가 분명하게 했다. 위에서 선보인 것처럼 해 놓았으므로, 연구자나 문화콘텐츠 종사자들이 텍스트의 의미를 좀 더 정확하게 이해한 바탕 위에서 해석이나 다시쓰기 작업을 할 수 있게 해 주었다는 점, 거듭 강조할 필요가 있다. 이와 같은 시도를 바탕으로, 앞에서도 언급했듯이, 국가적인 차원에서 중요한 국문학 작품들의 정전 확정 및 주석과 현대역본을 마련하는 작업이 이루어져야 할 것이다. 그렇게 하는 데 박이정의 이 책은 하나의 전범이라 할 것이다.

❹ 판소리문화사전(김진영 · 차충환 · 김동건 저, 2007)

이웃나라 일본문학을 전공하는 지인의 서재에 놀러갔을 때 가장 먼저 놀랐던 게 다양한 종류의 사전들이었다. 물어보니 별의별 사전이 다 나와 있다고 했다.

의성어 · 의태어 사전도 그때 처음 보았다. 그때 자극받아 나도 우리 민요에 나타나는 관용어구("동지섣달 꽃 본 듯이", "개미 같은 허리에 태산 같은 짐을 지고" 등등)만 모아서 사전을 내보고 싶어 준비 중이다.

국문학을 공부하다 보면 각종 어휘와 용어에 막혀 헤맬 때가 많다. 그 궁금증을 풀어줄 만한 사전들이 일본에 비해 태부족이다. 이런 사전을 만들어도 업적으로 인정하는 제도적 장치도 마련되어야 하겠고, 전공자들이 후세를 위해 희생하려는 자세도 더 필요하다고 생각한다. 현재 상황에서는 정년퇴직한 인력들이 시간 여유도 많으니 각자의 영역에서 쌓은 지식을 바탕으로 전문사전들을 하나씩 만들어 놓고 가는 것도 어떨까 싶다.

박이정에서 출판한 『판소리문화사전』(2007)은 바로 이같은 아쉬움을 해소해 주는 책이다. 판소리 작품 300여 종에서 추출한 주요 어휘와 용례를 수록한 최초의 판소리문화 사전이다. 판소리 5가의 이본 전체를 대상으로, 거기에 등장하는 어휘를 뜻풀이하고 해당 어휘의 용례를 원형태로 제시하였다. 판소리 독해에 있어 가장 어려운 부분인 고사, 전거, 시구, 지명, 인명, 한자성어의 풀이와 용례를 담되, 그 체재는 표제어, 뜻풀이, 출전, 원문, 용례로 구성되어 있다. 이전에 나온 다양한 주석서들과 고소설 분야에서 이루어진 업적, 전문 사전류들을 참고해 10년의 제작기간을 거쳐 탄생한 책으로서, 기존 성과를 집대성한 셈이다.

이 책은 2008 대한민국학술원 우수학술도서로 선정되기도 하였다. 그 가치를 객관적으로 인정받은 셈이다.

❺ 조동일, 조동일 소장 국문학 연구자료 30책(1999)

이 책도 자료학을 충실하게 해 주는 성과 중의 하나다. 고전문학계에서 가장 폭넓게 그리고 심도 있는 연구 성과를 보여주는 조동일 교수가 수집해 간직하고 있던 국문학 자료를 영인해 낸 것이다. 주로 고전문학 관련 자료로서 필사본 가사, 필사본 소설, 활자본 소설 등 다양하다. 모두 30책으로 되어 있는 자료 가운데 가장 특기할 만한 것은 제8책에 실린 필사본 소

설 〈사씨남정기〉이다. 사씨남정기의 문헌적 연구로 박사학위를 받은 이금희 교수의 치밀한 고찰 끝에, 현전 이본 가운데 가장 원본에 가깝다고 추정한 이본이기 때문이다.

주지하듯 〈사씨남정기〉는 서포 김만중의 작품 중에서 한글로 창작한 소설이라는 점에서도 주목을 받는 작품이다. 한글 원본은 현재 전하지 않는다. 현전하는 한글본들은 그 종손(從孫)인 김춘택이 한글 원본을 한문으로 번역한 것을 다시 후대에 국문으로 번역한 것들로 보인다는 게 그간의 중론이었다. 그러다 이 작품의 이본고를 가장 광범위하게 수행한 이금희 교수에 의해, 비록 원본은 아니지만 여러 가지 면에

서 조동일 교수 소장 〈사씨남정기〉가, 김춘택의 한문번역본을 모본으로 한 것이 아니라 한글 원본에서 파생되었다고 추정된다는 보고가 이루어져 있어 고무적이다.

따라서 이 한 가지 자료만 보더라도, 조동일 교수 소장 국문학 자료집은 후속 연구를 가능하게 할 만한 영향력을 가졌다고 생각한다. 조동일 교수의 모친(박철희 님)이 손수 베꼈다는 〈한양가〉를 비롯한 가사 작품들도 소중하다. 〈한양가〉의 경우, 처녀 시절에 경북 영주군 문수면 권선리 고랑골에서 필사한 자료로서, 영양군 일월면 주실로 시집오실 때 가져왔다니, 그 당시만 해도 가사가 생활문화의 하나였다는 사실을 보여주고 있다. 다른 가사들도 이분과 친분이 있는 양반가의 부녀자들이 원소장자라고 하니, 경북 지역이 규방가사의 메카였다는 사실을 거듭 느끼게 해 주는 자료들이다.

조동일 교수가 이 책을 내면서 피력했듯이, "이 정도라도 착실하게 뒤지면 많은 연구를 할 수" 있다. 조동일 교수는 더 이상 이 자료들을 대상으로 연구하지는 않고 다른 데 집중하기로 작정해 내놓은 자료이니 만큼, 관심 있는 이들에 의해 이 자료를 바탕으로 새로운 사실들이 많이 밝혀지리라 기대해 본다.

❻ 조희웅 외, 영남구전자료집 8책(2003)

이 책은 영남지역의 구전자료 가운데 설화자료를 조사해 묶은 것이다. 영남 지역을 대상으로 구전자료를 현장 조사해 낸 책으로는 이미 한국정신문화연구원의 『한국구비문학대계』 전 82책이 있다. 그 가운데 영남 지역도 포함되어 있다. 그럼에도 불구하고 조희웅 교수 주도 아래 이루어져 박이정에서 출간된 이 영남구전자료집은 중요한 가치를 지닌다.

첫째, 『한국구비문학대계』에서 미처 조사하지 못한 지역들을 찾아가 조사하여 얻은 자료라는 점이다. 경북 상주, 문경, 경남 산청, 함양, 하동, 거창, 합천, 창녕, 의령, 함안 지역의 설화 다수를 채록하여 기존의 공백을 메워 주었다. 구비문학 조사에 대해 해박한 조희웅 교수가 새로운 지역에서 채록해 부대정보까지 정확하게 제공한 설화들이란 점에서, 신뢰할 수 있

게 만든 자료집이란 점에서, 다른 조사자들에
게 귀감이 될 만하다.

둘째, 1988년부터 2001년도까지 '구비문학
개론' 수업의 일환으로 실시한 구비문학 현지
조사의 결과물이란 점에서, 이론과 실습을 병
행한 사례로서도 모범적이다. 흔히 구비문학
개론 과목은 이론 과목으로 분류되어 그렇게
진행하기 쉬운데, 조희웅 교수는 현지 조사까

지 해보도록 함으로써, 구비문학이 삶의 현장에서 구연되어 존재하고 전승되는 문학임을 생생하게 체험하게 하였다는 것을 알 수 있다. 그런 훈련의 결과, 공동 편자로 등장하는 노영근, 조재현 교수 등의 신진 학자 즉 학문 후속세대를 양성해 냈다는 점에서도 구비문학 교육의 바람직한 모습을 보여주는 사례라 생각한다.

셋째, 지방에 있는 교수가 아닌데도, 나날이 채록 환경이 불리해지는 상황에 대한 인식, 그간의 조사가 지닌 한계점을 보완하고자 하는 구비문학 연구자로서의 사명감을 보여준 점도 특기할 만하다. 이제는 지방에 있는 교수들이 이 정신을 이어서 후속 작업을 수행해야 할 것이다. 아직도 발길이 닿지 않은 지역들이 있다. 구비문학회에서 한국학중앙연구원의 지원을 받아, 『한국구비문학대계』 1차분에서 누락된 지역을 보충하는 후속 조사가 이루어져서 어느 정도 해소되었다고 하나, 섬이라든가, 해외 한인을 대상으로 한 조사는 여전히 필요하다고 본다. 이 책을 모델 삼아 계속적인 노력이 기울여졌으면 한다.

2003년 문광부 우수학술도서로 이 책이 선정된 것은 어쩌면 당연한 귀결이라 하겠다. 이 자료집에서 소개된 자료들 가운데 새로운 유형은 무엇이 있으며, 종래의 유형이라 해도 새로운 각편에서 어떤 의미를 찾아낼 수 있는지, 이제 이 책을 읽는 모든 이들에게 주어진 과제라 하겠다.

❼ 김광순, 김광순소장 필사본 한국고소설 전집 84책(2004~2007)

이 책은 표제 그대로 경북대 김광순 교수가 평생 수집한 필사본 고소설을 영인해 출판한 책이다. 필사본으로 전승되어 온 고소설 400여 종을 10여 년에 걸쳐 수집해 교정·검토하여 해제를 첨부, 84권 전집에 영인한 것이다. 이들 중 〈한중일소화(閒中一笑話)〉, 〈승호상송기(僧虎相訟記)〉, 〈강괴닌전〉, 〈기축록(己丑錄)〉, 〈윤선옥전〉 등은 유일본으로서 처음 학계에 소개되는 작품이다.

이 가운데 〈윤선옥전〉에 대해서는 필자도 그 인문학적의 가치를 중심으로 이모저모 따져 본 일이 있다. 부부가 함께 시간 보내기, 부부 간의 공대(恭待), 부부 간의 의사소통, 가정 문제의 책임을 자기 탓으로 돌리는 자세, 최선의 해결책 마련을 위한 부부의 노력 등 현대 가정의 결핍 문제를 해소할 만한 대안을 안고 있는 작품이라 생각했다. 아마 연구자들의 문제의식

에 따라 얼마든지 이 자료집에 실린 새로운 작품이나 이본을 통해 이 시대가 필요로 하는 자양분들을 얻어낼 수 있지 않을까 기대해 본다.

이 전집에 실린 474종의 필사본 고소설 가운데 문학적으로 수준이 높은 작품과 미처 알려지지 않은 소설들 가운데 100종을 추리고 현대어로 다듬어 〈김광순 소장 필사본 고소설 100선〉도 기획, 현재 50권까지 발간되어 있다. 이는 고소설의 대중화를 위한 노력이란 점에서 바람직한 기획이라고 본다. 판소리 이본들을 망라해 원전대로 제시한 명작이본총서와 함께 대표 이본을 골라 해석과 함께 각주를 붙이고 이를 현대역한 고전명작원전강독총서의 출판처럼, 이 고소설 선집도 필요한 작업이라 하겠다. 구슬이 서 말이라도 꿰어야 보배란 말이 있듯, 일반인이 읽어서 이해할 수 있게 해 주어야 하는 것이 전공자의 책무이다. 그래야 대중이 우리 고소설을 사랑할 수 있고, 그 좋은 점을 생활에 접목해, 현대 자본주의 경쟁사회가 노출하고 있는 아쉬움을 보완해 행복한 삶을 누릴 수 있을 것이기 때문이다.

❽ 조희웅 외, 호남구전자료집(2010)

이 책은 앞서 나온 『영남구전자료집』과 같은 취지에서 시작되어 발간된 자료집이다. 『한국구비문학대계』에서 누락된 지역을 우선 선정해 구례군, 나주시, 고흥군, 곡성군, 무안군, 장흥군, 영광군, 나주시 등의 구전 자료를 수록하고 있다.

앞에서 서술했듯이, 기존의 『한국구비문학대계』를 보완하는 자료집이라는 점에서 중요하다 하겠다. 대체적으로 영남이면 영남, 호남이면 호남, 연구자의 연고지를 따라 어느 한 지역의 자료를 채록하기 쉬운데, 영남과 호남 두 지역의 자료를 함께 조사해 보고한 점도 학문의 균형감 면에서 눈여겨볼 대목이다.

이 책은 2011년 문광부 우수학술도서로 선정되었다. 필요성은 인정하면서도 선뜻 나서서 하지 않는 것이 자료 채록인데, 편자들의 노력과 성과를 인정한 결과라 하겠다. 여기 수록된 유형과 각 편을 대상으로 치밀한 연구들이 나오리라 기대한다.

■ 새로운 시도 또는 해석 관련 출판

자료학과 함께 중요한 것이 이론학이다. 자료를 바탕으로 새로운 이론과 해석을 창출해 내는 것이 학문이다. 끊임없이 새로운 각도에서 자료가 지닌 존재의 원리를 드러내야 하는 것이 학자의 책무이다. 기존의 연구에 안주해 있으면 안 된다. 새로운 안목과 방법을 적용해 접근함으로써 구비문학이 지닌 총체적인 진실에 다가가야 한다.

박이정의 출판물 가운데는 이런 학계의 기대에 부응하는 것들이 있다. 학계에서 시도되어 창출된 새로운 방법론이나 이론, 주장, 학설을 출판함으로써, 학문 발전의 견인차 구실을 했다고 평가할 만한 성과들이다. 발간 순서대로 대표적인 몇 가지를 들어 보이면 다음과 같다.

❶ 구비문학의 연행자와 연행양상(1999)

이 책은 구비문학 각 분야의 연구성과를 망라해 엮은 책이다. 구비문학 연구가 기록문학 연구와 크게 구별되는 것 중의 하나가, 연행자와 연행을 중시하는 점이다. 글로 존재하고 전해지는 기록문학과는 달리, 오직 말로 존재하고 말로 전달·전승되는 게 구비문학이기에 연행자와 연행 양상에 대한 탐구는 긴요하다. 같은 이야기라도 연행자에 따라 연행 양상이 다르며, 그에 따라 텍스트 역시 변이 양상을 보이기 일쑤인 게 구비문학의 세계이다.

그럼에도 불구하고, 기존의 구비문학 연구에서는 이 점을 치밀하게 고찰하지 못한 감이 있었다. 1993년에 구비문학회가 창립되고, 구비문학 연구자들의 역량이 결집되고, 연구 방법이 세련되고 심도 깊어지면서, 바로 이 부분에 집중적인 조명을 가하기 시작했고, 학회에서 기획주제를 내걸어 지혜를 모으기에 이르렀다. 그 결과물이 이 책이다. 여기 담긴 논문들의 면면은 다음과 같다.

「구비문학의 연행론, 그 문학적 생산과 수용의 역동성」, 「연행문학의 장르수행 방식과 그 특징」, 「이야기꾼 유형 탐색과 사례 연구」, 「이야기꾼의 연행적 특성」, 「탑골공원 이야기꾼 김한유의 이야기 세계」, 「'쥐떼의 도강담'에 나타난 화자의 말하기 원리」, 「민요 소리꾼의 생애담 조사와 사례 분석」, 「여성민요 창자 정영업 연구」, 「경기도 도당굿 화랭이 연행자 연구」, 「무가 연행의 특성」, 「판소리에서 임기응변과 변조의 의미」, 「여류 명창의 활동양상과 판소리사에 끼친 영향」, 「명창 안향련의 생애와 예술적 성과」, 「민속극 연화론」.

총론적인 논의로부터 각 갈래별 연행자와 연행의 양상을 살필 수 있어, '구비문학의 연행자와 연행양상'이라는 기획주제를 체계적으로 잘 다루고 있다. 개별 갈래의 전공자들이 이 기획주제로 그간의 현장 경험과 연구성과를 재조명해, 연행자에 의해 이루어지는 연행이라는 역동적인 현상을 각각 드러내 주고 있다. 필자의 경우에도 이런 기획주제에 힘입어, 특정 이야기꾼의 이야기 구연에서 보이는 특징을 유능하지 못한 구술자와의 비교를 통해 포착한 결과를 보고하는 보람을 누릴 수 있었다.

이 책이 나온 이후에, 개인구연 설화 자료집이 활발하게 나오기 시작했다. 이수자 교수의

「설화 화자 연구」(1998)가 그것이다. 표제는 연구서처럼 되어 있지만, 사실상 이성근이라는 이야기꾼의 설화 자료를 모은 것이다. 다른 출판사에서 나왔지만 그 이듬해에 나온 이복규의 「이강석 구연설화집」의 출간에 영향을 미쳤다 하겠으며, 박이정에 나온 황인덕 교수의 「이야기꾼 구연설화 –이몽득–」(2007)도 그 영향권 아래 있는 저술이라고 할 수 있다. 요컨대 이 책을 계기로 연행자에 대한 관심이 높아져, 이후의 조사와 연구가 활성화하였다고 평가된다.

❷ 구비문학과 여성(2000)

이 책은 표제대로, 구비문학과 여성의 관계를 다룬 논문들을 한데 묶은 것이다. 주지하듯, 이 세상의 절반은 여성이다. 그런데도 남성 위주로 이해되고 서술되어 온 것이 지난 시절이기도 하다.

이에 대한 반동으로 요즘 활발하게 이루어지고 있는 것이 페미니즘이다. 남성 이상으로 중요한 창조·전승의 주체였던 여성에 대하여, 구비문학 속에 나타난 양상을 중심으로 고찰한 성과를 담은 책이 이것이다. 앞의 책과 마찬가지로, 이것도 구비문학회에서 기획주제로 내걸어 여러 학자가 모여 발표하고 토론한 바를 다듬어서 책으로 냈다.

수록된 논문들은 다음과 같다. 「'원님과 이방 부인의 내기담'에 나타난 부인의 문제해결책 말하기 전략을 통해서 본 여성」, 「아라리의 여성관련사설의 주제양상과 소비지향분석」, 「서사민요에 나타나는 여성인물의 현실대응양상과 그 의미 –시집살이, 애정갈등노래류의 '여성적 말하기' 방식을 중심으로」, 「서사무가에 나타난 여성의 형상」, 「제주도 본풀이에 나타난 여성서사시의 양상과 의미」, 「판소리에 나타난 하층여성의 삶과 그 문학적 형상 –〈변강쇠가〉의 여주인공 '옹녀'를 중심으로」, 「할미마당의 갈등구조와 할미의 인간상」.

설화, 민요, 무가, 판소리, 탈춤 등 주요 구비문학 갈래에 나타난 여성의 문제를 다양하게 고찰한 성과임을 알 수 있다. 남성 위주의 시각에서 가려졌던 부분을 드러냄으로써, 좀 더 온당한 이해에 이르도록 하는 성과들이라 하겠다.

이 해에 한국고전여성문학회라는 학회가 발족하였다. 필자가 추정하기로는 구비문학회의 '여성'을 기획주제로 한 학술대회와 긴밀한 연관성이 있다고 여겨지는바, 이 책에서 시도한 논의 역시 그 이후 고전여성의 형상을 추적하는 데 유용하게 활용되었으리라 생각한다.

❸ 구비문학 연구의 길찾기(2003)

이 책은 구비문학회의 고민을 담은 책이다. 구비 전승되는 문학인 구비문학이 생활환경이 바뀌면서 맞은 위기 앞에서, 활로를 모색한 자취를 담고 있기 때문이다. TV와 인터넷 보급 등으로 현대 사회는 더 이상 예전 같은 구비문학을 듣기가 어려워지고 있으며, 이는 연구에도

영향을 미치고 있다.

이런 상황에서, '구비문학 연구의 길 찾기'를 기획주제로 한 구비문학회 학술대회가 열렸으며, 갈래별 전공자들이 나와 새로운 돌파구가 있는지, 그것이 무엇인지 진지하게 모색한 내용을 이 책은 담고 있다. 담긴 논문들은 다음과 같다.

「현대 사회와 구비문학 연구」, 「현단계 설화 연구의 좌표」, 「신화·서사시 연구의 반성과 전망」, 「현단계 민요 연구의 좌표」, 「굿판의 변화와 무가 연구의 방향 설정」, 「현대 사회와 판소리 연구」, 「중국 민간문학 연구의 현 단계」, 「일본 구승문예 연구의 동향과 과제」, 「인도 서사시의 전승과 연구동향」, 「미국의 구술예술 연구」, 「유고슬라비아 구전문학 연구」, 「헝가리 구비문학 연구」, 「루마니아 구전문학 연구」, 「종합토론 : 구비문학 연구의 길 찾기」.

국내의 문제를 해결하기 위해 다른 나라, 특히 구비문학 연구가 먼저 발전한 유럽 각국의 경우를 함께 소개하고 있어 설득력을 높이고 있다는 것을 알 수 있다. 맨 마지막 꼭지인 종합토론 녹취록은 아주 중요하다. 장시간 이루어진 종합토론의 내용을 여과 없이 수록해 생생하다. 문제를 이해하고 대안을 마련하는 데 자극제가 된다. 그 가운데, 한 토론자의 발언은 아주 인상적이다. "위기를 통해 우리는 발견했다. 구비문학이 지닌 현재성, 생성성, 연행성, 현장성, 구술성, 구술문화의 전통, 소통성이 그것이다." 한쪽 문이 닫히면 한쪽 문이 열린다는 말처럼, 구비문학 환경이 예전 같지 않아진 위기 상황 속에서 새로운 출구 전략을 찾을 수 있다는 매우 적극적인 메시지라 할 수 있다. "연행현장은 매순간 창조적인 공간"이니, 지금 변화된 연행현장에서 "창조적인 역량"을 찾는 쪽으로, 구비문학 현장을 문학이라는 협소한 시각으로만 바라보지 말고(그러면 절망할 수밖에 없으니), 이제 인문학적인 경험을 나누는 시각으로 바꾸어 바라보자고 토론자는 제안하였다. 매우 감동적인 발상이었다. 외피만 변화할 뿐 연행문화로서의 그 본질과 생명은 여전히 이어지고 있다는 그 메시지는 희망과 함께 새로운 도전의식을 가지게 하기에 충분하였다.

이 책에 담긴 논문과 토론, 정독할 가치가 충분하다. 계속 악화일로를 걷는 구비문학의 환경 앞에서 환경 탓만 할 게 아니라, 연구자의 자세와 시각과 문제의식을 환경에 맞추어 일신해야만 길이 열릴 것이기 때문이다.

이 책은 2004년 문화체육관광부 우수학술도서로 선정되었다. 그럴 만한 가치가 충분하다.

❹ 이헌홍, 중국 조선족 이야기꾼 김태락의 구연설화(2012)

『김태락의 구연설화』는 조선족 이야기꾼 김태락의 구연설화를 녹음하고, 이를 문자로 옮기면서 연구와 주석을 곁들인 책이다. 각각의 내용과 분량에서 매우 다양한 모습을 보이면서도, 작품 모두가 완결된 이야기로서의 독자성을 지니고 있다.

조선족의 개인 구연설화집은 이미 국내에 소개된 게 있다. 황구연 노인의 설화자료집, 김덕순 할머니의 자료집 등이 그것이다. 하지만 김태락의 구연설화를 담은 이 책은 연구사적으로 중요하다. 기존의 것은 육성을 그대로 녹취한 게 아니라 조사자가 윤색해 출판한 것인 데 비해, 이헌홍 교수의 이 책은 구연한 발화 그대로 녹취해 출판한 첫 사례라는 점에서 개성적이다.

2013 문화체육관광부 우수학술도서로 선정되었다. 아마도 조선족의 개인 구연설화를 처음으로 원형 그대로 출판한 점을 높이 산 결과가 아닌가 싶다.

2. 국문학계의 시기별 필요에 부응한 출판들

■ 구비문학회의 창립에 따른 출판

구비문학도 국문학이라는 인식이 퍼지기 시작한 것은 1970년대부터이다. 군부정권 아래에서 민중문학으로서의 구비문학에 대한 요구가 대학가를 중심으로 일어나기도 했지만, 이런 전환을 이루는 데 장덕순 같은 학자가 선구적 역할을 했다. 더욱이 1993년 한국구비문학회의 설립은 구비문학 연구의 질과 양을 심화하고 확대하는 데 결정적인 계기였다.

연구 인력이 한데 모여 정기적으로 연구 성과를 나누고 토론하며 그 결과를 묶어 학회지로 발표하게 되었기 때문이다. 1952년에 국어국문학회가 결성되어 국어국문학지를 발간함으로써 비로소 국어국문학 연구가 본 궤도에 올랐던 것과 마찬가지로, 그 분과 학문으로서 구비문학 연구가 비로소 그 정체성을 세상에 뚜렷이 입증할 수 있게 되었다.

구비문학이 본 궤도에 오른 이후에 박이정이 어떤 역할을 했는지 서술해 보자. 관련 출판 성과를 소개하되, 앞의 것들과 마찬가지로 시간 순으로 기술하기로 한다.

❶ 구비문학회지 〈구비문학연구〉의 지속적 발간

1993년에 발족한 한국구비문학회의 학회지인 〈구비문학연구〉를 창간호(1994)부터 제42집(2016)까지 계속 출간한 것이 박이정이다. 타산이 맞지 않아, 학회지를 이 출판사에서 저 출판사로 전전하는 학회도 있는 게 우리 현실이다. 하지만 박이정은 한결같이 이 일을 해 왔다. 구비문학 연구의 발전을 위해 고마운 일이 아닐 수 없다.

구비문학연구(학회지)

최근에 와서는 종이책 발간을 중단하고 전자책으로 만들어 온라인에 올리면서, 더 이상 종이책 발간은 하지 않지만, 최근까지 지속적으로 출판한 점은 오래 기억할 만한 일이다. 아울러 1984년에 창립된 판소리학회의 학회지인 〈판소리연구〉도 창간호(1989)부터 현재 46집(2018)까지 박이정에서 출판하고 있다는 점도 부기해 두는 바이다.

❷ 이수자, 설화 화자 연구(1998)

이 책은 경기도 구리시 이성근 할아버지가 1995년 4월부터 1997년 2월까지 10차례에 걸쳐 구술한 옛날이야기 자료와 동구릉에 관한 이야기를 채록, 정리하고 연구한 책이다. 〈왕숙천과 퇴계원의 지명유래〉, 〈양주목사 홍태훈〉 등 204편의 이야기를 구술 형태로 실었다. 이 책의 가장 큰 가치는 한반도에서 나온 설화자료집 가운데 한 개인의 자료만을 가지고 엮은 최초의 설화집이라는 점이다. 이 책이 나온 것이 자극제가 되어 이후에 개인 구연설화집이 여러 연구자에 의해 출간된다.

『이야기꾼 구연설화–이몽득』

황인덕 교수가 엮은 『이야기꾼 구연설화–이몽득』(2006)이 바로 이 수자의 책 뒤에 나온 책 가운데 하나다. 이몽득(1915~2005) 노인이 들려준 설화를 모아 정리한 개인 구연설화집이다. 화자가 구연한 자료 가운데 12편을 선택하여, 뒤에 따로 재구연을 요청해 구연 모습을 CD에 담아 첨부한 점이 이 책의 특색이다. 매체 환경이 달라진 시대에 바람직한 선택이라 하겠다.

■ 〈설공찬전〉 발굴에 따른 출판

❶ 이복규, 설공찬전 연구(2003)

주지하듯, 1997년에 〈설공찬전〉 국문본이 발굴되었다. 『조선왕조실록』에 그 제목과 약간의 내용 정도만 나오고 금서로 지정되어 사라진 줄로만 알았던 작품이 극적으로 발견된 것이다. 이 작품을 발굴해 고소설학회에서 발표할 때 그 자리에 참석한 박이정 대표가 기억하고 있다가, 그 이후 발굴자인 이복규 교수가 이 작품에 대해 계속 연구하여 얻은 바를 묶어서 낸 책이 이것이다. 국어국문학계의 새로운 동향에 민감하게 반응하는 박 대표 덕분에 나온 저술이라 하겠다. 맨 뒤에는 관련 자료도 함께 실었다. 관련 TV 프로그램 대본을 합하고, 그간 현지를 답사하며 찍은 사진들을 수록했다.

〈설공찬전〉은 원작의 표기문자로 보면 한문소설이다. 하지만 창작되자마자 한글로 번역되어 경향 각지에서 읽힘으로써 조정의 주목을 받아 금서로 지정되어 전량 소각당하기에 이른 작품이다. 기록상, 소설이 한글로 적힌 최초의 사례로서, 이른 시기에 한글로 번역돼 민중

에게도 읽힘으로써, 이 땅의 민중에게 소설의 재미와 교훈을 누리게 한 현전 기록상 최초의 작품이다. 넓은 의미의 국문소설이라 할 수 있다.

이와 같은 번역체 국문소설의 단계를 거쳐, 그 다음 단계인 창작국문소설이 등장할 수 있었다고 볼 때, 이 〈설공찬전〉 국문본의 가치는 결코 가벼운 게 아니다. 아울러 이 작품은 실화를 바탕으로 창작되었다는 점도 족보와 관련 기록 분석을 통해 논증하고 있다.

이런 점들을 강조하는 등, 이 책은 〈설공찬전〉 국문본의 소설사적 위상과 가치를 조명하면서 문제를 제기하고 있다. 아무튼 우리 한글소설의 역사를 이해하고 서술하는 데에서 〈설공찬전〉 국문본은 반드시 거론해야 할 텍스트임을 드러내었다. 이른바 우리 학계에 '최초 국문소설 논쟁'을 야기하게 한 책이란 점에서 문제적이다. 책의 내용을 보이면 다음과 같다.

① 설공찬전 국문본 발견의 의의와 학계, 일반의 반향 ② 작자 채수의 생애와 작품과의 관계 ③ 설공찬전 국문본을 둘러싼 몇 가지 의문에 대한 답변 ④ 새로 발굴한 5종 국문본소설의 필사 시기 ⑤ 설공찬전이 실화에서 유래한 소설일 가능성 ⑥ 설공찬전 국문본과 최초 국문소설 문제 ⑦ 설공찬전과 배경지 순창

작품 발굴, 작가의 생애, 작품의 성격에 대한 토론 내용, 필사 시기 추정, 실화와의 관계, 최초 국문소설 시비 등 궁금하게 여김직한 사항들을 두루 다루고 있다. 여기에 맨 끝에는 배경지 순창과의 관계를 다루어, 오늘날의 화두인 문화콘텐츠 자료로 활용할 수 있는 방안도 제시하고 있다.

3. 사회의 변화에 전향적으로 대응한 출판들

이상은 국문학계의 요구에 부응하는 출판의 사례들에 대해 소개하였다. 필자가 보기에 박이정은 또 다른 측면에서 해석할 수 있는 출판도 하였다. 그것은 사회 일반의 변화에 전향적으로 반응한 점이다. 월북(재북, 납북) 작가에 대한 해금 조치, 문화 또는 인문학에 대한 시대적 수요, 이 두 가지를 의식한 출판이 그것이라 생각한다.

■ 1988년 월북 · 재북 · 납북 작가에 대한 해금 조치

남북 분단 이후, 국문학사에서 가장 큰 비극은 반쪽짜리 문학사만이 존재하게 되었다는 사실이다. 분단 이후의 문학에 대하여 남한은 남한의 문학만, 북한은 북한의 문학만 각각의 문학사에서 다루게 되었던 것이다. 누구에 의해 작성되었는지 정확한 규명도 이루어지지 않은

채, 이른바 '월북, 재북, 납북' 작가로 낙인
찍힌 작가의 작품도 금서로 지정되어 연구
할 수가 없었다. 그러다 1988년에 이르러
해금 조치가 되면서 숨통이 트였다.

박이정은 이 변화에 민감하게 반응했다.
1991년의 『현대문학자료집』1, 2차가 그것이
다. 이는 김외곤 교수가 여러 잡지의 문예면
에 실린 글 가운데에서 카프 계열 문인들의
작품(평론 포함)만을 추려내어 묶은 것을 영

『현대문학자료집』

인해 출판한 것이다. 태학사의 『카프비평자료집』(임규찬 편)은 영인이 아니라 다시 입력해서
출판했다는 차이를 지니고 있으나, 1988년 월북·재북·납북 작가에 대한 해금 조치가 이뤄
지자마자 나온 박이정의 영인본의 자극을 받아서 나온 것이라 할 수 있다는 점에서, 국문학
연구 환경의 변화와 요구에 민감하게 반응한 박이정의 감각을 확인할 만하다.

■ 인문학의 위기와 대안으로서의 문화론적 접근

1990년 초 소련을 비롯한 현실사회주의가 붕괴하고, 전 지구적 차원에서 시장경제가 맹위
를 떨치는 세계화의 격랑 속에서 국문학은 도전에 직면하였다. 인문학의 위기, 실용주의 노
선이 횡행하면서 국문학이 속한 인문학 자체가 대학과 사회 내에서 존립기반이 흔들리게 되
었다. 많은 대학의 국어국문학과가 문화콘텐츠학과라든지 다른 학과로 바뀌거나 통폐합, 이
른바 구조조정 당하였다.

국어국문학과 명칭과 커리큘럼을 유지한다 해도, 사회는 국어국문학과 또는 국어국문학의
변화를 요구하였다. 이른바 강요된 변화였다. 국어국문학을 인문학 또는 문화의 하나로 연구
하라는 요구였다고 본다. 21세기를 문화의 시대라 표방하는 국가의 정책도 크게 작용하였을
것이다. 박이정이 이런 흐름에도 반응했다. 그런 시대적 추세에 어울리는 연구 성과들을 적
극 출판하였다. 대표적인 것이 신동흔 교수가 이끄는 팀에서 내놓은 성과들이다. 『시집살이이
야기집성』, 『한국전쟁이야기집성』이 그것이다.

이 두 책은 종래의 개념으로는 더 이상 순수한 의미의 구비문학이 아니다. 굳이 구비문학
이라는 개념을 쓴다면, 현대판 구비문학이다. 필자더러 말하라면, 이미 협의적인 의미의 문
학을 넘어선 텍스트다. 인문학 또는 문화텍스트라고 보는 게 더 타당하다. 사회의 요구를 따
른 것이다.

❶ 신동흔, 시집살이 이야기 집성(2013)

이 책은 모두 10책으로 이루어져 있으며, 수많은 역사의 산증인들이 펼쳐낸 생생한 삶의 이

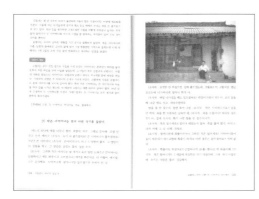

야기를 담아낸 책이다. 고난과 인내의 세월을 살아온 주인공들의 증언, 그 생생한 이야기를 담았다. 시집살이에 대한 방대한 구술자료를 담고 있다. 이 자료집의 성격을 정리하면 다음과 같다.

대표편자인 신동흔 교수의 말을 빌면, "이 자료집은 100명이 넘는 역사의 산증인들이 펼쳐낸 생생한 삶의 이야기이다. 설화와는 또 다른 측면에서 구술담화 연구의 의미가 있는 자료가 된다. 이 자료집을 통해 허구적 담화와 사실적 담화를 아우르는 구술담화 체계를 온전히 이해할 수 있는 기초 자료의 한 축이 비로소 갖추어진 것으로 생각한다." 말하자면 역사와 문학의 융합 형태인 자료들이다. 따라서 이 자료들은 구비문학 자료로서만이 아니라, 민속, 생활사, 여성사, 사회사 등 여러 연구 분야의 자료로 활용될 만하다. 소설이나 드라마, 다큐멘터리 등 문화예술 창작을 위한 원천자료이다. 과거를 이해하는 자료, 더 나은 현실과 미래를 꾸려나가는 지혜를 얻어내는 인문학 자료, 문화적 자료로 읽을 수도 있다.

❷ 신동흔, 한국전쟁 이야기 집성(2017)

이 책은 6·25라고도 부르는 한국전쟁 관련 구술담을 모은 것이다. 『한국전쟁이야기집성』은 전체 10권으로 구성되어 있으며, 별책으로 개별 연구자들의 논문집(한국전쟁 체험담 연구)이 있다. 개별 구연자별로 구성되어 있으며, 현지조사를 통해 자료를 수집한 약 300건의 자료 가운데 가치가 높다고 판단되는 162건을 선별하여 주제유형별로 나누어 각 권에 수록하고 있다.

구술내용은 한국전쟁 체험을 기본 축으로 삼는 가운데 전쟁 전후의 생활체험에 관한 내용까지를 포괄하였으며 자료는 제보자가 구술한 내용을 최대한 충실히 반영하는 방식으로 정리하였다. 역사의 진실을 후세에 알려야 한다는 소명감을 나타내는 분들과, 그분들의 이야기를 조사해 기록하겠다는 학자들의 열정이 결합해 이루어진 결과물이 이 책이다.

이제 다시는 없어야 할 전쟁. 이 책에 수록된 생생한 체험담을 읽으면서, 전쟁이 무엇인지, 전쟁이 우리의 삶을 어떻게 파괴하는지 간접 경험함으로써, 평화의 한반도를 만들어가는 데 활용되는 긴요한 자료로 영향력을 끼치리라 기대한다.

이 책의 자극으로, 이와 다른 테마의 기억들을 당사자들이 생존해 있을 때 채록해 출판함으로써, 우리 역사와 문화와 한국인을 이해하게 하는 작업이 계속 이루어져야 할 것이다.

시대 환경 기민하게 대응하며 귀한 자료 제공한 박이정

박이정의 30년 역사에서 고전문학의 비중은 국어학이나 국어교육에 비하면 상대적으로 적은 편이다. 어느 출판사나 집중하는 분야가 있게 마련이니 어쩔 수 없는 일일 것이다. 하지만 현대문학에 비하면 고전문학과 구비문학에는 더 많은 비중을 두었다고 보인다. 실제로 그 분야에서 의미 있는 책들을 출판했다.

국어학 분야에서 환경 변화에 기민하게 대응해 귀한 자료들을 학계에 공급하고, 실용화의 추세에 맞추어 국어교육 관련 양서들을 출간하듯, 고전문학과 구비문학도 그렇게 했다. 만족할 만한 것은 아니지만, 대형 출판사가 아닌 몸집을 가진 출판사로서는 최선을 다한 성과라고 여겨진다.

30년이면 인생에서 이립(而立)이다. 한 세대를 마감하고 새로운 세대로 진입하는 분기점이다. 그간의 경험, 시행착오까지 합해서 얻은 지혜와 경륜을 바탕으로 진일보하기를 간절히 축원한다. SNS가 활성화하면서 예전만큼 책 보급이 원만하지 않은 시대를 맞아 고민들이 많은데, 박이정은 분명히 새로운 돌파구를 마련하리라 믿는다. 그것이 전자책일지 무엇일지 필자로서는 잘 모르지만, 문제 속에 답이 있는 법, 분명히 박이정은 해답을 찾아낼 것이다. 선택과 집중 전략을 취하되, 자료처럼 시대를 떠나 항상 필요한 분야는 꾸준히 돌보아주면서, 독자와 사회가 요구하는 바를 감지해 채워주면서, 국문학 발전을 위해 기여해 가리라 기대한다. 우리 연구성과들이 독자들에게 전달되게 하는 매개자로서의 책임을 계속 굳건히 감당해 갔으면 하는 희망이다.

국어교육 발전과 함께해 온 박이정

학교 현장의 목소리 담아
'넓되 깊게' 국어교육 견인

박이정과의 인연은 참 오래되었다. 박이정이 1989년에 생겼고 그때부터 인연을 맺어 왔으니 말이다. 만 30년이 되었다. 처음 박이정을 만났을 때에는 학부에서 국어교육에 대해 공부할 때였고 1991년에 석사과정에 들어가면서 본격적으로 만남을 가졌다. 예나 지금이나 공부하는 사람과 출판사는 뗄 수 없는 관계이니까. 지나간 세월만큼이나 박이정은 크게 성장했다. 우리나라 국문학, 국어교육 분야의 전문 출판사로 우뚝 섰다. 처음 박이정을 만났을 때와 비교해 보면 나 또한 성장한 것 같다.

출판사를 설립하고 얼마 지나지 않아 박찬익 대표를 만난 적이 있다. 첫인상이 다부진 동네 옆집 아저씨 같은 느낌이었다. 출판사 이름이 독특했다. 박 씨니까 성과 관련된 것인가? 박이부정이란 말은 들어본 것 같은데. 그 이름을 뜻하는 바가 무엇인지 물어본 적이 있다. 논어에 나오는 말로 넓게 보면서도 깊게 본다는 뜻이란다. 이른바 숲도 보고 나무도 본다는 뜻이리라.

출판사 이름만큼이나 박이정은 그동안 많은 책을 냈다. 국어교육에 대한 책만도 100여 권을 출판했다. 단일 출판사로 우리나라에서 국어교육에 대한 책을 이렇게 많이 낸 출판사는 찾기 어려울 것이다. 숫자만이 아니다. 그동안 박이정에서 낸 책들은 우리나라 국어교육 발전에 말 그대로 견인차 역할을 해 왔다. 이름값을 한 셈이다. '넓되 깊게'. 30여 년 전에 만났던 박찬익 대표의 그 다부진 모습이 새삼 떠오른다.

글 | **이재승**(서울교육대 국어교육과 교수)

한국교원대학교와 동 대학원 국어교육과를 졸업했다(교육학 박사). 한국교육과정평가원 연구원, 대구교육대학교 국어교육과 교수, 대학수학능력시험 · 외무고시 · 교원임용고시 출제 위원을 역임했으며 초등학교 국어교과서 기획 및 집필을 책임지고 있다. 『초등국어교육학 개론』, 『초등 국어 교육의 이해』, 『독서와 글쓰기 교육』 등 다수의 책을 펴냈다.

국어교육 연구물 출판의 첫발을 디디다

박이정은 국어국문학 전문서적 출판을 모토로 출발한 것으로 안다. 그렇지만 이제 와서 국어교육학을 공부하는 사람들 입장에서 보면 국어교육 전문 출판사로 느껴진다. 그럴 것이 그만큼 그동안 국어교육에 관한 연구물 출판을 그 어떤 출판사보다 많이 했다. 물론 좋은 책들로.

박이정이 국어교육 연구물 출판의 첫발을 내디딘 책이 신헌재 외의『독서교육의 이론과 방법』이다. 1993년 1월 1일의 일이다. 신헌재 외라고 썼지만 함께 쓰신 분들의 성함을 밝힐 필요가 있을 듯하다. 권혁준, 우동식, 이상구 선생이다. 권혁준은 지금은 공주교대 교수로, 우동식은 경북교육청의 고위직에, 이상구는 경남대 교수로 있다. 당시 이들은 박사과정을 공부 중이었거나 막 마친 상태였다. 신헌재 교수와 이들이 뜻을 합쳐 만든 책이다.

이 책은 지금 시점에서 보면 대단한 책이 아닐지 모른다. 지금이야 이런 주제의 책이 많이 있기 때문이다. 그렇지만 당시에는 이른바 교과 교육에 대한 책이 거의 없었다. 그리고 독서 교육에 대한 열기는 많았지만 학교 현장에서 실질적인 도움을 줄 수 있는 이론서가 거의 없었다. 이 와중에 이 책이 나왔던 것이다.

이 책에서는 저자들이 쓴 몇 편의 글을 모았고, 일부는 편역한 내용들도 있다. 대부분의 내용들은 엄격한 이론서라기보다는 학교 현장교사들에게 실질적인 도움이 될 만한 내용들로 구성되었다.

이런 당시의 상황과 책의 기획이 만나 엄청난 반향을 불러 일으켰다. 모르긴 해도 이 책은 몇 만 권은 족히 팔렸을 것이다. 우리나라 출판 시장에서 전공서적이 이만큼의 판매량을 기록하는 것은 쉽지 않은 일이다. 출판한지 25년이 넘은 지금에도 독자들의 호응을 꾸준히 받고 있다.

박이정의 국어교육 연구물 출판은 이 책과 함께 시작되었다. 첫 출발이 엄청난 호응을 받은 만큼 당시 박찬익 대표는 자신감을 가졌을 것 같다. 이 책의 출간을 준비하고 편집을 하던 일련의 과정에서 그를 몇 번 만날 기회가 있었는데, 국어교육에 대한 책 출간에 부쩍 관심을 가졌었다. 그러다가 이 책을 만나게 되었고, 성공에 대한 예상이 적중하면서 더 자신감을 가질 수 있지 않았을까 한다. 이로써 박이정의 국어교육 연구물 출간이 시작될 수 있었다.

박이정으로 빛을 본 책들

박이정출판사가 1989년에 설립되었는데, 그때만 하더라도 이른바 교과 교육이라는 개념이 정립되지 않았을 때이다. 국어교육이라 그래봐야 기껏해야 국어국문학의 응용학문이나 교육학의 하위 학문 정도라는 인식이 강했다. 더 나아가 국어교육이라는 것이 학문의 대상이 아예 되지 않는다고 보는 학자들도 많았다. 1989년이란 공간이 5차 교육과정기가 막 적용되던 시기인 만큼 이러한 인식이 당시 팽배해 있었다. 노명완, 박영목, 한철우, 신헌재 등의 많은 교수들이 국어교육학이 하나의 학문이 될 수 있다는 확신을 가지고 힘겨운 분투를 했지만 사회적 인식을 바꾸어 놓는 것은 하루아침에 되지 않았다.

특정한 학문이 성립되느냐, 되지 않느냐를 가름하는 기준 중에 하나는 그 분야의 전공서적이 얼마나 있느냐 하는 것이다. 이른바 개론서가 있고 그 분야의 이론서가 많이 출간되었다는 것은 그 분야의 연구자가 있다는 것이고 또한 수요가 있다는 뜻일 게다.

여기에 박이정출판사가 기틀을 마련하기 시작했다. 앞에서 살펴본 신헌재 외의『독서교육의 이론과 방법』을 시작으로 하여 국어교육에 대한 연구물에 대한 출판이 이어졌다. 이 시기 박이정출판사에서 출간한 책들은 이론서만이 아니었다. 예를 들어 한국초등국어교육학회 이름으로 나온『쓰기 수업 방법』이나『읽기 수업 방법』,『문학 수업 방법』과 같은 책은 이론과 현장 실용서의 중간쯤 되는 성격의 것이었다. 이들 책은 현장 교사들에게 많은 호응을 받았다. 현장 교사들은 이론이라고 하면 저 멀리 있는 것으로 여겼는데, 실제로 자신들의 수업을 도와줄 수 있는 책을 만나게 되었고 이후 더 많은 책을 사게 된 계기가 되지 않았나 한다.

그만큼 박이정은 국어교육학이 태동될 때부터 학문의 성립에 크게 기여를 했다. 한편으로는 이들 책이 현장 교사들에게 기여함으로써 이론과 현장을 연결해 주는 매개체 역할을 충실히 했다. 박이정의 책들 덕분에 현장 교사들은 학교 현장에 도움이 되는 책을 많이 만났고 이로써 책에 대한 인식을 바꾸었을지 모를 일이다. 1990년대와 2000년대에서 국어교육에 대한 책이 많이 출간되었고 판매량이 상당했는데, 여기에서 박이정의 역할이 컸던 것으로 보인다.

1990년 이후에 국어교육에 관한 단행본이 출간되는 경향을 보면, 그 시기에는 교과 교육이 한창 주목을 받던 시기였다. 더 정확하게 말하면 교과 교육의 성립 여부가 불명확한 시기였다. 이 시기에는 당연히 학문이 아직 분화된 상태가 아니기 때문에 개론서 위주의 책이 주로 발간되었다. 1990년 이전에도 국어교육에 대한 책이 많이 발간되었는데, 이때 나오는 책들은 주로 개론서 위주의 책이었다. 이때 개론서라 함은 학문이 어느 정도 완성되어 무슨무슨학 개론이나 영역별 학문에 대한 책이 아니라 다소 포괄적이고 일반적인 내용의 책이라는 뜻이다. 예를 들어 국어과 교수 학습 방법, 국어과 교육의 이해, 국어교육의 이론과 실제, 국어과 평가 등의 제목이 달린 책이 여기에 해당된다.

박이정출판사가 설립되어 책을 내기 시작할 무렵에는 어느 정도 분과별 책이 나올 수 있는 분위기가 되었다. 물론 여전히 개론서류 책이 많았지만 말이다. 이때에 와서 화법교육에 대한 책도 나왔고 작문교육, 독서교육에 대한 책도 심심찮게 나왔다. 시간이 지날수록 개론서류보다는 분과별 책이 더 많이 출판되는 경향을 보였다.

■ '국어교육 일반'에 대한 책

먼저 국어교육 일반에 대한 책을 보면, 우리나라 국어교육을 하나의 학문으로 개척하는 데 주력한 이들의 책을 출판한 것을 들 수 있다. 노명완, 박영목, 한철우, 신헌재 같은 기라성 같은 교수들의 책을 박이정에서 출간했다. 예를 들어 노명완 외의『창조적 지식기반 사회와 국어과 교육』(2003)을 비롯하여 박영목 · 한철우 · 윤희원의『국어과 교수 학습 방법』(2009), 신헌재 외의『초등 국어과 교수 학습 방법』(2009)과 같은 책이 출판되었다. 이 중에서 박영목 외의『국어과 교수 학습 방법』이나 신헌재 외의『초등 국어과 교수 학습 방법』은 여러 대학에서 교재로 사용되면서 꾸준하게 판매되고 있는 책이다.

『학습자 중심의 국어교육』

국어교육 일반에 대한 책을 보면, 박이정에서 다양한 류의 책을 발간한 것을 알 수 있다. 교육과정에 대한 책을 비롯하여 평가에 대한 책, 그리고 윤치부 교수가 정리한『국어교육에 대한 논저 목록』, 천경록의『연구 방법론』, 이경화의『부진아 지도』, 임칠성의『수업 관찰』, 신헌재의『초등 국어 수업의 이해와 실제』가 출간되었다. 이들 책은 국어교육 분야의 곳곳에서 국어교육의 이론을 탄탄히 하고 학교 현장의 수업을 개선하는 데 기여한 것으로 보인다. 다음은 국어교육과 관련한 박이정의 도서 목록이다.

『국어교육의 원리와 방법』(이재승, 1997)

『국어과 교육과정 실행연구』(정혜승 외, 2002)

『학습자 중심의 국어과 평가』(임천택, 2002)

『창조적 지식 기반 사회와 국어과 교육』(노명완 외, 2003)

『국어교육 논저 목록 1, 2』(윤치부, 2004)

『국어과 교육의 이해와 탐색』(허재영, 2006)

『초등 국어과 교수 학습 방법』(신헌재 외, 2009)

『초등국어교육의 이해』(강경호 외, 2009)

『사고력 함양을 위한 국어교육 설계』(이상태, 2010)

『국어과 교수 학습 방법 연구』(박영목 외, 2011)

『국어 교육 연구 방법론』(천경록 외, 2012)

『초등학교 국어 학습 부진의 이해와 지도』(이경화 외, 2012)

『중학교 국어 학습 부진의 이해와 지도』(이경화 외, 2012)

『초등 국어과 교육의 원리』(양태식 외, 2013)

『초등 국어과 교수 학습의 이해와 적용』(양태식 외, 2013)

『언어 수업 관찰』(임칠성 외 번역, 2014)

『국어과 교육과정과 교과서』(손영애, 2014)

『초등국어교육학 개론』(신헌재 외, 2015)

『초등국어 수업의 이해와 실제』(신헌재 외, 2015)

『사이버 의사소통과 국어교육』(권순희 외, 2016)

『초등 국어교육의 이해』(엄해영 외, 2018)

『초등국어과 교수 학습의 원리와 적용』(엄해영 외, 2018)

■ '화법교육'에 대한 책

화법교육의 중요성에도 불구하고 사실 화법교육 연구자들은 많지 않다. 그것은 우리나라뿐만 아니라 외국의 경우에도 마찬가지이다. 이를 반영하듯이, 화법교육에 대한 책은 많지 않다. 이러한 상황에서도 박이정에서는 화법교육에 대해 의미 있는 책을 발간하고 있다.

류성기의 『초등 말하기 듣기 교육론』은 화법교육의 이론과 실제를 정리해 둔 책이다. 그리고 이창덕 외의 『삶과 화법』(2007)은 화법교육에 대한 책이라고 할 수는 없겠지만 화법교육에 기여한 공로가 크다. 이 책은 10년 이상 꾸준히 판매되고 1만 부를 이상이 팔린 책으로 보인다. 이외에 『듣기 이론』(원훈의 역, 1999), 『초등 말하기 듣기 교육론』(류성기, 2003), 『말하기 듣기 교육의 이론과 실제』(이창덕 외 역, 2007), 『삶과 화법』(이창덕 외, 2007) 등이 있다.

■ '독서교육'에 대한 책

『읽기수업방법』

독서교육에 대한 연구는 화법교육이나 작문교육에 비해 연구자들이 많이 있다. 그런 만큼 이들 분야에 대한 책이 많이 출간되고 있다. 박이정에서 출판한 책을 살펴보더라도 다른 분야에 비해 독서교육에 대한 책이 많이 출간되었다. 이들 책들은 독서교육의 이론을 탄탄히 하는 데에도 기여했을 뿐만 아니라 학교 현장이나 학교 밖 독서교육 현장에서 많은 기여를 한 것으로 보인다.

특히 이경화의 『읽기 교육의 원리와 방법』(2001)은 일반 연구자들이나 교사들한테도 많은 호응을 받은 책이지만, 한우리독서문화운동본부에 교사양성과정 교재로 채택되어 판매가 많이

되었으며 최근에도 노량진 고시학원 등에서 임용교사용으로 많이 쓰이고 있는데 심지어 학원가에서 해적판이 불법으로 제본되어 판매되기도 한다고 한다. 그리고 이재승의 『아이들과 함께하는 독서와 글쓰기 교육』(2004) 역시 장시간 독자들의 사랑을 받으며 꾸준히 판매되고 있다. 이외에 독서교육의 핵심 이론을 정리한 박영목의 『독서교육론』(2008)과 독해 이론을 소개한 천경록 외 번역의 『독서교육론』(2012) 역시 우리나라 독서교육의 이론을 탄탄히 하는 데 주요한 역할을 한 책이라 할 수 있다. 독서교육과 관련한 박이정의 도서목록은 아래와 같다.

『읽기수업방법』(한국초등국어교육학회, 1999)

『읽기 교육의 원리와 방법』(이경화, 2001)

『문식성 연구』(노명완 외, 2002)

『아이들과 함께하는 독서와 글쓰기 교육』(이재승, 2004)

『독서와 가치관 읽기』(김봉군, 2005)

『교과 독서와 세상 읽기』(이경화 외, 2007)

『독서 자료 선정과 활용』(임영규, 2008)

『독서교육론』(박영목, 2008)

『독서교육론』(천경록 외 역, 2012)

『유·초등 독서 지도』(천경록 외 역, 2013)

『행복한 독서를 위한 독서 태도 교육』(이경화 외 역, 2017)

■ '작문교육'에 대한 책

작문교육에 대한 연구자들이 많이 있다. 물론 상대적으로 독서교육 연구자들보다는 숫자면에서 적지만 꾸준히 연구하고 있는 사람들이 많이 있다. 이를 반영하듯 작문교육에 대한 책역시 박이정에서 여러 권 출간했다.

박태호의『장르 중심의 작문교수 학습론』(2000)은 박사학위 논문을 보완한 것인데, 우리나라 장르 중심의 작문교육을 대두시키고 정리한 연구라 할 수 있다. 이수진의『쓰기 수업 현상의 이해』(2007)는 쓰기 수업을 면밀히 관찰하고 여기에서 일어나는 교수학습 현상을 체계적으로 정리한 첫 연구라 할 수 있다. 박영민 외가 번역한『작문교육 연구의 주제와 방법』(2015)은 번역서지만 작문교육에 대한 연구 방법을 체계적으로 정리한 첫 번째 책으로 볼 수 있다. 이외에『쓰기 수업 방법』(한국초등국어교육학회, 1998),『장르 중심의 작문교수 학습론』(박태호, 2000),『쓰기 수업 현상의 이해』(이수진, 2007),『작문교육 연구의 주제와 방법』(박영민외 역, 2015) 등이 출간되었다.

■ '문법교육'에 대한 책

문법 자체에 대한 연구를 하는 사람들을 많지만 문법교육을 연구한 사람들을 상대적으로 적은 편이다. 그런 만큼 문법교육에 대한 저서는 많지 않는 것이 현실이다. 그런데도 박이정에서는 문법교육에 대한 책을 상당히 많이 출간하고 있다.

김광해의『국어지식 탐구』(2002)는 본격적인 문법교육론 책으로 보이는 어려움이 있지만 문법교육 발전에 상당히 기여한 책으로 평가받고 있다. 중등임용고사 시험용으로도 꾸준히 많이 판매되고 있다. 이후 박이정에서는『등급별 국어교육용 어휘』(김광해, 2003),『국어문법교육론』(박영순, 2005),『초등 문법 교육의 내용과 방법』(류성기, 2008),『문법 교육의 내용과 방법』(류성기, 2008), 『국어 문법의 교육과 현상』(이충우, 2015), 『한국어문법 교육의 인지적 토대』(정병철, 2017) 등 많은 문법교육 관련 도서들을 펴냈다.

『문학수업방법』

■ '문학교육'에 대한 책

문학교육을 연구하는 학자들은 상당히 많이 있다. 국어교육 분야에서 가장 많다고 볼 수 있다. 그만큼 문학교육 수요자 역시 많은 상황이다. 연구자가 많고 연구의 수요자가 많다보니 그만큼 책도 많게 마련이다. 이를 반영하듯 그동안 박이정에서 문학교육에 대한 책을 많이 발간했다. 특히 신헌재 교수를 비롯한 그의 제자들 책이 박이정에서 많이 발간된 것을 볼 수 있다. 『학습자 중심의 초등 문학교육 방법』(2004)에서부터 『아동문학과 교육』(2007), 『초등문학교육론』(2015) 등과 같은 책이 꾸준히 발간되었다. 선주원 교수나 한명숙 교수는 어린이문학 교육에 대한 책을 많이 출간했다.

그리고 문학교육을 더 풍성하게 한 연구로 교육 연극에 대한 책 역시 꾸준히 나오고 있다. 오판진의 『가면극 연행 체험 교육론』(2013)이나 이수동의 『몸의 인어, 교육 연극과 초등 문학교육』(2014) 등이 대표적인 책이다. 실제 문학 수업 현장에 초점을 맞춘 권혁준 외의 『이렇게 재미있는 동화 수업 레시피』(2017)는 제목처럼 재미있는 구성이 돋보인다. 다음은 박이정에서 펴낸 문학교육 관련 도서목록이다.

『문학 수업 방법』(한국초등국어교육학회, 2000)

『구성주의 문학교육론』(이상구, 2002))

『학습자 중심의 초등문학교육방법』(신헌재 외, 2004)

『어린이문학교육의 방법』(선주원, 2006)

『이야기 문학교육론』(한명숙, 2007)

『아동문학과 교육』(신헌재 외, 2007)

『아동문학교육론』(황정현 외, 2007)

『뇌 기반 초등문학교육론』(우미라, 2007)

『가면극 연행 체험 교육론』(오판진, 2013)

『아동문학교육론』(선주원, 2013)

『몸의 언어, 교육 연극과 초등문학 교육』(이수동, 2014)

『행위 지향 동화교육론』(오판진, 2014)

『아동문학 교육이 나아갈 길』(신헌재, 2014)

『아동문학의 숲을 걷다』(신헌재, 2014)

『초등문학교육론』(신헌재 외, 2015)

『외국어와 문화의 소통 교육』(정우향, 2016)

『이렇게 재미있는 동화 수업 레시피』(권혁준 외, 2017)

지금까지 박이정에서 발간한 책을 국어교육 분야별로 살펴보았다. 박이정에서 출판한 모든 책을 살펴보지는 못했고 몇몇 주요한 책을 중심으로 했다. 이들 박이정에서 출판한 책을 다른 각도에서 살펴보는 것도 의미를 가질 수 있다. 초등 국어교육과 중등 국어교육의 관점에서이다. 물론 박이정이 이른바 평생교육의 관점에서 기여한 면도 있지만 주로 학교 현장의 국어교육에 기여한 바 크다.

박이정이 초등 국어교육과 관련하여 그동안 출간한 책들은 주로 한국교원대 초등국어교육연구소와의 인연에서 나온 것이다. 박이정출판사가 생길 때부터 이 연구소와 인연을 맺으면서 총서를 출판하기도 하고 연구소의 학회지도 출판했다. 또한 한국교원대에 초등 국어교육 전공으로 박사학위를 받은 논문을 연구총서로 내기도 했다. 논문으로 낸 것

엄해영 교수

을 제외하고는 대체로 이들 책이 상당한 양의 판매량을 기록하고 있다.

박이정에서 출간한 책들은 서울교대 국어교육과에서 10여 년이 넘게 교재로 사용되었으며, 박이정은 교육대학 엄해영 교수의 저서 등 다수의 책을 출판했으며 초등 국어교육 발전에 기여해 왔다. 류성기 교수를 비롯하여 박태호, 권혁준, 한명숙, 이수진, 정혜승, 선주원, 임천택 등이 책을 발간함으로써 크게는 초등 국어교육의 학문적 발전에 기여해 왔고, 현장의 발전도 견인했다.

박이정에서 출간한 서울교대 국어교육과 교재

중등 국어교육의 발전을 위해서도 박이정이 많은 기여를 했다. 노명완이나 박영목을 비롯하여 사범대학 국어교육과 교수들의 책을 적극적으로 출판함으로써 중등 국어교육 발전에 실질적인 기여를 해 오고 있다.

그동안 박이정출판사에서 책을 낸 저자를 보면, 우리나라 국어교육계에서 왕성하게 활동한 인물들임을 쉽게 찾아볼 수 있다. 우리나라 국어교육 발전에 기여한 인물 중에서 박이정에서 책을 내지 않은 사람을 찾기 어려울 정도다. 그만큼 30년이란 시간 동안 박이정은 국어교육 연구과 함께해 왔고, 박이정은 국어교육 연구자들과 함께해 왔다.

강조하지만 학문의 발전은 논문과 책이 발판을 이룬다. 논문과 책을 통해 연구자들은 자신의 연구 성과를 보이고 이들이 축적되어 학문의 발전이 일어난다. 학문의 발전은 기본적으로 연구 논문이나 책의 출판으로 시작되고 귀결점이 된다. 그동안 박이정에서는 국어교육에 대한 논문과 책 발간을 주도해 왔고, 이 면에서 박이정은 우리나라 국어교육 발전에 큰 기여를 했다.

국어교육을 위한 박이정의 또 다른 노력

국어교육이 발전하기 위해서는 그 학문을 하는 사람들이 모이는 학회가 있어야 한다. 우리나라에서 국어교육이 발전하는 데 초창기에 많은 기여를 한 학회는 한국국어교육연구회(현, 한국어교육학회)를 들 수 있다. 이 학회와 함께 한국초등국어교육학회나 한국국어교육학회, 청람어문교육학회 등이 학문 발전에 기여해 왔다. 이후 소장파 학자들이 중심이 되어 결성한 국어교육학회도 우리나라 국어교육의 발전을 앞당기는 데 크게 기여했다. 이들 학회는 국어교육 전반을 다룬 학회인데, 한국화법학회, 한국독서학회, 한국작문학회, 한국문학교육학회 등 각 분과별 학회가 속속 등장했다.

이들 학회에서 기본적으로 하는 일은 학술대회를 개최하는 일과 논문집을 발간하는 일이다. 학술대회를 하기 위해 자료집을 내고 논문집을 발간하는 과정에서 앞에서 언급한 상당수의 학회들은 박이정과 인연을 맺었다.

예를 들어 한국국어교육연구회에서 낸 〈국어교육〉 학회지도 박이정에서 출간했는데, 매해 2번 이상 발행했으며 한 번에 1,000부 이상 발했다. 초창기만 하더라도 인터넷이 상용화되지 않았던 시절이라 학회지가 소통의 대부분을 차지했다. 한국초등국어학회에서 발간하는 〈한국초등국어교육〉은 2010년 42집, 43집, 44집을 시작을 현재까지 박이정에서 출간하고 있다.

학회 활동과 관련하여 그동안 박이정은 기회가 있을 때마다 국어교육 관련 학회를 후원해 왔다. 학회지를 발간해 주기도 하고 학회에서 발간한 책을 내기도 했으며 때로는 다소의 금전적인 후원도 아끼지 않았다. 한국초등국어교육학회, 국어교육학회, 한국독서학회 등의 학회지 발간을 했다. 그리고 1998년 『쓰기 수업 방법』이나 1999년 『읽기 수업 방법』, 2000년 『문학 수업 방법』 등 학회에서 책을 내기도 했다. 한국독서학회에서 2003년에 낸 『21세기 사회와 독서 지도』란 책도 그 예로 들 수 있다.

1989년은 박이정출판사 설립 허가제가 실시되던 시기이다. 허가를 받아야만 출판사를 설립할 수 있었기 때문에 출판사의 수가 많지 않았고 그런 만큼 석·박사 과정에서 공부하는 사람들에게는 출판사의 권위가 셌다. 이런 상황에서 박이정은 또 다른 기여를 해 왔다. 사실 당시만 해도 박사과정생이나 졸업자가 책을 낼 수 있는 상황이 아니었다. 하지만 박이정은 이들에게 적극적으로 출판할 수 있는 길을 열었다. 박사논문을 거의 그대로 내거나 수정·보완해서 책으로 출판하는 식이었다. 사실 전문서적을 출간하는 일은 쉽지 않는 일이다. 이제 막

학자의 길을 걸어가고자 하는 사람들은 전문서적을 출간하는 것이 꿈일 수 있다. 여기에 박이정은 그들의 친구가 되어 주었다.

박이정에 바란다

박이정이라는 출판사가 생긴 지 30년이 되었다. 참 짧지 않은 세월이 지나갔다. 지난 30여 년이란 세월 동안 국어교육이라는 연구 대상이 학문이 될 수 있느냐는 논쟁에서 시작하여 이제는 그 누구도 학문이 될 수 있느냐 없느냐를 따질 수 없게 되었다. 그 시간 동안 박이정이 함께해 왔다. 분명 박이정은 우리나라 국어교육의 발전과 함께해 왔다. 그것도 아주 중요한 시기에 함께해 왔다. 그냥 함께해 온 것이 아니라 피를 나눈 형제처럼 지내왔다. 때로는 질펀하게 놀 수 있게 마당을 제공해 주기도 했고, 때로는 긴 내를 건널 수 있게 튼튼한 다리를 놓아 주었다.

지금부터 30년 후를 바라본다. 30년 전에 처음 박이정의 문을 열었을 때로 돌아가 보길 바란다. 초심을 잃지 말자. 그때 그 정신으로. 박찬익 대표의 패기 찬 그 젊은 모습을 떠올려보자. 지금부터 30년 후에 그의 외모에는 세월의 흔적이 있겠지만 그 정신만큼은 그대로이길 바라고 그렇게 되리라 믿는다. 여전히 박이정이 우리나라 국어교육을 공부하는 사람들에게, 학교 현장에서 국어교육을 묵묵히 실천하시는 이들에게 좋은 친구가 되어주길 바란다.

한국어교육 교재의 흐름과 경향

우리말과 글, 우리 문화를 세계에 알리겠다는 확고한 신념

한국어교육을 시작한 지 올해로 25년째가 되어간다. 유아 시절을 빼면 거의 반평생 동안 한국어교육을 해온 것 같다. 처음 외국인 유학생을 가르쳤을 때의 일이 생각난다. 영어영문학을 전공하고 박사학위 논문을 준비하고 있었을 때다. 어느 날 학과 교수님께서 나를 부르시더니 당시 학교에서 외국인 유학생을 위한 한국어 과정이 만들어지니 한국어 수업을 해보라는 셋이었다. 영어 교수를 꿈꾸고 있었던 나는 당황할 수밖에 없었다.

교수님의 뜻에 따라 다음해에 서울에서 오신 경력자 선생님과 한국어교육을 시작했다. 외국인에게 한국어교육을 해본 경험이 없던 나로서는 처음부터 어려움을 느끼지 않을 수 없었으며, 제1과 본문을 나갈 때 '은/는/이/가'에서 한국어 실력이 들통나고 말았다. 질문을 한 영어권 학습자에게 '은/는/이/가'에 대한 설명을 해주어야 했는데, 한국어는 물론 영어로도 쉽게 설명할 수 없는 상황이 되었다. 내가 한국어 선생이라는 사실이 부끄러웠고 학습자를 대할 때 자신감을 잃기도 했다.

그때부터 나는 한국어 교재와 참고문헌을 찾아 공부하기 시작했다. 당시만 해도 관련 서적은 거의 없었고, 주말이면 혹시나 하는 마음에 서울의 대형 서점을 찾았지만 허탕 치기가 일쑤였다. 지금이야 대학출판국은 물론 여러 출판사에서 한국어 교재와 참고 교재를 많이 만들고, 도서 목록을 직접 배포하거나 인터넷을 통해서도 학습자와 연구자에게 쉽게 전달하고 있지만 당시는 한국어교육이라는 개념조차 없던 시기였다.

글 | **나삼일**(국제한국언어문화학회 회장)

25년간 한국어교육에 힘써왔으며, 이민자 사회통합 프로그램 대전 제2거점 센터장으로 2010년부터 유학생 한국어교육은 물론 다문화가족을 위한 사업과 이민자 사회통합의 공로를 인정받아 2016년 '세계인의 날' 정부포상 시상식에서 법무부 장관 표창을 받았다. 현재 상명대 국제언어문화교육원에 재직 중이며 국제한국언어문화학회(INK) 회장을 맡아 한국어와 한국문화 보급에 앞장서고 있다.

박이정출판사에서 처음 원고 청탁을 받았을 때, 어떻게 한국어교육과 관련한 교재의 흐름을 전개시켜 나가야 할지 고민을 많이 했다. 그 결과, 혹시라도 처음 한국어교육을 시작하는 교사들이 나와 같은 상황에 직면할 수도 있겠다는 생각에 그들에게 조금이나마 도움이 되고 싶은 마음에서 내가 처음 한국어교육을 할 때 겪었던 이야기와 함께 교재의 흐름을 짚어보고자 한다. 한국어교육이 확대되기 이전에는 참고 교재가 많지 않았기 때문에 교육용 교재 위주로 전개가 되겠지만, 2000년대 이후에는 많은 참고 교재가 출판되었기 때문에 실제 한국어 전공자나 현장에 있는 교사들에게 도움이 될 수 있는 교재에 대해 제시할 것이다. 또한 교재가 만들어지는 동안 한국어교육 관련 주요 출판사의 역할이 컸다는 것도 이 지면을 통해 간단하게 언급하고자 한다.

또한 내가 쓰려고 하는 한국어 교재와 참고 교재의 흐름과 경향, 그리고 출판사의 역할이라는 본 내용은 논문도 아니고 교재로서의 역할도 아니라는 전제 하에, 단순히 한국어교육을 하는 후학들에게 다소의 도움이 되기를 바라는 마음에서 개인적인 견해를 많이 가미하여 쓰게 된 점과 지금까지 나온 모든 교재를 다 언급할 수 없어 일부 주요 교재만을 다룬 점에 대해 이해를 구한다.

우선 한국어교육 및 한국어 교재 변천에 대한 화두를 꺼내자면 한국어교육을 시작했던 근대 태동기 이후, 아니 그 훨씬 이전 시기부터 논의의 대상을 두고 시대 구분과 더불어 각각의 교재에 대한 내용 분석까지 할 수도 있을 것이다. 보통 연구자들이 발표한 논문에 의하면 한국어교육 시점과 교재 개발 측면에서 한국어교육사의 시대구분을 민현식(2005), 허재영(2007), 고경민(2012, 2017)은 대략 1860년대를 기점으로 보고 있으며, 백봉자(2001), 조항록(2005)은 좀 더 실질적으로 접근하여 1959년 연세대 한국어학당 설립 이후로 보고 있다.

1959년 이전 근대 태동기의 한국어교육에 사용했던 몇몇 교재와 더불어 연세대학교에 한국어학당이 설립된 시점부터 1980년대 중반까지의 교재를 살펴본 후, 한국어교육이 확산되고 체계화되어 가던 시점인 1980년대 후반을 시작으로 해서 필자가 한국어교육을 시작했던 1990년대 중반 이후의 교재(참고 교재 포함)들에 대해 주로 언급하고자 한다.

근대 태동기의 한국어 교재

한국어교육은 역사적 의미로 볼 때에는 고경민(2017)에서처럼 『계림유사』의 어휘 항목부터 그 기원을 찾아볼 수도 있겠으나, 교육기관으로서의 교육은 근대 태동기 이후 19세기 말 외국 교육기관에서 한국어 강습이 시작되었다고 할 수 있다. 사실 한국어교육을 25년째 하고 있지만 근대기 한국어교육에 관해서는 연구도 하지 않았으며 많은 관심도 가지지 못해서 어떤 교재가 출판이 되었는지도 잘 모르고 있었는데, 이번 원고를 쓰면서 알게 된 몇몇 근대 태동기의 한국어 관련 교재들을 보고 한국어교육을 하는 사람으로서 한편으로 부끄럽기도 했다.

이 시기에 한국어 교재가 만들어진 것은 한국 사람이 아닌 유럽 사람과 일본 사람에 의해서였다. 유럽에서는 1877년 Ross의 『Korean Primer』와 1894년 Gale의 『Korean Grammatical Forms』가 출간이 되었으며, 일본에서는 1880년 호세코기의 『일한선린통어』가 나왔다. 한편 19세기 말 일본에서는 1887년 스시마에 조선어학습소가 만들어져 한국어교육이 시작되었다.

여기에서 중요한 사실은 이렇게 역사적 자료로 가치가 있는 한국어교육 관련 교재들이 그대로 사장될 수도 있었는데, 박이정에서 그 맥을 이어 『역대한국문법대계』를 새롭게 만들어냈다는 사실에 감사한 마음을 표하지 않을 수 없다. 요즘 어느 출판사가 이익이 되지 않는 책을 만들어 내려고 하겠는가. 교육자료 그 가치 하나만을 생각하며 한국어 교재를 연구하는 연구자들을 위해 102권에 달하는 전권을 낼 수 있도록 지원을 아끼지 않은 박이정출판사에 다시 한 번 고마운 마음을 전한다. 앞으로 역사적인 가치 측면에서 한국어 교재와 관련해 연구를 하려는 연구자들은 아마도 『역대한국문법대계』를 반드시 한 번은 봐야 할 것이라 사료된다.

해방 이후 한국어교육 교재의 변천사

근대기 한국어교육과 한국어 교재의 발행은 이후 일제 강점기와 해방을 거치면서 변화 발전한다. 정식 교육기관으로서 한국어교육을 시작한 곳은 1959년 연세대학교 한국어학당이었으며 이어서 서울대학교(1969년)와 고려대학교(1986년)에서 한국어교육을 실시하였는데, 교재의 특징은 1940~50년대의 언어 습득 방식인 행동주의 접근 방식에 따른 문법번역식교수법과 청각구두식교수법에 의거해 만들어졌다는 사실이다. 당시 교재는 한국어에 '교본'이라는 단어를 사용하였으며, 교재로서 첫선을 보인 것은 1960년 연세대 한국어학당의 학감을 지낸 박창해의 『한국어 교본 Ⅰ&Ⅱ』를 들 수 있다. 그 후 연세대에서는 1980년대 교재편찬위원회가 구성되어 1급부터 6급까지 1970~80년대 유행한 의사소통중심교수법을 가미한 교재를 출판했다. 서울대, 고려대에서도 한국어에 '독본'이라는 명칭으로 외국인을 위한 한국어 교재가 만들어졌으며, 이후 의사소통중심교수법을 바탕으로 한 회화 중심의 교재가 별도로 출간되었다. 회화 중심의 교재로 구성된 것은 1979년 서울대에서 만들어진 교재와 1986년 고려대에서 만들어진 한국어회화 교재를 들 수 있다. 해외에서는 1969년 예일대에서 출판된 Samuel E. Martin의 『BEGINNING KOREAN』가 대표적이다.

이 시기에 참고 교재인 문법서로서는 임호빈 외의 『외국어로서의 한국어문법』(1987)과 『SPEAKING KOREAN Ⅰ&Ⅱ』를 들 수가 있는데 내가 1995년 처음으로 한국어교육을 시작하면서 참고를 많이 한 기억이 난다. 특히 『SPEAKING KOREAN Ⅰ&Ⅱ』는 한국어교육을 시작했을 때 한국어에 문외한이었던 나에게 정말 좋은 참고서였다고 생각한다. 당시 대부분이 영어권 학습자들이었는데, 영어로 번역이 되어 있어서 그나마 쉽게 학습자들을 이해시키는 데 도움이 되었다.

또한 한국어교육을 시작하면서 많이 본 참고 교재는 남기심·고
영근(1985)의『표준국어문법론』이었다.『표준국어문법론』은 우리
말의 형태구조와 통사구조 전반을 이해하기 쉽게 풀어낸 책이라
할 수 있는데, 1985년에 처음 출판되어 2011년 제3판까지 탑출판
사에서 냈고 제4판부터는 박이정으로 옮겨 그 맥을 이어왔다. 이
책이 출판된 지 25년이 지났지만 한국어(이제는 국제화 시대에 걸
맞게 국어와 한국어가 하나의 한국어로 통일이 되어야 한다고 생
각한다)의 기본은 국어라는 점에서 여전히 한국어교육 전공자나
한국어 교사라면 꼭 봐야 할 필독서가 아닌가 싶다.

『표준국어문법론』

한국어교육은 1988년 이화여자대학교를 비롯해 서강대학교와 경희대학교, 지방에서는 선
문대학교가 한국어교육을 시작했으며, 1990대 중후반 서울에 있는 많은 대학교에서 한국어
교육이 이루어지면서 교재 편찬의 흐름도 조금씩 바뀌게 되었다. 19980년대 말부터 1990년
대 초 고려대학교에서 한국어회화 교재가 만들어졌고 서울대와 연세대, 그리고 이화여대에
서『한국어』라는 종합교재 형태가 나왔다. 이후 1990년대 후반에는 이화여대의『말이 트이는
한국어』와 서강대의『서강 한국어』시리즈 등 의사소통 중심의 교재가 등장했으며, 교수 내용
에 있어서도 많은 변화를 가져왔다.

내용적인 측면에서는 삽화를 넣어 절충식 교수법의 기반으로 교재가 만들어졌으며 녹음
CD를 만들어 듣기 수업에 이용했다. 색채에 있어서도 조금씩 다양해져서 색채감 있는 교재
의 출판이 이어졌다. 당시『말이 트이는 한국어』는 의사소통 중심의 교수법을 표방하며 교재
제목부터 다른 교재와는 차별화된 인상을 주기도 했다. 말하기 교재로 내가 가장 많이 활용
한 책은『서강 한국어』시리즈였다. 내용 구성이 단순한 것 같지만 표현을 읽히고 대화를 통
해 발화 연습을 하기에 좋은 책이라고 생각했다. 또한 연세대에서는『재미있는 한국어 읽기』
와『주제가 있는 한국어』등 읽기 교재를 따로 출판하기도 했다.

2000년대 이후 경희대와 지방에서는 선문대가 교재 개발에 적극적으로 나섰다. 이 교재들
의 특징으로는 의사소통을 중심으로 한 기능 통합 형태의 교재가 한 권으로 만들어졌다는 점
을 꼽을 수 있다. 하지만 이때까지도 교사가 사용할 만한 참고 교재나 지침서는 나오지 않은
상태라 실제 교육 현장에 있었던 나에게는 한국어를 지도하는 데 어려움이 많은 것이 사실이
었다. 한국어교육이 큰 비중을 차지하는 분야가 아니었고, 일부를 제외하고는 대부분의 교
재를 대학출판부에서 출판했기 때문에 한국어교육에 있어서 일반 출판사의 역할은 아주 미
미한 상태였다. (물론 국어교육과 관련해서는 박이정이나 태학사 등의 출판사가 교재와 더불
어 참고 교재를 만들어 교수자나 학습자들에게 많은 도움을 주고 있는 상태였지만 말이다.)

이 시기 해외에서 내가 접한 한국어 관련 교재는 하와이대학에서 2000년부터 출판한『IN-

TEGRATED KOREAN(KLEAR TEXTBOOKS in KOREAN LANGUAGE)』이었다.

한류 열풍과 한국어 교재의 혁명

한국어 교재의 혁명은 1990년대 말 이후 2000년대로 이어지면서 이루어졌다고 생각한다. 이 시기에 각 대학의 교육기관에서 대부분 교재를 만들기 시작했는데, 교수법의 형태도 다양해지면서 문법번역식교수법과 의사소통중심교수법의 장단점을 고려하여 과제(과업)중심교수법에 기초한 교재가 만들어졌다. 또한 1997년 처음 도입한 한국어능력시험(TOPIK)의 형태는 1급에서 6급까지 있었는데, 그 구성을 보면 어휘와 문법, 쓰기, 듣기, 읽기 형태로 이루어져 각 한국어교육기관 현장에서 이에 맞는 교육을 하다 보니 자연스럽게 그 흐름이 한국어 교재에도 영향을 주게 되었다. 그리고 그때까지 한국어 교재에 대한 질적 연구를 하는 연구자들이 많지 않았는데 이러한 흐름에 맞추어 한국어 교재를 연구하는 연구자들이 많아지기 시작했고, 2000년대 초 한류의 시작과 더불어 한국어를 배우려는 학습자들의 수요가 많아져 각 출판사에서도 이에 본격적인 관심을 가지고 한국어교육 관련 교재 개발에 참여하게 되었다. 한국어, 한국어 독본, 한국어 회화 위주의 교재에서 차츰 한국어 교재의 흐름이 바뀌면서 언어의 네 가지 기술인 듣기, 말하기, 읽기, 쓰기의 통합 교재가 만들어지는가 하면 각각의 영역에 맞는 교재도 개발되었으며, 여기에 추가로 어휘와 문법 교재까지 만들어지게 되었다.

한국어교육기관이 서울에서 전국으로 확대되어 2000년대에는 전국에 있는 거의 모든 대학에서 한국어교육을 시작했는데 이에 따라 교재 개발도 왕성하게 이루어졌다. 또한 이 시기에 있어서 교재 개발의 특징 중의 하나는 한류의 열풍에 힘입어 한국어의 글로벌화에 따른 온라인 및 멀티미디어 한국어 교재가 만들어지기 시작했다는 점이다. 대표적으로 서강대에서 'Sogang Korean Program'을 만들어 온라인을 이용한 한국어교육이 이루어졌으며, 이후 국제교육진흥원에서도 온라인 한국어 교재가 개발되었다.

2000년대 이후에는 각각 한국어교육기관의 대학 출판사에서 혹은 교육기관과 출판사가 연계하여 많은 한국어 교재가 출판되었는데, 여기에서 그 모든 교재를 다 언급할 수는 없을 것 같다. 그래서 이후에는 실제 한국어 교재의 흐름과 간단한 특징에 대해서만 언급을 하고 실제 교육원에서 사용하는 교재보다는 외국인 학습자들과 한국어 전공자는 물론 한국어 교사로서 꼭 참고했으면 하는 참고 교재들에 대해 중점적으로 살펴보고자 한다.

■ 한국어 발음을 돕는 지침서

2000년대에는 처음 한국어를 공부할 때 한국어 발음에 어려움을 겪는 외국인 학습자들에게 어떻게 한국어 발음을 지도할 것인가에 대한 문제를 해결하기 위해 발음에 관한 교재가 만들어지기도 했는데, 발음과 관련해서는 2006년 박이정출판사에서 출판한 허용, 김선정의 『외국어로서의 한국어 발음 교육론』을 들 수가 있다. 발음 관련 원리에 대한 설명과 함께 교육 방안과 교실에서의 활동도 포함하여 다루고 있다. 한국어 발음의 특징과 한국어 발음 규범에 대한 원리를 잘 설명해 주고 있으며 한국어 교실 현장에서 외국인 학습자들에게 한국어 발음을 효과적으로 가르칠 수 있는 방법에 초점을 두어 교육 방안과 교실 활동 유형을 제시하고 있다는 점에서 한국어 교사라면 꼭 참고해야 할 교재라고 생각한다.

이어 2009년 서울대 언어연구소에서 출판한『외국인을 위한 한국어 발음 47(1&2)』도 외국인 학습자들뿐만 아니라 한국어를 지도하고 있는 교사들에게도 발음 지침서로서 좋은 참고 교재라 할 수 있다. 2010년대에 이르면 한국어 발음을 돕는 다양한 교재가 출간되는데, 김종덕의『한국어교육을 위한 한국어 발음교육론』, 박정수의『초·중등 및 한국어 교사를 위한 한국어 음운교육론』등은 박이정에서 출간한 주요 책들이다.

■ 한국어 교사를 위한 개론서

2000년대는 한국어 학습자의 수요가 갑자기 증가하고 단순히 한국어라는 언어를 배우는 것에 지나지 않고 학문 목적을 위한 연수생이 늘어나면서 대학이나 대학원에 입학하는 학습자들이 늘기 시작했다. 이에 두 가지 주목할 만한 현상이 나타나게 되었는데, 하나는 한국어 교사의 문제였고 다른 하나는 갑작스럽게 증가한 유학생들의 한국 생활에 대한 적응 문제와 학문 목적 유학생들의 학부과정에서의 한국어 실력이었다.

우선 한국어 교사에 관해 얘기하자면, 학습자의 갑작스런 수요 급증에 아무런 준비도 없이 시작한 많은 대학의 한국어교육기관은 당장 한국어 교사 수급에 어려움을 겪게 되었으며, 한국 사람

『외국어로서의 한국어교육학 개론』

이라면 누구나 한국어를 가르칠 것이라는 단순한 생각에 자격도 없는 사람을 교사로 채용하는 일이 비일비재했다. 이에 대부분 한국어교육기관에서 교사 교육의 필요성을 절감하고 단기 한국어교원 양성과정을 만들었는데, 참고할 만한 개론서가 없어 한국어 교사를 위한 한국어교육 개론서의 개발이 시급하게 대두되는 상황이었다.

2004년 월인에서 출판한 박영순의『외국어로서의 한국어 교육론』을 시발점으로 본격적으로 한국어 교사를 위한 개론서가 등장했는데, 2005년 박이정에서 출판한 허용 외의『외국어로서의 한국어교육학 개론』을 손에 꼽을 수 있다. 이 책은 외국인을 위한 최초의 한국어교육학 개론서로, 외국인에게 한국어를 가르치기를 희망하는 대학생이나 대학원생들에게 도움을 줄 수 있으며 현재 한국어교육에 종사하고 있는 교사에게도 큰 도움이 될 것이라 생각한다. 이전까지 한국어교육이 어느 정도 국어학적 접근 방식에 따랐다면, 이 책은 국어학이나 국어교육학적인 접근방법을 탈피하고 외국인들을 가르치는 데 실질적으로 도움을 줄 수 있도록 접근하여 이론은 물론 실제적인 한국어 교육 방안을 제시하고 있다는 점에서 그 의의를

찾을 수 있으며, 내용 면에서도 교과내용학, 교과교육학, 일반교육학의 세 부분으로 나누어 자세하게 설명하고 있다.

■ 학회에서 한국어교육론 총서 발간

한국어 교재와 더불어 한국어 전공자나 한국어 교사가 참고할 만한 참고 교재를 만든 것은 학회와 출판사의 역할이 컸다. 가장 먼저 학회에서 참고 교재를 만든 것은 2005년 국제한국어교육학회 임원진(민현식, 조항록, 유석훈, 최은규)이 저술한 『한국어교육론 총서(1·2·3)』였다. 제1권은 영역별로 한국어교육에 있어서 전반적인 교육학사를 서술했으며, 제2권은 실제 한국어교육의 현장에서 활용할 수 있는 발음, 어휘, 문법 교육에 문화와 문학까지 연구의 흐름과 발전 방향을 제시하고 있다. 제3권은 듣기, 읽기, 말하기, 쓰기에 대한 실제 교육 방안을 자세하게 다루고 있어 좋은 참고 교재가 되고 있다.

이후 국제한국어교육학회의 여러 임원진들은 팀을 구성해 두 번째 총서를 만들었는데, 『한국어 이해교육론(듣기와 읽기)』, 『한국어 표현교육론(말하기와 쓰기)』, 『한국 문화교육론』으로 구성된 한국어교육론 시리즈였다. 한국어교육 현장에서뿐만 아니라 '외국어로서의 한국어 표현교육론'이라는 교과목으로 학부과정 강의를 맡고 있는 나는 『한국어 표현교육론』을 교재로 채택하여 한국어를 전공하는 학생들에게 강의를 하고 있다.

■ 학문 목적 유학생들을 위한 교재

『유학생을 위한 톡톡 튀는 한국어』

다른 하나는 학문 목적 외국인 유학생들이 한국어 능력이 많이 부족한데에도 불구하고 대학에 입학하는 학습자들이 늘면서(지금도 토픽 3급 없이 입학하는 학습자들이 많이 있는 것 같아 안타깝지만) 입학 후 적응을 못하는 유학생들이 많았다는 점이다. 이때에 한국어 능력뿐만 아니라 입학 전이나 입학 후 그들에게 도움이 될 수 있는 대학생활 안내나 전공 관련 사전지식을 알게 해 주는 학문 목적 유학생들을 위한 교재들이 편찬된 것은 다행한 일이 아닐 수 없다.

2006년 박이정에서 펴낸 이채연 외의 『유학생을 위한 톡톡 튀는 한국어 1~6』 시리즈는 한국에 처음 와서 한국 생활에 적응할 수 있도록 내용을 구성하여 교재로 만든 것으로, 유학생들이 실제 한국에 와서 공부하고 생활하는 데 실제적인 도움을 주었다. 형식상 읽기·쓰기·말하기·듣기 등으로 구성되어 있지만 내용을 보면 한국생활 적응과 학교생활, 한국에서의 아르바이트, 여행, 한국의 대중문화는 물론 경제적인 측면까지 담겨 있어 유용하다. 특히 4~6권에서는 다양한 주제의 글들을 통해 수준 높은 독해 활동과 토론 활동을 할 수 있도록 구성되어 있어 대학에 입학하는 유학생들에게 많은 도움이 되었다.

『유학생을 위한 경영·무역 한국어』

또한 실제 유학생들이 전공에 대한 이해 없이 입학하게 되어 전공 관련 어휘나 용례를 몰라 학습에 어려움을 겪는 경우가 많았다. 이에 연구자와 출판사가 함께 전공 관련 한국어 교재를 만들기 시작했다. 2000년대 초중반에는 중국 유학생들이 많이 입학했는데, 이들 대부분은 경제와 경영 관련 전공을 선택했으며 일부는 한국어나 외국어를 선택하기도 했다. 따라서 이들에게 필요한 것은 경제경영과 관련한 어휘와 용례였다. 이러한 이유로 2007년 강현화 외의 『경영 한국어』와 허용의 『인문 한국어』가 다락원에서 출간되었다. 이후 2010년대에 이르러 박이정출판사에서도 유학생들을 위한 전공 관련 한국어 교재가 다수 출간되었다. 이관식 외의 『유학생을 위한 경영무역 한국어』와 『유학생을 위한 예술디자인 한국어』, 장소원 외의 『YTN 뉴스로 배우는 시사 한국어』 등이 좋은 교재로 활용되었다.

한편 한국어교육이 단지 한국어교육에 그치지 않고 한국 문화의 이해까지 연결되어 이루어지는데, 그러한 측면에서 한국어와 한국 문화를 접목한 교재뿐 아니라 언어와 문화를 아우르면서 듣기 수업에 이용할 수 있는 참고 교재가 나오기 시작했다. 대표적으로 하우에서 출판한 백봉자·최정순·지현숙(2005)의 『한국언어문화듣기집』, 『한국언어문화사진집』과 랭귀지플러스에서 출판한 『문화 속 한국어 1&2(2009)』를 들 수 있다. 『한국언어문화사진집』은 현대 한국인의 생활 문화를 사진을 통해 있는 그대로 소개하고 있다. 총 300장의 사진으로 구성되어 있는데, 다중적·다선적 접근이 가능해서 학습자에게는 물론 교사의 수업에 많은 도움이 되는 자료라고 할 수 있다. 『한국언어문화듣기집』은 사진집에 수록된 사진들을 활용해 만든 듣기 교재로 처음 출판이 되었을 때 수업 시간에 많이 활용했던 기억이 난다. 이어 나온 『문화 속 한국어』 시리즈는 단기 한국어 연수생을 위한 문화 관련 수업 시간에 많이 활용했다.

『외국인을 위한 한국문화 길라잡이』

또한 2009년 '한국을 품고 느낀다'는 슬로건으로 박이정에서 출판한 조재윤 외의 『외국인을 위한 한국문화 길라잡이』는 외국인들에게 한국 문화에 대해 제대로 알고 느끼게 해 준 좋은 안내서 역할을 했다고 본다. 주경희·이승연의 『한국 문화교육을 위한 안내서 톡톡 서울 이야기』, 박하나의 『통으로 읽는 한국문화』, 양승국 외의 『외국인을 위한 한국문화 30강』 등도 한국 문화를 배우고자 하는 외국인 학습자들에게 도움을 주고 있다.

■ 외국인을 위한 한국어 문법서

2000년대에는 외국인을 위한 한국어 문법서들도 많이 등장했으며, 한국어능력시험인 토픽의 수요가 늘면서 한국어능력시험에 관한 교재와 수험서가 만들어졌다. 내가 처음 외국인을 위한 한국어 문법서로 접한 참고 교재는 1999년 말 연세대학교출판부에서 출판한 백봉자의 『외국어로서 한국어문법사전』이었다. 한국어교육을 시작한 지 얼마 안 된 나는 이 문법 사전을 보고 너무 기뻤으며 한국어 문법과 조사 사용은 물론 발음 측면까지 안내해준 고마운 책이라 할 수 있다.

한국어를 교육할 때 가장 어려운 문제 중의 하나는 바로 조사를 어떻게 가르치는가 하는 문제인데, 그런 나에게 커다란 도움을 준 교재는 바로 2001년 한국문화사에서 출판한 이희자의 『어미 조사 사전(한국어 학습용)』이었다. 이 사전은 전문적인 한국어 연구와 학습에 가장 큰 어려움으로 지적되는 어미와 조사를 모아 그 갈래와 뜻풀이를 정리한 사전이라 할 수 있는데, 처음 한국어교육을 시작할 때 국어학적 지식이 부족했던 내가 한국어교육을 하면서 가장 많이 본 참고 교재 중의 하나이다.

또한 2000년대에는 한국어교육이 어느 정도 자리를 잡아가면서 한국어교육과 관련된 기관에서도 교재 및 참고 교재를 만들기 시작했다. 국립국어원은 그동안 한국 사람들에게 필요한 국어교육에 관한 교육용 교재와 관련 학습 자료를 만들다가 한국어교육에도 눈길을 돌리면서 외국인을 위한 한국어 교재 및 참고 교재를 만들게 되었다. 2005년 출판된 『외국인을 위한 한국어문법1(체계편)』과 『외국인을 위한 한국어문법2(용법편)』는 나에게 아주 필요한 교육용 참고 교재가 아닐 수 없었다. 우선 한국어 문법에 대한 체계적인 지식을 쌓는 데 많은 도움을 주었으며 이것을 바탕으로 한국어교육을 하는 나에게 다소의 자신감을 심어주기도 했다.

2000년대 후반 이후 한국어 교재의 다변화

2000년대 후반 2010년대에는 한국어 교재의 방향이 좀 더 다양화되기 시작했다. 그것은 한류의 세계화 속도가 빨라지고 다변화되면서 수요층의 요구 분석도 다양해졌기 때문이다.

이 시기는 교재 개발에 있어서 1) 국내 한국어교육원에서 사용하는 한국어 교재 개발, 2) 외국인 근로자(산업연수생 등)와 다문화가정의 결혼이민자를 위한 한국어 교재 개발, 3) 세종학당, 한글학교 등 해외에서 사용하는 한국어 교재 개발이 있었는데 이외에도 2010년 중후반에는 태국과 몽골, 베트남 등 특수 지역의 맞춤형 한국어 교재 개발, 4) 한국어 전공자와 한국어 교사를 위한 한국어 전공 교재들이 만들어졌다.

한편 이러한 한국어 교재 외에 참고 교재가 많이 만들어졌는데, 1) 한국어능력시험을 위한 토픽(TOPIK) 수험서의 개발, 2) 한국어 교사 3급 자격시험인 한국어교육능력검정을 위한 수험서 개발, 3) 한국어 학습자를 위한 학습서 개발, 그리고 추가로 4) 한국어 교실 현장의 교수-학습을 위한 교육 자료 및 활동 자료 개발 등을 들 수 있다.

도서출판 박이정 30년사

■ 국내 한국어교육원에서 사용하는 한국어 교재 개발

먼저, 각 대학의 학문 목적 교육기관에서는 기존에 사용하던 교재를 개정해서 출판하거나 새로운 각도에서 새롭게 교재를 만들어냈으며, 특수 목적 한국어교육 수요자의 증가로 한국어교육과 관련한 기관에서도 한국어 교재를 많이 만들었다. 대학의 한국어교육에서는 듣기, 말하기, 읽기, 쓰기를 통합하여 레벨에 맞춰 하나의 교재로 만든 것이 특징이라면, 이후에는 교육기관에 맞게 기존처럼 기능 통합을 해서 하나의 책으로 만들기도 하고 각각 기능의 특징을 살려 분권 형태로 만들기도 했다.

종합해 보면 여전히 서울대와 많은 대학 교육기관에서는 기능을 통합한 교재를 사용하고 있으며, 상명대와 몇몇 대학기관

『한국어 문장 입문』

에서는 말하기와 듣기, 쓰기를 한 권의 교재로 만들고 읽기 교재를 별도로 구성했다. 경희대와 성균관대 등의 교육기관에서는 듣기, 말하기, 읽기, 쓰기를 완전히 분리해서 분리형 교재를 만들기도 했다. 한편 연세대는 표현교육을 위해 말하기와 쓰기를, 이해교육을 위해 듣기와 읽기를 각각의 교재로 만들고 어휘와 문법을 별도로 구성하여 기존과는 다른 형태의 교재 개발을 하고 있다. 특히 요즘에는 각 대학의 교육기관과 출판사가 연계하여 질적으로나 내용적으로나 수준 높은 교재를 개발하는 데 최선의 노력을 다하고 있는데, 무척 반가운 일이다.

최윤곤의 『한국어 문장 입문』(2013), 박미경 외의 『외국인을 위한 한국어 문장 쓰기의 모든 것』(2016), 양태영의 『외국인 유학생을 위한 글쓰기 기초』(2016), 국제한국어교육자협회의 『한국어 교사를 위한 중급 교안』(2014), 『한국어교사를 위한 A to Z』(2015) 등은 박이정이 교육기관과 연계해서 펴낸 대표 교재들이다.

■ 외국인 근로자와 결혼이민자를 위한 한국어 교재 개발

한국은 이제 더 이상 한국인만으로 구성된 사회는 아니다. 현재 한국 내 이민자 수는 외국인 근로자, 결혼이민자, 유학생 등 230만 명에 이르며 그들이 한국에서 생활하는 데 있어서 가장 필수적인 소양은 바로 한국어와 한국사회에 대한 이해라고 할 수 있다. 그래서 이들을 위한 한국어 교재 개발에 대한 필요성이 제기되었다.

2006년 다락원에서 펴낸 이미혜의 『Korean Language for a Good Job 1』은 외국인 근로자를 대상으로 만든 교재이며, 일상생활에서 원활한 소통은 물론 직장생활에서 기본적인 업무를 수행할 수 있도록 구성했다. 국립국어원에서는 2010년 한글파트를 통해 『결혼이민자와 함께하는 한국어 1~6』라는 한국어 교재를 출판했다. 여성결혼이민자들이 한국어와 한국 문화를 학습하여 한국의 일상생활과 사회생활에 적응하고, 한국사회 구성원들과 원활하게 소통할 수 있도록 만들어졌다. 국립국어원에서는 계속해서 『알콩달콩 한국어─부부 공동 학습

교재』,『사랑해요 대한민국-결혼이민자를 위한 한국어 첫걸음』,『이주 노동자를 위한 아자아자 한국어』등을 출간했다. 박이정에서도 이창식의『다문화시대 한국어교육을 위한 한국문학의 이해』, 권순희 외의『새터민을 위한 한국어 어휘 교육』등을 펴내 다문화 시대 출판에 앞장섰다.

점차 이민자들이 증가하고 그 목적도 다양해지면서 한국 내 영주 및 국적 취득을 원하는 이민자도 늘어나게 되었는데, 2008년 정부 차원에서 이민정책을 시행하게 되었으며 그 일환으로 사회통합프로그램이 만들어졌다. 이 프로그램은 한국어(한국문화) 과정과 한국사회의 이해 과정으로 구성되어 있으며, 관련 교재인『한국어와 한국문화』는 국립국어원에서 만들어 한국이민재단을 통해 출판했다. 이민자들이 한국사회에 적응하는 것을 돕고 언어교육의 효율성을 높이고자 기획되었으며, 내용은 의사소통중심교수법에 기반을 두고 있다. 이민자들의 열악한 학습 환경에 맞게 100시간용으로 개발되었고, 언어와 문화의 통합교육 원리를 적절하게 적용한 것이 특징이라 할 수 있다. 이 교재는 현재 사용 중이며, 내용을 이민자들에게 맞게 재구성할 필요성이 제기되어 2018년 새 교재 개발을 위한 기초조사를 마쳤으며 2019년부터 2년에 걸쳐 작업이 진행될 계획이다. 앞으로 그동안 여러 기관에서 이루어진 한국 내 이민자 대상의 한국어교육이 사회통합프로그램으로 일원화되어 운영되기 때문에, 한국어 교사를 꿈꾸는 사람은 이 부분에 관심을 가질 필요가 있다고 본다.

■ 세종학당, 한글학교 등 해외에서 사용하는 한국어 교재 개발

이처럼 2000년대 말과 2010년대에는 국내에서 다양한 형태의 학습자에 맞게 많은 교재 개발이 이루어졌는데, 해외에서도 마찬가지로 수요가 증가하고 그 수요층이 다양해지면서 해외라는 지역적 여건과 학습자들의 다양한 변인에 맞게 교재가 개발되었다.

우선 대표적으로 세종학당을 운영하는 전 세계 172개소의 기관에서 현재『세종한국어』를 사용 중이다. 이 교재는 2013년 국립국어원에서 만들어 출판했다. 또 전 세계 한글학교는 국립국제교육원에서 개발한 교재를 사용하고 있다. 이는 수요층의 다변화로 재외동포 대상 한글학교를 위한 교재만으로는 현지인 대상의 한국어교육에 부합하지 못하기 때문이다. 따라서 앞으로 해외에서의 한국어교육은 국립국어원 주관 국제통용 한국어표준교육과정을 토대로 개발되는 교재로 이루어지게 될 전망이다. 이에 세종학당이나 한글학교에 관심 있는 한국어 교사들은 국립국어원에서 개발하는『세종한국어』등의 교재 구성 원리와 내용에 대해 살펴볼 필요가 있다고 생각한다.

국제통용 한국어표준교육과정은 국립국어원에서 연구 용역을 통해 다년간에 걸쳐 만들었는데, 이에 가장 적합한 교재가 해외에서 만들어진 것은 태국이다. 태국 교육부와 함께 국제통용 한국어표준교육과정을 바탕으로 태국 내 고등학교 한국어 교재가 개발되었으며, 이후 상명대와 경기도가 산학협력으로 베트남과 몽골 내 초중등 학생의 스마트 교실 운영을 위한 특수 지역의 맞춤형 교재인 표준 한국어 교재를 개발하여 현재 사용 중이다.

박이정 역시 현지인에 맞는 맞춤형 교재 발간에 주력해 다수의 교재들이 현재 해외에서 널리 활용되고 있다. 김충실 외의 『한국어능력시험(듣기편/읽기편/문법편)』, 이광호·도희금의 『이야기로 배우는 아름다운 조안한국어(초급/중급)』 등은 중국어권 학생들을 위한 대표 교재이며, 영어권 학생용으로는 김영곤의 『Dr. Kim의 초보자를 위한 한국어』, 김덕신 외의 『리얼라이프 한국어』, 민진영의 『초보자를 위한 톡톡 한국어』, 전종훈의 『Towards a Theory of Morphopragmatics of Korean Connectives』 등이 있다. 또 2011년에는 『폴란드인을 위한 한국어 교재 1~3』을 출판하여 현지 외국인 학습자들에게 도움을 주고 있다. 이처럼 해외에서도 한국어를 공부하는 학습자가 증가하고 수요가 아주 다양해지고 있기 때문에 이들에 맞는 한국어 교재가 점진적으로 개발되어야 할 것으로 본다.

■ 한국어 전공자와 한국어 교사를 위한 한국어 전공 교재

한국어교육을 위해서는 우수한 교재는 물론 한국어 교사의 역할이 중요하다. 한국어 교육 기관 내 한국어 교사의 질을 높이는 방법은 교육기관의 자체 연수 및 한국어 관련학회 참여에 있다고 본다. 또한 한국어 교사(한국어를 전공하는 예비교사 포함)가 관련 참고 교재를 읽고 직접 연구를 하여 효과적인 교수-학습 방법을 찾아내야 한다. 이를 위해서는 참고 교재의 개발이 중요한데, 2000년대 중반 한국어교원양성기관이 증가하면서 이에 맞는 전공서와 문법서들이 만들어졌다. 박이정에서는 이미혜의 『한국어 문법 항목 교육 연구』, 임지룡 외의 『학교문법과 문법교육』, 『한국어 교육자를 위한 한국 어문 규범』, 『빨리 간단하게 공부하는 한국어 문법』 등을 펴냈다.

또한 2000년대 중반 이후부터 2010년대에 이르면서 한국어교원양성과정보다는 실제 대학이나 대학원에서 전공하는 학생들이 많이 늘어났으며, 학점은행과 관련된 교육원에서 온라인 한국어 교원자격을 위한 시스템을 도입하여 한국어 교사를 위한 학과를 만들었다. 이에 한국어 전공자를 위한 학습자용 교재 개발이 절실하게 되었고 교재 개발이 많이 이루어지기 시작했다. 사실 아직도 실제 대학이나 대학원 학생들을 위한 전공 교재들은 많이 부족한 상태여서 교재 개발에 많은 힘을 기울여야 될 것으로 사료된다.

나는 영어영문학과 한국어교육을 전공한 후 현장에서 한국어교육을 오랫동안 했으므로 외국어습득론과 현장경험을 살려 한국어문법교육론, 한국어표현교육론, 한국어이해교육론, 그리고 한국어교육과정론 등을 맡아 학부와 대학원에서 강의를 하게 되었는데, 강의를 맡을 때마다 적당한 교재가 없어 학기가 시작될 때마다 전공과목 교재 선택에 많은 고민을 했었다. '외국어습득론'이라는 강의를 맡게 되었을 때, 관련 전공 교재가 없어서 어려움을 겪은 기억이 난다. 학교 도서관에 가서 습득이론과 관련해 20여 권을 본 것 같은데 실제 한국어교육에 맞는 습득론 교재가 없어 아쉬웠다. 다행히 2011년 『외국어습득론과 한국어 교수』가 박이정에서

최초로 출간되어 큰 도움을 받았다. 2010년 이후부터는 이러한 시대적 요구에 맞게 전공 교재는 물론 한국어 교사가 참고할 만한 문법서들도 많이 연구 개발되고 있어 다행스러운 일이다.

■ 한국어능력시험을 위한 토픽(TOPIK) 수험서의 개발

2000년대 중반 이후 한국어 학습자가 늘면서 자연스럽게 한국어능력시험의 수요도 증가하게 되었는데, 한국어교육원에서 배우는 한국어교육 외에도 시험이라는 수험서를 챙겨 봐야 할 학습자들이 많아지기 시작하면서 수험서 개발도 함께 이루어지게 되었다.

1997년 첫 시행된 한국어능력시험에 대한 내용 이해 및 기출문제를 포함해서 실전 문제를 연습하기 위한 모의고사 형태의 토픽 관련 교재가 등장했다. 한국어능력시험이 어느 정도 자리를 잡아가게 된 것은 한국어능력시험 유형의 변화 후부터이다. 1997년 한국어능력시험은 1급에서 6급까지 6개 레벨로 각각 문항을 만들어 시행하였는데, 이때에는 기출문제 위주의 참고 수험서가 만

『TOPIK 어휘 · 문법 다지기』

들어졌다. 이후 2차 한국어능력시험 개편 후에는 초급, 중급, 고급 체제로 시행되는 바람에 참고 도서도 한국어능력시험(TOPIK) 초급, 중급, 고급의 형태로 바뀌었다. 제3차 한국어능력시험 개편 체제는 2014년에 있었는데, 그 유형이 TOPIK Ⅰ과 TOPIK Ⅱ의 2개 형태로 되면서 토픽 관련 교재도 이에 맞게 재구성되었다. 하지만 잠정적으로 대학 입학 기준을 3급으로 정하고 졸업 기준을 4급으로 정해서 여전히 한국어능력시험을 보는 대부분 외국인 학습자는 중급에 초점이 맞춰져 있다. 이러한 측면에서 본다면 현재의 TOPIK Ⅰ과 TOPIK Ⅱ 형태의 교재 개발은 다소 맞지 않는 경향이 있다. 물론 현재에도 초급, 중급, 고급으로 출판된 TOPIK 교재가 있지만 향후 좀 더 학습자 요구에 맞는 교재 개발이 이루어져야 할 것으로 본다.

박이정에서는 2010년대부터 본격적으로 TOPIK 교재를 출간하고 있다. 강지영 외의 『TOPIK 어휘 · 문법 다지기』, 국제한국어교육자협회의 『새롭게 바뀐 TOPIK 쓰기/읽기(중고급편)』, 김대옥 · 이선미의 『리얼토픽 한국어능력시험 실전모의고사』, 『토픽 똑똑하게 공부하기』, 김미숙 외의 『TOPIK 어휘&읽기 30일 완성(초중급)』, 김덕신 외의 『TOPIK 한 번에 4급까지 합격』 등이 대표적인 교재들이다.

■ 한국어교육능력검정을 위한 수험서 개발

한편 한국어 교원 양성은 한국어교육을 위해 필수불가결한 것 중의 하나이다. 얼마 전 연세대학교 한국어교육 60주년 행사에 다녀온 적이 있는데, 기조강연에서 백봉자 선생이 하신 말씀이 기억난다. 한국어교사 연수과정이 처음 생긴 것은 1994년 미주를 중심으로 한 한글학교 재직교사 연수과정이었는데, 여러 가지 이유로 큰 성과를 내지 못했다는 것이었다. 국내

『한국어교육능력검정시험』 시리즈

에는 연세대에서 1997년 국내 예비교사를 대상으로 한 연수가 시작된 이후 국립국어원을 통해 120시간이라는 시간까지 정해져 정식 3급 한국어 교원자격을 위한 과정으로 정착되었다. 현재 이 과정은 한국어를 가르치기 위한 3급 자격증을 받는 방법 중 하나로 한국어교육원양성과정을 이수한 후 필기시험과 면접시험을 통과하면 자격증을 받게 된다.

한국어교육능력검정시험은 2006년 처음 도입된 이래 2019년 올해로 14회째 시험을 앞두고 있다. 이에 따라 한국어교원양성과정에서 사용하는 교재는 물론 3급 필기시험을 준비하는 사람을 위한 수험서의 개발도 필요하게 되었다.

3급 필기시험을 준비하는 수험자에 맞는 최초의 수험서는 2007년 박이정에서 출판한 서경숙의 『한국어교육능력검정시험』이었는데, 이후 몇 년간 유일한 수험서 역할을 하기도 했다. 한국어 교원자격을 받는 과정은 주로 오프라인으로 학부와 대학원 과정에서 학점을 이수하거나 한국어교원양성과정을 통해서였다. 하지만 한국어교원양성과정은 오프라인 과정에서 온라인 과정으로 확대되었으며, 이 시기에 온라인 과정은 단순히 3급을 받기 위한 양성과정으로 끝나지 않고 정식 학부과정에서 받을 수 있는 2급 과정이 온라인 과정으로 확대되어 학점은행 운영기관에서도 실시하고 있다. 이처럼 한국어 교원자격을 받기 위한 학습자의 수요 증가는 물론 학교와 기관, 그리고 사설 학습 기관까지 생겨나면서 교육용 교재 개발 및 온라인 콘텐츠 개발로까지 이어지게 되었다.

■ 한국어 학습자를 위한 학습서 개발

한국어 학습자는 관련 한국어교육기관 외에 스스로 공부할 수 있는 학습서가 필요하다. 외국인 대상의 한국어 학습자용 학습서의 개발이 있어야 한다. 2010년대에 이르면서 이러한 학습서의 개발이 다양하게 이루어지고 있는데, 혼자 공부할 수 있는 문법서 외에 읽기 능력 및 표현력을 키울 수 있는 읽기 교재의 개발이 그것이다.

언어 교육은 말로 시작해야 한다는 사실은 부인할 수 없다. 처음 모국어를 배울 때 대부분 부모, 특히 엄마의 말을 듣고 따라하며 자연스럽게 모국어를 습득하게 된다. 그러다가 알파벳을 배우면서 부모가 사주는 동화책부터 시작하여 위인전 등을 읽고 자신의 언어능력을 쌓아간다. 학교에서의 배움도 중요하지만 어렸을 때 독서를 많이 한 아이는 말할 때에도 논리적으로 말을 하고 글을 쓸 때에도 서론과 본론, 결론에 맞춰 구성을 잘한다. 어떻게 보면 언어의 완성은 독서라고 해도 과언이 아닐 것이다. 책을 읽고 중심내용을 파악하고, 그 내용에 대한 주제를 가지고 토론하고 자기가 느낀 점을 글로 쓸 수 있다면 말이다. 이런 측면에서 우리에게도 외국인을 위한 한국어 읽기 자료가 만들어져 출판되었다는 것은 한국어교육에 있어서 의미 있는 일이라 아니할 수 없다.

2013년 학이시습에서 출판한 한국어읽기연구회의 『외국인을 위한 한국어 읽기 1(50권)』과 『외국인을 위한 한국어 읽기 2(50권)』는 한국어교육도 이제는 독서를 통해 학습할 수 있는 계기를 마련했다는 점에서 중요한 의미를 갖는다. 『외국인을 위한 한국어 읽기 1』은 외국인들이 재미있게 읽으면서 한국어 실력을 쌓을 수 있도록 만들었으며 옛날이야기 25권, 고전소설 14권, 현대소설 11권 등 한국에서 널리 읽히는 문학작품을 한국어 학습자의 수준에 맞게 재구성했다. 『외국인을 위한 한국어 읽기 2』는 독서를 통해 수준 높은 어휘력과 이해력을 향상시키고 한국의 역사와 인물, 한국 사회에 대한 이해도를 높일 수 있도록 기획되었다.

중요한 것은 원문의 작품성이나 작가의 의도를 훼손시키지 않는 범위 내에서 작품을 재구성해야 한다는 점이다. (영어로 예를 들면, 문학 작품을 초급 수준과 중급 수준으로 재구성해서 작품을 만들어 읽기 교재로 많이 활용하고 있다. 언어교육원에서도 초급과 중급 수준의 읽기를 마치면 원문 형태로 이어지게 교육을 하고 있으며, 학습자도 혼자서 단순한 독해가 아닌 녹서의 형태로 읽기 교새를 이용할 수 있게 인내하고 있다.) 히지만 한국어교육원에서 모든 문학 작품을 다룰 수는 없다. 그래서 일부 작품을 다루면서 학습자가 스스로 독서를 통해 언어 실력을 향상시킬 수 있도록 안내하는 것이 필요하다고 본다.

■ 한국어 교실 현장의 교수–학습을 위한 교육 자료 및 활동 자료 개발

현재 한국어 교원으로 활동할 수 있는 자격을 가진 교원의 수는 2019년 현재 3만 5,000명에 이르고 있다. 이에 한국어 교사들이 국내는 물론 전 세계 한국어 교육 현장에서 한국어교육에 필요한 참고 자료나 활동 자료 등을 활용할 수 있는 지침서와 문법서 등을 개발한다면 그들에게 많은 도움이 될 것이며, 이것은 학습자에게 양질의 교육을 제공하는 역할을 하게 될 것이다. 앞서 현재 개발된 중요한 문법서에 대해서는 언급했으며 이것들 외에도 헤아릴 수 없이 많은 문법서들이 출판되었다. 박이정에서도 김종록의 『외국인을 위한 표준 한국어 문법』, 『외국인을 위한 한국어 문법 Ⅰ&Ⅱ(의미 기능편)』, 『외국인을 위한 표준 한국어 동사활동 사전』, 허용 외의 『즐거운 한국어 수업을 위한 교실 활동 100

『외국인을 위한 표준 한국어 문법』

』등을 출판하여 한국어 학습자나 한국어교육을 하고 있는 교사들에게 많은 도움을 주고 있다.

그동안 한국어 교실 현장의 교수–학습을 위한 교육 자료 및 활동 자료도 많이 개발이 되었는데, 대표적인 교육 자료는 국립국어원에서 만든 『어문규정』과 박이정출판사에서 만든 한국

어 기초 학습자를 위한 『쏙쏙 한국어 카드』를 들 수 있다.

『쏙쏙 한국어 카드』는 2009년 출판된 것으로 한국어교육에서는 최초로 만들어진 교육 자료이다. 초급 학습자에게 필수적인 600여 개에 달하는 어휘와 표현을 선정하여 그 표현에 맞게 그림을 넣어 카드형으로 만들었다. 그동안 나는 한국어교육원에서 초급 수업을 많이 담당했었다. 처음 한국어교육을 시작했던 1990년대에는 마땅한 교육 자료가 없어서 가르치면서 직접 만든 교육 자료를 사용했었는데, 이 교육 자료가 나왔을 때 얼마나 반가웠는지 모른다. 내가 근무했던 한국어교육원에서 교사용 교육 자료로 『쏙쏙 한국어 카드』를 구매했는데, 교사들이 편리하게 사용할 수 있도록 카드를 모두 코팅해 보관하면서 수업 자료로 활용했던 기억이 난다.

박이정출판사가 남긴 특별한 발자취를 기억하며

이렇듯 한국어교육을 위해서는 좋은 교재를 개발해야 함은 말할 것도 없거니와 한국어교육 전공에 필요한 개론서와 문법서, 그리고 지침서와 참고 교재 및 학습 자료의 개발이 중요한 요인이 되고 있다. 이것은 연구자나 교육기관만으로 이루어질 수 없는데, 이에 출판사의 역할은 아주 중요하다고 생각한다. 연구자는 연구자대로 한국어교육을 위해 필요한 교육 내용을 연구 개발해야 할 것이며, 출판사는 이들이 연구한 연구물들을 출판하는 데 필요한 제반 사항에 대해 밑받침 역할을 해야 할 것이라 생각한다.

펜을 놓기 전에 마지막으로, 한국어교육이라는 길 위에 박이정출판사가 남긴 특별한 발자취를 간단하게나마 이야기하고자 한다.

첫째, 박이정은 국어국문학, 국어교육 분야의 수준 높은 역작들을 만들면서 차곡차곡 쌓아온 학문적 기반 위에서 한국어교육 교재들을 발간했다. 『역대한국문법대계』라는 거대한 산맥에서 외국인을 위한 최초의 한국어교육학 개론서인 『외국어로서의 한국어교육학 개론』이 탄생했고, 한국어 교원 양성 필기시험을 위한 최초의 수험서인 『한국어교육능력검정시험』과 한국어교육을 위한 교육 자료인 『쏙쏙 한국어 카드』 등이 한국어교육사에 의미있는 발자취를 남겼다.

둘째, 박이정은 한국어교육 분야에 진출하기 이전부터 해외수출이라는 큰 그림을 그렸다. 출판사 설립 때부터 우리말과 우리글, 우리문화를 전 세계에 널리 알리겠다는 확고한 신념이 있었기에 가능한 일이 아니었을까 생각한다. 박이정은 적극적인 현지화 전략을 펼쳐 중국, 대만, 캐나다 등에서 맞춤형 교재를 발간했으며, 한국어를 연구하는 해외 학자들의 총서를 펴내는 등 우리 출판의 해외진출에 선도적 역할을 했다.

셋째, 『외국어로서의 한국어교육학 개론』을 출간한 2005년부터 2018년까지 13년 동안 무려 158종에 이르는 한국어교육 관련 책(한국어·한국문화)들을 출간했다. 분야별로 살펴보면 수험서 41종, 교재 39종, 이론 54종, 문화문학 24종 등이다. 그 어디에서도 찾을 수 없는 매우 독보적인 수치이다.

학문 자체의 요청과
변화하는 사회에 기민하게 대응

글 | **이복규**(서경대 문화콘텐츠학과 교수)

지금까지 국어학, 국문학, 국어교육, 한국어교육 등 네 학문이 지난 30년간 전개되어 온 과정에서, 박이정출판사의 역할은 무엇이었는지 부문별로 정리해 기술하였다. 이를 바탕으로 이 넷을 아우르는 거시적인 시각에서 종합적으로 해석하면서, 앞으로 요망되는 과제를 제시하고자 한다.

국어국문학의 4가지 영역은 두 가지로 묶으면 이론 국어국문학과 응용 국어국문학으로 구분할 수 있다. 국어학과 국문학이 이론 국어국문학이라면, 국어교육과 한국어교육은 응용 국어국문학이다. 응용 국어국문학인 국어교육과 한국어교육의 차이는 우선 가르치는 대상 면에서, 전자가 내국인을 위한 것이라면 후자는 외국인을 대상으로 한 것이다.

학문의 분화, 분과학문 체계 존중하면서 출판 작업 진행

지금은 국어학, 국문학, 국어교육(후발 학문인 한국어교육 포함)이 서로 별개인 것처럼 여기고들 있지만, 초기에는 하나였다. 그 결정적인 물증으로, 도남 조윤제를 비롯한 선학들의 저술이다. 예컨대 조윤제의 『국문학개설』(탐구당, 1955)을 보면, 오늘날의 단순한 국문학개론서가 아니다. 국어학도 중요하게 다루고 있다. 제1편 서론의 제1장 제목이 '국어학의 대요(大要)'다. 한글, 국어의 음운, 국어의 형태, 국어의 계통을 다룬 다음, 제2장에서 '국어와 국문학'의 관계를 자세히 논한다. 국문학의 체계, 국문학과 고전, 고전문학과 현대문학 등의 총론적인 논의를 펼친 다음, 비로소 각론에 들어가 시가, 가사, 소설, 희곡, 한문의 양상을 살피고 있다. 한마디로 거시적인 시야에서 우리말과 글을 바라보고 있다. 국어학을 모르고서는 국문학을 제대로 이해할 수 없다고 본 것이다. 그뿐만이 아니다. '교육용 ○○○'라 하여, 중고등학교용을 비롯해 여러 국어교육 교재도 만들었다. 조윤제만이 아니라 다른 초기 연구자들에게서 흔히 발견할 수 있다.

자연스럽게 박이정도 이 같은 학문의 분화, 분과학문 체계를 존중하면서 출판 작업을 하였다. 그러면서도 상당히 건강성을 유지하고 있다는 것을 알 수 있다. 4자 가운데에서 가장 근간이 되는 국어학 관련서 출판에 초기의 에너지를 집중함으로써, 결과적으로 이론학 중에서도 국어학의 건실한 발전에 힘을 보탰다. 국어학과 박이정의 관계 부분을 집필한 조오현 건국대 명예교수의 표현에, "국어학 연구자 가운데서 박이정의 책을 모르면 간첩"이라고 한 데 박이정의 역할이 어느 정도인지 함축되어 있다. 가히 '박이정(博而精)'이란 이름값을 톡톡히 했다 할 만하다.

근간인 국어학 분야 저술의 출판에 집중하는 것으로 그쳤다면, 박이정은 결코 오늘날의 '박이정'일 수 없었을 것이다. 원래는 넷이 하나였기에 균형을 잡아갔다. 국어학 연구는 그 자체로 의미가 있는 게 아니라 국문학을 해명하는 토대가 되기 때문에, 국어학 다음으로 눈길을 돌린 게 국문학(특히 고전문학)이었던 것으로 보인다. 국문학계의 태두인 성산 장덕순 선생 저작집을 출판함으로써, 전체적인 균형을 잡으려는 노력을 보였다. 더욱이 장덕순 선생은 기록문학과 구비문학, 국문학사와 국문학개론, 국문학의 배경인 민속 연구, 거기에 다수의 명수필도 창작한 분이므로 그 상징적인 의미는 더 큰 셈이다. 박이정은 이 저작집 출판 이후에 그 기조를 이어갔다. 구비문학회지를 비롯해 구비문학 저술을 중점적으로 출판하는 특색을 유지하면서, 기록문학과 현대문학 관련 연구서도 꾸준히 내려 노력하였다고 여겨진다. '박이정(博而精)' 정신을 구현한 또 하나의 사례라 하겠다.

학문의 이론적 탐구 결과, 교육이나 삶과 연결 유용성 증명

이상이 이론학으로서의 국어국문학 분야 출판에 관련된 서술이라면, 실천 또는 응용 국어국문학 분야 관련된 출판으로 확대해 갔다는 데 박이정의 박이정다움을 또 한 번 확인할 수 있다. 이론과 실천을 겸비할 때 인격을 갖춘 사람이라 평가하듯 학문도 마찬가지다. 이론적 탐구 결과도 계속 생산해 내야 하지만, 이것을 구체적으로 교육이나 삶과 접맥시켜 학문이 지닌 실제적인 유용성을 증명해 보이는 데까지 나아가야 한다.

박이정은 그 같은 학문 자체의 요청과 변화하는 사회의 요구에 기민하게 대응하였다. 누구보다도 발 빠르게 응용 국어학으로서의 국어교육 교재와 관련 연구서 출판에 열의를 보였다. 『초등문학교육론』, 『논술교육론』 같은 책을 출간하여 이 방면 연구와 글쓰기의 활성화를 자극하였다. 우리나라의 위상이 높아지고 한류가 동남아시아로, 다시 전 세계로 퍼져나가면서 외국어로서의 한국어교육의 필요성이 새로운 화두로 등장하자, 박이정은 여기에도 남보다 앞서 진출하였다. 국내인 대상의 국어교육만이 아니라 해외에 있는 수요자들의 필요도 충족해 주어야만 우리말과 글에 대한 그간의 연구 성과도 확산될 뿐만 아니라, 우리 문화 영토가 확장된다는 사실을 인지한 결과라 하겠다. 아주 적극적으로 관련 저술을 출판했을 뿐만 아니라 도서를 기증하는 운동에도 적극 참여하였는바, 이 역시 '박이정(博而精)' 정신의 지속이라 하겠다.

이렇게 박이정은 현재 국어국문학계가 견지하고 있는 네 가지 분과학문 체제에 충실하게 따르면서도, 단계적으로 영역을 수용하고 확장해 가는 선택과 집중 전략도 함께 구사했다고 할 수 있다. 이름만 박이정이었던 게 아닌 셈이다. 앞으로도 이런 기조는 유지해 가야 할 것이다.

박이정출판사가 더 큰 성장 위해 유념해야 할 몇 가지 과제

하지만 여기서 멈추어서는 안 된다. 앞으로 유념했으면 하는 과제 몇 가지를 제시하면 다음과 같다.

첫째, 4차 산업혁명시대에 대응했으면 한다. 그 일환으로 국어국문학의 4가지 분야 각각의 연구서를 내는 기조는 지속하되, 학제적·융합적인 연구서 출판을 위한 기획에 관심을 기울였으면 한다. 거시적으로 보면, 국어국문학의 여러 영역이 상호의존이면서 상승효과를 내는 관계이니, 그렇게 되도록 지원할 필요가 있다.

나아가서는 역사, 철학 같은 다른 인문학과의 융합, 사회과학, 자연과학과의 융합도 모색해야 한다. 예컨대, 일본에서는 환경문학회가 조직되어, 환경학과 문학이 융합되어 서로의 지혜를 공유하면서 심각해지는 환경문제 해결에 도움을 주면서, 인문학의 위기를 해소하는 대안도 마련하고 있다.

박이정이 이런 데 착안해 선도적으로 아이디어를 제공하면서 관련 연구서를 출판하면 좋으리라 본다. 기존의 패러다임 가지고는 해결할 수 없는 문제가 속출하고 있는 상황에서, 서양의학으로 못 고치는 병을 한의학 또는 대체의학으로 고치듯, 융복합적인 사고를 가지고 연구하도록 학계를 자극하는 역할을 해 주었으면 하는 바람이다. 수유너머공간 출신 고미숙 선생이 사주명리와 동의보감을 섭렵해 다산과 연암을 재해석하는 강의와 저술로 대중을 깨워가는 최근의 창발적인 행보가 수용자들에게 먹혀들고 있는 현상도 주목할 필요가 있다.

둘째, 다문화사회가 계속 심화할 전망인 바, 이에 대한 출판문화 면에서의 고려를 강화해 나가야 한다. 이미 '색동다리 다문화'라는 이름 아래, 다문화를 이해하게 하는 동화 시리즈로 시의적절한 출판을 했지만 더 나아가야 한다. 800여 만에 육박하는 해외 한인들까지 포함하여 무한한 잠재력을 지닌 이들을 대상으로, 출판 면에서 해야 할 일이 무엇인지 고민해야 한다. 예컨대, 이제는 직접 다문화 자체를 이해하게 하는 연구서들도 냈으면 한다. 얼마 전에 멕시코의 전통 제사 문화를 배경으로 만들어 세계인의 심금을 울린 영화 〈코코〉가 보여주듯, 모든 민족의 문화는 독특하면서도 보편적인 의미를 지니고 있다.

얼마든지 문화원형으로서 원천스토리로 활용될 수 있는 자원들이다. 계속해서 각 민족의 설화, 속담, 금기어, 민속, 신앙 등의 특징을 보여주는 자료에 대한 출판이 이어져야 한다. 자료와 아울러 이들을 심도 있게 연구한 성과도 출판해야 한다. 그래야 다문화 문제도 해소할 수 있고, 공존의 지혜가 열리며, 이것을 바탕으로 〈코코〉 같은 콘텐츠가 제작될 경우 수입도 올릴 수 있다. 우리나라보다 다문화 경험이 많은 미국이나 다른 나라 출판계의 경험을 살피면 좋은 방안이 도출될 수 있으리라 본다.

셋째, 초고령사회로 나아가고 있는 상황에도 대비해야 한다. 실버문고를 비롯해 노인층을 대상으로 한 읽을거리 또는 동영상을 곁들인 어떤 것을 개발하는 것도 필요하다. 어린이들을 대상으로 동화를 구연하는 것처럼, 노인들에게 책을 읽어주거나 들려주면서 대화도 나누어 외로움의 문제를 해소하는 방안을 출판사의 시각에서 마련하면 어떨까 싶다.

부 록

한눈에 보는
박이정 30년

■ 박이정출판사 도서 발간 현황 (1989~2019)
■ 연혁
■ 직원 소개

박이정출판사 도서 발간 현황 (1989~2019)

연도별 발행 종수	
1992년	7종
1993년	18종
1994년	19종
1995년	38종
1996년	35종
1997년	67종
1998년	66종
1999년	65종
2000년	54종
2001년	73종
2002년	50종
2003년	63종
2004년	77종
2005년	53종
2006년	62종
2007년	58종
2008년	172종
2009년	93종
2010년	44종
2011년	43종
2012년	56종
2013년	53종
2014년	90종
2015년	84종
2016년	46종
2017년	61종
2018년	60종
2019년	15종
총 1,621종	

학회지
한국출판학연구
겨레어문학
공연문화연구
구비문학연구
국어교육
독서연구
배달말
인문논총
일본어학연구
지역문화연구
텍스트언어학
판소리연구
한국고전희곡연구
한국어학
한말연구
형태론
국학연구론총
한국초등국어교육
통일인문학
한국언어문화학
우리말연구
한국특수체육학회지
지역문화연구
한국전통공연예술학
계량언어학
총 25종

분야별 발행 종수	
국어학, 언어학, 외국어	총 543종
한국어, 한국문화	총 162종
국어교육	총 176종
고전문학	총 423종
근 · 현대문학	총 138종
교양, 문예창작, 글쓰기	총 135종
영화, 예술, 인문, 기타	총 21종
사회학	총 23종
총 1,621종	

전자책(아카디피아)

총 694종

우수도서	
세종도서 학술부문 (문화관광 체육부)	85종
세종도서 교양부문 (문화체육관광부)	5종
대한민국학술원 우수도서	46종
초등 교과서 수록도서	3종
이달의 책 (한국출판문화산업진흥원)	2종
2013년 대한민국 우수전자책 (한국출판문화산업진흥원)	2종
2014년 수출번역 전자책 (한국출판문화산업진흥원)	3종
총 146종	

(주)박이정

1989

주요 행사
건국대학교 국어국문학과 졸업
서광문화사로 도서 도 · 소매업 개업(7월 20일 창립)
창업지 : 동대문구 숭인동 한승빌딩

1990

주요 도서
〈인문평론〉
〈국문학을 위한 중국문헌자료집〉1권
〈태평광기언해〉1권 · 2권 · 3권 〈현대문학자료집〉1차 · 2차

1991

주요 행사
서광학술자료사로 출판 등록
주요 도서
〈판소리 연구〉제1집 및 국학 관련 유명 학회지 제작보급
〈사해공론〉

1992

주요 행사
종로서적 직거래
부산, 대구, 마산, 광주에 도서유통 거래
주요 도서
'우리말 밝히기 시리즈' 〈국어구조의미론〉〈국어토씨연구〉
〈19세기 성서의 우리말 연구〉〈국어 대등구성 연구〉

1993

주요 행사
한국출판협동조합 가입
주요 도서
〈규장전운 · 전운옥편〉〈독서교육의 이론과 방법〉
〈조선어 접미사의 통시적 연구〉〈한조 언어문자관계사〉〈조사의 용법〉

1994

주요 행사
한국일보 제12회 여성생활수기 우수상 수상
〈못다한 망향의 노래〉김옥교

주요 도서
〈학습자 중심의 국어교육〉〈언어 변화〉(첫 번역서 출간)
〈개화기 어휘 자료집〉①독립신문편 ②신소설편

1995

주요 행사
박이정출판사로 상호 변경
편집부, 영업부, 관리부 조직 정비

주요 도서
〈성산 장덕순 전집〉〈이야기문학 모꼬지〉
〈고려문학의 미의식 연구〉〈문학과 사회비평〉

1996

주요 행사
한국출판유통(현 북센) 가입

주요 도서
〈고전문학 새 조명〉〈현대국어의 조어법 연구〉
〈내사랑 꿔린〉
〈오늘과 내일의 우리문학〉

1997

주요 행사
인터넷 누리집(shinbiro.com/~books) 개설
사원 및 임원 전문교육 실시
전문대 출판학과 실습생 교육
도서 잔고 통보제 실시

주요 도서
〈고전명작 이본총서〉〈고전명작 강독총서〉 기획출간
〈옛말자료 연구총서〉 출간
〈남해안 별신굿〉〈한설야 소설 연구〉

1998

주요 행사
대한출판문화협회 가입(9월 22일)
맥킨토시 등 디자인시설 갖추고 전문디자이너 채용
북한에 책보내기 운동 참가
〈깊이와 넓이〉 박이정 소식지 발간

주요 도서
〈판소리자료총서〉 기획출간
〈건재 정인승 전집〉〈안함광 평론집〉 완간
일어일문학 교재 출간

1999

주요 행사
건평 123평 지상 4층 사옥 마련 이전식
서울 국제도서전 출전
대표 해외출장 유통업체 견학 및 수출시장 조사

주요 도서
무가, 무속, 번역서 등 고전문학 분야 다양한 도서 출간
〈국어지식탐구〉 출간
〈형태론〉 간행
〈만횡청류〉〈한국 현대소설 정착과정 연구〉

2000

주요 행사

본사 대표 건국대 언론홍보대학원 정치학 석사 졸업
북한사회과학원 기획 〈조선어학전서〉 65책 계약 체결
예산안 수립 시행 및 직원 실적평가제 시행
창립 11주년 초청 강연회 및 기념 시상제도 시행(학술상, 공로상)

주요 도서

〈조선언어학 연구총서 본문언어학〉
〈한국어 어휘교육 연구〉〈삶과 화법〉

2001

주요 행사

한국출판협동조합 '올해의 출판 경영인상' 수상
제15회 책의 날 기념 '문화관광부 장관상' 수상
자회사 '정인출판사' 출범하여 어린이 및 유아, 교육도서 출간
기획부, 영업부 직원 동경 국제도서전 참관
박이정 인터넷 웹사이트 및 쇼핑몰 구축(pjbook.com)
제2차 편집자문회의 개최 및 박이정 학술상 시상
정인 누리집 개설

주요 도서

문화관광부 학술부문 우수학술도서 선정 〈한국어와 인지〉 외 4종
초등학교 교사용 서적 출간 〈창의적인 쓰기수업 어떻게 할까?〉
정인출판사 자녀교육서 출간 〈당신은 당신 아이의 첫 번째 선생님입니다〉

2002

주요 행사

대한출판문화협회 제44대 상무

주요 도서

시 전문 잡지 〈시경〉 창간호 출간
〈조선어학전서〉 1차분 발행(조선어 어휘편람 외 9종)
〈문식성 연구〉〈인지문법의 디딤돌〉
정인출판사 번역 그림동화 출간
우수환경도서 〈숲의 속삭임〉 외 선정

2003

주요 행사

한국출판학회 이사
독서학회 〈좋은독자 나쁜독자〉 논문 발표
대한출판문화협회 조사연구담당 상무
경기도 양평에 창고 부지 마련

주요 도서

정인출판사 어린이 외국어 교재 개발 〈하우 하우 중국어〉 4책
북한 최고 국어학자 류렬 선생 〈향가연구〉 출간
문화관광부 학술부문 우수학술도서 선정 〈영남구전자료집〉 외 3종
문화관광부 교양부문 추천도서 선정 〈삼한습유〉〈오봉옥의 서정주 다시읽기〉
국제교류재단 우수도서 선정 〈한국 언어 문화 탐색〉〈편옥기우기〉
한국문화예술진흥원 우수도서 선정 〈아버지가 심은 나무〉
대한민국학술원 우수학술도서 선정 〈문법과 개념화〉 외 7종

2004

주요 행사

국립중앙도서관 〈양서출판을 위한 도서관과 출판계 역할〉 논문 발표

주요 도서

문화관광부 학술부문 우수학술도서 선정 〈개념적 혼성이론〉 외 5종
대한민국학술원 우수학술도서 선정
〈향가연구〉〈김소행의 글쓰기 방식과 삼한습유〉
〈판소리 자료총서〉 46권 완간, 〈김사엽 전집〉 32책 완간
우리 학문 다시 하기 시리즈 〈끝나지 않는 식민지 학문 100년〉 출간
〈김광순소장 필사본 한국고소설 전집〉 70권 간행

2005

주요 도서
한국어교육 서적 출간 〈외국어로서의 한국어교육학 개론〉 외
정인출판사 애니메이션 〈섀도우 파이터 1〉

2006

주요 행사
편집디자인 전문위원 위촉(김상락 단국대 디자인대학 원장)
주요 도서
문화관광부 학술부문 우수학술도서 선정 〈국어문법 교육론〉
대한민국학술원 우수학술도서 선정 〈현대 국어 접속어미 연구〉
〈오일론 심기뎡각녹연구〉〈국어사와 한자음〉〈21세기 형태론 어디로 가는가〉
〈마침법 씨끝의 융합과 그 한계〉〈쉽게 읽는 용비어천가〉
〈학교문법과 문법교육〉〈우리말 부사사전〉
정인출판사 기획시리즈 〈신나는 놀이 재미있는 읽기 수업〉 6권 출간
전문사전 편찬 사업

2007

주요 행사
세계화 사업을 위한 영어권, 동남아시아권, 유럽권 방문 홍보
경기도 양평에 창고 신축
디자인 부분 편집시설 확충 및 맥편집 디자인 인력 확충
주요 도서
중국인을 위한 한국어 능력시험 시리즈 5권
(듣기, 읽기, 문법, 쓰기, 어휘)
〈판소리 문화사전〉〈한국어 화용론〉〈한국 근현대소설의 현장〉

2008

주요 행사
대한출판문화협회 46대 상무
박이정 누리집 새롭게 개편
본사 대표 해외교포 책보내기 운동 일환 동남아시아 방문
주요 도서
문화관광부 학술부문 우수학술도서 선정 〈조선후기 대도설화연구〉 외 4종
문화관광부 교양부문 우수학술도서 선정 〈디지털은 즐겁다〉
대학민국학술원 우수학술도서 선정 〈오늘날의 국어생활〉 외 4종
〈제2판 역대한국문법대계〉 출간

2009

주요 행사
중국 중앙민족대학교 책 기증 감사패
해외교포 책 보내기 운동(체코, 프랑스 한글학교 방문)
주요 도서
문화체육관광부 학술부문 우수학술도서 선정 〈사유 급취장〉 외 2종
대한민국학술원 우수학술도서 선정 〈남북한의 문법연구〉 외 5종
해외홍보원과 공동기획 출간한 한국문화 입문서
〈Passport to korean culture〉 출간
외국인과 다문화가족을 위한 초급 교구재 최초 개발
〈신나는 한국어 수업을 위한 쏙쏙 한국어 카드〉
〈역대한국문법대계(Ⅱ)〉 출간
〈춘향전과 한국문화〉〈등급별 국어교육용어휘〉 해외 판권 수출

2010

주요 행사
한국출판학회 제30회 기획편집부문 학회상 수상
본사 대표 중국 연변인민출판사 간부직원 교육

주요 도서
문화체육관광부 학술부문 우수학술도서 선정 〈인간, 문화, 서사〉 외 5종
대한민국학술원 우수학술도서 선정 〈국어 음운교육 변천사〉 외 3종

2011

주요 행사
중국 연변인민출판사 창립 60주년 기념행사 참가 및 업무협약 체결
인터넷사업팀 신설, 누리집 저자 인터뷰 코너 신설
메일링 웹진 운영 및 분기별 도서관별 복본조사 시스템 구축
본사 대표 독일 프랑크푸르트 도서전 참관

주요 도서
문화체육관광부 학술부문 우수학술도서 선정 〈한국어의 비교 구문 연구〉 외 4종
대한민국학술원 우수학술도서 선정 〈주시경 국어문법의 교감과 현대화〉
자회사 정인출판사 〈색동다리 다문화〉 동화 시리즈 14권 출간

2012

주요 행사
학술출판협회 이사, 한국출판협동조합 이사
우수환경도서, 우수건강도서 심사위원
창립 23주년 기념 전체 도서목록 제작 및 배포
한국어 교육교재 도서목록 제작 및 배포(국문판, 중문판, 영문판)
서울국제도서전 부스
다문화 동화작가와 함께하는 이벤트 운영
베이징 국제도서전 부스 참가 외신 인터뷰

주요 도서
문화체육관광부 학술부분 우수학술도서 선정 〈국어교육 연구 방법론〉 외 4종
국립국어원 〈차곡차곡 익히는 우리말 우리글〉 대상 사업자 선정 및 출판 완료

2013

주요 행사
학술전자출판협동조합 초대 이사장 취임

주요 도서
문화체육관광부 학술부문 우수학술도서 선정 〈우리말 형태소 사전〉 외 4종
대한민국학술원 우수학술도서 선정 〈한국어역 만엽집1〉 외 3종
대한민국 우수전자책 선정 〈차곡차곡 익히는 우리말 우리글〉

2014

주요 행사
한국출판문화산업진흥원 지방서점살리기 위원
한국출판협동조합 감사
중국 연변인민출판사와 정식 업무협약 체결
미국 필라델피아서 개최된 CEAL, AAS 참가
중국 '한국 국어교육학회 제2차 국제학술대회' 참가
대련민족대학에 도서 기증, 장학금 수여

주요 도서
세종도서 학술부문 우수학술도서 선정 〈세계 언어의 이모저모〉 외 4종
대한민국학술원 우수학술도서 선정 〈한국어 형태론의 유형론〉
한국출판문화산업진흥원 11월 '이 달의 읽을 만한 책' 선정
〈총의 울음(상)〉 〈총의 울음(하)〉
초등학교 국어교과서 수록 도서 〈방언 속에 내 고향이 있었네〉 외 3종
해외한국학총서 기획 발간

2015

주요 행사

임프린트 '패러다임북' 출범, 사회과학도서 출간

국립중앙도서관 디지털 전문위원

중국곡부사범대 명예증서

본사 대표 미국 시카고 동양학사서 대회 참가

2015 제29회 책의 날 국무총리 표창 수상

중국 상해복단대학 110주년, 한국어과 20주년 행사 참석

산동 곡부사범대 일조캠퍼스 업무제휴 및 방문

주요 도서

〈표준한국어문법〉(영문판)

〈북한의 선전선동과 로동신문〉〈15세기 국어 활용형 사전〉

2016

주요 행사

한국출판문화산업진흥원 이사

본사 기획 · 편집 전문위원 위촉

대만 LiveABC사와 업무협약 체결

중국 '장강삼각주 한국어교육 국제학술대회' 참가

(본사 대표 한국어말하기대회 심사위원)

한국출판인산악회 회원으로 11년 만에 1대간 9정맥 완등

북한산 인수봉 암벽 등반

2017

주요 행사

국제한국언어문화학회(INK) 태국 탐마삿대학에

박이정출판사 도서 전시 및 도서 기증식

본사 대표 한국출판협동조합 이사장 출마

한국출판문화산업진흥원 이사 사임

주요 도서

한–중 합작 기획 · 집필 〈조안 한국어(초급)〉〈조안 한국어(중급)〉

영화예술서적 출간 〈세계영화예술의 역사〉 외

〈한국전쟁 이야기 집성〉 전10권 완간

〈갑골학 연구〉〈간명 갑골문 자전〉

2018

주요 행사

한국출판인산악회 회장

30주년 준비위원회 구성

하노이대학 INK 국제학술대회 참석 및 도서 기증

편집전문위원 위촉

주요 도서

〈훈민정음 해례본 입체강독본〉〈죽음미학〉〈공자 사상의 현대적 의미〉

〈한국어 연구의 새로운 흐름〉〈예술의 지경〉〈한국 현대시 양식론〉

〈한 학기 한 권 읽기는 처음이지?〉

2019

주요 행사

키르기스스탄 INK 국제학술대회 참석

주요 도서

박이정 30년사 〈넓고 깊게 지식을 나누다〉 발간

〈외국인을 위한 교양 한국어〉 시리즈(총 3종)

〈일상성의 미학에 이르는 길〉〈할미서사의 원형과 갈래별 전개 양상〉

〈실용 TOPIK 어휘(중고급)〉〈수다쟁이 농부〉

함께 배우고 성장하며

● **박이정출판사(1989~2018)** : 강연, 강지영, 고도현, 공혜정, 김경수, 김경숙, 김려생, 김미자, 김민영, 김상수, 김유진, 김인수, 김정연, 김지영, 김진영, 김형년, 나시영, 박예진, 박주연, 박지우, 박찬일, 박태훈, 서대진, 손성원, 송경오, 오유정, 이가영, 이규봉, 이기남, 이동엽, 이수남, 이승욱, 이영희, 이화표, 임덕영, 정혜란, 조은혜, 최문주, 최민영, 홍현보, 황효영

● **정인출판사(2001~2018)** : 권동환, 김갑수, 김민정, 김재롱, 백민열, 서한나, 송영우, 신현아, 양종희, 이규태

박이정 30년 역사를 쓰다

● 박이정출판사(2019년 현재) : 권이준, 황인옥, 유동근, 박소영, 박부하

박이정 30년사

넓고 깊게
지식을 나누다

1판 1쇄 인쇄	2019년 7월 12일
1판 1쇄 발행	2019년 7월 20일

엮은이	박이정 30년사 편찬위원회
펴낸이	박 찬 익

펴낸곳	(주)박이정
주　소	서울시 동대문구 천호대로 16가길 4
전　화	(02) 922-1192~3
팩　스	(02) 928-4683
홈페이지	www.pjbook.com
이메일	pijbook@naver.com
등　록	2014년 8월 22일 제305-2014-000028호

편집 · 제작	(주)디플랜네트워크 (02-518-3430~1)

ISBN 979-11-5848-524-5　93010

● 이 책은 본사와 저자의 허락 없이는 내용의 일부 또는 전체를 무단 전재나 복제, 광전자 매체 수록 등을 금합니다.
● 책값은 뒤표지에 있습니다.